MÉMOIRES

DU BARON

HAUSSMANN

IL A ÉTÉ TIRÉ DE CET OUVRAGE

*Cent exemplaires sur papier de Hollande
numérotés à la presse.*

LE BARON HAUSSMANN

Préfet de la Gironde, nommé préfet de la Seine.

1853

MÉMOIRES

DU BARON

HAUSSMANN

II

PRÉFECTURE DE LA SEINE

EXPOSÉ DE LA SITUATION EN 1853 — TRANSFORMATION DE PARIS
PLAN ET SYSTÈME FINANCIER DES GRANDS TRAVAUX
RÉSULTATS GÉNÉRAUX EN 1870

PARIS
VICTOR-HAVARD, ÉDITEUR
168, BOULEVARD SAINT-GERMAIN, 168
—
1890

AVANT-PROPOS

Je puis enfin aborder mon but : l'Exposé de la Transformation de Paris.

Le résumé de ma carrière, avant la Préfecture de la Seine, a pris, dans ces souvenirs, bien plus de place que je ne le supposais, tout d'abord. Mais, on me le réclamait, comme un préliminaire, comme une préface indispensable, et je n'osais l'abréger, au risque d'en compromettre l'utilité possible.

Quoi qu'il en soit, me voici parvenu sur le seuil de l'Hôtel de Ville, et, le moment arrivé de le franchir, ce n'est pas, comme on pourrait le croire, un mouvement d'orgueil, peut-être excusable, que provoque en moi la vue d'ensemble de l'Œuvre considérable dont j'ai, là, durant dix-sept bien longues années, poursuivi l'accomplissement; c'est une impression d'intime tristesse, allant presque jusqu'au regret d'avoir accepté cette ingrate mission, au lieu d'obéir à la répugnance instinctive qu'elle me causa, quand je la reçus et que je tentai de la décliner, comme si j'avais prévu les hostilités, les injustices, les imputations outrageuses même, que m'a values, surtout, mon dévouement sans réserve à tant de laborieux et pénibles devoirs.

Si, depuis quelque temps, je constate, dans l'opinion des Parisiens, une tendance marquée vers une appréciation plus équitable de mon édilité; si mes travaux sont mieux et plus généralement compris; si l'on rend hommage à mon désintéressement, — dont je ne songeais point à me faire un titre, mais qu'on avait commencé par méconnaître ou suspecter, — c'est, sans doute, à ce dernier sujet, parce que de tristes exemples, trop généralisés par l'indignation publique, disposent notre malheureux Pays, écœuré de telles révélations, à penser que l'Honneur, chez les Hommes Publics, constitue un mérite; c'est, assurément, à l'égard des résultats de mon administration, parce que l'on peut désormais bien saisir le plan méthodique et les résultats des Grandes Opérations de Voirie qui troublèrent fatalement tant d'intérêts, tant d'habitudes, et groupèrent tant d'aveugles mécontentements autour des jalousies implacables et des inimitiés politiques animées contre elles.

Aujourd'hui, les intérêts, indemnisés largement, sont calmés, et les habitudes, admirablement accommodées au nouvel état de choses. Quant aux jalousies, elles n'ont plus d'objet, et mes adversaires politiques eux-mêmes, convertis par l'évidence, rendent justice à l'Œuvre qu'ils attaquaient sans relâche.

Quelques-uns même, allant d'un extrême à l'autre, la louent sans restrictions.

Dans un article publié par *Le Gaulois,* en Mai 1882, que j'ai connu tout récemment, M. Jules Simon, ancien Ministre de la République et Sénateur de nos jours, qui, sous l'Empire, Député de Paris au Corps Législatif, ne se lassa pas de diriger, contre mon administration, de très nombreuses et toujours éloquentes critiques, s'est exprimé sur elle en termes tellement élogieux, que j'hésiterais à les citer, si je n'y trouvais la preuve la plus éclatante que je puisse fournir, du revirement d'idées dont je me félicite en mon humble retraite. — Voici, dans son entier, ce précieux document :

LES COMPTES FANTASTIQUES D'HAUSSMANN !

« Qui ne se souvient des articles, si amusants et si méchants, publiés sous ce titre, dans le journal *Le Temps,* par M. Jules Ferry, qui est entré par eux dans la célébrité ? Le titre même nous ravissait. Nous ressemblions aux opposants de tous les pays et de tous les temps. Tout ce qu'on disait contre l'ennemi commun, nous était bon. Peu nous importe aujourd'hui que les Comptes de M. Haussmann aient été fantastiques. Il avait entrepris de faire de Paris une ville magnifique, et il y a complètement réussi. Quand il a pris en main le maniement de nos affaires, la rue Saint-Honoré et la rue Saint-Antoine étaient encore les plus larges rues de la ville ; car la rue de Rivoli n'était que la bordure d'un jardin ; la rue de la Paix et la rue

Royale ne sont guère que des places un peu allongées. On citait, pour leur dimension et leur éclat, la rue Richelieu et la rue Neuve-Vivienne. Nous n'avions d'autres promenades que les Boulevards et les Tuileries ; les Champs-Élysées étaient le plus souvent un cloaque ; le Bois de Boulogne était au bout du monde !

« Il y avait des montagnes dans Paris ; il y en avait même sur les Boulevards : les ruelles étroites et infectes abondaient au milieu de la ville. Nous voyons encore cette rue de la Vieille-Lanterne, où deux hommes ne pouvaient guère passer de front, et qui était divisée, au milieu de son parcours, par un escalier de quelques pierres. C'est là que, par une lugubre matinée, on trouva pendu à la grille d'un égout, ce rêveur aimable, ce poète charmant, qui s'appelait Gérard de Nerval. La rue de la Lanterne était au centre même de Paris, entre le Palais de Justice et la Tour Saint-Jacques, alors enfouie dans un fouillis de vieilles masures.

« Nous manquions d'eau, de marchés, de lumière, dans ces temps reculés, qui ne sont pas encore à trente ans de nous. Quelques becs de gaz seulement commençaient à se montrer. Nous manquions aussi d'Églises. Parmi les plus anciennes et même parmi les plus belles, plusieurs servaient de magasins, ou de casernes, ou de bureaux. Les autres étaient masquées par toute une végétation de masures croulantes. Les Chemins de Fer existaient cependant; ils versaient tous les jours, dans Paris, des torrents de voyageurs, qui ne pouvaient ni se loger dans nos maisons, ni circuler dans nos rues tortueuses.

« Un des prédécesseurs de M. Haussmann s'était illustré pour avoir percé la rue Rambuteau. Pour lui, il fit, en dix ans, plus qu'on n'avait fait en un demi-siècle. Il démolit des quartiers; on pourrait dire : des villes entières. On criait qu'il nous donnerait la peste; il laissait crier et nous donnait, au contraire, par ses intelligentes percées, l'air, la santé et la vie. Tantôt, c'était une Rue qu'il créait; tantôt, une Avenue ou un Boulevard; tantôt, une Place, un Square, une Promenade. Il fondait des Hôpitaux, des Écoles, des groupes d'Écoles. Il nous apportait toute une rivière. Il creusait des égouts magnifiques. Il élevait des Casernes, des Théâtres. Il tirait de leur néant les Champs-Élysées, le Bois de Boulogne, le Bois de Vincennes. Il achevait les Halles Centrales. Il généralisait l'usage du Gaz; il multipliait les lignes d'Omnibus; il jetait sur la Seine les Bateaux qui l'animent, et qui facilitent la circulation. Il introduisait, dans sa belle Capitale, les arbres et les fleurs. Il la peuplait de Statues. Son Œuvre était au moins aussi fantastique que ses Comptes. Nous ne souhaitons qu'une chose à présent : c'est qu'on achève, par la liberté, ce qui a été commencé par le despotisme. »

Chacun pourra juger, au cours de l'Exposé qui va suivre, de tous les éléments de la Transformation complexe glorifiée, sans réserves, dans ce magnifique langage, si mes Comptes, dont les résultats pouvaient sembler alors, à des esprits superficiels ou prévenus, les produits de rêves éveillés ou de conceptions fantaisistes, n'étaient pas, au contraire, des documents sérieux, exprimant des faits, surprenants peut-être, mais aussi réels que les travaux dont ils résumaient les dépenses fécondes.

En fait de Comptes, le plus invraisemblable serait encore celui des efforts de travail, de persévérance et de résignation, auxquels sont dues les œuvres qui sembleraient être, d'après le tableau saisissant qu'en a fait M. Jules Simon, le produit d'une baguette magique. Hélas! je n'avais rien de semblable à ma disposition, et l'on verra combien j'avais raison d'écrire dans mon Rapport à l'Empereur, du 20 mai 1868, sur la Situation Financière de la Ville de Paris :

« Ce n'est pas une des moindres difficultés de la tâche de l'Administration Municipale de Paris, que la lutte à soutenir, pour chaque nouveau travail, contre l'Opinion, momentanément égarée par une critique implacable, tandis qu'elle aurait besoin de tout son temps et de toute sa liberté d'esprit pour mener ce travail à bien. Et, cette difficulté, il ne lui en sera même pas tenu compte ; car, l'avenir ne saurait la soupçonner !

« S'il est une œuvre devant laquelle toutes les passions politiques devraient faire silence ; vers laquelle une pensée patriotique devrait diriger tous les bons vouloirs, c'est assurément l'entreprise immense qui fera de Paris une Capitale digne de la France, j'ai presque dit du Monde civilisé... »

Je complétais ma pensée, dans un discours au Sénat, prononcé le 6 juin 1861, dont j'extrais ce passage :

« Ah! si nos descendants, qui béniront l'Empereur d'avoir conçu et réalisé cette grande pensée, songent jamais aux obstacles qu'avait à vaincre l'Administration Municipale chargée des détails de l'exécution, ils supposeront certainement que ses efforts ont été accueillis partout avec une égale faveur, aidés par une jurisprudence bienveillante, encouragés par les conseils et par l'appui d'une presse comprenant l'impossibilité de traverser toujours heureusement un dédale de difficultés, et plus désireuse d'excuser, de couvrir les erreurs, les fautes même, que de s'en prévaloir et de s'en faire des armes d'hostilité; enfin, vus avec sympathie et reconnaissance par toutes les classes de la société, même par celle que ses habitudes d'aisance rendent la plus impatiente de toute gêne et de tout dérangement! »

Mieux que personne, M. Jules Simon, dans sa haute impartialité, pouvait certifier qu'il en fût tout autrement, et je regrette son oubli du revers de la médaille dont il a si bien mis la face en relief.

Je regrette encore plus qu'il n'ait pas fait remonter la meilleure part de son admiration à celui qui la méritait : au Souverain, mon Maître.

Ce « rêveur » ne fut pas seulement l'auteur des plans que j'ai réalisés; il resta l'appui fidèle de l'agent d'exécution que son choix était allé chercher, parmi tous les Préfets de France, pour en faire l'interprète de sa pensée; je n'ose dire : « son Second », à Paris.

Car, il poursuivait avec une fermeté calme, patiente, imperturbable, ce qu'il avait mûrement résolu.

C'est donc un devoir de conscience et d'honneur, pour moi, d'inscrire le nom de l'Empereur Napoléon III au frontispice du modeste monument que j'ai tâché d'élever à mon édilité parisienne, en groupant, sous une forme exempte de toute prétention, dans ce volume, les souvenirs que j'en ai su conserver.

Paris, Mars 1890.

NOTE

Les éléments de presque tous les chapitres qu'on va lire, ont été recueillis et mis en ordre avant que l'idée m'eût été suggérée d'écrire l'histoire de ma vie publique antérieure à ma nomination comme Préfet de la Seine.

La plupart de ces chapitres étaient même déjà rédigés à cette époque.

Le premier date de Juillet 1886. Le second et quelques-uns des suivants furent écrits un an après, seulement.

Plusieurs sont autant d'œuvres distinctes, n'ayant aucun lien appréciable entre elles, dont je viens d'arrêter le classement de mon mieux.

Cette explication est utile, pour qu'on ne s'étonne pas trop du manque de méthode chronologique de mes récits.

Chacun embrasse, en effet, tout ce qui se rattache, de près ou de loin, au sujet qu'il traite, du début au terme de mon édilité parisienne.

Ce défaut de plan préconçu est, d'ailleurs, la cause de certaines redites qu'on peut relever, de-ci, de-là, dans divers chapitres.

Mais les plus saillantes, celles que les lecteurs du volume précédent trouveront dans celui-ci, proviennent de l'ordre anormal suivant lequel je les ai rédigés.

Une foule d'indications et de particularités déjà rencontrées à leur vraie place, dans le premier volume, où je dus les produire avec plus de détails que je ne l'avais fait auparavant dans le second, étaient nécessaires alors, pour faire bien comprendre certains points de mes plus anciens chapitres.

Elles y semblent superflues depuis ma narration rétrospective des antécédents de ma carrière.

Malgré le soin pris, en dernier lieu, d'atténuer autant que possible ces répétitions, je n'ai pu que les rendre un peu moins sensibles.

MÉMOIRES
DU
BARON HAUSSMANN

CHAPITRE PREMIER

MA NOMINATION A LA PRÉFECTURE DE LA SEINE

C'était le 23 Juin 1853.

Préfet de la Gironde, en fonctions depuis le 2 Décembre 1851, j'achevais ma tournée de Revision dans l'arrondissement de Bazas, après avoir parcouru tout le reste du département.

Je dînais à la Sous-Préfecture avec les membres du Conseil, les principaux fonctionnaires et les notables de la localité.

Le Sous-Préfet de Bazas était M. Isoard. Il sortait des bureaux du Ministère du Commerce, et fut, depuis, Préfet de l'Empire.

M. Laurand, mon Secrétaire Particulier, qui m'accompagnait, cette fois, au lieu de mon Chef de Cabinet, M. Ferrier de Tourettes, indisposé, se leva subitement de table, sur un mot que lui dit à l'oreille un homme de service, et, peu d'instants après, me remit un pli, contresigné par M. Dosquet, Secrétaire Général de la Préfecture, apporté de Bordeaux, à mon adresse, par estafette.

Il contenait une dépêche de M. le Comte de Persigny, Ministre de l'Intérieur, transmise de Paris à Bordeaux, dans la journée, par le télégraphe aérien ; — car, il n'était pas encore question, alors, du télégraphe électrique, — dépêche qui m'annonçait ma nomination à la Préfecture de la Seine, et m'appelait à Paris, sans retard.

Je me gardai bien de laisser paraître au dehors ma profonde surprise. — « Rien d'inquiétant ! » dis-je (en mettant le tout, sans broncher, dans ma poche) aux assistants, dont les conversations s'étaient interrompues : « Une communication de M. le Ministre de l'Intérieur. Le
« télégraphe ne peut lui porter ma réponse que demain
« matin, à la première heure, et encore, si l'état du ciel
« le permet ! »

Puis, me tournant vers mon Secrétaire, demeuré debout derrière moi : « Demandez de suite une estafette
« sur Bordeaux », ajoutai-je ; « après dîner, je lui remet-
« trai un autre pli pour le Directeur du Télégraphe, qui
« recevra ainsi, dès ce soir, la réponse à transmettre
« au Ministre. » — Et je repris, comme si de rien n'était, ma conversation avec la femme du Sous-Préfet, Anglaise d'origine, après m'être excusé vis-à-vis d'elle de cette interruption d'un moment, commandée par une raison de service.

Cependant, la dépêche que je venais de recevoir me causait plus que de l'étonnement : un grand trouble d'esprit. Rien ne m'avait fait pressentir ma nomination au poste, absolument exceptionnel, dont il s'agissait. Jamais, la pensée ne m'en était même venue.

La Préfecture de la Seine, quoique réduite, en temps ordinaire, par la coexistence de la Préfecture de Police, au rôle d'organe essentiellement administratif, passait, depuis longues années, pour une situation réservée à des hommes politiques. Depuis la Révolution de 1830, on n'y voyait plus mettre de Préfets de carrière.

Aux journées de Juillet, — comme, hélas! après le 4 Septembre 1870, — un Gouvernement Provisoire établit son siège à l'Hôtel de Ville de Paris, et donna, par cela même, une importance nouvelle à cette résidence, qu'occupèrent successivement, avec le titre de Préfets de la Seine, mais, pour peu de temps, l'un et l'autre, M. le Comte A. de Laborde, Général de Brigade dans la Garde Nationale et Député de Paris; M. Odilon Barrot, un des chefs et des plus renommés orateurs de l'Opposition Libérale, sous le Roi Charles X.

M. le Comte de Bondy et M. le Comte de Rambuteau avaient bien, tous deux, appartenu à l'Administration sous le Premier Empire; mais, c'est aussi comme Députés influents qu'ils arrivèrent au même poste. Bien en Cour, le dernier put, comme M. le Comte Frochot, sous l'Empire, et M. le Comte de Chabrol, sous la Restauration, faire un très long séjour à l'Hôtel de Ville, qu'il reconstruisit, mais dégagea fort insuffisamment.

Sans parler des magistrats républicains : Marrast, Maire de Paris, Trouvé-Chauvel et Recurt, Préfets de la Seine, après la Révolution de 1848, M. Berger, qu'on m'appelait à remplacer, et qui venait d'être nommé Sénateur de l'Empire, était un ancien avoué de Première Instance, fort considéré au Palais; Maire d'Arrondissement, et Député de Paris, sous le Roi Louis-Philippe; puis, Représentant du Peuple.

Par quel revirement d'idées allait-on maintenant placer un vrai Préfet à la tête de l'administration de la Capitale et du Département de la Seine? Et pourquoi m'avait-on choisi, à l'improviste, sans me dire gare?

En 1850 et 1851, comme Préfet de l'Yonne, j'entretenais de fréquents rapports de service, non seulement, avec M. Carlier, alors Préfet de Police, des plus actifs, originaire de Sens, dont le frère, Chanoine, exerçait une action prépondérante à l'Archevêché; mais encore, avec M. Berger, Préfet de la Seine, que je connaissais, du reste, depuis ma jeunesse.

Alors, avant 1830, il était simple avoué; je faisais mon Droit et je travaillais dans l'étude du notaire de ma famille.

Je note ici qu'à cette époque, M° Berger avait pour principal clerc M. Randouin, nommé Sous-Préfet à Blaye, sous le Roi Louis-Philippe, pendant la captivité de Mme la Duchesse de Berry ; puis, à Dunkerque. Celui-ci devint Préfet de l'Oise, sous l'Empire, et l'époux d'une Berthier, cousine du Prince de Wagram.

J'eus, à l'Hôtel de Ville, en 1850, un long entretien avec M. Berger, qui m'y témoigna toute la condescendance due, par un grand Préfet, à ses petits collègues, au sujet d'une Surtaxe d'Octroi sur les Vins, demandée par la Ville de Paris, en raison du projet de dégagement des Tuileries et du Louvre, dont l'annonce mettait en émoi la Basse-Bourgogne, et je quittai son cabinet fort étonné de l'avoir trouvé, sans plus d'embarras qu'il ne semblait en ressentir, chargé d'un aussi lourd fardeau que l'administration de Paris. J'étais loin de croire enviable une telle mission, et plus encore, de penser qu'elle put m'incomber un jour. Mais, je conservai, de cette conférence, le sentiment profond du contraste que formaient, d'une part, les idées terre-à-terre de cet ancien officier ministériel, de ce praticien consommé, des plus honorables, d'ailleurs ; comme aussi, les formes, vulgairement affables, de cet échevin parvenu, content de lui-même ; et, généralement, de tout, j'en conviens, et d'autre part, la hauteur de vues que je croyais nécessaire pour gérer de si grands intérêts ; la tenue digne et bienveillante, tout à la fois, que j'aurais aimé à trouver chez le Premier Magistrat de la Première Ville du Monde. Entré plein de dispositions déférentes dans le Palais de la Cité-Reine, j'en emportai l'impression que je sortais du « Parloüer aux Bourgeois », énormément grossi.

J'étais toujours sous l'influence de ce jugement, — d'autres occasions de me rencontrer avec l'excellent M. Berger ne l'avaient pas modifié, — lorsque, dans les derniers jours d'Octobre 1851, M. Léon Faucher, Ministre de l'Intérieur, vint à Auxerre, accompagné de son ancien Chef de Cabinet, M. Frémy, Député de l'Yonne, avec lequel j'avais des liens de cordiale amitié ; de M. le Comte Léon de Laborde et de M. Prosper Mérimée, deux membres de la Commission des Monuments Historiques, sous prétexte de visiter ceux de ces monuments, sis à Vézelay, dont la restauration était demandée.

M. le Comte Léon de Laborde, Conservateur du Musée des Antiques, au Louvre, était le fils de l'ancien Préfet de la Seine de 1830, et le beau-frère de M. Édouard Bocher. Il fut Directeur Général des Archives, sous l'Empire.

M. Mérimée, déjà membre de l'Académie Française, alors, devint Sénateur par le même Décret que M. Berger, en 1853. Je n'affirme pas que ce fût un Impérialiste pur sang; mais, cet aimable et spirituel sceptique, vieil ami de Mme la Comtesse de Montijo, dévoué de longue date à la personne de l'Impératrice, faisait partie du cercle intime de Sa Majesté.

Le Coup d'État du Deux-Décembre était dans l'air. On le pressentait. Les proportions inouïes du pétitionnement général pour la prorogation des pouvoirs du Prince-Président, avaient surexcité les partis, dans l'Assemblée Nationale et au dehors. On s'attendait à quelque chose de grave et de prochain. De quel côté serait prise l'initiative de la lutte inévitable entre le Prince et la coalition orléano-républicaine qui réunissait presque la majorité dans l'Assemblée? Personne ne pouvait le prévoir. Il m'apparut, cependant, que M. Léon Faucher ne partageait pas les idées de l'entourage du Prince sur les moyens à prendre pour arriver au but avoué : la Prorogation des Pouvoirs, et qu'au delà de ce but, il ne songeait pas à poursuivre celui qu'avaient incontestablement en vue la masse des pétitionnaires et le Prince lui-même.

Toujours est-il que, le soir, après un grand dîner et une réception nombreuse à la Préfecture, le Ministre, reconduit par moi dans son appartement, m'y retint, pour me proposer, en présence de M. Frémy, le poste de Préfet de Police.

Je sursautai; car, je m'attendais à l'invitation de préparer mon départ pour Lyon, où, suivant une décision prise depuis quelque temps déjà, je devais aller en sortant d'Auxerre. On venait de constituer l'Agglomération

Lyonnaise. Désigné, d'avance, pour en diriger l'administration, j'avais été mandé souvent à Paris, afin d'en discuter le projet. Il ne me restait plus qu'à recevoir la notification officielle de ma nomination, comme Préfet du Rhône, quand le Ministre de l'Intérieur me demandait subitement d'oublier toutes mes études, tous mes plans, toutes les grandes choses que j'espérais faire à la tête de la seconde ville de France, pour occuper à Paris, en dehors de ma vocation véritable : — l'Administration proprement dite, — une situation rendue plus importante que jamais, sans doute, par les circonstances, mais qui m'imposerait fatalement un rôle actif dont je ne savais et dont M. Léon Faucher ne pouvait me dire rien de précis !... Je refusai donc nettement, absolument.

Après M. Léon Faucher, médiocrement surpris de ma résolution, — car, cet économiste, transformé en Homme d'État, pensait, au fond, avec moi, que les mesures de Police, comme les combinaisons politiques, ont une valeur subjective temporaire, tandis que l'administration des choses laisse des monuments visibles, durables, — M. Frémy, dont l'esprit délié s'accommodait mieux au maniement des hommes qu'à la conduite des affaires positives, s'éleva contre mon refus. Il n'avait pas cru mon acceptation douteuse, même un instant. A son avis, la Préfecture de Police, qui mettait son Chef en rapports quotidiens avec le Prince, avec tous les Ministres, avec les Ambassadeurs et les autres représentants des Puissances Étrangères, et qui le rendait dépositaire de tous les secrets du Gouvernement et des particuliers, était le premier poste de l'État.

« Oui, » lui répondis-je, « le Préfet de Police a
« charge de nettoyer quotidiennement la Capitale, au

« point de vue moral et politique, aussi bien qu'au
« point de vue matériel. » — Le service du Balayage ne
sortit de ses attributions qu'en 1860. — « C'est une grande
« et utile mission ; mais, elle m'écœurerait. De ce double,
« de cet incessant, indispensable, travail de propreté,
« toujours à refaire, il ne reste rien. On a d'autant
« plus raison d'honorer, de récompenser celui qui s'y
« dévoue, que son nom se trouve forcément condamné,
« comme son œuvre, à l'oubli, dans un temps prochain.
« Pour un ambitieux, la Préfecture de Police est bien
« plus enviable que tout autre poste, je l'admets. Quant
« à moi, je n'ai jamais fait de Politique, ni surtout de
« Police, que par devoir : j'aime, au contraire, l'Admi-
« nistration, pour elle-même. C'est ma vocation. Je ne
« saurais me charger volontiers, ni m'acquitter avec
« succès d'autre chose. »

« — Comment ! Vous ! » interrompit soudain le Ministre. « Mais, de tous mes Préfets, vous avez certaine-
« ment la Police la mieux faite ! »

« — C'est, » repris-je, « parce que la mienne est aussi
« réservée, aussi mesurée que possible. Je la fais presque
« seul, en profitant de toutes les occasions de voir les
« choses par moi-même ; en me rendant facilement
« accessible ; en écoutant avec attention ce qu'on me
« dit, et en le rapprochant de ce que j'ai appris déjà par
« ailleurs. De cette façon, je n'emploie guère d'agents
« que pour les constatations matérielles, les notifications
« d'actes et les mesures d'exécution. J'acquiers ainsi le
« mérite de ne pas grever le compte des Fonds Secrets. »

Puis, revenant à la Préfecture de Police : « Je con-
« nais un poste, » dis-je, « qui prendrait une bien autre
« importance et une bien autre influence, s'il était sé-

« rieusement occupé; mais il ne l'est qu'en apparence;
« il ne le fut, en réalité, dans aucun temps, et ne le sera
« probablement jamais. » — « Lequel? » me demanda
« M. Léon Faucher. » — « La Préfecture de la Seine! »
répondis-je. — « Pas possible! » exclama M. Frémy, avec
ébahissement. « Que pensez-vous donc qu'on puisse faire
« là? » — « Rien, avec M. Berger ou tout autre véte-
« ran politique, allant y chercher, selon le poète: *Otium*
« *cum dignitate;* tout, avec un homme ayant, par sa si-
« tuation dans l'État, ou par de grands services rendus,
« une autorité suffisante pour entreprendre et conduire
« à bien de grandes œuvres, et possédant aussi la vi-
« gueur d'esprit et de corps nécessaire pour lutter contre
« la routine, si puissante en France, et mener de front
« des travaux personnels nombreux, très divers, très
« fatigants, et les devoirs d'une représentation considé-
« rable, digne du rôle important qu'il aurait su prendre. »
— « Vous m'étonnez! » — « Je le crois bien. La Pré-
« fecture de la Seine me rappelle ces anciennes grandes
« orgues de Saint-Roch, dont, suivant une légende qui
« m'est suspecte, personne ne put jamais entendre le
« grand jeu complet, parce qu'on craignait que les vi-
« brations des gros tuyaux de l'octave basse n'ébran-
« lassent les voûtes de l'église. Depuis l'an VIII, aucun
« Gouvernement, sans exception, ne s'est montré sou-
« cieux de voir, à l'Hôtel de Ville, un véritable Préfet
« de la Seine; je veux dire: un Préfet capable de jouer
« largement de cet instrument redoutable. Aucun n'a
« compris le parti qu'on pourrait tirer de ce Maire de
« Paris, relevant d'une seule élection, celle du Pou-
« voir Central, si, personnellement honoré de la con-
« fiance du Chef de l'État, il y puisait une autorité suf-

« fisante pour faire concourir, à la grandeur de ses des-
« seins, la puissance d'une administration municipale
« active et féconde, en d'autres termes, pour conquérir
« au profit du Souverain, c'est-à-dire de la Nation en-
« tière qu'il représente, des forces trop souvent mises,
« en temps de troubles, au service de l'anarchie ou
« d'ambitions locales ! »

De telles considérations étaient au moins prématurées lorsque je les exposais, avant le Deux-Décembre. Mais, peut-être, M. Frémy se rappela-t-il notre conversation d'Auxerre, lorsque le Prince-Président, devenu Napoléon III, ne trouvant point, paraît-il, à la Préfecture de la Seine, un concours aussi efficace qu'il l'aurait voulu, pour l'exécution rapide et sûre des premiers Grands Travaux de sa Capitale, résolut de donner un remplaçant à M. Berger, et d'assurer à celui-ci la très honorable retraite du Sénat.

En effet, comme je le sus plus tard, M. Frémy, alors Conseiller d'État et Directeur Général de l'Administration, au Ministère de l'Intérieur, accompagnait M. de Persigny, Ministre de ce Département, en 1853, quand fut soumise à Sa Majesté, sur sa demande, la liste des Préfets en exercice, parmi lesquels son intention était de choisir le nouveau Préfet de la Seine.

Le hasard voulut que, par suite de récents et nombreux mouvements dans le Personnel Administratif, je me trouvasse, comme Préfet de la Gironde, en tête des Préfets de première classe.

L'Empereur s'arrêta de suite à mon nom, disant :
« Inutile d'aller plus loin ; voilà celui qu'il me faut ! »

Ma nomination avait donc eu lieu au choix et à l'ancienneté, tout à la fois.

Le Chef de l'État s'était rappelé, sans doute, les circonstances exceptionnelles qui lui signalèrent mon administration dans le Var, d'abord; dans l'Yonne, ensuite, où je le reçus deux fois avant le Deux-Décembre; puis, son projet de m'envoyer à Lyon en 1851, lors de la constitution de l'Agglomération Lyonnaise, et tout récemment encore, en Mars 1853; enfin, et surtout, son entrée à Bordeaux, en Octobre 1852; ses trois jours de promenades triomphales dans cette grande et belle ville, et le cadre splendide de la réunion de notables où fut prononcé, dans le hall de la Bourse, le discours historique résumant le magnifique programme (si malheureusement démenti par la force des événements!), que résumaient ces mots inoubliables : « L'Empire, c'est la Paix. »

On sait que j'étais filleul du Prince Eugène, à l'État-Major duquel mon grand-père maternel avait appartenu comme officier général, et que Mocquard, Secrétaire de l'Empereur, jadis Sous-Préfet de Bagnères, quand j'étais Sous-Préfet de Nérac, informé de cette particularité, la croyait d'une certaine importance. En effet, Napoléon III a toujours tenu grand compte des garanties de fidélité que les descendants des serviteurs du premier Empire semblaient lui donner.

Quoi qu'il en fût, la foudre tombant dans mon assiette, au dîner du Sous-Préfet de Bazas, ne m'eût pas plus surpris que ma nomination à la Préfecture de la Seine, m'arrivant subitement au dessert, par dépêche. Mais, au lieu de la vive satisfaction qu'un autre, à ma place, en aurait probablement ressentie, je n'en éprouvai qu'une impression de contrariété croissant avec mes réflexions.

Préfet de la Gironde, j'étais parvenu laborieusement aussi haut, sinon plus, que je n'avais pu me voir dans mes rêves les plus ambitieux de jeune fonctionnaire.

Que pouvais-je désirer, sinon le maintien de ma situation présente? La résidence de Bordeaux ne me convenait-elle pas mieux, sous tous les rapports, qu'aucune autre?

Marié dans cette ville en 1838, j'y possédais, par ce fait, des alliances et des relations de société avec les familles les plus considérables et les plus considérées, notamment, avec cette aristocratie du Grand Commerce, bien autrement influente que la noblesse territoriale, dans un pays où les propriétaires de vignobles, grands et petits, sont toujours un peu dépendants de ceux qui peuvent acheter cher ou dédaigner leurs récoltes. Le monde des Chartrons, composé, en grande partie, de maisons d'origine étrangère, protestantes, en général orléanistes, on ne sait trop pourquoi, eût été, certes, une grosse pierre d'achoppement pour tout autre à ma place. Sa sympathie constituait une véritable force consolidant ma position.

Du reste, après mon départ de la Sous-Préfecture de Nérac pour celle de Saint-Girons, en 1840, venu, de Saint-Girons à Blaye, vers la fin de 1841, j'avais séjourné six ans consécutifs dans ce dernier poste, pour ne pas trop éloigner ma femme de ses parents.

Président du Conseil de Préfecture et Commandant d'une importante compagnie de la Garde Nationale de Bordeaux, en 1848, j'y comptais parmi les promoteurs de la résistance efficace opposée alors, par cette ville et par le département tout entier, au régime révolutionnaire que représentaient les Commissaires, plus ou moins Extraordinaires, de Ledru-Rollin, le fameux Latrade, entre autres, venus de Paris et repartis comme ils étaient venus.

Après les journées de Juin et l'avènement au Pouvoir du Général Cavaignac, qui nous donna du moins un Préfet, et des plus accommodants, j'avais joué, comme membre de la Société du Libre-Échange, transformée en Comité Central politique de la Gironde, un rôle très actif, lors des élections partielles qui nous permirent de protester contre la République, en envoyant, à l'Assemblée Nationale, M. le comte Molé, d'abord, M. Thiers, ensuite ; et finalement, lors de l'élection présidentielle du Dix-Décembre, où la candidature du Prince Louis-Napoléon réunit 103,896 voix, tandis que celle du Général Cavaignac, malgré tous les efforts de son Préfet, n'en put obtenir que 20,472.

Au lendemain du 2 Décembre 1851, je m'étais donc retrouvé sur un terrain connu, dans Bordeaux, où le Prince m'envoya subitement, à ma grande surprise, le jour même du Coup d'État.

Son Altesse Impériale suivit sans doute, en cette occasion, les conseils de Mocquard, Béarnais de naissance, élevé à Bordeaux, et connaissant à fond le pays.

Dans tous les cas, l'opportunité de la mesure lui fut démontrée par l'accueil empressé, chaleureux, enthousiaste même, que, lors de son voyage dans le Midi, j'avais pu lui ménager de la part du Haut Commerce des Chartrons, qui donnait le ton au monde élégant de la ville et jouissait d'une réelle influence sur l'Opinion.

Quitter une situation telle ; abandonner beaucoup de grands projets en cours d'exécution ou en bonne voie ; délaisser les avantages que m'assurait le voisinage des propriétés de la famille de ma femme et des nôtres (acquises en Lot-et-Garonne depuis notre mariage), propriétés au soin desquelles je comptais me consacrer après avoir terminé ma carrière publique à Bordeaux ; renoncer à tout cela pour aller risquer mon passé et mon avenir dans un poste brillant et envié, au milieu de difficultés inconnues, sans appui et, partant, sans probabilité de m'y maintenir pendant les huit années de service qu'il me fallait encore avant d'avoir droit à la retraite : cela me paraissait insensé.

Deux mois auparavant, tout au plus, appelé à Paris, en souvenir de l'ancien projet qui me destinait à la Préfecture du Rhône, pour y recevoir le titre de Conseiller d'État et la mission de prendre, avec cette qualité, l'administration de Lyon et de son département, la direction supérieure de la police des départements voisins, et la surveillance des ennemis de l'Empire réfugiés en Suisse, j'avais obtenu, non sans peine, qu'on me laissât continuer, dans la Gironde, l'œuvre politique et administrative heureusement commencée, grâce à moi. Je n'y étais parvenu qu'en alléguant, à bout d'arguments, la plus mauvaise des raisons (celle qui réussit toujours le mieux) : M. Vaïsse, désigné déjà pour me remplacer, ancien Ministre de l'Intérieur, mon chef, par conséquent, pendant quelques jours, me semblait, disais-je, être en droit de passer avant moi dans la circonstance, et d'aller à Lyon, au lieu de me succéder à Bordeaux !... Et, lorsque, rassuré de ce côté, je me croyais, enfin, bien sûr de rester à poste fixe dans cette ville, on voulait encore m'en retirer pour me jeter, cette fois, dans la fournaise parisienne !

Mon parti fut bien vite pris. J'allai dans le cabinet de M. Isoard, rédiger une courte dépêche de remercîments, où je demandais mon maintien à Bordeaux, en insistant sur les raisons qui, tout récemment encore, déterminaient l'Empereur à m'y laisser.

Mon Secrétaire Général, M. Dosquet, dont la sagacité et le souci du service n'étaient jamais en défaut, non content de m'envoyer de Bordeaux, par estafette, la dépêche télégraphique à laquelle je venais de répondre, m'avait annoncé que, prévoyant ma rentrée au chef-lieu, il allait faire partir de suite, pour Bazas, le Doyen du Conseil de Préfecture, afin de me remplacer dans la Présidence du Conseil de Revision.

Comme je ne rencontrerai plus l'occasion de mentionner ce très précieux auxiliaire, je constate ici que M. Dosquet, Chef de Cabinet de M. le baron Sers, à Metz, le suivit de la Préfecture de la Moselle à la Préfecture de la Gironde, vers 1838, et que, par une faveur exceptionnelle et méritée, il fut nommé, d'emblée, Secrétaire Général de cette grande administration, en 1845 ou 1846, grâce à l'influence de son Chef, devenu Pair de France. Je rappelle qu'en 1848, on le conserva dans ce poste, où son concours fut extrêmement utile aux divers personnages qui se succédèrent à la tête du département, pour en maintenir, malgré tout, l'administration dans les voies normales ; enfin, que le 3 Décembre 1851, je fus heureux de retrouver, inamovible dans son fauteuil, cet ancien collaborateur, absolument sûr et d'un dévouement éprouvé. M. Dosquet mourut, encore en fonctions, durant l'administration de M. de Mentque : il emporta l'estime profonde et les regrets, bien justifiés, de tous ceux qui l'avaient connu.

De retour à Bordeaux, le 24 Juin, de bonne heure, j'y reçus, dans l'après-midi, par le télégraphe, une nouvelle dépêche de M. de Persigny. C'était l'Empereur même qui m'avait désigné pour la Préfecture de la Seine. Ma nomination figurait au *Moniteur* — le journal officiel d'alors — avec celles de M. de Mentque, mon successeur à Bordeaux, et de M. Henri Chevreau, Secrétaire Général du Ministère de l'Intérieur, remplaçant M. de Mentque à Nantes. Je n'avais donc plus qu'à me soumettre !

Voici le texte de ma réponse, inscrite sur le registre de ma correspondance confidentielle avec le Ministre de l'Intérieur, où je ne retrouve pas ma dépêche datée de Bazas, la veille, parce que M. Laurand, mon Secrétaire Particulier, qui tenait ce registre, continua la tournée de Revision, et n'y pensa plus, sans doute, à son retour, la veille de mon départ :

24 Juin 1853, 4 heures du soir.

« J'ai lieu de craindre que mon expérience de l'ad-
« ministration départementale ne soit de peu de valeur
« dans le poste exceptionnel où je suis appelé. Mais,
« j'appartiens sans réserve à l'Empereur, et, quelque pé-
« rilleuse que je juge pour moi la situation nouvelle
« que Sa Majesté m'assigne, je l'occuperai, puisque
« telle est sa volonté, et j'y apporterai l'entier dévoue-
« ment dont j'ai donné déjà plus d'une preuve. »

Retenu jusqu'au 27 Juin à Bordeaux, par la mise en ordre de toutes les affaires pendantes, les réceptions et visites indispensables et le règlement de mes intérêts, j'y fus informé, dans ma correspondance privée, de bien des choses que j'avais besoin de savoir avant d'arriver à Paris, où le remplacement de M. Berger causait une certaine émotion; où, surtout, le choix de son successeur tenait grandement en éveil la curiosité publique.

Le 28, au matin, je descendis à l'hôtel du Danube, rue Richepanse, où m'attendaient M. Buffet, Chef du Bureau du Matériel, à l'Hôtel de Ville, pour prendre mes ordres au sujet de mon installation, et quelques parents et amis, fort étonnés de la réserve extrême avec laquelle je recevais leurs félicitations.

Quinze ans plus tard, dans un de ces entretiens familiers que l'Empereur daignait avoir avec moi, de temps en temps, Sa Majesté eut sujet de me rappeler ces hésitations de la première heure.

C'était quelques mois après la splendide Exposition Universelle de 1867.

Les plus grands Souverains, presque tous les Princes de l'Europe, et une foule de visiteurs, venus de tous les points du Monde, comme pour rendre hommage au génie de la France, avaient témoigné une telle approbation de l'œuvre de la Transformation de Paris, qu'elle imposait momentanément silence à tous les détracteurs de cette colossale entreprise.

Sénateur de l'Empire depuis 1857; Grand-Croix de Légion d'Honneur depuis 1862; décoré du Grand Cordon de nombre d'ordres étrangers; investi, par Lettre-

Close de l'Empereur, du droit de siéger au Conseil des Ministres, et par un Décret spécial, de celui de prendre part aux délibérations de l'Assemblée Générale du Conseil d'État, et, comme les Ministres, aux délibérations des Sections de ce Grand Corps, saisies d'affaires intéressant mon administration ; ne pouvant plus que déchoir, j'avais prié l'Empereur de me relever enfin d'un poste où je m'attendais à subir une recrudescence d'hostilités, provoquée par le succès même de mes travaux, non seulement, de la part de l'Opposition de toutes nuances, mais encore et surtout, au sein même du Gouvernement et de l'entourage du Souverain, hostilités de nature à compromettre la série d'opérations considérables restant à faire, et que ma retraite désarmerait, selon toute apparence, et déconcerterait, au moins.

D'autres que moi pouvaient conduire à fin une œuvre dont toutes les étapes étaient préparées, si l'Empereur leur prêtait, avec son appui, le prestige, incontesté jusqu'alors, de sa puissance et de sa gloire.

Mais, j'avais épuisé sans succès toutes les variations possibles du Cantique de Siméon : « Seigneur, laisse « maintenant aller ton serviteur en paix ; car, ses yeux « ont vu ton salut ! »

Ce jour-là, Sa Majesté me disait, je ne sais plus à quel propos : « Combien vous avez raison de soutenir « que le Peuple Français, qui passe pour si changeant, « est, au fond, le plus routinier du monde ! » — « Oui, « Sire, pourvu que j'ajoute : Quant aux choses !... En « effet, si nous n'aimons aucun trouble de nos habitudes, « nous ne détestons pas autant les mutations de per- « sonnes, qui ouvrent des horizons nouveaux à l'ambi- « tion et aux intérêts. »

« Moi, j'ai le double tort d'avoir trop dérangé la Popu-
« lation de Paris, en bouleversant, en « boulevardisant »
« presque tous les quartiers de la ville, et de lui faire
« voir trop longtemps le même visage dans le même
« cadre. Après mon départ, et seulement alors, on me
« le pardonnera ! »

L'Empereur garda le silence un instant, et, reprenant la parole, m'exprima toute sa surprise des appréhensions que je semblais éprouver, à la veille d'aborder les dernières parties de l'œuvre dont j'étais l'instrument, lorsque j'avais montré tant de décision, de hardiesse même, tant de persévérance et de patience, dans l'accomplissement des premières.

« Comment, » dit-Il, « expliquer, dans votre caractère,
« ce contraste singulier que j'ai bien souvent remarqué,
« d'une sorte de timidité de résolution et d'un cou-
« rage indomptable d'exécution ? » — « Sire, » répondis-je, « le principe de ces dispositions, si contraires
« en apparence, est le même. Elles procèdent toutes
« deux d'un sentiment profond, auquel l'amour-propre
« n'est peut-être pas étranger, sentiment qui me fait
« redouter l'acceptation de chaque responsabilité nou-
« velle, et me rend capable de tout pour la bien porter,
« lorsqu'elle m'est une fois imposée. » — « Vous re-
« connaîtrez du moins, » reprit l'Empereur, « com-
« bien vous aviez tort, lorsque vous hésitiez, jadis, à
« échanger la Préfecture de la Gironde contre celle de
« la Seine ! » — « Eh ! bien, Sire, au risque de paraître
« complètement indigne des grandes bontés de Votre
« Majesté pour moi, je n'hésite pas à déclarer que, s'il
« m'eût été possible alors, de prévoir, d'une part, la
« situation inespérée que je Lui dois, et d'autre part,

« les jalousies implacables, les calomnies odieuses et
« les outrages infâmes dont on m'accable, et dont les
« miens souffrent bien cruellement aussi, je ne serais
« pas venu. J'aurais préféré quitter l'Administration et
« rentrer dans mon obscurité natale. Il est des bles-
« sures que rien ne guérit ! »

L'Empereur, aussi ému qu'étonné, me regarda fixement, et prenant ma main dans les siennes, me dit avec une affectueuse douceur : — « Je vous comprends !
« Car, vous n'êtes pas seul à souffrir ici de l'injustice,
« de l'ingratitude et des basses passions des hommes !
« C'est moi, du reste, qu'on cherche à frapper dans celui
« qui me sert avec une fidélité rare, absolue, sans
« souci d'aucune autre approbation que la mienne.
« Mais, moi aussi, je suis fidèle, et je le serai jusqu'au
« bout à la promesse de mon amitié, que je vous ai
« faite, justement à Bordeaux. »

L'Empereur le fut, en effet, dans les terribles épreuves qui m'étaient réservées, jusqu'au jour où nous sépara forcément, au commencement de 1870, l'arrivée au Pouvoir de M. Émile Ollivier, de l'homme au cœur léger, qui n'a que trop justifié mes tristes prévisions, en conduisant aux abîmes le vaisseau de l'Empire et, à sa suite, la barque légendaire de la Ville de Paris.

CHAPITRE II

MA PREMIÈRE JOURNÉE A PARIS

Dès le matin de mon arrivée, je courus prendre langue chez M. Frémy, et, après un très utile entretien avec cet ami dévoué, je l'accompagnai au Ministère de l'Intérieur, où M. de Persigny m'accueillit mieux encore que je ne l'espérais : à bras ouverts.

Depuis nos premières relations personnelles, cet homme excellent s'était pris, pour moi, d'une profonde affection, qui ne s'est jamais démentie, et d'une confiance absolue, dont il m'a donné bien des preuves. Les résultats de mon administration dans la Gironde, et surtout, la réception incomparable faite, en Octobre 1852, au futur Empereur, par toutes les classes de la population de cette ville de Bordeaux, que l'on considérait comme une citadelle imprenable de l'Orléanisme, l'avaient réellement enthousiasmé. J'aurais donc raison, — il n'en doutait pas, — et sans plus d'efforts apparents, des difficultés qui m'attendaient à l'Hôtel de Ville de Paris, bien que ce nouveau terrain de lutte me fût beaucoup moins connu.

M. de Persigny me confirma, d'ailleurs, ce que M. Frémy m'avait déjà dit, touchant les causes et les circonstances de la disgrâce de M. Berger.

Il m'expliqua sommairement la mission considérable dont j'allais être investi, mission que l'Empereur me ferait connaître Lui-même avec plus de détails.

Il ajouta qu'il allait informer Sa Majesté de ma présence à Paris, et me recommanda de me rendre au Palais de Saint-Cloud, le lendemain, de dix à onze heures du matin, pour prêter serment en ma nouvelle qualité, à l'issue du Conseil des Ministres.

Rentré à l'hôtel du Danube, j'y reçus la visite de M. Merruau, Secrétaire Général de la Préfecture de la Seine, averti de mon arrivée, dès la veille, par M. Buffet, qu'un de mes parents, de ses amis, en avait prévenu.

M. Merruau, ancien élève de l'École Normale, Agrégé de l'Université, Professeur d'Histoire, s'était signalé, comme publiciste, dans *Le Constitutionnel*, dont il devint Rédacteur en Chef sous le célèbre Docteur Véron, le promoteur de la pâte de Régnault, l'ancien Directeur de l'Opéra, transformé en homme politique, après fortune faite. Il avait, comme celui-ci, reçu longtemps les inspirations de M. Thiers, et finalement, pris parti pour le Prince-Président, contre l'Assemblée Nationale. Au lendemain du Deux-Décembre, tandis que son chef s'occupait de se faire élire au Corps Législatif par l'Arrondissement de Sceaux, il entrait dans l'Administration, en obtenant, d'emblée, pour prix de ses courageux services, le poste important de Secrétaire Général de la Préfecture de la Seine, auprès de M. Berger, maintenu dans ses fonctions de Préfet.

Après les compliments de circonstance, M. Merruau me dit que, sans doute, je désirerais être secondé à l'Hôtel de Ville par un Secrétaire Général de mon choix. — Il le trouvait si naturel que son intention était de demander au Ministre et à l'Empereur une situation nouvelle, ne l'éloignant pas de Paris. — Il me priait seulement de vouloir bien ajourner toute proposition relative à son remplacement, jusqu'au succès des démarches qu'il allait entreprendre. En attendant, ajouta-t-il, je pouvais compter sur sa coopération la plus entière.

« Si vous n'avez pas, » lui répondis-je, « d'autre motif
« pour quitter la Préfecture de la Seine, que de faire
« place au Secrétaire Général à désigner par moi; si
« ce n'est pas le départ de M. Berger qui détermine
« votre résolution, sachez-le : je me suis toujours fait
« scrupule de toucher aux positions acquises.

« D'ailleurs, vos fonctions ne sont pas de celles dont
« je me croie le droit de disposer selon mes convenances
« personnelles. Un nouveau Préfet amène avec lui son
« Secrétaire Particulier : rien de plus correct. Mais, le
« Secrétaire Général n'est pas l'homme du Préfet, et
« ne doit pas l'être. Le Secrétaire Général, fonction-
« naire public, a des attributions précises, qui lui sont
« propres. Nommé par le Chef de l'État, il relève direc-
« tement du Pouvoir Central, comme les Sous-Préfets
« auxquels on l'assimile, et qui, pour être placés sous
« les ordres du Préfet, ne sont pas à sa merci. J'ai
« rempli moi-même les fonctions de Secrétaire Général,
« et auprès d'un Préfet absolument étranger à ma
« nomination. En retour de la déférence que je lui de-
« vais, il m'a toujours traité comme un collaborateur
« officiel, c'est-à-dire : tout autrement que son Chef de
« Cabinet, simple employé relevant uniquement de lui.
« Je ne connais pas les Sous-Préfets de Saint-Denis et

« de Sceaux ; mais, je n'ai aucunement l'idée de leur
« faire substituer des Sous-Préfets, très méritants, que
« j'ai pu apprécier ailleurs. J'attendrai de les voir à
« l'œuvre pour juger de la valeur de leur concours, avec
« le meilleur désir de la trouver suffisante. Pourquoi
« agirais-je autrement vis-à-vis du Secrétaire Général
« de la Préfecture, dont le savoir, le grand talent
« d'écrivain et le dévouement à la cause impériale
« sont notoires?

« A défaut d'autre avantage, l'arrivée d'un Préfet de
« carrière à la Préfecture de la Seine aura celui d'y
« faire prévaloir les principes traditionnels qui sont la
« sauvegarde du Personnel Administratif. Notre hiérar-
« chie est ouverte à tous les mérites. Elle abaisse même
« devant quelques-uns ses premiers degrés, ordinaire-
« ment si longs et si pénibles à franchir ; mais, une fois
« dans son sein, personne ne doit en sortir par l'effet
« du caprice ou des convenances d'un supérieur. »

M. Merruau s'empressa de me déclarer que, s'il avait
donné, à l'administration de M. Berger, son concours
le plus absolu, nulle raison ne l'obligeait à solidariser
sa cause avec celle de son ancien Préfet. Il n'était pas
arrivé par son entremise à l'Hôtel de Ville, mais, par
la faveur du Chef même de l'État.

« Eh bien ! lui dis-je, c'est parfait. Je garderai très
« volontiers auprès de moi, pour témoin permanent
« de mes actes, un fonctionnaire placé sous de tels aus-
« pices, et dont les sentiments ne pourront être suspects
« de prévention à mon égard ! »

Je lui serrai la main. Il me quitta fort enchanté de
l'issue d'un entretien qu'il n'avait pas entamé sans une
émotion visible.

Ma réponse à l'offre de démission de M. Merruau fut bientôt connue des Chefs de Services de l'Hôtel de Ville, et produisit un excellent effet parmi eux. Je leur avais été représenté comme un foudre de guerre, qui devait tout bouleverser, et, dès le premier abord, je venais de me montrer sous un jour très différent.

Je n'eus pas, du reste, plus à regretter le maintien du Secrétaire Général que celui de ces différents chefs à leurs postes respectifs.

Mal préparé pour la pratique des affaires administratives par ses premières études, son professorat et sa carrière de journaliste, M. Merruau possédait une intelligence ouverte et une facilité de travail qui lui permettaient de bien comprendre et de bien traiter les questions dont on lui faisait voir les divers côtés. Son style, irréprochable, avait de l'élégance, quelquefois trop. Celui de la grande école administrative, à laquelle on doit les admirables instructions émanées du Ministère de l'Intérieur sous le premier Empire, sous la Restauration, sous le Gouvernement de Juillet, et dont le second Empire n'a pas toujours égalé la rédaction magistrale, se fait autant remarquer par la sobriété des images que par la clarté des exposés, la justesse des aperçus, et la correction scrupuleuse de l'expression.

M. Merruau était souvent entraîné, d'ailleurs, par son esprit fin et délicat, à s'étendre sur des considérations secondaires, propices à des rapprochements curieux ou à des mots tentants, au détriment de la raison principale, qui n'avait plus toujours la première place ou qui s'y trouvait perdue sous trop de fleurs.

En général, pour utiliser les études, notes et travaux préparatoires que je le chargeais de faire, en vue de quelque important mémoire dont je lui expliquais avec soin le plan et les conclusions, il me fallait, non sans quelques ménagements, — car il avait une idée très juste de sa valeur, — modifier l'ordre des nombreux arguments qu'il m'apportait; renforcer et développer les principaux; émonder les autres, et, à mon grand regret, rendre moins littéraires, pour qu'elles fussent plus administratives, les parties de ses remarquables discussions qui rentraient parfaitement dans le cadre du programme tracé par moi.

Il n'avait pas toujours, au degré suffisant, le sentiment de l'objection à prévoir et à détruire d'avance dans l'esprit de l'auditeur ou du lecteur.

Mais, somme toute, c'était un collaborateur très précieux, très instruit, d'un jugement sain, de bon conseil, d'une grande loyauté, et, ce qui ne gâte rien, de très bonnes manières.

Chevalier de la Légion d'Honneur, dès avant mon installation à la Préfecture de la Seine, M. Merruau fut promu au grade d'Officier, peu d'années après, sur ma proposition. Mais, il nourrissait un vif désir d'arriver à la position de Conseiller d'État en Service Ordinaire. C'était difficile! L'Empereur l'y nomma cependant, sur mes instances, en 1860, après l'Annexion à Paris des Communes et portions de Communes comprises dans l'Enceinte des Fortifications, en récompense du concours, très intelligent et très actif, qu'il m'avait prêté dans l'accomplissement de cette œuvre laborieuse.

Je le fis entrer immédiatement, d'ailleurs, dans le Conseil Municipal, considérablement agrandi, et je pus lui ménager, au Bureau de ce Corps, les fonctions de Secrétaire, qui avaient une certaine importance.

Lorsqu'il s'agit du choix d'un nouveau Secrétaire Général, l'Empereur me demanda si j'avais des objections au remplacement de M. Merruau par M. Ségaud, Préfet de 2° classe, en Corse, qui avait beaucoup plu à Sa Majesté, lors de son voyage dans cette île. Je dis à l'Empereur que je serais très heureux de tenir de Lui mon nouveau collaborateur, et M. Ségaud fut nommé. Il différait à bien des égards de son prédécesseur. Mais, pendant le peu de temps que je l'eus auprès de moi, je pus apprécier la droiture de son caractère, son entier dévouement au devoir, et sa fermeté de main, qui tenait en respect le personnel toujours croissant d'employés et d'agents de tout ordre, placés sous mon autorité.

L'importance prise par la Préfecture de la Seine justifia : 1° l'allocation à son Secrétaire Général d'émoluments supérieurs au traitement dont avait joui M. Merruau, et même à celui des Conseillers d'État en Service Ordinaire ; 2° l'admission de ce fonctionnaire au Conseil d'État, au même titre que les Secrétaires Généraux des principaux Ministères, c'est-à-dire comme Conseiller en Service Extraordinaire. Je ne suis pas très certain que M. Merruau ne regretta pas alors son changement de situation. Mais, je suis assuré qu'il eut un noir chagrin, le jour où M. Ségaud, Officier de la Légion d'Honneur quand l'Empereur le plaça sous mes ordres, fut élevé au grade de Commandeur ; car lui, M. Merruau, se trouvait primé, dans le Service Ordinaire du Conseil d'État, par tant d'autres Conseillers attendant cette haute récompense, qu'il prévoyait, avec raison, ne pouvoir jamais l'atteindre.

En 1864, à la mort de M. Ségaud, emporté par le choléra, l'Empereur le remplaça par M. Alfred Blanche,

Conseiller d'État, ancien Professeur à l'École d'Administration, que je laissai en activité lorsque je remis mes fonctions de Maire Central de Paris et de Préfet du département de la Seine à mon successeur, M. Henri Chevreau, le 10 Janvier 1870.

Je retourne au 28 Juin 1853 et à l'hôtel du Danube, où je venais de voir M. Merruau pour la première fois.

Aussitôt qu'il m'eut quitté, je pus enfin me rendre chez mes parents, et après un déjeuner rapide avec eux, j'allai, d'abord, serrer la main du baron Travot, Député au Corps Législatif pour l'Arrondissement de Bordeaux-campagne, et cousin par alliance de ma femme, depuis son mariage avec la fille aînée de M. Gautier, Sénateur, Sous-Gouverneur de la Banque de France, ancien Député de Bordeaux et Pair, sous le Gouvernement de Juillet.

De l'Hôtel de la Banque, je me dirigeai vers le faubourg Saint-Germain, afin de connaître les impressions d'amis très fidèles et très bien informés : le Marquis de La Grange, Sénateur, et la Marquise, née de Caumont-La-Force.

Je rappelle que, pendant les six années de mon séjour à Blaye, comme Sous-Préfet, sous le Gouvernement de Juillet, j'avais eu le Marquis de La Grange pour Député de mon Arrondissement. Je lui avais même prêté, dans deux de ses élections, un concours discret (de règle alors), mais très efficace, et nos excellents rapports n'en étaient devenus que plus intimes.

Je l'ai dit : ancien Secrétaire d'Ambassade, numismate distingué, membre de l'Académie des Inscriptions et Belles-Lettres, le Marquis de La Grange était un très aimable homme; très serviable pour ses électeurs et ses amis; bien posé par sa naissance et la grande fortune de sa femme, et toujours enclin, par la nature conciliante de son esprit, à tous les accommodements politiques. Il faisait partie du Sénat depuis le Deux-Décembre.

La Marquise, fille du Duc de La Force, Pair de France de la Restauration, nièce et héritière du Marquis de Lamoignon, autre Pair de France de la même époque, appartenait, par ses origines et ses relations, à la société du faubourg Saint-Germain. C'était une très grande Dame, d'un accueil peu encourageant pour ceux qui ne lui plaisaient pas, mais des plus affables et des plus simples pour ses amis et ses protégés. Légitimiste, au fond, ralliée à la Monarchie de Juillet, d'abord, à l'Empire, ensuite, comme son mari, qu'elle aimait beaucoup et pour qui la politique lui paraissait être une distraction nécessaire, elle n'avait pas dédaigné de paraître à la Cour du Roi Louis-Philippe, et elle recevait un accueil empressé de l'Impératrice Eugénie.

De tout temps, son salon fut un centre politique et littéraire très suivi, grâce à son esprit, parfois mordant, mais du meilleur aloi. Les hommes d'État de tous les partis et les académiciens de toutes les sortes s'y rencontraient, et elle savait les faire vivre en bonne intelligence. Lamartine s'y montrait assidu, et Victor Hugo y venait souvent.

Il m'importait de savoir ce qu'on pensait, dans ce milieu, du changement de Préfet, décidé, bien évidemment par l'Empereur, afin d'imprimer une direction nouvelle à l'Administration de Paris.

Comme son mari, la Marquise nous aimait beaucoup, ma femme et moi. Ils avaient été enchantés, l'un et l'autre, de nous voir revenir dans la Gironde, après le Coup d'État. Je les trouvai ravis de ma nomination à la Préfecture de la Seine, comme s'il se fût agi, pour eux, d'un succès personnel.

Ils n'éprouvaient aucun doute au sujet de ma réussite dans ce poste, dont, à leur avis, je m'exagérais les difficultés.

Le remplacement de M. Berger n'avait pas causé, autour d'eux, le même étonnement qu'ailleurs. Depuis longtemps, on s'y montrait surpris, au contraire, de voir l'Empereur maintenir à la tête de l'Administration de Paris, au lieu d'y mettre « un des siens », ce vétéran du parlementarisme, cet ancien Maire d'Arrondissement du régime « bourgeois » de 1830, sincèrement rallié à l'Empire, sans doute, mais encore imbu des idées étroites d'une autre époque.

Cette appréciation n'était pas, on le conçoit, de nature à me déplaire.

Je compris aussi que la Marquise se ferait un devoir et un plaisir de venir à l'Hôtel de Ville, lorsque ce serait « chez nous » et non plus chez M. et Mme Berger, dont elle persiflait les réceptions, et je pensais que, de proche en proche, le noble faubourg l'y suivrait et contribuerait ainsi, pour sa part, à faire de nos salons ce que je projetais déjà : une sorte de terrain neutre, en tant que municipal, où toutes les élégances parisiennes, sans distinction de partis, pourraient se rencontrer.

Mais, pour le moment, il s'agissait de choses plus graves. Il était temps de rendre visite à mon prédécesseur.

Entre une et deux heures, j'étais à l'Hôtel de Ville, qu'il n'avait pas encore quitté.

Je trouvai M. Berger, comme précédemment, dans un cabinet exigu et sombre, sis à droite du grand hall nommé la Salle du Trône, où stationnaient deux huissiers en tenue de valets de chambre. Ce cabinet, précédé par un salon d'attente, était éclairé d'une seule fenêtre sur la place de Grève, qui n'avait pas encore changé d'aspect.

« Eh! arrivez donc, jeune homme! » me cria ce bon M. Berger, en levant les bras, dès mon entrée. « Vous
« vous faites bien attendre! Il me tarde de vous passer
« la main. »

Je lui dis que je n'étais pas aussi pressé de la prendre.

« Je le sais, je le sais », reprit-il; « c'est pourquoi je
« suis heureux que ce soit vous qui me succédiez, et
« non pas un de ceux qui m'ont desservi sournoise-
« ment, dans l'espoir de prendre ma place. »

J'aurais bien aimé en entendre davantage; mais, je ne pouvais rien lui demander. Je le remerciai de son accueil, et j'écoutai silencieusement tout ce qu'il lui plut de me dire sur les causes de l'espèce de conflit survenu entre les Tuileries et l'Hôtel de Ville, au sujet de l'extension, déjà trop grande, selon lui et selon la Majorité du Conseil Municipal, donnée aux Grands Travaux de Paris, et des développements que l'intention de l'Empereur était de leur faire prendre.

M. Berger croyait, avec raison, qu'après la Surtaxe d'Octroi sur les boissons qui nous avait mis en présence, trois ans auparavant, il n'était pas à propos d'imposer, à la consommation parisienne, de nouvelles charges, et que, d'un autre côté, l'addition de centimes extraordinaires au principal des Contributions Directes, — Foncière, Portes et Fenêtres, Personnelle et Mobilière, Patentes, — exciterait, parmi les propriétaires, locataires, industriels et commerçants de Paris, des mécontentements hors de proportion avec le produit possible de ces centimes. Quant au Budget de la Ville, il était grevé, pour diverses causes, d'une Dette qui ne lui laissait que des Excédents de Recette insuffisants, comme réserves annuelles, pour faire face aux nécessités imprévues d'une Ville telle que Paris.

Cet édile des anciens jours partageait, sans aucun doute, l'opinion, très généralement répandue à cette époque, et peut-être encore aujourd'hui, qu'on doit administrer une commune, quelle qu'en soit l'importance, comme un bon père de famille gère ses propres affaires, c'est-à-dire d'après les règles de constante économie, de prudente réserve et de prévoyante thésaurisation, qu'observe un riche particulier dans sa vie privée. Or, une Grande Ville, une Capitale surtout, a le devoir de se tenir au niveau du rôle qu'elle joue dans le Pays ; et quand ce Pays est la France ; quand la centralisation, qui est le principe de sa force, a fait, de sa Capitale, la tête et le cœur tout à la fois du corps social, celle-ci manquerait à sa mission glorieuse, si, malgré tout, elle s'attardait systématiquement dans les voies d'une routine surannée.

La vraie réserve d'une Ville comme Paris, c'est la bourse de ses contribuables, qu'il faut préserver, par ce motif, avec un soin jaloux, et affranchir aussitôt que possible, quand elle en est grevée, de ces Surimpositions et Surtaxes devenues trop familières, et pour les moindres besoins, à la plupart de nos Communes. On ne devrait recourir à cette suprême ressource que dans des circonstances déjouant les prévisions des administrations les plus habiles. Cette suprême ressource, tant qu'on n'y recourt pas, est comme toute puissance dont on s'abstient d'user. Elle est la base d'une autorité morale bien plus efficace, d'un crédit bien autrement large, quand on sait les ménager, que si l'on donne à tout le monde, en y faisant appel, l'occasion d'en mesurer exactement la valeur.

Voilà pourquoi j'approuvais plus haut M. Berger de s'être arrêté sur la pente des Surtaxes et des Surimpositions. Il ne songeait, lui, qu'à sa popularité ; moi, je pensais à l'intérêt politique du Gouvernement Impérial et au crédit de la Ville de Paris, qu'il fallait sauvegarder l'un et l'autre.

Il m'apparaissait, du reste, que mon interlocuteur n'était pas assez convaincu de la nécessité de transformer Paris, en vue d'un accroissement considérable de sa population, résultat certain, conséquence forcée du rayonnement des grandes lignes de Chemins de Fer qu'on s'occupait fébrilement d'étendre, jusqu'au fond de nos provinces les plus éloignées, et, par leur jonction avec les réseaux étrangers, jusqu'au bout de l'Europe.

Afin de rendre accessibles et habitables les vastes espaces demeurés improductifs sur les points extrêmes de la ville, on devait, d'abord, la percer de part en part, en éventrant les quartiers du centre, comme on avait commencé de le faire, en continuant la rue de Rivoli, du passage Delorme à l'Hôtel de Ville ; puis, en ouvrant le Boulevard de Strasbourg. Il fallait accomplir ces entreprises, de l'Est à l'Ouest, en achevant la rue de Rivoli, de l'Hôtel de Ville à la Place de la Bastille, de manière à former une grande voie, non interrompue, allant de la Place de l'Étoile à la Place du Trône, par les Champs-Élysées, la rue de Rivoli, la rue et le Faubourg Saint-Antoine ; et du Nord au Sud, en prolongeant le Boulevard de Strasbourg jusqu'à la Seine, puis, à travers l'île de la Cité et au delà du fleuve, jusqu'à la Barrière d'Enfer, en vue de constituer de la sorte une autre grande voie coupant la première au-dessus de la place du Châtelet. On devait ensuite diriger successivement de larges avenues, du centre de la ville, vers les autres parties de sa circonférence, couvertes de terrains vacants, inabordables et sans valeur, pour y changer la destination du sol, et attirer l'industrie du Bâtiment, toujours en quête de lots favorables à la construction.

Je ne connaissais pas encore les projets de l'Empereur ; mais, né à Paris, dans l'ancien Faubourg du Roule, réuni maintenant au Faubourg Saint-Honoré, sur le point où se termine le Boulevard Haussmann et s'amorce l'Avenue de Friedland ; élève du Collège Henri IV, l'ancien Lycée Napoléon, sis sur la Montagne Sainte-Geneviève, où j'avais, plus tard, suivi les cours de l'École de Droit, et, à temps perdu, ceux de la Sorbonne et du Collège de France, je m'étais promené, de reste, dans tous les quartiers de la ville, et bien souvent, durant ma jeunesse, je m'étais absorbé dans de longues contemplations devant un plan de ce Paris, si disparate, qui m'avait révélé les infirmités de son réseau de voies publiques.

Malgré ma longue résidence en province (elle ne fut pas moindre de vingt-deux ans!), j'avais conservé tellement vivaces mes souvenirs et mes impressions d'autrefois, qu'appelé subitement, depuis quelques jours, à diriger l'œuvre de transformation de la Capitale de l'Empire, débattue entre les Tuileries et l'Hôtel de Ville, je me sentais bien mieux préparé qu'on ne le supposait probablement, à remplir cette mission complexe, et prêt, dans tous les cas, à entrer de plain-pied dans le cœur des questions à résoudre.

Au point de vue financier, M. Berger me semblait ne pas faire assez compte des augmentations de revenu que ne pouvaient manquer d'assurer à la Ville le développement certain de sa population fixe et le nouveau courant de transactions qu'il déterminerait; comme aussi, de l'accroissement infaillible, sous l'influence d'une facilité de voyager de plus en plus grande, des divers éléments de la population flottante de Français et d'étrangers amenée par ses affaires ou ses plaisirs à Paris, et peu regardante, en général, quant aux frais de ses séjours passagers dans la Grande Ville.

Quant à moi, je croyais fermement à la fécondité rapide de toutes les entreprises d'utilité publique, bien conçues et bien dirigées.

La théorie des « Dépenses Productives », — qui motiva tant d'étonnements, pour ne rien dire de plus, lorsque, bien plus tard, je pus démontrer, en m'appuyant de faits irrécusables, que l'équilibre du Budget de la Ville avait été assuré, sans Surimpositions ni Surtaxes, à travers tant d'entreprises diverses, par l'extension même de ces œuvres utiles, dont les dépenses croissantes avaient déterminé, parallèlement, une élévation progressive des revenus municipaux, comme les bonnes semences font plus que se reproduire dans les récoltes qu'elles procurent, — cette théorie, si profondément vraie, sous sa forme un peu paradoxale, formait, depuis longtemps, un des articles principaux de ma profession de foi d'économiste.

Mais, trouverais-je, tout de suite, dans mes Budgets, en y restreignant autant que le bien des différents services le tolérerait, la dotation des Dépenses Ordinaires (celles qui restent improductives, et constituent autant de rentes annuelles à payer), un Excédent de Recettes de même nature, pouvant servir de base au commencement d'exécution du programme d'améliorations productives qu'il s'agissait d'aborder; un Excédent sur lequel j'aurais le moyen, soit, d'imputer directement les premières dépenses de ces améliorations; soit, de gager un premier Emprunt permettant de presser, par l'accomplissement de celles-ci, les résultats fructueux que j'en attendais?

Plus heureux qu'Archimède, découvrirais-je le point d'appui nécessaire pour soulever le lourd fardeau que j'avais à porter, le monde de projets utiles dont je prévoyais les exigences successives?

C'est ce que je me demandais, en écoutant mon prédécesseur; c'est ce qu'il me tardait beaucoup de pouvoir chercher à loisir.

Sans laisser percer l'objet de ma sollicitude, je priai M. Berger de me faire remettre un exemplaire du Compte des Recettes et Dépenses de la Ville en 1852, et de son Budget de 1853. J'étais impatient de rentrer chez moi, pour étudier à fond et comparer les chapitres corrélatifs de ces deux documents.

Toutefois, j'avais encore à faire, auparavant, deux visites de convenance : l'une, au Préfet de Police, bien que, hiérarchiquement, je pusse attendre la sienne; l'autre, à M. Delangle, Sénateur, Président du Conseil

Municipal, qui avait le pas sur le Préfet de la Seine, comme Premier Président de la Cour Impériale.

L'aîné des frères Piétri était alors Préfet de Police.

D'abord, Représentant de la Corse à l'Assemblée Nationale de 1848, il était entré dans l'Administration, en 1849, par la Préfecture de l'Ariège, qu'il quitta bientôt pour celle du Doubs ; puis, il passa dans la Haute-Garonne. De Toulouse, il fut appelé par le Prince-Président, après le Deux-Décembre, à remplacer, comme Préfet de Police, M. de Maupas, devenu, pour peu de temps, Ministre de la Police Générale.

Je le trouvai, rue de Jérusalem, dans un cabinet doté du très grand mérite d'être vaste et clair, mais dont l'accès ne rappelait en rien les splendides abords du cabinet étroit et obscur de M. Berger.

M. Piétri, que je connaissais à peine, se montra fort sensible à ma prévenance, et se fit très cordial. Il me parut éprouver des regrets modérés de la disgrâce de mon prédécesseur. Je pus même le soupçonner de n'y pas être complètement étranger. Faisait-il partie de ceux que M. Berger accusait d'avoir visé sa succession ? Il eût été bon de le savoir. Mais, je n'en aperçus rien.

Du reste, pour un homme ayant les origines de M. Piétri, la Préfecture de Police valait mieux que la Préfecture de la Seine : les avantages matériels des deux situations étaient les mêmes, et celle-ci n'occupait jusqu'alors, à côté de celle-là, qu'un rôle fort effacé dans les sphères politique et gouvernementale.

M. Piétri vivait en vieux garçon, avec des habitudes que les obligations d'une grande représentation officielle eussent gênées. Ses aptitudes étaient, d'ailleurs, plus policières qu'administratives. Il n'avait ni le style aisé, ni la parole facile, comme je le sus plus tard.

Nos rapports furent toujours aussi bons que le comportait la différence de nos caractères et de nos manières de vivre, et que le permettaient les conflits incessants des agents de nos deux Préfectures.

Mais, si l'Empereur m'accordait une faveur, le Préfet de Police ne lui laissait pas un instant de repos jusqu'à ce qu'il eût obtenu l'équivalente. Il fallut, tout d'abord, le faire Commandeur de la Légion d'Honneur, parce que je l'étais. En 1855, après le voyage en France de la Reine d'Angleterre, quand je fus promu Grand-Officier, à la demande expresse de Sa Majesté Royale, qui ne pouvait disposer d'aucun ordre anglais en faveur d'un fonctionnaire civil étranger, M. Piétri dut obtenir la même Dignité. Puis, en Juin 1857, lorsque l'Empereur m'annonça gracieusement, un matin, à l'issue de notre patient travail quotidien, qu'Il m'avait nommé Sénateur, afin de me mettre de pair avec le Président et les autres membres du Conseil Municipal qui siégeaient au Sénat, ce fut seulement après que Sa Majesté consentit à comprendre M. Piétri dans la mesure, que le Décret, où figurait mon nom, vit le jour.

Mon collègue fut remplacé, à la suite de l'attentat d'Orsini.

En 1860, il devint Commissaire Extraordinaire de l'Empereur dans le Comté de Nice, lors de l'annexion de ce pays à la France. Ultérieurement, il se vit chargé quelque temps de l'administration du département de la Gironde. Alors, il me demanda de lui tracer, sur un plan de Bordeaux, les percements à faire dans les vieux quartiers de cette ville. Mais, il ne put utiliser mon travail.

Le successeur de M. Piétri l'aîné fut M. Boittelle, Préfet de l'Yonne, ami personnel de MM. de Morny et de Persigny, et mon allié, comme gendre de Balthazar Haussmann, cousin germain de mon père, un des chefs de la grande et ancienne manufacture de Logelbach près Colmar (filature de coton, tissage, teinture et impression d'étoffes).

J'eus soin de l'expliquer à l'Empereur, le jour où Sa Majesté, m'annonçant qu'Elle avait fait choix de M. Boittelle, me demanda si je le connaissais. J'ajoutai : « J'es-« père que nous vivrons en bonne intelligence ; mais, on « ne pourra point dire que nous ne sommes pas cousins. »

Quand M. Boittelle dut se retirer à son tour, il fut nommé Sénateur, et remplacé, comme Préfet de Police, par M. Piétri jeune, avec qui je n'eus que de parfaites relations. Il conserva son poste, en 1870, lorsque je quittai le mien.

M. Delangle était, par-dessus tout, un jurisconsulte éminent. Il appartenait à la Nièvre, où sa famille, comme celle des Dupin, occupait un rang des plus modestes. Il aimait à rappeler que, venu à Paris afin d'y faire son Droit, il dut exercer les humbles fonctions de Maître d'Étude à l'ancien Collège Sainte-Barbe, pour y gagner, avec le vivre et le couvert, un maigre salaire lui permettant de payer ses inscriptions et frais d'examen. Parti de si bas, il était justement fier d'être arrivé aux plus hauts postes de l'État, après avoir pu se faire, par son travail et son éloquence, une des premières places en tête du Barreau de Paris. Membre du Conseil et Bâtonnier de l'Ordre des Avocats, il fut appelé, sans transition, par le Gouvernement de Juillet, aux fonctions d'Avocat Général à la Cour de Cassation, et plus tard, de Procureur Général près la Cour Royale de Paris. Dans l'intervalle, il fut élu Député de la Nièvre. Destitué, en 1848, par le Gouvernement Provisoire, il rentra dans la vie publique après le Coup d'État du Deux-Décembre, comme membre de la Commission Consultative, et fut nommé Président de Section au Conseil d'État. Il remplaça M. Dupin aîné dans le poste de Procureur Général près la Cour de Cassation, quand celui-ci s'en démit, en 1852, après les Décrets de mainmise sur les biens de la famille d'Orléans. Sous l'Empire, il était devenu, je l'ai dit, Sénateur et Premier Président de la Cour Impériale de Paris.

M. Delangle remplaça le Général Espinasse, comme Ministre de l'Intérieur, en 1858, et fut nommé Garde des Sceaux et Ministre de la Justice, en 1859, avant le départ de l'Empereur pour l'Italie. En 1863, il donna sa démission, et devint Premier Vice-Président du Sénat, après avoir quitté l'hôtel de la Chancellerie.

Il était Grand-Croix de la Légion d'Honneur et membre de l'Académie des Sciences Morales et Politiques.

Lorsque je me présentai devant lui, je le voyais pour la première fois. Je n'avais pas voulu attendre, m'empressai-je de lui dire, que mon installation dans mes fonctions nouvelles me fît un devoir de rendre visite au Chef de la Cour Impériale, pour me mettre en rapport avec le Président du Conseil Municipal, envers qui sa haute situation dans le Pays et dans l'État me commandait cet acte de déférence.

M. Delangle, dont l'abord demeurait aussi réservé que poli, fut pourtant bien obligé de se départir, à ces paroles, de la froideur marquée de son premier accueil ; mais (il tint à me le déclarer, sans retard), pour lui, M. Berger était un ami de vieille date, et, malgré tout ce qu'il avait appris de ma grande valeur, il ne pouvait s'empêcher de regretter profondément sa sortie de l'Hôtel de Ville ; car, il y continuait dignement les traditions d'une édilité qui, certes, avait laissé le souvenir de grands et utiles travaux, et des finances en bon ordre : celle de M. le comte de Rambuteau !

Ma réponse, très facile, puisque je regrettais moi-même d'avoir à recueillir la succession de M. Berger, ne se fit pas attendre.

Mais, je ne prolongeai pas beaucoup un entretien d'où je comprenais bien ne pouvoir plus rien tirer de favorable. D'ailleurs, j'avais hâte de me plonger, enfin, dans l'étude de la situation financière de la Ville, qui demandait forcément un long travail.

En rentrant chez moi, j'y reçus les documents que M. Berger devait m'envoyer.

De cinq à sept heures, j'en commençai l'examen analytique.

Je le repris, après dîner, et je ne terminai pas ma veillée anxieuse, avant d'avoir découvert, dans le Compte de 1852, la vérité sur l'importance des ressources libres que la Ville pouvait consacrer annuellement à des dépenses extraordinaires. Elle était dissimulée au Budget de 1853, d'un côté, par une évaluation trop prudente de la plupart des recettes ordinaires, et de l'autre par l'allocation, en dépense, de nombreux fonds de provision, pour des besoins éventuels, d'une réalisation au moins douteuse.

Eureka! — J'ai trouvé! — aurais-je pu m'écrier aussi, tant je me sentais soulagé par le résultat de mon labeur.

J'avais le point d'appui cherché, celui qui devait me permettre de soulever, non pas le Monde, mais le pesant fardeau que j'allais assumer. Sans doute, il était bien étroit encore ; mais il suffirait à commencer l'application du système financier que j'avais en vue, pour opérer graduellement la Transformation de Paris voulue de l'Empereur, système dont j'entendais bien me garder de faire, à l'avance, un exposé quelconque, mais dont la démonstration se produirait d'elle-même, dans la mesure du développement progressif des ressources libres de la Ville, sur lequel je comptais, et qui s'imposerait finalement, par son succès même, aux esprits les plus prévenus.

Entre ma visite matinale à M. Frémy, dans laquelle j'apprenais ce que l'Empereur attendait de moi, et celle que je devais faire le lendemain à Sa Majesté, pour prêter serment entre ses mains, j'avais donc eu la bonne chance de poser les premières assises du plan financier dont la réalisation patiente m'a rendu possible, sans aucun appel aux contribuables de Paris, de poursuivre l'accomplissement des plus vastes projets qu'aucune édilité du Monde ait jamais entrepris.

Le sommeil confiant et paisible auquel je donnai les dernières heures de ma première nuit parisienne, m'était bien dû, après la journée, si remplie, dont je viens de faire l'histoire.

CHAPITRE III

CHEZ L'EMPEREUR

Suivant la recommandation de M. de Persigny, j'étais, en grande tenue, au Palais de Saint-Cloud, le 29 Juin, à dix heures du matin, pour ma prestation de serment.

Je descendis de voiture au perron central. Du vestibule, je fus conduit, par l'escalier d'honneur, au premier étage, qui formait rez-de-chaussée du côté du parc, et par la grande antichambre et les salons donnant sur la cour, où l'on admirait les tapisseries des Gobelins représentant les scènes du Mariage de Henri IV et de Marie de Médicis, jusqu'à la salle de billard, où le Chambellan de service, M. le Comte d'Arjuzon, venant à ma rencontre, me pria d'attendre : le Conseil des Ministres était en séance, et ne prit fin, ce jour-là, qu'après onze heures.

Le Conseil avait lieu dans une salle précédant le Cabinet de l'Empereur, sis à l'extrémité de l'aile du château que l'on avait à gauche en arrivant, entre la cour intérieure et la partie basse du parc. En avant de cette salle, était un salon d'attente, où se tenait le Service d'Honneur, composé d'un Aide-de-Camp, d'un Chambellan, d'un Écuyer et d'un Officier d'Ordonnance. Les huissiers du Cabinet occupaient une première pièce, à laquelle on montait d'ordinaire par un escalier établi à l'angle de la cour, entre l'aile dont il s'agit et le principal corps du Palais. Toute cette enfilade était éclairée sur la cour. Derrière, les appartements de l'Empereur donnaient sur le bas-parc. Les bureaux du Cabinet se trouvaient au rez-de-chaussée.

L'autre aile du château, à droite en arrivant, ne contenait que la Galerie d'Apollon, où se donnaient les bals et les très grands dîners. C'est là que l'Empereur et l'Impératrice réunirent tous les Maires des Chefs-lieux de départements, invités au baptême du Prince Impérial, en 1856.

Je fus rejoint, dans la salle de billard où j'attendais, par le colonel Thiérion, Gouverneur du Palais de Saint-Cloud, Député de la Gironde pour les Arrondissements de Bazas et La Réole, dont, je l'ai dit ailleurs, la femme était cousine germaine de la mienne.

Le colonel Thiérion, qui commandait un régiment de Lanciers, sous le premier Empire, mis en demi-solde sous la Restauration, et, après 1830, à la tête d'un régiment de Dragons, puis, d'une légion de Gendarmerie, avait pris sa retraite en 1848.

L'Empereur ne se contenta pas de l'attacher à sa Maison ; il tint à le voir entrer au Corps Législatif, et, comme on l'a déjà lu précédemment, je le fis élire dans la Gironde. Retiré au Parc des Princes, en 1870, après l'incendie du Palais de Saint-Cloud, il y mourut.

Pendant ma conversation avec ce vétéran de la Grande-Armée, entrèrent M. Henri Chevreau, Secrétaire Général du Ministère de l'Intérieur, nommé Préfet de la Loire-Inférieure, qui venait aussi prêter serment entre les mains de l'Empereur, et quelques autres Préfets, convoqués pour le même motif.

M. Henri Chevreau avait débuté dans l'Administration en Janvier 1849, comme Préfet de l'Ardèche. C'est de là qu'il vint au Ministère de l'Intérieur. — Il passa, de la Préfecture de la Loire-Inférieure, à celle du Rhône, et fut élevé à la Dignité de Sénateur, en 1865. Je le désignai moi-même à l'Empereur, comme devant être hiérarchiquement mon successeur à Paris, quand je dus quitter la Préfecture de la Seine. A la chute du Ministère Ollivier, en Août 1870, il entra, comme Ministre de l'Intérieur, dans le Cabinet Palikao, qui fit place au Gouvernement insurrectionnel de la Défense Nationale.

Après le Conseil, M. de Persigny vint nous trouver et nous fit introduire dans la salle des Séances, où se tenait l'Empereur, qui fit, au-devant de moi, quelques pas, et me dit combien il était heureux de pouvoir me confier un poste auquel il attachait une importance exceptionnelle dans les circonstances présentes. Je m'excusai, sur cette importance même, de mes hésitations, que je priai Sa Majesté d'attribuer à la crainte de rester au-dessous de son attente, et non pas à la défaillance de mon dévouement, en face d'un mandat périlleux.

Le Ministre lut ensuite la formule du serment : « Vous « jurez Obéissance à la Constitution et Fidélité à l'Em- « pereur », et, plaçant ma main droite entre celles de Sa Majesté, qui daigna la presser affectueusement, je répondis : « Je le jure ! »

J'étais définitivement Préfet de la Seine : il n'y avait plus à m'en dédire.

Puis, chacun des autres Préfets convoqués avec moi prêta le même serment.

Je ne me rappelle pas que mon successeur à Bordeaux, M. de Mentque, fût présent : il n'avait probablement pas encore quitté Nantes.

Mais, il me semble bien que ce fut alors que prêta serment M. Alphonse Paillard, nommé Préfet du Cantal, en récompense de sa belle et courageuse attitude, comme Sous-Préfet de Forcalquier, en face d'une insurrection redoutable, et malgré les mauvais traitements qu'il avait endurés dans cette terrible lutte.

Quoi qu'il en soit, il me revient en mémoire que, lors de la prestation de serment de ce jeune collègue, à laquelle j'assistai certainement, ce jour-là même ou quelque autre, l'Empereur entendit BAYARD, au lieu de PAILLARD, quand M. de Persigny lui nomma le nouveau Préfet, en vantant avec chaleur sa belle conduite, et que Sa Majesté dit gracieusement à celui-ci :

« Je compte que vous vous montrerez toujours digne
« de votre nom. »

Tableau ! — Ahurissement du Préfet, du Ministre ; effort des assistants pour garder leur sérieux, et vague étonnement du Souverain pour le peu de succès obtenu par son mot.

Longtemps après, j'eus occasion de parler à l'Empereur de M. Paillard, et je le fis partir de ce bon gros rire qui le secouait dans ses moments de belle humeur, en lui contant son quiproquo. — « Vraiment, j'ai dit cela ? » — « Oui, Sire, je l'ai moi-même entendu ! » — « Mais ce
« malheureux Préfet ?... » — « Il ne comprit pas de suite
« l'erreur de Votre Majesté ; mais après, il en paraissait
« tout confus. L'Empereur lui doit bien, en retour, ce

« dont il est question maintenant pour lui, ce qu'il mé-
« rite parfaitement, du reste. »

M. Paillard fut successivement Préfet du Cantal, de Lot-et-Garonne et du Pas-de-Calais. Il se distingua, dans ces divers postes, par la fermeté de sa foi politique, et par son intelligente direction des hommes et des affaires. Depuis 1870, il vit retiré dans ses propriétés de Saône-et-Loire, et s'occupe exclusivement d'Agriculture.

Retenu pour le déjeuner, après ma prestation de serment, je fus conduit dans les salons de l'Impératrice, occupant la partie gauche de la façade principale du Palais sur le Parc. Le cabinet de Sa Majesté était à l'angle du Château, de ce côté, et ses appartements, en retour dans l'aile dont ceux de l'Empereur occupaient le reste, donnaient sur la pièce d'eau sise au bas de la montée conduisant à la lanterne de Démosthène, selon les uns, de Diogène, selon les autres. Une des pièces du cabinet de l'Impératrice, une sorte de boudoir, s'ouvrait devant l'allée des marronniers en terrasse au-dessus du bas-parc, qui bordait, à gauche, le parterre faisant face au Palais. C'est dans ce boudoir et dans des pièces voisines, que, plus tard, Sa Majesté réunit les premiers éléments de son musée de curiosités chinoises.

A droite du parterre, était la voie carrossable, également plantée de marronniers, qui conduisait, d'une part, à Villeneuve-l'Étang, d'autre part, à l'embarcadère impérial du Chemin de Fer de Paris à Versailles. Les voitures y accédaient par une rampe montant de la cour et passant derrière l'aile droite du Château.

Je trouvai dans les salons où l'on m'introduisit, le double personnel du Service d'Honneur auprès de Leurs

Majestés, et les Ministres qui venaient de siéger au Conseil.

Je connaissais la plupart des assistants, et je reçus leurs félicitations.

Parmi les Ministres, sans parler de M. de Persigny, j'étais au mieux avec le Général de Saint-Arnaud, Ministre de la Guerre, que j'avais fait nommer, comme on se le rappelle, membre du Conseil Général de la Gironde, pour le canton de Saint-Macaire (il y avait, je l'ai dit, quelques immeubles, indivis avec son frère utérin, M. Forcade de La Roquette), afin d'avoir, en lui, un Président de Conseil Général absolument sûr. Je vivais en bons termes avec M. Ducos, Ministre de la Marine, ancien Député, Membre de ce même Conseil Général de la Gironde; avec M. Abbatucci, Garde des Sceaux, Ministre de la Justice ; — nous avions eu des rapports personnels, au sujet des travaux de la Commission Mixte que je présidais ; — avec M. Magne, Ministre de l'Agriculture, du Commerce et des Travaux Publics, qui, naguère, accompagnait le Prince-Président, lors de son voyage dans le Midi, et venait, ensuite, dans la Gironde, avec M. de Franqueville, Directeur Général des Ponts et Chaussées, pour visiter nos travaux de la Pointe de Grave ; enfin, avec M. Drouyn de Lhuys, Ministre des Affaires Étrangères, lequel figurait également à la réception du Prince-Président à Bordeaux.

Les seuls Ministres que je ne connusse pas encore, étaient : MM. Fould, Ministre d'État et de la Maison de l'Empereur ; Bineau, Ministre des Finances ; Fortoul, Ministre de l'Instruction Publique et des Cultes. Quant à M. Baroche, Président du Conseil d'État, qui prenait part aux séances du Conseil des Ministres, je l'avais eu pour Ministre de l'Intérieur.

On s'en souvient, c'est pendant son administration que, sur la désignation du Prince-Président, je passais de la Préfecture du Var à celle de l'Yonne, en 1850. J'allais souvent d'Auxerre à Paris, au moyen du Chemin de Fer de Paris à Lyon, déjà mis en exploitation jusqu'à Joigny, et dont les services de construction par l'État, entre Joigny et Dijon, se trouvaient concentrés entre mes mains : j'avais donc eu nombre d'occasions de conférer directement, d'abord, avec M. Baroche, puis, avec M. Léon Faucher, qui le remplaça comme Ministre de l'Intérieur, de la situation politique de mon département.

Quand parurent Leurs Majestés, l'Empereur me fit appeler pour me présenter Lui-même à l'Impératrice, qui me voyait pour la première fois.

Ensuite, je fus prévenu par le Préfet du Palais de service, le comte de Montbrun, que j'aurais à conduire à table Mme la Marquise de Las Marismas, l'une des Dames de service auprès de Sa Majesté. — Je l'avais vue à Château-Margaux, propriété de son beau-frère, qu'elle épousa, quelque temps après, en secondes noces. — M. de Montbrun ajouta que je devrais me placer à la droite de l'Impératrice. C'était un honneur fait aux nouveaux venus d'un certain rang.

Il n'y avait pas d'étiquette, à ces déjeuners de la Cour. Les Grands Fonctionnaires, hôtes habituels de l'Empereur, se mettaient où ils voulaient, et généralement aux bouts de table, pour laisser libres les approches de Leurs Majestés. Ils choisissaient eux-mêmes leurs voisins ou voisines. Les Préfets du Palais ne s'occupaient que des places sises auprès du Souverain et de la Souveraine, pour l'attribution desquelles ils prenaient les ordres de l'Empereur.

A défaut de Dames étrangères à la Cour, c'étaient la Princesse d'Essling, Grande Maîtresse de la Maison de l'Impératrice, et la Duchesse de Bassano, sa Dame d'Honneur, qui s'asseyaient auprès de l'Empereur. Il en allait de même aux dîners intimes. Le cérémonial ne reprenait tous ses droits que dans les grands dîners d'apparat.

L'Impératrice me parla de Bordeaux, où elle avait fait plusieurs séjours dans sa jeunesse, et des familles qu'elle y avait connues.

Elle me dit qu'elle était allée, avec Mme la Comtesse de Montijo, sa mère, dans un grand bal chez la baronne Sers, à la Préfecture. Je me rappelais bien que, dans ce bal, auquel j'assistais, avec ma femme, quand je résidais encore à la Sous-Préfecture de Blaye, j'avais remarqué, en effet, une jeune et très belle personne, qu'on me dit être une Espagnole de distinction. Elle se tenait dans le troisième salon (le salon jaune) où se groupait de préférence la haute société. J'avais là le sujet d'un compliment, dont je crus plus respectueux de m'abstenir.

L'Empereur changea, du reste, le sujet de notre conversation, en disant à l'Impératrice : « Sais-tu que « M. Haussmann eut, comme toi, pour parrain, mon « oncle, le Prince Eugène? » — « Ah! » s'écria l'Impératrice, toute surprise. — « Oui, Madame, » affirmai-je; « mais, parmi les filleuls du Prince, je suis de « beaucoup l'aîné de Votre Majesté. » J'expliquai brièvement ce que j'ai dit ailleurs des causes de ce parrainage, pour lequel, on s'en souvient, mon grand-père maternel représenta le Prince, vu la différence des reli-

gions. — « C'est vrai, » dit l'Empereur : « vous êtes
« Alsacien ! » — « Je suis, » répondis-je, « un Alsacien né
« à Paris, d'un père né à Versailles, où mon grand-père
« paternel a siégé dans nos premières assemblées na-
« tionales. » — « Et vous êtes devenu Bordelais par votre
« mariage, » répliqua Sa Majesté. — « Ma femme, « ajoutai-je, « est une Suissesse, née à Bordeaux, d'un père
« né à Rolle, dans le canton de Lausanne. » — « Rolle ?
« C'est là, je crois, » dit l'Empereur, « que j'ai vu le
« monument du Général de La Harpe, ancien Gouver-
« neur de l'Empereur Alexandre de Russie. » Je continuai la phrase de Sa Majesté par ces mots : « Et grand-
« oncle de Mme Haussmann, qui est une de La Harpe. Un
« autre Général de sa famille fut tué au service de la
« France, en Italie, et son buste se voit aux Tuileries,
« dans la Salle des Maréchaux. » — « Le premier Con-
« sul en faisait grand cas, » dit l'Empereur, « et je suis
« heureux d'apprendre que Mme Haussmann soit issue
« d'une telle famille. »

J'avais eu, grâce à l'Empereur, la bonne fortune
de pouvoir ainsi, dès le premier jour, prendre position
en Cour, et pour ma femme et pour moi.

Après le déjeuner, l'Empereur m'emmena dans son
cabinet et m'entretint de la dissolution du Conseil Municipal de Paris, qu'Il croyait nécessaire, pour en faire
sortir les membres à la mauvaise influence desquels il
attribuait l'opposition sourde et systématique de ce
Corps à ses desseins, et ceux qui suivaient aveuglément
leurs directions et votaient, dans tous les cas, avec
eux. Selon Sa Majesté, mon premier soin devrait être de
rechercher, parmi les notables de Paris, et de proposer

à son choix, les hommes, dévoués à la cause Impériale, par lesquels il faudrait les remplacer dans une réorganisation du Conseil Municipal. L'Empereur avait déjà recueilli quelques noms, qui, tout d'abord, ne sonnèrent pas également bien à mon oreille.

Sans faire d'objection à rien ni à personne, je suggérai doucement à l'Empereur que la mesure très considérable qu'il projetait, et dont Il était, certes, le meilleur juge, gagnerait peut-être à ne pas avoir l'apparence d'un acte prémédité de sa part. — Mieux vaudrait, sans doute, non pas pour moi, mais pour Sa Majesté, qu'Elle me laissât le temps moral d'en prendre l'initiative et d'en assumer la responsabilité vis-à-vis de la population parisienne. — Je Lui demandais bien peu de jours pour étudier la composition du Conseil, et pour faire surgir, au besoin, de son côté, une difficulté de nature à le mettre incontestablement dans son tort aux yeux du public, et à justifier pleinement sa dissolution.

Je me réservais *in petto* le cas où ce Conseil, moins mal disposé peut-être qu'on ne le supposait, — car, probablement, M. Berger l'avait ainsi représenté pour se couvrir, — et suffisamment averti, du reste, par la disgrâce de celui-ci, deviendrait, par impossible, docile à mes directions, et ne mériterait pas, en fin de compte, la mesure de rigueur qui le menaçait.

A l'appui de mes premières observations, bien accueillies, j'ajoutai que, si la population de Paris, dans son ensemble, était sympathique aux projets de transformation ou, comme on le disait alors, « d'embellissement » de la Capitale de l'Empire, la majeure partie de la bourgeoisie, et l'aristocratie, presque tout entière, s'y montraient hostiles, et qu'il me semblait prudent d'éviter tout ce qui pourrait donner prise à l'Opposition des salons, et lui permettre de se reformer, pour dénigrer, sous couleur municipale, en attendant mieux, le Gouvernement de Sa Majesté. L'Empereur goûta fort cet argument.

Quant aux questions financières, Il m'en laissait le soin, et je ne crus pas à propos de le fatiguer, tout de suite, par les explications, hérissées de chiffres, auxquelles j'aurais dû forcément recourir, pour lui faire bien comprendre comment je comptais les résoudre.

Au surplus, l'Empereur était pressé de me montrer une carte de Paris, sur laquelle on voyait tracées par Lui-Même, en bleu, en rouge, en jaune et en vert, suivant leur degré d'urgence, les différentes voies nouvelles qu'Il se proposait de faire exécuter.

J'appris, à ce sujet, que l'Empereur avait jugé bon de constituer une Commission, composée de divers personnages qu'Il me désigna (« Commission officieuse », dont le Préfet de la Seine faisait partie de droit), pour étudier, avec Lui, chacun de ces projets, et arrêter le plan du réseau général de toutes les nouvelles voies publiques à ouvrir successivement dans Paris.

Cet avis imprévu de l'existence d'une sorte de Conseil Municipal privé, sinon occulte, me fit appréhender tout de suite les embarras qui pouvaient en naître.

Il était trop tard pour décliner les fonctions de Préfet de la Seine, et trop tôt pour m'en démettre.

Voici mes premières paroles : « Assurément Votre
« Majesté ne saurait s'entourer de trop de lumières
« dans le grand travail qu'Elle entreprend ; mais, je
« commence à comprendre ce qui me causait jusqu'à

« présent un étonnement profond : la mauvaise grâce
« apportée par le Conseil Municipal de Paris dans tout
« ce qui se rapportait à la mise en marche d'une œuvre
« si belle et pouvant être si glorieuse pour ses coopé-
« rateurs de tout ordre.

« Comment ! » poursuivis-je, en m'animant un peu :
« Voici un Conseil Municipal non élu, composé de mem-
« bres individuellement choisis par le Souverain, qui
« se sont triés eux-mêmes, pour ainsi dire, en restant à
« leur poste, non seulement, au Deux-Décembre, mais
« encore, à la promulgation des Décrets relatifs aux
« biens de la famille d'Orléans, après la démission de
« ceux dont le dévouement à Sa Personne avait fait dé-
« faillance, soit à l'une, soit à l'autre de ces époques, et
« que l'Empereur a complétés par la nomination d'amis
« bien sûrs, et c'est un tel Conseil qui recule, qui de-
« vient suspect d'un refus systématique de concours,
« devant l'exécution de ce plan grandiose, que Sa Ma-
« jesté daigne dresser Elle-même, et qui doit illustrer
« son règne et leur édilité tout à la fois? Cela confond
« l'esprit. Mais, quand on connaît le cœur humain et
« l'amour-propre des corps constitués, plus intraitable
« que celui d'aucun de leurs membres, on se rend aisé-
« ment compte de l'impression ressentie par le Conseil
« Municipal officiel, en apprenant, soit du Préfet; soit
« d'autres membres de la Commission officieuse cons-
« tituée par l'Empereur, justement fiers de son choix,
« que Sa Majesté croit nécessaire de chercher des avis,
« sinon des inspirations, et une collaboration, plus ou
« moins effective, à la Transformation de Paris, hors
« de l'Hôtel de Ville — où ses élus se considèrent
« comme ses conseillers naturels, pour tout ce qui

« rentre dans leurs attributions légales, — et que leur
« rôle est ainsi réduit à réserver, dans le Budget de la
« Ville, les ressources indispensables aux travaux dont
« d'autres auront l'honneur ! On peut, on doit même
« blâmer les susceptibilités que les adversaires des
« projets de l'Empereur ont excitées chez eux, en leur
« révélant ce fait ; mais, du moins, on sait quel en est
« le vrai motif. Plus n'est besoin de chercher ailleurs
« le point de départ de la résistance qu'il va falloir
« vaincre.

« Je ne saurais me dissimuler, » ajoutai-je, en terminant, « que les nouveaux Conseillers Municipaux
« dont Votre Majesté me charge de former la liste, ne
« seront peut-être pas, une fois en fonctions, à l'abri
« des mêmes suggestions mauvaises. »

« — Vous avez peut-être raison, » me répondit l'Empereur, « et nous en reparlerons dans quelques jours,
« après la première séance de la Commission, à laquelle
« je vous ferai convoquer. »

Je le dis tout de suite : « la Commission » à laquelle je venais de donner le coup de la mort, ne survécut pas à cette réunion curieuse.

On y entendit deux rapports, bien écrits, mais pleins de considérations banales et dépourvues de toute appréciation pratique, sur je ne sais plus quels projets de percements, qui furent lus par M. le comte Siméon et M. le duc de Valmy.

Je ne discernai pas si M. le duc de Valmy, que je n'avais jamais vu, mais qui me fit l'effet d'un gentilhomme de très bonnes manières et d'un esprit cultivé, sans la moindre aptitude pour l'Administration, comptait parmi

« ceux » que M. Berger accusait de convoiter sa succession ; seule, la présence de ce personnage dans la Commission pouvait me le faire penser.

Quant au comte Siméon, c'était autre chose.

Petit-fils d'un ancien Conseiller d'État, devenu Sénateur du premier Empire, et Pair de France sous la Restauration ; fils d'un Préfet de cette seconde époque, il avait lui-même administré longtemps le département des Vosges, sous le Gouvernement de Juillet.

On se rappelle qu'en 1849, candidat à l'Assemblée Nationale dans le Var, pays d'origine de sa famille, il réussissait à l'emporter, de concert avec M. de Clappiers, sur Ledru-Rollin et Suchet, condamnés par la Haute Cour de Versailles et déchus de leurs mandats de Représentants, que les républicains du pays portaient quand même. — La tradition en est restée ! — De Représentant, il était devenu Sénateur, après le Deux-Décembre.

Marié à la fille du riche banquier Seillière, et possesseur d'une grosse fortune, le comte Siméon avait, à tous égards, une grande situation dans le Pays, et il pouvait se considérer comme désigné mieux que moi pour être le Préfet de la Seine dont je parlais à M. Léon Faucher, dans notre conférence nocturne d'Auxerre, en Novembre 1851.

Bien plus, en Mars 1853, lorsque je fus appelé par M. de Persigny, pour aller à Lyon dans des conditions fort tentantes, le comte Siméon, avec qui je m'étais rencontré, m'avait parlé de M. Berger, dont il jugeait la position insoutenable, sans me cacher qu'il lui conviendrait fort de le remplacer. Loin de trouver cela mauvais, je lui dis alors fort nettement que je serais enchanté, sous tous les rapports, de le voir à l'Hôtel de

Ville. Et certes, je le pensais, tant j'étais loin d'avoir la même ambition que lui! Or, nous nous retrouvions dans le sein de la Commission des Grands Travaux de Paris, moi, Préfet de la Seine, et lui, simple Rapporteur; ayant renoncé probablement au poste que j'occupais; ne pouvant supposer, d'ailleurs, que j'eusse joué la comédie à son égard, ni surtout abusé de ses confidences; mais, en position de me mettre des bâtons dans les roues, si le regret de sa déconvenue l'emportait, un beau jour, en lui, sur le souvenir de mes bons offices dans le Var.

Après la séance, l'Empereur me retint et me demanda ce que je pensais de tout cela : — « Sire, » répondis-je, « la Commission me semble beaucoup trop nombreuse « pour faire un bon travail. Chez nous, quand on est « plusieurs, les moindres observations prennent la « forme de discours, et les rapports, au lieu d'être « brefs, dégénèrent en dissertations savantes. Le tra- « vail marcherait mieux et plus vite, si la Commission « se composait de l'Empereur, Président; du Préfet « de la Seine, Secrétaire, chargé d'analyser les affaires « soumises à Sa Majesté et de faire exécuter ses déci- « sions; enfin, entre le Souverain et son très humble « serviteur, d'un nombre d'autres membres aussi res- « treint que possible. » — « C'est-à-dire que s'il n'y en « avait aucun, ce serait le mieux? » interrogea l'Empereur en riant. — « C'est, en effet, le fond de ma pensée », répondis-je. — « Je crois bien, » répliqua Sa Majesté, « que vous êtes dans le vrai. »

Je n'entendis plus parler de la Commission des Grands Travaux de Paris. Elle mourut d'inanition, et son existence éphémère ne laissa ni trace ni regrets, sauf le désappointement que certains de ses membres durent éprouver de la fin de son mandat.

Le grand public parisien avait ignoré jusqu'à sa venue au monde : il n'eut pas à s'émouvoir de son enterrement silencieux.

L'Empereur ne remplit pas toujours avec la même ardeur, le rôle actif, personnel, direct, qu'Il s'était réservé dans la Transformation de Paris, comme aussi, dans le changement d'affectation du Bois de Boulogne, d'abord, du Bois de Vincennes, ensuite.

Certes, je ne veux pas dire qu'Il se désintéressa de ces œuvres attrayantes. Bien au contraire! Je n'aurais jamais pu, seul, poursuivre ni surtout mener à bien la mission qu'Il m'avait imposée, et pour l'accomplissement de laquelle sa confiance croissante me laissa, graduellement, une liberté de décision plus grande; je n'aurais pu lutter avec succès contre les difficultés inhérentes à chaque opération; contre les mauvais vouloirs nés de convictions sincères ou de basses jalousies inavouées, mais implacables, dans les Grands Corps de l'État, dans le sein du Gouvernement, et dans l'entourage même de Sa Majesté; ni contre les attaques ouvertes des partis hostiles au Régime Impérial, qui, n'osant pas encore s'en prendre à la direction politique imprimée au Pays par le Souverain, s'essayèrent à le combattre indirectement dans les entreprises municipales dues à son initiative et exécutées sous son inspiration, si je n'avais été réellement l'expression, l'organe, l'instrument d'une grande idée conçue par Lui, dont je dois, avant tout, lui reporter le mérite, et dont Il a protégé, en tout temps, la réalisation, avec une fermeté qui ne s'est jamais démentie.

Tous les adversaires de cette idée, de bonne foi ou non, la personnifièrent en moi, si bien que je dois aujourd'hui rappeler que j'en fus seulement le metteur en œuvre ; mais, c'était afin de pouvoir la combattre librement, impunément, comme la conception d'un aventureux favori, qu'il fallait abattre ; c'était afin de frapper l'auteur dans son interprète.

Toutefois, des préoccupations d'un ordre supérieur, au dedans et au dehors : la Disette, la guerre de Crimée, et tant d'autres ensuite, réclamèrent de plus en plus le temps du Souverain, et les questions, si nombreuses et si graves, auxquelles Il se devait, d'abord, rendirent bien peu dignes de son attention soutenue, les infinis détails dont se complique l'étude sérieuse d'un projet de voie nouvelle : le tracé, les alignements, le nivellement, — article capital, trop souvent négligé cependant, comme l'Empereur en avait eu de récents exemples, du raccordement des voies anciennes qu'il faut couper, avec celles qui doivent leur ouvrir de larges débouchés ; — enfin, les réseaux d'égouts, les distributions d'eau, les canalisations de gaz à ménager et à coordonner avec les percements résolus ! Tout cela fatigua vite et rebuta même un esprit étranger jusqu'alors à ces minutieuses considérations, hanté, d'ailleurs, par des combinaisons politiques d'une bien autre importance.

L'Empereur pensait évidemment qu'en France, dans le pays de la centralisation poussée à l'extrême, c'était le droit du Chef de l'État d'avoir en mains les rênes de l'Administration de la Capitale, de sa Résidence Officielle, du Siège de son Gouvernement, et du département qui en forme la Banlieue ; en d'autres termes, qu'il devait régner à l'Hôtel de Ville comme aux Tuileries, de même, que le Pape, Chef de la Catholicité, Souverain Pontife de toutes les Nations, à Saint-Pierre, est Évêque de Rome, à Saint-Jean-de-Latran. — Je crois qu'il a même le titre de Curé de Sainte-Marie-Majeure.

A Paris, où l'intérêt de l'État prime l'intérêt municipal et doit l'absorber à beaucoup d'égards, on l'a fait prévaloir en instituant un Préfet de la Seine, qui n'est pas seulement chargé, comme tous ses collègues, de représenter le Gouvernement ; d'assurer, dans son ressort, l'exécution des Lois, Décrets, Règlements et mesures d'ordre général ; et accessoirement, de gérer les intérêts collectifs de son Département ; mais qui remplit, en outre et par-dessus tout, les fonctions de Maire Central de Paris, depuis que l'existence d'un Maire tenant, plus ou moins, son mandat de la Population, est reconnue incompatible avec celle du Pouvoir Souverain dans cette ville.

Si le Chef de l'État ne saurait le faire en personne, l'Empereur tenait pour un devoir, comme pour un droit, d'administrer sa Capitale aussi directement que possible, par son Délégué, par son Préfet, et pour cela, d'avoir des rapports immédiats et constants avec le fonctionnaire (de son choix), investi d'une telle Magistrature.

Sans aucun doute, la présence, à l'Hôtel de Ville de Paris, d'un Préfet absolument dévoué, de longue date, à Sa Personne, ainsi que je l'étais ; dépositaire de sa pensée ; la comprenant et s'en inspirant dans tous ses actes ; toujours prêt à recevoir et à suivre ses directions, Lui donnait satisfaction complète. Mais, il restait à faire accepter par ses Ministres que le Préfet de la Seine eût, comme le Préfet de Police, le privilège de travailler quotidiennement avec le Souverain, et de prendre ses ordres sans intermédiaire, au lieu de les recevoir d'eux.

Quelques Ministres, à l'exemple de M. de Persigny, comprirent cette nécessité de la situation qui m'était faite, et s'y prêtèrent sans aucune hésitation. — Ce furent, à l'Intérieur, M. Boudet, le marquis de la Valette, et, surtout, M. Ernest Pinard. — D'autres s'y résignèrent, mais, pas toujours avec bonne grâce. Un certain nombre, mais des plus notables, essaya de faire autrement, et ne s'en trouva pas mieux. Quoi qu'il en fût, leur antagonisme secret, persévérant, systématique, ne fut pas l'un des moindres embarras, l'une des moins pénibles difficultés de ma lourde tâche.

J'aurai souvent lieu, dans le cours de ce livre, et je serai même obligé, pour en faire bien comprendre certaines parties, de signaler cet antagonisme, qui se trahissait rarement par des hostilités imprudentes.

En général, quand on voulait mettre obstacle à quelqu'un des projets dont j'étais l'éditeur responsable, on se gardait avec soin de s'en prendre au projet même. Ce procédé franc eût éveillé trop sûrement l'attention de l'auteur véritable, et provoqué, de sa part, une décision nette, immédiate, sans recours. Non ! Il était plus habile, d'abord, de sembler croire qu'il s'agissait d'une conception due à mon initiative ; puis, d'en paraître apprécier, sinon même d'en louer hautement les mérites. Seulement..., on y voyait des difficultés d'adoption ou d'application qu'on devait signaler, et qu'on allait chercher, sans beaucoup de scrupules, dans des arguments de Droit, plus ou moins sérieux, ou dans les principes en faveur, plus ou moins justement invoqués, de l'Économie Politique.

Faute d'en trouver, on faisait naître des raisons de remise, des circonstances du moment, qui, disait-on, rendaient la mesure inopportune.

Ces Messieurs cherchaient à lasser l'Empereur par les objections de forme, — Il les avait en horreur! — et comptaient, d'ajournements en ajournements, lui faire abandonner son projet.

Quant à moi, bien longtemps, ils espérèrent me faire commettre quelque manque de mesure dont ils se seraient armés auprès de Sa Majesté; car Elle donnait toujours tort à qui soulevait des questions personnelles. Mais, je le savais, et, maître de moi, comme je l'ai toujours été, je demeurais calme, patient, et plein d'urbanité dans mes discussions.

Peu satisfaits des résultats de cette lutte sourde, intime, mes dangereux adversaires en vinrent à mettre en mouvement des membres du Conseil d'État, de la Cour des Comptes, de la Chambre des Députés et du Sénat même, quoique, dans ce dernier Corps, les sympathies de mes collègues me rendissent plus fort qu'ailleurs.

Cela finit, comme on le verra plus loin, par un débat retentissant, qui grandit ma situation, au lieu d'y porter atteinte. Mais, peu de mois après, je dus me retirer devant le Parlementarisme envahissant l'Empire : je ne voulais en être ni le complice, ni le serviteur.

CHAPITRE IV

MON INSTALLATION OFFICIELLE

Avant de quitter le Palais de Saint-Cloud, je me rendis au logement du Gouverneur, pour serrer la main de Mme Thiérion. Elle me demanda — ce que je ne pus lui dire — quand ma femme et mes deux filles, deux enfants encore, arriveraient à Paris. Il me fallait, avant de les faire venir de Bordeaux, où je les avais laissées en famille, chez mon beau-père et ma belle-mère, savoir quand et comment nous pourrions être logés à l'Hôtel de Ville, ce dont je n'avais pris, jusqu'à ce moment, aucun souci.

Rentré à Paris, mon premier soin fut de me débarrasser de mon harnais officiel; puis, je me hâtai d'aller libérer M. Berger, qui m'attendait, voulant, par courtoisie, et peut-être aussi pour faire contre fortune bon cœur, procéder lui-même à mon installation.

Après la signature du procès-verbal de remise du Service, préparé par le Secrétaire Général de la Préfecture, M. Berger, pour bien faire les choses jusqu'au bout, tint à me présenter les Chefs de Division et le Trésorier de la Ville, qui formaient, sous la direction du Secrétaire Général, le Grand État-Major du Préfet de la Seine, et se retira, me laissant en possession de son cabinet, non sans m'avoir dit que les appartements occupés par sa famille, avec lui, dans l'Hôtel de Ville, et les voitures attachées au service du Préfet, restaient libres et à mon entière disposition.

Ces voitures étaient, d'une part, un coupé à deux chevaux et une victoria, pour l'usage personnel du Préfet ; d'autre part, une berline et une calèche, qui servaient surtout à sa famille. Les deux cochers, les quatre chevaux et les voitures étaient fournis par un loueur, moyennant un abonnement de 14,000 francs, dont la dépense était inscrite au Budget Municipal. Les deux valets de pied faisaient partie du Personnel de l'Hôtel de Ville.

Je dois ici rendre à M. Berger ce témoignage, que je n'ai jamais eu, plus tard, à lui reprocher la moindre incorrection à mon endroit.

Son fils aîné, Maître des Requêtes au Conseil d'État, eut toujours, vis-à-vis de moi, la meilleure attitude.

Je regrette de n'en pouvoir dire autant de son second fils, qui remplissait, auprès de lui, les fonctions de Chef de Cabinet, et qui ne put jamais se consoler, paraît-il, d'avoir perdu le maniement de toutes choses dans Paris. Conseiller Référendaire à la Cour des Comptes, il n'eut pas le bon goût de se tenir dans une réserve absolue au sujet des affaires de la Ville. Devenu Chef du Cabinet de M. Fould, au Ministère des Finances, il fut pour beaucoup dans la campagne ouverte que son Ministre engagea fort inconsidérément contre mon administration, et qui se tourna, sans grand effort de ma part, à la confusion de celui-ci. Nommé Conseiller-Maître à la Cour des Comptes, il mourut encore jeune.

Mais, je ne suis pas demeuré en reste envers mon prédécesseur. Un des premiers actes de mon administration fut de proposer à l'Empereur de reconnaître les longs services de M. Berger, comme Maire d'Arrondissement, Député de Paris et Préfet de la Seine, en donnant son nom à l'ancienne rue aux Fers, élargie : celle qui longe aujourd'hui la façade des grands pavillons des Halles Centrales, du côté du Midi, comme la rue de Rambuteau, du côté du Nord.

En congédiant les Chefs de Service que M. Berger avait réunis pour les placer sous mes ordres, je les priai de faire inviter tous leurs subordonnés à s'assembler dans la Salle dite du Trône, à 5 heures, en quittant le travail, et de s'y trouver eux-mêmes, afin de me présenter individuellement leurs Chefs et Sous-Chefs de Bureaux, et collectivement leurs autres employés.

De son côté, le Secrétaire Général fit convoquer, selon mes indications, pour le lendemain, en habits de ville, les membres du Conseil de Préfecture, les Sous-Préfets de Saint-Denis et de Sceaux, les Maires et Adjoints de Paris, et les Directeurs des services extérieurs de la Ville (Octroi, Assistance Publique, Mont-de-Piété, etc.) de 9 à 11 heures du matin, et les membres du Conseil Municipal et du Conseil Général, à 4 heures de l'après-midi, suivant l'indication du Président, qui venait de faire savoir, à M. Merruau, que ses collègues avaient l'intention, d'accord avec lui, de me rendre « ensemble » une visite « privée ».

Le Conseil Municipal ne se réunissait officiellement « en Corps », que pour aller présenter ses hommages à l'Empereur, — aux Souverains étrangers, quand il y avait lieu, — et pour assister aux cérémonies publiques, lorsqu'il y était officiellement convoqué.

Je fixai au surlendemain la réception des innombrables Fonctionnaires de l'État relevant de la Préfecture de la Seine, et de ceux, non moins innombrables, du Département et de la Ville, que je n'ai pas déjà mentionnés : une nuée d'Ingénieurs en Chef et Ordinaires des Routes, de la Grande Vicinalité, de la Navigation, des Mines et Carrières, du Contrôle des Chemins de Fer, des Canaux, des Ponts et du Pavé de Paris ; une autre nuée d'Architectes et Voyers de tout ordre ; les Ministres des divers Cultes ; les Inspecteurs et Inspectrices des établissements d'Instruction Secondaire et Primaire et des Salles d'Asile ; les Directeurs des Collèges et des Grandes Écoles de la Ville ; les Directeurs, Inspecteurs, Contrôleurs, Vérificateurs, Receveurs des Contributions Directes et Indirectes, des Douanes, de l'Enregistrement et des Domaines ; la Chambre de Commerce ; une foule de commissions et de syndicats de toute espèce ; les Conseils de Prud'hommes ; que sais-je encore ? enfin, les États-Majors de la Gendarmerie Départementale, de la Garde de Paris et des Sapeurs-Pompiers.

Les Maires et Adjoints des Communes des Arrondissements de Saint-Denis et de Sceaux me seraient présentés le jour dont je conviendrais avec leurs Sous-Préfets.

Dans les intervalles de temps que tout cela me laisserait, il me faudrait faire mes visites officielles, recevoir et rendre une foule de visites privées. J'avais donc, en perspective, plusieurs jours à perdre avant de pouvoir me livrer à des travaux suivis : or, je savais, de M. Berger même et des Chefs de Division, que le Conseil Municipal devait se réunir, en Session Ordinaire, dès le 14 Juillet, pour l'examen des Comptes de Gestion du Receveur Municipal (qualifié Trésorier de la Ville), et du Compte Administratif de 1852, du Budget Supplémentaire de 1853, et du Budget Primitif de 1854, déjà imprimé et distribué à ses membres.

En attendant la sortie des bureaux, M. Merruau me demanda et je lui donnai plusieurs signatures urgentes, mais, au fond, sans importance.

A cette occasion, je lui dis que j'avais pour règle de me faire soumettre, au préalable, les minutes de tous les actes, de toutes les lettres qui devaient recevoir ma signature. En négligeant cette précaution, alors même qu'on ne signe rien sans le lire, on est souvent entraîné à rendre siennes des rédactions qui ne vous satisfont pas entièrement, par le scrupule de faire recommencer une œuvre de mise au net souvent considérable; de retarder une décision impatiemment attendue, ou bien une réponse pressée.

Mais, comme il serait matériellement impossible au Chef d'une Grande Administration, fût-elle beaucoup moins considérable que la Préfecture de la Seine, de revoir personnellement, avant expédition, tout le travail de ses bureaux, j'ajoutai que mon habitude était de faire faire deux parts de ce travail : l'une, composée des projets d'actes et de lettres, toujours en nombre assez limité, formulant des décisions, des engagements, des avis, ou présentant un caractère particulier de gravité, notamment, la correspondance avec les Ministres et les Fonctionnaires d'ordre supérieur; l'autre, bien plus volumineuse, embrassant toutes les communications de pièces, les envois ou renvois de dossiers pour commencement ou complément d'instruction ; les lettres de rappel, les notifications ou avis de décisions prises, etc., etc. Je me déchargeais entièrement de la dernière sur mes principaux collaborateurs : le Secrétaire Général, pour ce qu'il désirait retenir ; les Chefs de Division, pour le reste, et je leur en déléguais la signature. J'entendais agir de même à la Préfecture de la Seine, où cette seconde part devait prendre des proportions encombrantes. Je me réserverais, au contraire, à Paris comme partout ailleurs, l'examen, la correction des minutes, et la signature des expéditions des actes et lettres appartenant à la première, quel qu'en fût le nombre.

Tous les soirs, à l'issue de la séance des Bureaux de l'Hôtel de Ville, des portefeuilles contenant le travail réservé de chacun d'eux, avec les dossiers des affaires exigeant mon examen, seraient portés à mon Cabinet, qui les renverrait, le lendemain matin, pour que la mise au net des minutes, modifiées ou non par moi, dans l'intervalle, et revêtues de mon paraphe, pût avoir lieu sans aucun retard. De cette manière, les expéditions, collationnées par un Commis Principal, et marquées d'un signe m'en garantissant la parfaite exactitude, viendraient à ma signature, de 4 à 5 heures, pour être livrées à temps au service du Départ.

A moi, de trouver, du soir au matin, le temps voulu pour accomplir mon œuvre : je n'en étais pas inquiet. L'événement a prouvé que j'avais raison. Je puis dire que, durant dix-sept ans, sauf de rares cas de force majeure, je ne me suis jamais couché sans que, dans la soirée même ou dans la nuit, ma tâche fût achevée.

Le dépouillement des courriers du matin, de la journée ou du soir, appartiendrait exclusivement à mon

Cabinet. Il y serait procédé, comme suit : M. Ferrier, façonné depuis longtemps à ce service, ouvrirait toutes les dépêches n'ayant pas un caractère personnel ou confidentiel; il en opérerait le triage, afin de placer sous mes yeux, avant de les envoyer, comme le reste, au Secrétariat Général, Bureau de l'Arrivée, qui resterait chargé de l'enregistrement et de la répartition du tout, les lettres et pièces qu'il jugerait devoir être vues par moi sans délai, pour qu'elles pussent recevoir des annotations indiquant le sens des solutions à donner ou des réponses à faire, et la direction de l'étude ou de l'instruction que certaines questions comporteraient. Dès 9 heures, ce travail devrait être achevé.

Quant aux mandats de paiement des dépenses de toute nature, qui se comptaient par centaines et quelquefois par milliers, chaque jour, j'avais encore plus de raisons à Paris que dans mes autres Préfectures, d'adopter le système suivi par moi d'ancienne date, pour m'affranchir du travail mécanique aussi long qu'abrutissant de signer toutes ces feuilles de papier. En conséquence, on dresserait des Bordereaux d'Ordonnancement des sommes à payer, par Ministères, pour les dépenses incombant à l'État, imputables sur les délégations de crédits que je recevais d'eux, comme Ordonnateur Secondaire; et par chapitres des Budgets du Département et de la Ville, pour les dépenses départementales et municipales. Je signerais chacun de ces Bordereaux, qui me seraient présentés par le Chef de la Comptabilité, après m'être assuré moi-même de la concordance des dépenses réalisées dont on demanderait le paiement, avec les autorisations données aux services qui les auraient faites, dans la limite des crédits ouverts. Mais, la signature des mandats individuels, délivrés d'après ces ordonnancements collectifs, dont ils ne constitueraient que des expéditions partielles ou extraits, serait déléguée au Secrétaire Général, assisté, s'il le fallait, pour ce labeur quotidien, non moins absorbant et fastidieux pour lui que pour moi, comme aussi, pour la délivrance des expéditions et copies de pièces de toute nature, faisant partie de ses attributions officielles, par un Conseiller de Préfecture, que je désignerais à cet effet, dans un arrêté spécial.

Je priai M. Merruau de préparer, dans la soirée, et de me soumettre, le lendemain, à la première heure, si c'était possible :

1° Un Ordre de Service consacrant les dispositions que je venais de lui expliquer;

2° Les Arrêtés de Délégation nécessaires pour en régulariser l'application immédiate.

Il le fit exactement et bien.

Cette répartition de travail, réglée par moi dès le premier jour et mise en pratique dès le lendemain de mon installation, peut faire comprendre comment il me fut possible d'étudier moi-même, sur pièces, après mes Bureaux, toutes les affaires vraiment sérieuses traitées par eux; de contrôler les recherches qu'elles avaient motivées; les instructions préalables que certaines avaient dû subir, de manière à ne jamais donner ma signature qu'en parfaite connaissance de cause, et de laisser, dans les dossiers de ces affaires, montant à des nombres prodigieux, chaque année, des traces incontestables de mon labeur personnel, et partant, de mon incessante sollicitude pour l'accomplissement consciencieux de mes devoirs.

J'avais ainsi, d'ailleurs, un moyen sûr d'apprendre la valeur propre de chacun de mes rédacteurs, dont je sus bientôt distinguer le style et reconnaître l'écriture.

Les Bureaux de la Préfecture de la Seine étaient alors groupés dans quatre Divisions, en dehors desquelles restaient les services de la Caisse Municipale.

Les attributions de chacun d'eux avaient été réglées par nature d'affaires, sans distinction de celles qui relevaient de l'Administration Générale du Pays, ou de l'Administration Départementale Communale et Hospitalière, et de celles qui intéressaient la ville de Paris seule. Cela pouvait avoir des avantages ; mais, il en résultait une confusion d'intérêts divers souvent inextricable. On comprend aisément, en effet, que ces intérêts, dans bien des cas, se trouvaient en désaccord et même en conflit, et que le Bureau chargé des affaires domaniales, par exemple, fût embarrassé, quand une contestation s'élevait entre le Domaine de l'État et celui du Département ou de la Ville de Paris, pour un droit immobilier ou autre, de garder une impartialité complète dans l'instruction du débat.

Lorsque l'Administration de la Ville, dont l'importance était déjà plus que doublée en 1859, avant l'extension des limites de Paris, prit un développement bien plus considérable encore par l'effet de ce grand acte, je dus me décider à constituer séparément, par une organisation tout autre des Bureaux de l'Hôtel de Ville :

1° La Préfecture de la Seine proprement dite, embrassant, d'une part, les attributions d'ordre général déléguées à tous les Préfets, comme représentants du Pouvoir Souverain et des droits de l'État, par la Loi ; d'autre part, les Règlements d'Administration Publique; d'autre part, la gestion des intérêts collectifs du Département, et la tutelle des Communes et des Établissements Hospitaliers et de Bienfaisance des Arrondissements de Saint-Denis et de Sceaux;

2° La Mairie Centrale de Paris et ses nombreux services.

Cette nouvelle organisation, commandée par un besoin de classement plus méthodique des affaires à traiter, devenu toujours plus nécessaire, répondait, au demeurant, à l'intention, manifestée plusieurs fois par l'Empereur, de créer un Ministère de Paris, afin de faire relever de lui seul, en Droit, comme en Fait, selon sa volonté fermement persévérante, l'Administration de la Capitale de l'Empire, du Siège de son Gouvernement, de sa Résidence Officielle, à l'exemple de Louis XIV et de ses héritiers, sous le règne desquels un des Ministres, et, en dernier lieu, celui de la Maison du Roi, avait la Surintendance de la Généralité de Paris. L'Empereur espérait ainsi couper court aux efforts, sans cesse renouvelés, de certains Ministères, à chaque changement de cabinet, notamment, de ceux de l'Intérieur, des Travaux Publics et même des Finances, d'intervenir, autrement que pour la forme, dans les affaires de la Ville. Ennuyé d'avoir périodiquement à montrer ou maintenir sa résolution d'être, en fait, le seul Chef de celui de ses Préfets sous le nom duquel il se trouvait, au fond, Maire de Paris, il prenait, certes, le vrai moyen d'en finir avec toutes ces luttes.

Son projet, qu'on pouvait combattre par de sérieuses raisons, fut entravé par M. Rouher (surtout au Ministère d'État), mais, à l'aide d'arguties de détail que cet esprit élevé, puissant et subtil, tout à la fois, jugea probablement de nature à faire hésiter l'Empereur, plutôt que des arguments politiques, évidemment prévus et repoussés d'avance. Il fut défendu avec intelligence et talent, par des notes, auxquelles M. Merruau, qui tenait à devenir Secrétaire Général du Ministère de Paris, bien plus que je ne désirais m'en voir le titulaire, mit tous ses soins, et qu'il appuya de recherches historiques curieuses. Quant à moi, je me contentai de fournir ces notes à l'Empereur. Mon intention était de me retirer après l'Exposition de 1867, et je n'éprouvais aucune envie de soutenir, pour une ambition que je ne ressentais pas, une lutte personnelle très chaude, dont le profit, en cas de succès, reviendrait à mon successeur.

M. Rouher savait, à n'en pas douter, que le rang de Ministre me fascinait peu. Je l'avais prévenu moi-même, quelques années auparavant, et à temps pour en arrêter la publication, d'un Décret, signé déjà par l'Empereur, bien malgré moi, qui me nommait Ministre de l'Agriculture, du Commerce et des Travaux Publics, à sa place, et depuis, j'avais refusé, deux fois, le Ministère de l'Intérieur.

Depuis la fin de 1860, une combinaison transactionnelle me faisait siéger au Conseil des Ministres, — comme y siégeait le Président du Conseil d'État, avant d'avoir reçu le premier de ces titres, — en vertu d'une Lettre-Close de l'Empereur, et me donnait également séance au Conseil d'État, comme Membre de Droit, ainsi que les Ministres, et avec les mêmes prérogatives, dans un Décret spécial contresigné par le comte Walewski, Ministre d'État. J'avais accepté ce compromis, par esprit de paix, et engagé l'Empereur à s'épargner bien des difficultés, en l'adoptant.

En résumé, son but se trouvait rempli. Je portais au Conseil des Ministres les projets de Décrets ou de Lois concernant la Ville de Paris ou le Département de la Seine, tels que Sa Majesté les avait arrêtés d'avance, sur mes propositions, comme les Ministres y portaient respectivement toutes les mesures considérables à Lui soumettre. L'Empereur écoutait patiemment les objections qu'on ne m'épargnait pas souvent, et sur lesquelles enchérissait, en toute occasion, et de parti pris, le Président du Conseil d'État ; il entendait mes réponses, et statuait : on devine aisément dans quel sens ! Alors, il ne restait plus au Ministre compétent qu'à rédiger le Décret, quand un simple Décret suffisait à régulariser la décision du Souverain, ou bien à renvoyer l'affaire au Conseil d'État, où j'assistais, avec ou sans le Ministre, pour soutenir le projet du Décret à rendre « en Conseil » ou de la Loi jugée nécessaire, selon le cas.

Les choses ainsi réglées, ce fut dans le sein du Conseil d'État, et finalement, de la Chambre des Députés, que les Ministres récalcitrants cherchèrent à me tendre de sérieuses embûches.

Mais, en 1853, il ne s'agissait de rien de tout cela.

Voici quels étaient, à cette époque, les Chefs des Services Intérieurs de la Préfecture de la Seine, avec le sommaire de leurs attributions respectives.

Le Chef de Cabinet, M. Ferrier, avait l'ouverture des courriers ; le dépouillement des journaux ; la correspondance confidentielle ; la correspondance réservée ; les Beaux-Arts ; les audiences.

Le Secrétaire Général, M. Merruau, tout le Personnel intérieur et extérieur ; le Secrétariat du Conseil Municipal et du Conseil Général ; le Greffe du Conseil de Préfecture ; l'Enregistrement et le Départ des dépêches ; les Archives ; la Bibliothèque de la Ville, et la surveillance du travail des Bureaux, réparti comme suit :

1re Division : M. Haudry de Janvry. Contributions Directes et Indirectes ; Octrois ; Recrutement et Affaires Militaires : — l'impôt de la Richesse et l'impôt du Sang.

2e Division : M. Husson. Administration Générale, Départementale et Communale ; Établissements de Bienfaisance ; Cultes ; Instruction publique.

3e Division : M. Trémisot. Routes ; Chemins Vicinaux ; Grande Voirie de Paris ; Voies navigables et Cours d'Eau ; Travaux Publics ; Architecture.

4e Division : M. Bouhin. Comptabilité, Budgets et Comptes ; Ordonnancement des Dépenses de tout ordre ; Inspections financières.

Caisse Municipale : M. Lemaire, Trésorier de la Ville. Recettes et Paiements, Service des Emprunts.

M. Haudry de Janvry, chef de la 1re Division, était filleul de l'Empereur. Sa mère faisait partie de la Maison de la Reine Hortense. Il sortait d'une bonne famille parisienne. La bienfaisance d'un des siens avait fondé, sous l'ancien régime, le couvent des Filles de l'Assomption, dit des Haudriettes.

Entré à l'Hôtel de Ville sous M. de Rambuteau, il en sortit, lors de la Révolution de 1848, et ne reprit ses fonctions qu'après l'élection du Prince-Président.

C'était un homme bien élevé, intelligent, actif, incontestablement supérieur à ses collègues.

De tous les Chefs de Service que j'eus sous mes ordres ou dont je pus apprécier la compétence, à Paris et ailleurs, c'est le seul qui sût à fond les Contributions Directes, matières arides et compliquées.

Je rendis de lui ce témoignage, un jour que l'Empereur me demanda ce qu'Il pouvait faire en faveur de son filleul, et j'ajoutai qu'il serait un parfait Directeur Général des Contributions Directes. Sa Majesté saisit une occasion de le nommer à ce poste, quand, par un choix moins heureux, il prit, comme Ministre des Finances, M. de Forcade de la Roquette, demi-frère du Maréchal de Saint-Arnaud. Plus tard, M. de Janvry devint Secrétaire Général de ce Ministère, à côté de M. Fould; puis, Conseiller d'État en Service Extraordinaire, et Commandeur de la Légion d'Honneur.

Je n'eus jamais qu'à me louer de ma confiance en lui.

Un matin que M. Fould se rendait au Conseil des Ministres, pour y lire une sorte d'acte d'accusation contre moi, touchant la Situation Financière de la Ville de Paris, un mémoire longuement élaboré par son Chef de Cabinet, M. Amédée Berger, avec l'aide de M. Goussart, Conseiller-Maître à la Cour des Comptes, qui, depuis, devint membre et Président de la Section des Finances au Conseil d'État, et qui fut alors un défenseur convaincu des actes de mon Administration devant le Corps Législatif, il dit à M. de Janvry, en brandissant ce « factum » : — « Je vais, cette fois, *tomber* votre Préfet. » — « Votre Excellence aura fort à faire, » lui répondit son Secrétaire Général. « Le Préfet connaît à fond tous les « éléments du Budget de la Ville. De plus, il est passé « maître en matière de Comptabilité Communale. »

Au retour du Conseil, M. Fould, battu, sinon content, mais ayant déjà pris, en vrai sceptique, son parti de sa défaite, dit à M. de Janvry, qui l'attendait avec impatience :

« Vous aviez raison : *Il m'a roulé.* » Puis, jetant son portefeuille sur son bureau : « *Je rapporte ma veste.* » — C'est de M. de Janvry même que je tiens cette curieuse anecdote.

Puisque j'ai parlé de M. de Forcade de la Roquette, voici l'indication des situations très nombreuses occupées successivement par lui sous l'Empire. Elles donneraient à penser qu'il jouissait d'aptitudes universelles.

Issu d'une très bonne famille de l'Arrondissement de Marmande (Lot-et-Garonne), son père, que j'ai vu Juge de Paix à Paris, sous le Gouvernement de Juillet, avait épousé Mme veuve Le Roy de Saint-Arnaud, la mère du Maréchal.

Maître des Requêtes au Conseil d'État, après le Deux-Décembre, et bon Commissaire du Gouvernement au Contentieux, M. de Forcade montra le désir de faire partie du Conseil Général de la Gironde. On se souvient qu'en 1852, je le fis nommer dans le Canton de Pellegrue, Arrondissement de La Réole, bien qu'il n'y possédât aucune attache, pour réserver le canton de Saint-Macaire au Maréchal, son frère utérin.

Après la mort glorieuse de celui-ci, la faveur impériale improvisa successivement M. de Forcade Directeur Général des Forêts ; puis, des Douanes ; et, Ministre des Finances. Plus tard, M. de Forcade fut Ministre de l'Agriculture, du Commerce et des Travaux Publics, et Ministre de l'Intérieur. Il n'y brilla pas davantage. C'était un travailleur consciencieux, un orateur disert, mais, un esprit étroit, inquiet, jaloux de son importance, facilement irritable, et manquant de toute mesure, lorsqu'il était animé.

M. Husson, chef de la 2ᵉ Division de la Préfecture de la Seine, ne valait pas, à beaucoup près, M. de Janvry. Employé laborieux, il savait bien son affaire. Mais, il voyait instinctivement les choses par le petit bout de la lorgnette. Il avait l'esprit minutieux, chercheur d'objections plutôt que de solutions; le caractère souple, insinuant, obséquieux même. Les hommes de cette nature m'ont toujours été peu sympathiques ; mais je sus les accepter, m'en servir, et leur tenir compte équitablement de leur coopération. M. Husson en est une preuve.

Lorsque la Direction de l'Assistance Publique devint vacante, par la retraite de M. Davenne, son titulaire, j'y fis nommer, sans hésiter un instant, M. Husson.

L'ancienneté et la nature de ses services le désignaient pour ce poste, qui devait améliorer beaucoup sa position de famille. Bien des choses m'autorisaient à lui préférer personnellement quelque autre candidat : je n'en voulus pas tenir compte.

M. Husson avait fait sa carrière dans les bureaux de la Ville, sous M. de Rambuteau. Devenu Chef de Division sous M. Marrast, Maire de Paris, il réussit à se maintenir dans ce poste sous les Préfets Recurt et Trouvé-Chauvel, et à se faire aussi bien venir auprès de M. Berger, mon prédécesseur. Chez un simple « employé », cette banalité de dévouement, qu'on lui reprochait, et que j'aurais plus mal jugée de la part d'un « fonctionnaire », pouvait s'expliquer par des considérations d'ordre privé méritant l'indulgence. Mais, selon ses détracteurs, M. Husson conservait des attaches dans les partis Orléaniste et

Républicain, et des articles hostiles à mon administration (articles attribués à M. Léon Say), publiés par le *Journal des Débats*, étaient, disaient-ils, rédigés d'après des notes de mon Chef de Division. Pouvais-je, sur de simples soupçons, méconnaître les droits hiérarchiques d'un de mes subordonnés ? Je ne le crus pas. D'ailleurs, ces attaques me fournissaient l'occasion de *Communiqués*, au moyen desquels je faisais parvenir aux lecteurs du *Journal des Débats*, au grand ennui de sa Direction, beaucoup de vérités utiles, au sujet des Grands Travaux de Paris, que celui-ci ne leur aurait jamais dites, et ce résultat me disposait à la mansuétude.

A l'Assistance Publique, M. Husson apporta ses qualités d'application, d'ordre méthodique, d'investigations détaillées. Il mit fin à de nombreux abus. Mais, je dus contenir son zèle de réformes, à l'endroit des Sœurs hospitalières, auxquelles il reprochait de coûter trop cher, bien que mal payées (150 francs par an, pour chacune), à cause de leur nombre exagéré ; du temps qu'elles passaient en exercices religieux dans leurs communautés ; des aides qu'il leur fallait pour tout ; de leur tendance au gaspillage, et, grief beaucoup plus grave, de tenir souvent trop peu de compte des prescriptions médicales, pour agir à leur tête. Il n'appréciait pas assez les qualités admirables par lesquelles ces saintes filles rachetaient tout cela.

Je suppose que, s'il eût été le maître, on aurait assisté, dès lors, à quelque essai de laïcisation, surtout dans les Bureaux de Bienfaisance.

Quoi qu'il en fût, avec l'aide de subventions spéciales du Budget de la Ville, M. Husson restaura les Bâtiments Hospitaliers, et reconstitua les Mobiliers et Lingeries de divers établissements confiés à son administration. Comme j'aurai l'occasion de l'expliquer en détail, je pus, grâce à son concours actif, organiser le Traitement à Domicile, et suppléer ainsi à l'insuffisance de lits d'Hôpitaux et d'Hospices ; transférer hors de Paris, en bon air, les Incurables, à Ivry ; Sainte-Périne, à Auteuil ; les Petits-Ménages et l'Hospice Devillas, à Issy, et développer l'importance de ces institutions, au moyen du prix des terrains de très grande valeur qu'ils délaissaient dans Paris, et que de nouvelles voies publiques devaient traverser.

M. Husson en fut récompensé par le grade de Commandeur de la Légion d'Honneur.

Une *Étude sur les Hôpitaux*, ouvrage en quatre volumes, fit entrer M. Husson à l'Académie des Sciences Morales et Politiques, section de l'Administration.

En 1871, M. Léon Say, mon ancien adversaire du *Journal des Débats,* improvisé Préfet de la Seine par M. Thiers, prit, pour Secrétaire Général, M. Husson, qui mourut dans ce poste.

Comme lui, fils de ses œuvres, M. Trémisot était un esprit très éveillé, très perspicace, très judicieux. Il n'exposait pas toujours ses idées, de vive voix ni par écrit, d'une façon élevée ni surtout élégante ; mais, il ne prenait pas les petites raisons pour les bonnes. Il allait au but, sans se laisser arrêter plus que de raison par les obstacles. Il avait même une tendance à subordonner les formes au fond, qu'il fallait modérer, dans un pays où l'usage est qu'elles l'emportent, suivant un proverbe connu. Parfait galant homme, de façons familières, sinon communes, dont la loyauté, dont l'intégrité planaient au-dessus de tout soupçon, il possédait là des qualités inestimables dans un service où les millions allaient se brasser à la journée !

M. Trémisot fut, pour moi, un collaborateur précieux, mais, pendant quelques années seulement. A la mort de M. Lemaire, Trésorier de la Ville, son beau-père, je le présentai, d'abord, au Conseil Municipal, puis, au Gouvernement, pour ce poste, dont les émoluments dépassaient de beaucoup ceux d'un Chef de Division.

Il y mourut à son tour, Officier de la Légion d'Honneur, peu d'années après l'extension des limites de la Ville, et fut remplacé par M. Noyon. J'aurai sujet d'expliquer ailleurs comment, et après quelles étapes administratives, mon ancien Conseiller de Préfecture du Var finit sa carrière à la Caisse Municipale de Paris.

On doit à l'initiative intelligente de M. Trémisot plusieurs Décrets-Lois intéressant la Voirie de Paris, rendus en Mars 1852, dans la période dictatoriale qui suivit le Coup d'État, notamment, celui qui prescrit le nettoyage des façades de maisons, tous les dix ans.

Je lui donnai pour successeur, à la tête de la 3ᵉ Division, un membre du Conseil Municipal, jouissant, au plus haut degré, de l'estime et de la confiance de ce Corps, M. Tronchon, ancien avoué de 1ʳᵉ Instance à Paris, ancien Maire d'Arrondissement. Je le fis entrer, plus tard, au Conseil de Préfecture, après l'extension des limites de Paris, à la suite de la réorganisation des Bureaux de l'Hôtel de Ville, et je le chargeai de l'importante mission de présider la Commission des Indemnités.

M. Bouhin était un vieux serviteur, usé par l'âge et le travail. Je n'eus guère le temps de juger de la valeur de ses services. La fatigue l'obligea, peu après mon entrée en fonctions, à demander sa retraite, et il mourut, je crois, avant même qu'elle eût été réglée.

Je le remplaçai par M. Laurent, Chef du Bureau des Budgets et Comptes, très bon employé, dont j'avais eu quotidiennement des occasions d'apprécier le travail sûr, discret, ponctuel; parlant peu, mais toujours prêt à répondre nettement aux questions qu'on lui posait.

M. Laurent, après m'avoir prêté, pendant quatre années, un concours assidu très utile, mourut, non moins épuisé par les travaux toujours plus nombreux et plus importants qui l'accablaient.

Son successeur, M. Lecomte, Chef du Bureau principal de la 2ᵉ Division (Administration Départementale et Communale), était un homme instruit, d'un commerce agréable, bon travailleur, mais, bien que jeune encore, d'une santé fort ébranlée. Je ne le conservai que trois ans, comme Chef de Division : il succomba aux atteintes de la phtisie, quelque temps avant la réorganisation de mes Bureaux, motivée par l'agrandissement de Paris aux dépens de sa Banlieue Suburbaine.

On ne manqua pas de dire que j'avais eu trois Chefs de Comptabilité tués sous moi, en sept ans, par les soucis d'une écrasante responsabilité.

En 1860, après un intérim rempli par un Chef de Bureau, qui fut fait Chef de Section, la 4ᵉ Division devint une Direction. Je mis à sa tête M. Barbet de Vaux, comptable de premier ordre, étranger au Personnel de mes Bureaux, signalé à mon choix par de hautes recommandations, comme ayant été l'organisateur de la comptabilité du Crédit Foncier, dès le début de l'institution, sous le Gouvernement de M. le comte de Germiny.

Je lui donnai, non seulement, les attributions qu'avaient toujours eues les Chefs de la 4ᵉ Division : l'Inspection Générale des caisses intérieures et extérieures relevant de mon autorité, y compris les Caisses de la Boulangerie et des Travaux de Paris, pourvues d'organisations à part ; mais encore, celle des comptabilités de tous les services, notamment des plus dépensiers, c'est-à-dire les comptabilités des Ingénieurs et des Architectes de la Ville, afin que son contrôle incessant les retînt dans la limite de mes autorisations, trop souvent dépassées jusqu'alors, malgré les enquêtes, pénibles pour les coupables, auxquelles je soumettais, avec le concours des membres du Conseil Municipal, chaque affaire où s'était produit un Excédent de Dépense.

Cette nouveauté ne fut pas sans soulever beaucoup de résistances ; mais elles durent céder, et bientôt, chacun reconnut que le frein mis aux entraînements qu'il pouvait subir, sauvegardait sa responsabilité.

Je dus, à M. Barbet de Vaux, l'installation, à côté de la comptabilité administrative en partie simple, prescrite par les Règlements, qui ne permet de se rendre compte d'une situation financière qu'au prix de longs travaux dont les erreurs manquent de contrôle, une comptabilité en partie double, au moyen de laquelle il était en mesure de me renseigner, sans délai, sur tous les points que je désirais éclaircir, et spécialement, de mettre en regard de la réalisation graduelle des Recettes de la Ville, la marche des Dépenses Extraordinaires en cours, et l'importance des paiements successifs qu'elles nécessitaient. Il en résultait, pour moi, des avertissements utiles, qui me portaient plus souvent à retenir qu'à exciter l'ardeur des agents d'exécution, et une sécurité que je n'avais pas eue, au même degré, jusqu'alors.

M. Lemaire, Trésorier de la Ville, était, comme M. Bouhin, un vieillard fatigué par de longs services. Je conservai toutefois sa collaboration pendant plusieurs années, et bien que le mouvement de fonds de la Caisse Municipale eût pris des proportions incessamment croissantes, il y sut maintenir la plus parfaite régularité jusqu'à sa fin.

Le Trésorier de la Ville, en raison de la lourde responsabilité qui pesait sur lui, surtout quant à la validité des paiements opérés au guichet des Dépenses, jouissait du droit de présentation de tous ses employés, et le Préfet ne pouvait lui en imposer aucun.

Du reste, M. Berger, comme M. le Comte de Rambuteau, régnait plus qu'il ne gouvernait à l'Hôtel de Ville. Dans tous les cas, il administrait peu. Ses divers Chefs de Service avaient la bride sur le cou. C'étaient autant de Préfets au petit pied. Je ne me dissimulais pas qu'il leur en coûterait beaucoup de rentrer dans le rang; mais, je comptais les y ramener doucement et ne leur faire sentir mon autorité que par degrés, à mesure qu'ils auraient lieu de s'assurer, en travaillant avec moi, que ma connaissance des règles et ma pratique des choses de l'Administration, pouvaient aller, tout au moins, de pair avec les leurs.

Je devais leur fournir, avant peu, l'occasion de s'en douter, par ma première communication au Conseil Municipal, où je demandai la revision sérieuse du Budget de la Ville pour 1853, au moyen du Budget Supplémentaire de l'exercice, et où je fus amené à modifier considérablement, en outre, le projet de Budget présenté par mon prédécesseur, pour 1854.

Je venais de commencer l'examen de ce document volumineux, que j'avais réclamé dès que j'en avais connu l'existence et la distribution anticipée aux membres du Conseil Municipal, quand, vers 5 heures 1/2, un huissier vint me prévenir que tous les employés des Services Intérieurs de l'Hôtel de Ville étaient réunis dans la Salle du Trône.

Je les trouvai, rangés, par Divisions et Bureaux, en files profondes, autour de cette longue salle. Leur brouhaha cessa tout à coup, lorsque l'huissier, d'une voix sonore, annonça : « Monsieur le Préfet ! » comme il aurait dit : « Messieurs, l'Empereur ! »

Je passai devant tous les rangs, accompagné par le Secrétaire Général, et chaque Chef de Service me présenta ses employés, en me nommant successivement les Chefs et Sous-Chefs de Bureaux et me faisant connaître leurs attributions distinctes.

J'adressai quelques mots polis à chacun, et ma revue de détail terminée, je me plaçai devant une des cheminées monumentales se dressant aux extrémités de la Salle du Trône, devant celle qui, traditionnellement, était surmontée du portrait du Souverain, du côté de l'entrée du cabinet du Préfet.

Là, parlant à tous, d'un ton ferme, très calme, sans me presser, sans recherche de langage, comme un chef de corps parlant à sa troupe, je leur dis, d'abord :

« A peine installé, j'ai voulu, Messieurs, me mettre,
« sans retard, en rapport direct avec tous ceux qui, dès

« ce moment, sont devenus plus que mes auxiliaires :
« —mes coopérateurs,—dans la grande administration
« confiée à mon dévouement. J'ai tenu, de suite, à leur
« faire savoir ce que j'attends d'eux et ce qu'ils peu-
« vent attendre de moi. »

— « Mon intention, » continuai-je, « est, avant tout,
« d'observer, d'étudier, dans leur marche, les différents
« rouages de cette administration multiple. Son orga-
« nisation présente, due aux enseignements d'un passé
« déjà loin, a pour elle cette autorité de l'ordre établi
« dont il faut toujours tenir grand compte. Peut-être,
« ne répond-elle plus entièrement aux nécessités du
« temps nouveau; mais, s'il me faut la modifier, j'en-
« tends le faire avec mesure, par voie de transforma-
« tion graduelle, et avec un respect scrupuleux des si-
« tuations personnelles acquises. »

J'ajoutai : — « Je suis un vieux fonctionnaire, déjà;
« si je n'en ai pas encore assez l'apparence, c'est parce
« que mon entrée dans l'Administration date de mon
« début dans la vie. J'en ai gravi, très laborieusement
« parfois, tous les échelons, depuis le premier jusqu'au
« plus élevé, sans en franchir aucun. J'appris ainsi,
« chemin faisant, à connaître la valeur des droits con-
« sacrés par le travail et la patience, et je me considère,
« depuis que j'ai des subordonnés, comme ayant charge,
« sinon d'âmes, du moins d'existences. Je fus toujours,
« et je veux rester mon propre Chef de Personnel. J'en-
« tends juger moi-même du mérite et des services de
« chacun de vous, afin de répartir consciencieusement
« les faveurs, ou, pour mieux dire, les récompenses
« de tout ordre que j'aurai la bonne chance de pouvoir
« dispenser. »

MON INSTALLATION OFFICIELLE. 87

Je terminai par ces mots : « Rompu dès longtemps
« au travail, je vous en donnerai l'exemple. Attendez-
« vous à me voir exiger qu'il soit suivi. Mais, plus je me
« montrerai sévère, quant au bien du service, plus vous
« me trouverez sympathique aux bons travailleurs.

« Évitez de recourir aux recommandations. Je les
« accueille mal. Elles trahissent, de la part du recom-
« mandé, peu de confiance dans son propre mérite,
« ou dans l'intelligence ou la justice de ses supérieurs.

« Maintenant, Messieurs, le but de cette réunion est
« rempli : je vous ai dit ce que j'avais à vous dire ;
« vous savez, désormais, les intentions et les sentiments
« du nouveau Chef que la volonté de l'Empereur vient
« de placer à votre tête. Je vous rends votre liberté. »

Cette allocution autoritaire, de la part d'un homme
dans la force de l'âge, dont la haute stature et l'air résolu
s'accordaient avec la fermeté de ses paroles, produisit une
sorte d'effet magnétique sur l'auditoire, de toute provenance, auquel je m'adressais, et qui s'écria spontanément : « Vive l'Empereur ! »

« Oui, Messieurs, » dis-je : « Vive l'Empereur, qui
« veut faire de Paris la première Ville du Monde, une
« Capitale digne de la France ! »

Ma seconde journée à Paris n'avait pas été moins
bien employée que la première. Je passai ma seconde
soirée à dépouiller le projet de Budget de M. Berger
pour 1854, comme la précédente, à étudier le Compte
Administratif de 1852 et le Budget de 1853, et j'y trouvai la confirmation de ce que j'avais découvert la veille,
et du plan de conduite que je m'étais déjà tracé, vis-à-
du Conseil Municipal.

L'exposé de ce plan et du système financier qui lui servit de base; de l'origine et de l'importance des ressources que je comptais avoir pour le réaliser; de la mesure dans laquelle mes prévisions furent justifiées; des résultats obtenus, en définitive, et de la situation que je laissai derrière moi, quand je quittai cet Hôtel de Ville où je devais m'installer, de fait, le lendemain seulement de la journée dont je viens de raconter l'emploi, forme l'objet essentiel du présent volume. Je ne saurais l'aborder, cependant, qu'après avoir bien précisé l'état de choses qui fut mon point de départ; les conditions d'existence faites au Préfet de la Seine; le milieu dans lequel j'aurais à me mouvoir; le caractère tout exceptionnel et particulièrement délicat du rôle que l'Empereur entendait m'imposer; les auxiliaires que je trouvai, puis, ceux dont je m'entourai, pour le remplir, et les adversaires de tous rangs à l'hostilité déclarée ou secrète desquels je devais m'attendre.

Je donnerai, comme je l'ai fait jusqu'à présent, sur le compte de mes collaborateurs de tout ordre, beaucoup plus de détails, sans doute, que ne le jugeraient nécessaire la plupart de mes lecteurs. Mais, je considère comme un devoir de reconnaissance envers mes compagnons de travail et de lutte, vivants ou morts, de montrer que j'ai gardé fidèlement le souvenir de leur concours utile et dévoué.

Les familles de ceux qui ne sont plus, trouveront ainsi, ne fût-ce que dans le rappel de leurs noms, un témoignage de la coopération active qu'ils ont donnée aux grandes entreprises dont l'Empereur me confia la conduite, de 1853 à 1870.

CHAPITRE V

MA PRISE DE POSSESSION EFFECTIVE

Avant d'aller plus loin dans le récit détaillé de mon entrée en fonctions à la Préfecture de la Seine, dont les nombreux épisodes où je m'attarde risquent de me faire perdre le fil, j'ai besoin de rappeler à ceux qui liront ces souvenirs, écrits surtout pour les miens et pour moi-même, et qui ne sauraient pas être également intéressés par tout ce que je crois bon d'y noter, qu'il s'agit de l'événement capital de ma vie publique ; du point de départ d'une carrière nouvelle, en quelque sorte, qui s'ouvrait devant moi, pleine d'incertitudes, semée d'écueils inexplorés ; et, si je puis ainsi dire, de la préface de cette grande œuvre pacifique du règne de l'Empereur : la Transformation de Paris.

Or, quand je me reporte à cette époque, où je venais d'assumer, avec l'énergique volonté d'y réussir, la tâche dont les proportions et les difficultés m'avaient fait la décliner, tout d'abord, mon esprit retrouve, nettement gravées encore dans ma mémoire, toutes les circonstances, toutes les particularités du début de ma longue édilité. Alors, en effet, mon intelligence, constamment en éveil, avait ses facultés surexcitées au plus haut point, et rien de ce qui pouvait se rattacher, de près ou de loin, à cette tâche immense, ne passait inaperçu, n'était négligé par moi le moins du monde.

Je me sentais sur un terrain glissant, où tout pouvait être compromis par un acte inopportun, par un faux pas quelconque, et mon premier souci devait être de m'en garder; car, mon avenir n'était pas en jeu, seul : je voulais ardemment le succès, pour la gloire de mon Maître, et pour l'honneur même de mon Pays, que j'allais engager, aux yeux de l'Europe et du Monde entier, dans des entreprises sans précédents.

Certain de la bienveillance de l'Empereur, que, cependant, je ne connaissais pas encore assez pour compter, sans réserve, sur sa persévérance à poursuivre, jusqu'au bout, la Grande Œuvre dont Il venait de me constituer l'éditeur responsable, je me souvenais de l'axiome peu orthodoxe, mais salutaire : « Aide-toi, le Ciel t'aidera », et je me disais que je recevrais d'autant plus de secours du Ciel Impérial, que je saurais en avoir moins souvent besoin.

Je devais donc, avant tout, comme un général sur le point d'ouvrir une campagne périlleuse et de longue durée, faire un inventaire vigilant de tous mes moyens d'action, hommes et choses. La prudence me prescrivait, d'une part, de sonder le sol au sein duquel j'avais à jeter les fondations de mon édifice, afin de les y établir solidement, pour qu'elles pussent porter, sans fléchir, les diverses assises de l'élévation; d'autre part, et, tout en me gardant bien de laisser paraître aucune inquiétude, aucun doute, de recueillir et de rapprocher avec soin tous les renseignements à ma portée qui pouvaient m'être utiles, un jour ou l'autre, pour m'en inspirer, sans nulle hésitation, le moment venu.

Je devais, d'ailleurs, et de l'air le plus courtois, tâcher de pénétrer le fond de la pensée de tous ceux avec qui j'entrais en rapports de service, et m'appliquer, en conférant avec eux, à prendre la mesure de la taille, je veux dire : de la valeur de chacun, de manière à tirer le meilleur parti possible de tous.

Cette valeur, que j'ai commencé de résumer à propos de quelques-uns de mes principaux collaborateurs, et que je continuerai de constater, au cours de ma route, je ne la découvris pas assurément dès les premiers jours. Mais, il est bon qu'avant d'en arriver aux faits, on connaisse de suite les auxiliaires que j'eus, dès le principe et plus tard, à ma disposition.

Bien peu de personnes savent au prix de quelle patience, de quelle circonspection, de quelle diplomatie, je pus, sous une apparente confiance en ma force, de mépris des obstacles, et de crânerie batailleuse, qui ne déplaît point chez nous, arriver souvent, sinon presque toujours, à mes fins.

Une grande Dame, en plaisantant, me disait que je passais pour avoir un mauvais caractère. — « Madame, » lui répondis-je, « loin de m'en plaindre, je m'en félicite.
« Au fond, je suis de la nature de je ne sais plus quelle
« bête curieuse, dont le cornac définissait le caractère
« difficile de la manière suivante :

« Cet animal est très méchant ;
« Quand on l'attaque, il se défend !

« D'humeur pacifique, je n'aurais jamais la pensée
« d'attaquer personne ; mais, l'expérience de la vie m'a
« enseigné que, pour être bon impunément, il faut

« avoir une réputation tout autre. C'est pour cela que
« je me rattrape avec usure, quand on m'oblige à me
« défendre. Dans ce cas, pour un coup, j'en rends quatre,
« non sans le plus grand regret, mais par principe. J'ai
« pu constater l'effet excellent de ce système sur les
« assaillants : ils se tâtent avant de recommencer. »
— « Alors, vous seriez un mouton, un agneau, revêtu
« de la peau d'un loup?... » — « Oh! Madame... non;
« pas d'un loup! mettons : d'un chien de garde. En tant
« qu'agneau, je suis né dans le mois Mars, sous le
« signe du Bélier. » — « Ce n'est déjà pas un animal si
« commode ! » — « C'est un agneau qui a pris de l'âge,
« sans avoir été voué dès l'origine, comme le mouton,
« à la douceur ! »

On ne soupçonne guère cette face de l'histoire de mon administration, qui n'en paraîtra probablement pas la moins curieuse, et qui peut servir de sujet d'étude aux édiles de l'avenir. — Ceux du présent ont mieux à faire, paraît-il, que de se renfermer, ainsi que je m'en imposais la règle, dans l'exercice consciencieux de leurs fonctions.

Voilà mon excuse pour l'exactitude minutieuse des narrations qui précèdent et qui vont suivre, si je me fais illusion sur l'intérêt que certains lecteurs pourront trouver à vivre avec moi, rétrospectivement, les premiers jours de ma vie parisienne.

Le lendemain de mon installation, c'est-à-dire le 30 Juin, dès huit heures du matin, le coupé préfectoral était à la porte de mon hôtel, selon l'ordre que, la veille, j'en avais fait donner au cocher par un des huissiers de service.

Avant huit heures et demie, j'avais déjà mis M. Ferrier de Tourettes, mon Chef de Cabinet, en possession de son nouvel office, à l'Hôtel de Ville.

Le Personnel fixe du Cabinet ne se composait, sous M. Amédée Berger, que d'un seul Commis-Rédacteur, M. Michaux, et de deux Expéditionnaires. On le renforçait, quand c'était nécessaire, par d'autres employés, détachés momentanément du Secrétariat Général.

Je ne tardai pas à le composer d'attachés plus nombreux que ceux dont se contentait M. Berger, et qui suffisaient amplement à ses travaux réservés.

Suivant une promesse formelle faite, quand je quittai la Gironde, à M. Laurand, mon Secrétaire Particulier, je l'appelai de Bordeaux à Paris, et j'en fis mon Chef de Cabinet, lorsque je plaçai M. Ferrier de Tourettes à la tête du Secrétariat du Conseil Municipal et du Conseil Général. Alors, M. Michaux, dont les notes étaient parfaites et le temps de service assez long, dans son emploi de Commis-Rédacteur, devint Commis Principal, et je lui donnai, pour auxiliaires, des Commis-Rédacteurs, d'abord, au nombre de quatre, puis de six, auxquels j'attribuai le titre de Secrétaires du Cabinet; plus, quelques Expéditionnaires.

M. Laurand appartenait, par sa naissance, à une très honorable famille protestante de la Saintonge, et, par son mariage, à une autre bonne famille protestante de Sainte-Foy, établie depuis longtemps à Bordeaux, et bien connue des parents de ma femme. Il était déjà dans les bureaux de la Préfecture de la Gironde, quand je le pris pour Secrétaire, après le Deux-Décembre. Appelé à Paris, en 1853, et promu Chef de mon Cabinet, il fut nommé Directeur de la Caisse des Travaux de Paris, en 1866, et ne la quitta qu'à sa suppression, après 1870. Il devint alors Inspecteur de l'Assistance Publique. C'est à ce titre qu'il fut retraité, en 1879.

Au caractère le plus sûr, M. Laurand joignait de précieuses qualités : le calme, le sang-froid, l'ordre, la méthode et la correction la plus minutieuse, qui ne se sont jamais démenties au milieu du mouvement inouï d'affaires agitant l'Hôtel de Ville, de 1853 à 1870.

Celui qui devint « le fidèle Michaux » a fait presque toute sa carrière dans les bureaux du Cabinet, en grandissant comme le Cabinet même. Promu Commis Principal, bientôt après mon arrivée à Paris, ainsi que je viens de le dire, il devint, deux ans plus tard, Sous-Chef.

En 1866, quand M. Laurand passa, comme Directeur, à la Caisse des Travaux de Paris, M. le vicomte Pernety, mon gendre, fut mis à la tête de mon Cabinet, formant déjà plusieurs bureaux, et M. Michaux, chargé du troisième.

Il avait dans ses attributions : 1° les Beaux-Arts ; 2° les fêtes, réceptions, concerts et les dîners officiels.

Comme Secrétaire de la Commission des Beaux-Arts que je crus à propos d'instituer à l'Hôtel de Ville, M. Michaux était en relations avec les nombreux artistes chargés des commandes ou qui désiraient en obtenir : *genus irritabile*. Les inspecteurs et sous-inspecteurs de ce service relevaient de lui.

Le Service des invitations n'exigeait pas moins de mesure et de tact, dans les rapports personnels qu'il obligeait mon représentant d'avoir avec les Tuileries, les Ministères, les Ambassades, Légations, etc.

Décoré de plusieurs ordres étrangers, M. Michaux, son tour venu, fut nommé Chevalier de la Légion d'Honneur, sur ma proposition.

Puis, il passa dans la Direction d'Architecture, avec les Beaux-Arts, comme Chef de Section, lors de mon organisation nouvelle des Bureaux.

Après 1870, quand on modifia cette organisation, il reçut le titre de Chef de Division, et c'est en cette qualité qu'il a pris sa retraite.

M. Michaux fut pour moi, de tout temps, un de ces auxiliaires dont on ne fait pas l'éloge, mais dont on paie le dévouement inaltérable, d'une cordiale amitié.

Le 30 Juin, M. Ferrier, à peine installé, se mit immédiatement à dépouiller et à trier le courrier du matin, avec l'aide du personnel exigu dont il pouvait disposer.

Je le laissai faire cette besogne, pour recevoir M. Merruau, qui m'apporta les projets d'Ordre de Service et d'Arrêtés de Délégation de Signature que je lui avais demandés. J'eus peu à modifier sa rédaction, et il s'empressa d'aller faire autographier le texte définitif de ces actes, afin d'en envoyer des exemplaires dans les Divisions et Bureaux, assez vite pour que, dès le soir même, on remît à mon Cabinet la part du travail de la journée qui devait être réservée à mon examen personnel.

Je fis ensuite appeler M. Buffet, Chef du Matériel, afin de descendre avec lui dans l'appartement du Préfet, sis à l'entresol et donnant, au midi, sur le jardin et le quai.

M. Buffet, entré, dès 1821, à l'Hôtel de Ville, en était l'incarnation. Chargé, depuis 1827, sous les nombreux Préfets dont il sut mériter la confiance, de la gestion de l'immense Mobilier de tous les établissements municipaux de Paris, du Service Intérieur (personnel et matériel de l'Hôtel de Ville), du règlement des dépenses imputables sur les Fonds d'Abonnement et de Représentation ; enfin, du mouvement de la Caisse de Service, placée sous sa surveillance spéciale, il fut pour moi, pendant dix-sept ans, non seulement, un auxiliaire administratif aussi correct que serviable, aussi sûr que dévoué, mais encore, l'intendant bénévole de mes recettes et dépenses personnelles, et le contrôleur de ma Maison, dont je ne pouvais pas m'occuper, et dont ma femme avait grand'peine à concilier la direction quotidienne, avec les autres devoirs de sa position.

M. Buffet prit sa retraite en Octobre 1870, dans sa cinquantième année de service. Jusqu'à sa mort, en 1882, quand il atteignait quatre-vingt-cinq ans d'âge, il resta fidèle à son attachement pour moi, pour tous les miens. Je conserve le souvenir le plus reconnaissant, le plus affectueux, de cet excellent homme.

Son fils, qui devint Chef du Secrétariat du Conseil Municipal, fut un employé modèle, comme lui.

Lorsque j'eus fait un examen sommaire de l'appartement du Préfet, je désignai, à l'angle de la Place de Grève et du Quai, la chambre où je préférais loger, en annonçant que mon intention était d'y coucher dès le soir.

J'appris alors que la partie de l'entresol en retour sur la Place, à la suite de cette chambre, était occupée par le Général Levasseur, commandant une Division d'Infanterie de l'Armée de Paris, qui prit son quartier général à l'Hôtel de Ville, le matin du 2 Décembre 1851, et trouva commode d'y rester.

Or, le logement qu'il détenait, avait été détaché, pour son usage, de l'appartement du Préfet, trop restreint depuis ce retranchement temporaire, qui menaçait de prendre un caractère définitif.

C'était précisément celui que M. le Comte de Rambuteau avait fait disposer pour lui-même, lors de l'agrandissement de l'Hôtel de Ville, parce qu'il était desservi par un escalier secondaire prenant accès, au rez-de-chaussée, dans le milieu de la galerie longeant la cour dite du Préfet, et aboutissant, au premier étage, dans le milieu de celle qui allait, du palier supérieur de l'escalier d'honneur, à la Salle du Trône. Les communications du Préfet avec ses Bureaux se trouvaient fort abrégées par cette voie.

Quand je déplaçai le cabinet officiel du Préfet, qui se trouvait au delà de toute la longueur de la Salle du Trône, pour le transférer en deçà, précisément au-dessus du logement du Général Levasseur, dans l'ancien Salon du Roi, pièce vaste, éclairée de trois fenêtres sur la Place, que précédait le Salon dit du Zodiaque, propre à servir de Salle d'Attente, et entre deux, par un passage communiquant avec l'escalier secondaire que je viens de décrire, alors, la gêne de cette occupation militaire abusive devint si manifeste, que j'obtins sans peine, du Gouvernement, qu'un autre Quartier Général fût assigné à l'hôte par trop persévérant de la Ville.

Ce très brave homme, que je rejoignis, plusieurs années après, au Sénat, ne me garda pas rancune de son déménagement, qui me permit de m'installer plus commodément à l'entresol, et de m'y faire disposer un cabinet de travail bien paisible, voisin de ma chambre à coucher, en rapports faciles avec le Service de la Permanence, que j'avais installé déjà près de mon grand cabinet, au premier étage.

Le Service de la Permanence se composait d'employés, pris entre les meilleurs, attachés à mon Cabinet, et d'un garçon de bureau, qu'on relevait de douze en douze heures, suivant un ordre de roulement qui répartissait équitablement la fatigue des veillées. Ainsi, j'avais sous la main, à tout moment du jour ou de la nuit, un Secrétaire, pour lui dicter ou lui faire copier quoi que ce fût, ou pour lui confier un message verbal exigeant un employé intelligent, et un homme, pour le service matériel et pour les commissions urgentes.

D'ailleurs, quand j'étais absent, le soir, on avait toujours la certitude de trouver à qui parler, en s'adressant à la Permanence, qui savait où me faire chercher, en cas de nécessité, quand l'Empereur me demandait, par exemple.

Les Secrétaires du Cabinet étaient des jeunes gens bien élevés, qui me secondaient dans les réceptions officielles. Ils avaient un uniforme les faisant reconnaître.

Lorsque je devais employer toute une nuit à quelque travail considérable et pressé, la Permanence était accrue du nombre de Secrétaires que j'indiquais. Ils se relayaient, pour recevoir la dictée rapide que je leur faisais, comme un discours, en me promenant, d'un angle à l'autre de mon grand cabinet, et que, souvent, il fallait envoyer par fragments à l'impression, pour en recevoir de même les premières épreuves, et en avoir de bonnes feuilles avant jour, lorsqu'il s'agissait de communications au Conseil Municipal que je tenais à lui faire distribuer, après lecture, en séance.

Pour certains de ces travaux nocturnes, je faisais venir les Chefs de Service à qui je pouvais avoir besoin de demander des éclaircissements ou des vérifications de textes, de dates et de chiffres, notamment, le Chef de la Comptabilité, à l'occasion de mes exposés financiers, mûrement conçus, mais toujours rédigés rapidement.

Afin d'aller instantanément et sans crainte de rencontrer personne, d'un de mes cabinets à l'autre, je fis faire un petit escalier, fermé à ses deux extrémités, montant d'un pas-perdu parallèle à ma salle de bain et de toilette, placée à l'entresol (entre ma chambre à coucher et le salon où j'établis mon cabinet de travail privé), à celui qui séparait, à l'étage, mon cabinet officiel, de l'antichambre des salons de grande réception.

Ma visite achevée, M. Buffet me promit de donner des ordres pour que mon logement fût prêt, dès le soir, dans la chambre que j'avais désignée, comme tout l'appartement l'était déjà, du reste. Il ajouta que mon valet de chambre, qui devait me précéder de quelques heures, trouverait tout en état : des lampes allumées, mon lit garni, etc., etc. Enfin, il voulut bien se charger de pourvoir, sans désemparer, à l'organisation provisoire de ma cuisine, en attendant l'arrivée de ma femme et de mes enfants, que je pouvais mander sans retard, comme je venais de le constater.

C'est le moment de dire que l'appartement du Préfet, à l'Hôtel de Ville, se trouvait, non seulement, garni d'un Mobilier des plus complets et des plus confortables, mais encore, fourni de Linge de Maison dont les frais d'entretien et de blanchissage incombaient au Bureau du

Matériel; de plusieurs services de table; d'argenterie et d'ustensiles de ménage et de cuisine sans nombre, appartenant à la Ville de Paris. — Il en était ainsi, du reste, au compte de l'État, dans les Ministères. — Autrement, le Préfet n'aurait pas pu tenir convenablement sa position.

Malgré de tels avantages, le traitement de 50,000 fr. qui me revenait (tandis que les Ministres les moins appointés avaient le double), ne suffit jamais, seul, aux dépenses de ma famille et de ma Maison privée. Il me fallut, pendant plusieurs années, c'est-à-dire jusqu'à mon élévation au Sénat, faire un appel plus que large à nos propres ressources, pour ce qui s'en manquait.

Les Sénateurs de l'Empire recevaient, avec leur nomination, le titre d'une Dotation Viagère de 30,000 francs, inscrite au Grand Livre de la Dette Publique, mais que, sans autre forme de procès, la République a naturellement cessé de payer. Ce complément de ressources me fut bien utile, mais il ne m'enrichit pas.

Certes, 50,000 francs, et à plus forte raison, 80,000, c'est un joli denier. Il semble même que ce soit un magnifique traitement pour un fonctionnaire logé grandement, meublé de la manière que je viens de dire, chauffé, éclairé, — deux articles omis plus haut, parce qu'on y pourvoyait, non plus sur le Budget de la Ville, mais au moyen des Fonds d'Abonnement affectés aux dépenses matérielles de la Préfecture, — doté de deux voitures (ainsi que chaque Ministre), et d'une foule de menus privilèges très appréciés à Paris, comme un service régulier de loges dans les théâtres.

Je partageais, en effet, avec le Préfet de Police, une loge qui m'était attribuée dans tous les Théâtres Impériaux, et dans les Théâtres Municipaux, quand la Ville en eut fait construire. Il partageait, en retour, avec moi, ses loges de service dans les autres théâtres.

C'était un travail, pour mon Cabinet, de répartir, entre mes parents et amis, les coupons que ma famille n'utilisait pas.

Mais, quand on occupe une grande situation dans cette ville de Paris, où la richesse est le privilège de tant de familles ; dans ce rendez-vous de tous les luxes, de toutes les élégances ; quand on y mène une existence officielle obligatoirement entourée de splendeurs qui forcent, quoi qu'on en ait, la porte de votre vie privée, réussit-on à maintenir celle-ci bien longtemps en dehors de tout entraînement somptuaire ?

Sous l'Empire, la femme du Préfet de la Seine, pour si modeste qu'elle fût, ne pouvait faire les honneurs de ses salons personnels, à l'entresol de l'Hôtel de Ville, beaucoup plus simplement que ceux des salons officiels du premier étage.

Ma table d'en bas ne pouvait être, à beaucoup près, celle d'un anachorète, pendant que ma table d'en haut devait rappeler celle de Lucullus, sous peine de manquer à sa destination. Je n'étais même pas libre de régler, avec toute la réserve que j'aurais voulu, le nombre et les menus de mes dîners de famille et d'intimes. On a d'autant plus de parents attentifs et d'amis assidus, qu'on est plus puissant, et la réputation de ma cuisine et de ma cave officielles imposait certaines obligations à ma cuisine et à ma cave privées !

Aurait-on compris, de ma part, une existence à double face, qui eût donné maladroitement, à ma représentation fonctionnelle, l'apparence d'un rôle de haute comédie, joué par nécessité, devant un public importun ?

D'ailleurs, on prend vite les habitudes de vie large et facile des personnes du monde avec lequel on est en constants rapports; car, elles s'imposent à vous et aux vôtres, que vous le vouliez ou non.

Le contact incessant des privilégiés de la fortune dans les salons de la Finance, du Commerce et de l'Industrie; des relations de tous les jours avec les plus Grands Personnages, avec les plus Grandes Dames; des invitations continuelles (c'étaient des ordres), non seulement, aux fêtes de la Cour, aux séries de Compiègne, de Fontainebleau; mais encore, aux petites réceptions de l'Impératrice, n'étaient pas assurément pour troubler ma raison ni pour exercer un grand prestige sur ma femme. — Elle en ressentait surtout les fatigues. — Mais, il nous fallait, bon gré mal gré, en accepter, en remplir convenablement les obligations, et, après, en supporter les conséquences onéreuses.

Et nos filles?... Élevées aussi bien que nous le pouvions, auprès de nous, dans ce milieu si brillant, si mouvementé, y puisaient-elles uniquement des goûts d'intérieur et d'économie?

Ah! j'avais fort à faire pour équilibrer mon pauvre budget particulier, qui devait faire face à tant de choses!

Quant aux frais de mes réceptions officielles, voici les ressources dont je pouvais disposer.

Le Ministère de l'Intérieur m'allouait une indemnité annuelle de 25,000 francs pour ma Représentation, comme Préfet de la Seine, et le Budget de la Ville, 80,000 francs, pour ma Représentation, comme Chef du Corps Municipal de Paris. Il devait être justifié de l'emploi détaillé de cette dernière somme, au Compte de chaque exercice. J'avais le droit d'affectation, sans contrôle, de la première, à laquelle j'ajoutais le *boni* que pouvait laisser libre l'emploi des deux Fonds d'Abonnement qui m'étaient attribués pour les dépenses de tout ordre de mes bureaux et de tous les services de l'Hôtel de Ville : l'un, de 257,500 francs, par l'État, du chef de la Préfecture de la Seine ; l'autre, de 200,000 francs, dès le principe, et de 280,000 francs, après l'extension des limites de Paris jusqu'aux Fortifications, par la Ville, du chef de la Mairie Centrale.

J'ai dit que chaque Préfet touchait de l'État, en sus de son traitement, une somme destinée, en majeure partie, et dans la proportion fixée par les règlements (8/10es), aux traitements et salaires des employés et gens de service de sa Préfecture, et pour l'autre (2/10es) aux dépenses matérielles : chauffage, éclairage, impressions, fournitures de bureau et menus frais de toute espèce. Celle-ci constituait le vrai Fonds d'Abonnement ; car le Préfet, qui n'était pas tenu d'en rendre compte, devait, à ses risques et périls, pourvoir à tout, avec cette ressource. Ce qu'il en pouvait économiser lui appartenait légitimement, et couvrait, en général, pour autant, ses frais de Représentation. Les Préfets des grandes résidences recevaient, seuls, à cet effet, quelques allocations exceptionnelles.

Le Fonds d'Abonnement attribué par l'État au Préfet de la Seine, s'élevant à 257,500 francs, 206,000 (les huit dixièmes), destinés au paiement du Personnel des bureaux, y servaient, concurremment avec huit dixièmes du crédit de même nature, — 200,000, puis, 280,000 francs, — ouvert au Budget de la Ville. Il restait à ma disposition, pour dépenses matérielles,

51,500 francs, d'une part ; 40,000, puis, 48,000, d'autre part : au total, 91,500 francs, puis, 99,500.

Les deux Fonds d'Abonnement étaient versés par douzièmes dans la Caisse de Service relevant du Bureau du Matériel, et gérés, sous ma responsabilité, par M. Buffet, dont l'intégrité absolue, l'esprit d'ordre et la vigilance m'offraient toutes garanties.

Les Excédents des deux dixièmes libres n'ont jamais atteint 20,000 francs. Ils ont fait place à des Déficits, dans les années exceptionnellement froides et dans celles où les dépenses d'impressions et d'affiches dépassaient la mesure ordinaire. En moyenne, le *boni* annuel était d'environ 15,000 francs. Réuni à l'allocation ministérielle de 25,000 francs, mentionnée plus haut, il m'a permis d'ajouter, pour mon contingent, 40,000 francs par an, au crédit de 80,000 francs qui m'était ouvert, au Budget Municipal, pour les dépenses de ces samedis de l'Hôtel de Ville, qui laissèrent un souvenir si brillant et si durable chez les habitués.

Lorsque le bon M. Buffet, nommé par moi Chef de Section en 1860, prit sa retraite, après mon départ de l'Hôtel de Ville, son remplaçant fut M. Boyer, Chef, après lui, du Bureau du Service Intérieur et du Matériel, au dévouement duquel je dois aussi rendre justice.

Je tiens, de l'un et de l'autre, que leur première entrevue avec presque tous, sinon tous les personnages qui me succédèrent à divers titres, ne se terminait pas sans que cette question leur fût posée : « Quelle est la « quotité du montant des Fonds d'Abonnement dont « le Préfet peut disposer pour ses besoins personnels? » Chaque fois, le Chef de Service provoquait un sourire défiant chez son interlocuteur, quand il lui répondait que le Compte de ces Fonds se soldait parfois en Déficit, et que les Excédents (lorsqu'il en ressortait), toujours des plus modestes, servaient à couvrir, pour autant, l'insuffisance du Fonds des Réceptions. Il fallait, pour les convaincre, qu'on allât chercher les anciens comptes, et qu'on les plaçât sous leurs yeux. Tous croyaient que j'avais eu là de gros profits. Apprenant, avec preuves à l'appui, qu'au lieu de m'enrichir à l'Hôtel de Ville, j'y laissai du mien, et beaucoup, en fin de compte, ils n'en revenaient point.

La déclaration faite à ce sujet par un de mes successeurs mériterait d'être citée ; mais, il faudrait que je l'eusse entendue ou lue, pour oser rapporter ici l'opinion de cet ancien adversaire.

On pense bien qu'il ne s'agit nullement ci-dessus des « Fêtes de la Ville » qui, pour la plupart, coûtaient plusieurs centaines de mille francs, et qui nécessitaient l'ouverture de crédits spéciaux par le Conseil Municipal ; mais seulement des dîners, soirées, concerts et petits bals, pour lesquels les invitations étaient adressées en mon nom, comme Préfet, et au nom de ma femme, et qui avaient lieu dans les pièces du premier étage dites « Salons du Préfet » comprenant, après une grande antichambre, en haut de l'escalier d'honneur à l'usage de mes appartements, un salon d'annonce, à l'angle de la Place et du Quai ; un second, plus petit, à sa suite (le salon bleu) ; les trois grands salons dits « des Arcades », où l'on se réunissait ; et, un sixième (le salon jaune), de même dimension que le second, et donnant accès à ma salle à manger officielle. Celle-ci ne pouvait contenir que cinquante-deux personnes, ce qui m'obligea, dans trois ou quatre circonstances solennelles, à convertir la Salle du Trône, en salle à manger de quatre-vingt-dix couverts.

Jusqu'à l'Exposition Universelle de 1867, les deux plateaux de la balance de mes ressources et de mes dépenses de Représentation purent être tenus à peu près en équilibre. Quelques sacrifices de ma part suffirent à les y remettre. Mais, alors, je fus entraîné beaucoup trop loin par le désir de recevoir dignement nombre d'étrangers de distinction, qu'il convenait d'inviter à ma table et dans mes salons officiels et privés, en dehors des fêtes magnifiques offertes, « au nom de la Ville », à des Souverains et des Princes, hôtes de la France, à tant et tant de visiteurs de toutes nationalités, venus à Paris des points les plus opposés des deux hémisphères.

M. Buffet, qui s'en effrayait, mais que je n'avais pas le temps d'écouter, me proposa, vers la fin de cette année exceptionnelle, dont la liquidation lui semblait devoir être plus que laborieuse, de demander au Conseil Municipal l'ouverture d'un crédit complémentaire, et de profiter de l'occasion pour faire élever, au Budget de 1868, le chiffre normal du Fonds des Réceptions Ordinaires. Il m'affirmait que le Conseil Municipal, très fier de la renommée universelle des samedis de l'Hôtel de Ville, irait jusqu'à doubler ce Fonds.

Or, je répugnais à changer la proportion du tiers qui, jusqu'alors, avait été celle de ma contribution à la dépense totale, et qui me permettait d'étendre mes invitations, dans la même mesure, hors des limites en deçà desquelles il m'aurait fallu normalement les renfermer, si, par l'importance encore plus grande des crédits spéciaux ouverts au Budget de la Ville, leur caractère fût devenu plus exclusivement parisien. Le Préfet de l'Empereur ne voulait pas être trop effacé par le Chef du Corps Municipal de Paris.

Cette considération ne manquait pas de valeur, assurément. Elle finit par l'emporter sur les conseils de la prudence, et il m'en coûta cher.

Je croyais pouvoir, en 1868 et années suivantes, ramener la dépense des Réceptions Ordinaires au chiffre du passé. Mais, le pli était pris ; j'eus, d'ailleurs, en 1868 et 1869, années de terribles luttes, bien d'autres choses en tête, et il se trouva, quand je dus me préparer à quitter l'Hôtel de Ville, dans les premiers jours de 1870, que, d'après l'aperçu, dressé par M. Buffet, de mon compte final, j'étais responsable d'un passif d'environ 300,000 francs, né en 1867, lequel avait fait la boule de neige depuis lors, et dont je ne soupçonnais pas l'énormité. Le compte annuel de la Caisse de Service ne faisait état que des recettes et des paiements. Or, si les recettes s'effectuaient avec ponctualité, la plupart des fournisseurs, comme toujours, étaient en retard, d'une année au moins, pour la production et le règlement de leurs mémoires ou factures. Il fallut, à la dernière heure, en évaluer le montant sur les notes de commandes. Quoi qu'il en fût, grâce à l'obligeance d'un ami, je versai de suite, dans la Caisse de Service, la provision nécessaire, suivant cet aperçu, pour régler et solder tout. Mais, je ne me suis jamais remis complètement de ce réveil désagréable et de ses suites.

Avant de clore une digression qui ne me fera peut-être pas également honneur à tous les yeux, car il en ressort trop clairement combien je m'occupais moins de mes intérêts propres que de ceux dont j'avais charge publique, — ce qui n'est pas, d'ordinaire, le fait d'un chef de famille bien avisé, — j'ai un devoir de reconnaissance à remplir envers l'Empereur, dont la sollicitude constante pour ses serviteurs dévoués encouragea peut-être cette disposition de mon esprit.

Sa Majesté savait, de reste, que, bien avant ma déception finale, j'étais déjà loin d'avoir accru ma fortune à l'Hôtel de Ville, comme le supposaient et le propageaient injurieusement des hommes qui, sans doute, s'y seraient conduits tout autrement que moi. Deux fois, lors des mariages de mes filles, dont les contrats avaient été dressés par M° Mocquard, notaire, fils de son Chef de Cabinet, l'Empereur s'était préoccupé, comme j'aurai lieu de le dire plus loin, de la médiocrité relative de leurs dots, et j'avais dû me défendre des témoignages de sa grande bonté.

Sa Majesté me fit donc venir et me dit que son intention était de rembourser, pour moi, la dette causée par mon extrême souci de le bien servir en toutes choses, et en outre, de me donner une très grosse somme, dont le chiffre m'effraya, pour que je pusse, dans ma retraite, mener une existence en rapport avec mon rang de Grand Dignitaire de l'État.

Le brusque mouvement dont je ne fus pas maître, et la rougeur qui me monta subitement au front, trahirent l'impression indéfinissable de gratitude et, en même temps, d'embarras, sinon de honte, que provoquèrent, chez moi, ces offres inattendues, et l'Empereur me dit, avec une douceur touchante : — « Ce qu'on n'accepte-
« rait pas d'une autre personne, on peut le recevoir

« du Souverain. » — « Oui, Sire, » m'empressai-je de répondre ; « aussi, n'est-ce pas une fierté déplacée, mais « un scrupule éveillé par des sentiments bien différents, « qui me fait prier Votre Majesté de réserver sa muni- « ficence pour de plus mal partagés que moi. Si ma « fortune, qui se compose surtout de celle de ma « femme, est au-dessous de la situation que je dois à « l'Empereur, n'ai-je pas, d'abord, ma Dotation de « membre du Sénat ? N'ai-je pas droit à une pension « exceptionnelle de Grand Fonctionnaire ? Sa Majesté « ne m'a-t-elle pas dit aussi que la Ville de Paris de- « vait faire, pour moi, ce qu'elle a fait pour les comtes « Frochot et de Chabrol ? »

Je ne pouvais, pas plus que l'Empereur, supposer alors que tout cela s'évanouirait à brève échéance, dans l'écroulement de son Trône !

J'ajoutai : — « Si la liquidation subite de mon état « de Maison m'a forcé de contracter une dette momen- « tanée, je pourrai, je crois, en venir à bout assez « vite, en consacrant désormais à mes affaires des « soins que je ne leur ai donnés, depuis dix-sept ans, « que dans une mesure insuffisante. » — « Je ne veux « pas froisser votre délicatesse, en insistant, » me dit l'Empereur. « Si vos prévisions étaient trompées, je « serais toujours là, d'ailleurs, pour prendre la place « de celui de vos amis par lequel je me trouve de- « vancé. Quant à ce que j'ai déjà fait pour vous, ne « l'ai-je pas fait aussi pour tant d'autres, qui ne « m'avaient pas rendu de si grands services ? Ce n'est « point assez ! » — « Votre Majesté m'a payé d'un prix « inestimable : son affection ! Qu'Elle daigne me la « conserver ! »

Ai-je besoin d'affirmer qu'au lendemain de ma prestation de serment et de mon installation comme Préfet de la Seine, le jour où je venais d'entrer effectivement en fonctions, et de faire acte de prise de possession du logement du Préfet, j'étais loin de penser que mes rapports avec M. Buffet, qui s'était mis personnellement à ma disposition avec tant d'obligeance, devaient, après une durée dépassant toutes les prévisions, et pendant laquelle je n'ai jamais eu qu'à me louer de ses bons soins et de ses bons conseils, se terminer dans les circonstances, pénibles pour tous deux, que je viens de rapporter?

Tout entier aux difficultés de ma tâche nouvelle, je les aurais, sans doute, abordées avec moins de résolution, s'il m'eût été possible de prévoir que trente-huit ans passés de services publics, dont la meilleure part au poste, non moins laborieux qu'élevé, dont je venais d'accepter les devoirs, poste où je saurais conquérir, pour mon nom, une place honorable dans l'histoire administrative de mon Pays, me laisseraient, au renversement de l'Empire, dans des conditions d'existence inférieures à celles que j'avais en quittant Bordeaux?

CHAPITRE VI

RÉCEPTIONS ET VISITES

Le Conseil de Préfecture. — Les Sous-Préfets. — Les Maires et Adjoints de Paris. — Les Chefs des Administrations extérieures. — Mes visites.

Après avoir assuré mon gîte pour le soir, je remontai dans mon cabinet, où je trouvai le résumé des articles des journaux du matin pouvant m'intéresser : — ils se bornaient à mentionner mon arrivée à Paris et mon installation ; — puis, les pièces, extraites du courrier par M. Ferrier de Tourettes, comme étant de nature à passer sous mes yeux, que je lus et dont j'annotai quelques-unes, avant de les lui rendre.

A dix heures précises, commencèrent les réceptions.

Le Secrétaire Général me présenta, d'abord, le Conseil de Préfecture ; ensuite, les Sous-Préfets, et, après eux, les Maires et les Adjoints des douze Arrondissements de Paris.

LE CONSEIL DE PRÉFECTURE.

Ce Corps ne se composait encore que de cinq membres, comme ceux des départements de 1re classe, savoir :

M. Laffon de Ladebat, Doyen, fonctionnaire émérite, portant un nom bien connu dans l'Administration, où sa famille avait plusieurs autres représentants : un Chef de Bureau, à l'Intérieur; un Chef de Bureau, à la Ville;

M. Sylvain, Marie, compatriote et ami de M. Berger, ancien officier ministériel, comme lui;

M. de Mauroy, ancien Chef de Cabinet du Ministre de l'Intérieur;

M. Sébire, ancien avocat au Conseil d'État et à la Cour de Cassation, — gendre du compositeur de musique Nicolo;

Enfin, M. Loysel, ancien Secrétaire et gendre de M. Sénart.

On le sait : les attributions des Conseils de Préfecture sont de deux ordres, comme celles du Conseil d'État, auquel ils ressortissent et dont ils sont, à côté des Préfets, comme autant d'exemplaires, considérablement réduits.

Ils concourent à certains actes d'Administration déterminés par les lois ; ils sont juges, au premier degré, du Contentieux Administratif.

Les Préfets en ont, de droit, la Présidence. A Paris, le Préfet de la Seine n'a pas le temps de l'exercer. Il en est de même dans beaucoup d'autres grands départements. Je ne me rappelle pas avoir siégé, comme Préfet, dans celui de la Gironde.

En cas de congé, d'absence ou d'empêchement, le Préfet, peut déléguer ses fonctions, soit, au Secrétaire Général, soit, à l'un des Conseillers de Préfecture. Il a, d'ailleurs, la faculté de confier, à ces Magistrats, des missions spéciales, ou de les substituer, d'une manière permanente ou temporaire, dans telle ou telle de ses attributions.

Selon la loi de Recrutement, un Conseiller de Préfecture, désigné par le Préfet, doit faire partie de tout Conseil de Revision des jeunes gens appelés au Service Militaire. A Paris, un autre Conseiller remplace, comme Président de ces Conseils, dont les séances sont très nombreuses et très longues, le Préfet qui n'y saurait assister.

Certains arrêtés préfectoraux pour être valables, doivent avoir été pris « en Conseil de Préfecture », comme certains décrets « en Conseil d'État », c'est-à-dire après des avis délibérés par ces corps.

Diverses adjudications ne peuvent se faire que « devant le Conseil de Préfecture ».

Enfin, dans chaque département, c'est le Conseil de Préfecture qui juge les Comptes des Receveurs Municipaux des Communes dont les revenus n'atteignent pas le chiffre important qui les rendrait justiciables de la Cour des Comptes.

En matière contentieuse, les Conseils de Préfecture constituent de vrais tribunaux. Leurs audiences sont publiques et les intéressés peuvent y plaider ou faire plaider leurs causes.

Ils statuent, principalement, sur les questions électorales; sur les réclamations en matière de Contributions Directes, et sur les contestations entre l'Administration et les entrepreneurs de Travaux Publics, au sujet de l'exécution de leurs marchés ou du règlement de leurs comptes.

L'insuffisance du nombre des membres du Conseil de Préfecture de la Seine ne tarda pas à se manifester; mais, c'est en 1859 seulement que je pus obtenir du

Gouvernement qu'il y créât, d'abord, un sixième siège. — Auparavant, en 1857, M. Laffon de Ladébat, fatigué par l'âge, avait été mis à la retraite, comme Conseiller de Préfecture honoraire, et remplacé par M. Varcollier, ancien Chef de Division à l'Hôtel de Ville, mis à la retraite en 1848, pour suppression d'emploi, sous l'administration de M. Marrast, Maire de Paris.

Le sixième Conseiller, M. Noyon, Chef du Cabinet de M. Delangle au Ministère de l'Intérieur, fut nommé quand, à la veille du départ de l'Empereur pour la guerre d'Italie, son Ministre fit place au Duc de Padoue, et passa, de l'Intérieur à la Justice, comme Garde des Sceaux.

M. Noyon n'était pas un inconnu, tant s'en fallait, à l'Hôtel de Ville; car il avait dirigé, avec une grande habileté, la Caisse de la Boulangerie, créée en 1854, et c'est là que M. Delangle, Président du Conseil Municipal, avait eu l'occasion de le connaître et de l'apprécier.

Je résume ce que j'ai dit ailleurs de son passé.

Natif d'Eu, il était entré, tout jeune, dans les bureaux de la Préfecture de la Seine-Inférieure ; puis, dans ceux de la Sous-Préfecture du Hâvre, dont il était Chef, quand le Sous-Préfet, nommé Préfet du Var, l'emmena, comme son Secrétaire. Il se maria, dans une famille de Draguignan, relativement riche, et, à la mort de son Préfet, passa Chef de Division. Auteur d'une Statistique du Var, très complète, et d'un Traité, bien étudié, de Comptabilité Communale, il prit une grande part à la rédaction des projets de canaux d'irrigation dressés par le Géomètre en Chef, M. Bost, dont je préparai l'exécution, pendant mon administration du Var, et qui furent exécutés sous l'Empire, grâce au concours de M. Frémy, Gouverneur du Crédit Foncier et du Crédit Agricole. Devenu Conseiller de Préfecture du Var, M. Noyon fut destitué, en 1848, par M. Émile Ollivier, Commissaire Général de la République en Provence. Je le fis réintégrer dans ses fonctions, en 1849, et il devint, pour moi, le collaborateur précieux que j'ai dit, et, en même temps, un très courageux auxiliaire politique.

C'est pourquoi, je le mandai, sans hésiter, à Paris, de la petite Sous-Préfecture de Prades (Pyrénées-Orientales) dont il était alors titulaire, pour lui confier, en 1854, l'organisation de la Caisse de la Boulangerie, mal engagée par un recommandé de M. Fould, Ministre d'État et de la Maison de l'Empereur, qui se retira, comprenant lui-même son insuffisance.

A l'Intérieur, M. Noyon prépara la nouvelle répartition d'attributions qui fit passer divers services de la Préfecture de Police à la Préfecture de la Seine.

Comme Conseiller de Préfecture, je le chargeai de prendre possession de ces services et de les remettre aux Ingénieurs et Agents entre lesquels je les distribuai. Je lui déléguai temporairement, ensuite, la Direction des Affaires Municipales de Paris, lors de la mise en œuvre de la nouvelle organisation des Bureaux de l'Hôtel de Ville, en 1861.

Il reçut la récompense de son dévouement dans le poste de Trésorier de la Ville, auquel je le fis nommer, après le décès de M. Trémisot, en 1867.

Il y resta jusqu'en 1871. Alors, il eut la douloureuse mission de porter, à Versailles, la rançon de Paris : 200 millions en or !

En 1860, M. de Mauroy mourut, et sa succession échut à M. Lançon, ancien Secrétaire de M. Billault, lorsque ce Ministre exerçait comme avocat.

En 1861, le nombre d'affaires portées devant le Conseil de Préfecture, par suite de l'augmentation incessante de la Population et du grand développement des entreprises de Travaux Publics de toute espèce, exigèrent la création d'un septième siège de Conseiller, qui fut attribué à M. Marguerie, Chef de Bureau du Ministère de l'Intérieur.

De plus, l'importance extrême des contestations portées devant le Conseil, qui motivaient l'intervention d'avocats de premier mérite, fit sentir le besoin de mettre, à la tête de ce Corps, un fonctionnaire d'une situation élevée et d'une capacité hors ligne.

M. Dieu, Préfet de 1re classe à Chambéry (Savoie), fut nommé Président du Conseil de Préfecture de la Seine, ce qui porta le nombre des membres à huit.

De cette nomination, ne résultait aucune atteinte à ma Présidence de droit ; mais je n'exerçai qu'une fois celle-ci : le jour de l'installation de M. Dieu.

Du reste, dans tout le cours de mes fonctions administratives, je me suis abstenu systématiquement de présider, comme Préfet, les séances des Conseils de Préfecture, siégeant au Contentieux, où je pouvais me trouver juge et partie.

M. Dieu, Préfet de carrière et savant jurisconsulte, avait publié, sur l'Administration, des ouvrages de Droit, très estimés. En devenant Président du Conseil de Préfecture, où je lui fis attribuer un traitement considérable (30,000 francs), il avait la fort légitime ambition de faciliter son entrée au Conseil d'État, où, certes, il eût fait un remarquable Président de la Section du Contentieux, à cause de son expérience consommée de l'administration pratique.

D'accord avec lui, je divisai le Conseil de Préfecture en deux Sections, chargées de la préparation des affaires. Les décisions étaient prises en réunion générale.

M. Noyon eut la Présidence de la Section Administrative, composée de quatre membres, parmi lesquels étaient choisis les Conseillers désignés, ou délégués, selon le cas, par moi, pour des missions spéciales. M. Loysel remplaça dans cette Présidence M. Noyon, quand celui-ci devint Trésorier de la Ville.

M. Dieu présidait lui-même la Section du Contentieux. Elle avait pour Président, en son absence, M. Sylvain Marie, et après la mort de celui-ci, M. Lançon.

Des quatre auditeurs au Conseil d'État qui furent attachés à ma Préfecture, vers cette époque, deux remplissaient les fonctions de Commissaires du Gouvernement au Contentieux ; les deux autres rapportaient les affaires administratives.

Le Secrétaire-Greffier du Conseil fut mis à la tête d'un véritable greffe, organisé par l'arrêté spécial que je pris pour régler la procédure au Contentieux. Mais, sa signature ne pouvant donner un caractère authentique aux expéditions ou extraits des arrêtés du Conseil, le Secrétaire Général et le Conseiller de Préfecture délégué pour le suppléer continuèrent à signer ces pièces.

Depuis cette transformation jusqu'à ma retraite, les changements ci-après eurent lieu dans le Conseil :

M. Domergue, Chef du Cabinet du Préfet de Police, remplaça M. Varcollier, qui entra dans la Maison du Prince Napoléon, en 1866 ;

M. Tronchon (ancien maire d'Arrondissement, puis, Conseiller municipal), Chef de la Division des Travaux Publics, — M. Noyon, devenu Trésorier de la Ville ;

M. Jarry, Secrétaire Général de la Préfecture de Police, — M. Sébire, décédé en 1867.

Voici les noms des Auditeurs au Conseil d'État qui furent successivement attachés à la Préfecture de la Seine :

MM. Randouin-Berthier, fils du Préfet de l'Oise et allié, par sa mère, à la famille du Prince de Wagram ;

David, fils du Directeur Général des Contributions Indirectes ;

Arthur Legrand, fils de l'ancien Directeur Général des Ponts et Chaussées, aujourd'hui Député de la Manche ;

De Guigné, gendre de M. Barbaroux, Sénateur ;

Arthur Pastoureau, fils du Préfet qui m'avait succédé presque immédiatement dans le Var, et qui fut envoyé successivement dans les Préfectures du Cher, d'Indre-et-Loire, d'Ille-et-Vilaine et du Doubs ;

Artaud-Haussmann, mon neveu, qui débuta si brillamment dans la vie, et dont les dernières années et la fin récente furent si lamentables ! Il était fils du Vice-Recteur de l'Académie de Paris, membre du Conseil Municipal, et de ma sœur aînée ;

Genteur, fils d'un Président de Section du Conseil d'État ;

Jouin-Lambert ;

Émile Flourens, fils du Secrétaire Perpétuel de l'Académie des Sciences, membre de l'Académie Française et du Conseil Municipal;

Lestiboudois, fils d'un Conseiller d'État;

Sazerac des Forges.

Tous ces jeunes gens ont vu leur carrière administrative brisée en 1870, sauf un seul, M. Émile Flourens, rallié à la République.

Il est, au moment où j'écris ces lignes, à la tête du Ministère des Affaires Étrangères, et s'y fait remarquer par son habileté prudente et ferme, son élocution facile, et son talent très réel de discussion.

Dans l'exposé qui précède, on a pu voir comment, sous l'Empire, le Conseil de Préfecture de la Seine devint graduellement une importante institution.

LES SOUS-PRÉFETS.

Les Sous-Préfectures de Saint-Denis et de Sceaux, fort recherchées, on le comprend malgré tout, subirent, au contraire, un amoindrissement très marqué, par l'annexion à Paris des Communes ou portions de Communes comprises entre l'ancien Mur d'Octroi et l'Enceinte des Fortifications, qui n'étaient, en fait, que des Faubourgs extérieurs de cette grande cité. Mais, dans le département de la Seine, dont les extrémités sont à si petite distance de Paris, et, pour la plupart, en relations plus faciles avec son Hôtel de Ville qu'avec presque tous les points de sa Banlieue, des Sous-Préfets étaient des intermédiaires moins utiles à l'instruction de leurs affaires, et des organes d'information du Préfet moins indispensables qu'ailleurs. A mon avis, on pouvait les supprimer sans beaucoup d'inconvénients et avec quelques avantages.

Quoi qu'il en soit, de tout temps, les Sous-Préfectures de Saint-Denis et de Sceaux furent des postes de faveur, dont les titulaires étaient imposés au Préfet par l'influence de protecteurs puissants. Lorsqu'ils avaient quelque valeur, c'était de Dieu grâce !

En 1853, j'avais à Saint-Denis, comme Sous-Préfet, M. le marquis de Boisthierry, placé là par M. le Comte de Morny, Ministre de l'Intérieur du Deux-Décembre, et à Sceaux, M. Léon Lambert, qui ressemblait au Maréchal Magnan. Il avait, — disait la malignité publique, — de bonnes raisons pour cela.

M. de Boisthierry, homme de plaisir, habitué des cercles, comme sa femme, jeune, jolie, élégante, des salons parisiens, ne se tenait pas plus souvent qu'elle à Saint-Denis. La Sous-Préfecture était abandonnée à son Secrétaire, qui trahit sa confiance et fut dénoncé, jugé et condamné, en 1855, pour des actes de concussion, dont le Sous-Préfet n'esquiva la solidarité qu'en alléguant ses absences constantes, signalées de reste dans mes rapports périodiques au Ministère de l'Intérieur.

Il ne put éviter une révocation, et fut remplacé par M. le Baron Lepic, cousin germain du Colonel (depuis Général) Lepic, Aide-de-Camp de l'Empereur, premier Maréchal des Logis du Palais, et du Vicomte Lepic, Colonel des Lanciers de la Garde, qui devint aussi Général.

Le Baron Lepic était de petite taille, et, comme administrateur, de petite envergure. Mais, il remplissait régulièrement ses fonctions. Quand l'Empereur, vivement sollicité par ses parents, de le faire Préfet, me demanda mon avis, je commençai par exposer à Sa Majesté les qualités multiples que, selon moi, un bon Préfet devait avoir. — « Je ne sais pas, » ajoutai-je, « si la meilleure moitié des Préfets de l'Empereur les « possède toutes ; je dois même avouer que je suis à « peu près convaincu du contraire ; mais, certes, mon « Sous-Préfet de Saint-Denis ne sera pas plus déplacé, « dans l'autre moitié, qu'aucun de ceux qui s'y trou- « vent. » — Il fut nommé dans l'Aude.

Son successeur, M. Gérard, encore plus petit au physique et au point de vue des aptitudes administratives, avait le mérite d'être gendre de l'ancienne Gouvernante-Institutrice de Mme de Persigny, petite-fille du Maréchal Ney et du banquier Laffitte. En 1869, il obtint le poste, plus lucratif que toute Sous-Préfecture, de Receveur Particulier des Finances.

Il fut remplacé par le fils du Baron Mercier, Député de l'Orne.

M. Léon Lambert, Sous-Préfet de Sceaux, était un garçon très capable, auquel semblait promise une carrière administrative rapide. Mais, il avait le défaut enviable d'être trop beau. Les interprètes féminins de l'art dramatique et de l'art lyrique, dont il se montrait un admirateur assidu, lui faisaient un accueil trop empressé. En 1858, je reçus sa démission, et j'appris son voyage en Amérique avec la Frezzolini, diva italienne renommée. Il en mourut, aux États-Unis.

Son successeur, M. Labrousse, protégé de M. Billault, fonctionnaire intelligent, laborieux, de bonnes manières, était marié à une demoiselle Négrier — de la famille du Général de ce nom, tué dans les journées de Juin 1848, — jeune femme très bien, très aimable et très modeste. L'un et l'autre occupèrent, au mieux, pendant neuf ans, l'hôtel de la Sous-Préfecture de Sceaux ; après quoi, M. Labrousse fut nommé Préfet du Gers.

M. de Boyer de Sainte-Suzanne, qui vint ensuite, appartenait à la famille du Général de Boyer, ancien Premier Aide-de-Camp de M. le Duc de Nemours. Il était veuf d'une fille de M. de La Cuisine, Président de la Cour Impériale de Dijon, auteur d'ouvrages de Droit bien connus. Écrivain lui-même, il publia plusieurs ouvrages intéressants sur l'Administration. C'était un Sous-Préfet tout à ses devoirs. Sur mon bon témoignage, il fut nommé Préfet de l'Aube, dans les derniers temps de mon administration. Je le retrouvai, après 1871, Gouverneur de la Principauté de Monaco. Il mourut dans ce poste.

LES MAIRES ET ADJOINTS DE PARIS.

Les Maires des Arrondissements de Paris sont par-dessus tout des officiers d'État Civil, et j'ajouterai d'État Politique. Indépendamment des actes de naissance, de mariages et de décès, ils dressent, en effet, les listes électorales, et ils préparent celles du Jury. Leurs attributions administratives se bornent, ou peu s'en faut, à la Présidence des Commissions des Écoles communales et Salles d'Asile, et des Bureaux de Bienfaisance. Ils n'exercent aucune autorité propre.

Or, la Loi Organique du Corps Municipal de Paris, en vigueur lors de mon arrivée à l'Hôtel de Ville (celle de 1834), en réglait de la manière suivante la composition : au premier rang, le Préfet de la Seine, Chef de ce Corps ; au second, le Préfet de Police ; puis, les Maires et les Adjoints, et en dernier lieu, le Conseil Municipal. Or, à nulle époque, les membres du Conseil, dont les attributions, plus importantes, embrassent la ville entière, et surtout son Président, jaloux de le personnifier, n'ont pu se résigner à céder la préséance aux Maires et Adjoints, et je dus recourir à des ménagements infinis, lors des réunions générales, pour éviter tout conflit entre les deux camps.

A vrai dire, jamais un membre du Conseil Municipal n'en est sorti pour devenir Maire d'Arrondissement, tandis que nombre de Maires, comme on en aura la preuve ci-après, ont quitté leurs Mairies pour entrer au Conseil.

Pour donner plus de relief aux Maires ; pour accroître leur influence, je m'efforçai d'étendre peu à peu leur rôle administratif, par celles de mes attributions que je pus diviser entre eux, sans compromettre l'unité des services municipaux. Je n'avais crainte de m'amoindrir en grandissant mes collaborateurs.

Je leur confiai, d'abord, l'ordonnancement des traitements de leurs employés, et le règlement des dépenses matérielles de leurs Mairies, dans la limite de la quotité, mise à leur disposition, par moi, des crédits y relatifs ouverts au Budget de la Ville ; puis j'appliquai la même mesure aux traitements du Personnel et aux dépenses du matériel des Écoles et Salles d'asile, et je lui donnai tous les développements dont elle était susceptible. Les états des sous-crédits que j'ouvrais à ces ordonnateurs secondaires, furent même qualifiés « Budgets » pour en rehausser la valeur à tous les yeux.

De plus, je fis installer, dans chacun des nouveaux Hôtels de Mairie, et, autant que possible dans les anciens, à côté de la Justice de Paix, du Cabinet de l'Officier de Paix et d'un Poste Central de Police, des bureaux pour l'Ingénieur Ordinaire, l'Architecte et le Commissaire Voyer de l'Arrondissement, et pour les agents des principaux services : eaux, égouts, éclairage, etc., de telle sorte que le Maire eût, sous sa main, le plus possible de moyens d'information et de concours effectifs.

J'assurai, d'ailleurs, de mon mieux, à chaque Arrondissement de Paris, une représentation équitable dans le Conseil Municipal, et je ne négligeai aucun moyen de mettre les Conseillers composant cette représentation, en rapports suivis avec le Maire, dans des Commissions dont celui-ci avait la Présidence.

Pour améliorer la composition des Bureaux de Mairie, devenus le refuge des parents et amis malheureux de MM. les Maires et Adjoints de toute époque, je décidai, lors du remaniement général des Bureaux de l'Hôtel de Ville, en 1861, l'assimilation des deux Personnels : même mode de recrutement au concours; même classement hiérarchique; mêmes traitements; mêmes règles d'avancement, et je posai le principe d'un roulement, selon les besoins du service, entre les employés de l'Hôtel de Ville et ceux des Mairies, de façon à ne faire de tous qu'une seule armée. Il en résulta que les derniers, grandis à leur tour et saisis d'émulation, en voyant s'ouvrir devant eux une hiérarchie qui n'était plus limitée au grade de Chef de Bureau, furent, pour les Maires, des aides plus dévoués, et qu'au besoin, ces Magistrats purent emprunter à l'Hôtel de Ville les auxiliaires capables qui leur manquaient.

Je comptais, par tous ces moyens, rendre plus recherchées les fonctions de Maire d'Arrondissement, et pouvoir, avec le temps, en recruter les titulaires dans des situations sociales de plus en plus considérables.

En 1853, Paris ne comptait encore que 12 Arrondissements, dont l'ordre numérique n'est aucunement rappelé par celui des 20 Arrondissements actuels.

Voici, selon cet ordre ancien, et avec indication du siège des hôtels de Mairie, le nom des douze Maires en exercice qui me furent présentés alors :

Ier Arrondissement (Rue d'Anjou-Saint-Honoré), M. Frottin, notaire.

IIe (Rue Drouot), M. Patural, ancien avoué.

Mort en 1853, M. Patural eut pour successeur M. Dabrin, ancien agent de change.

IIIe (Rue de la Banque), M. Decan, notaire.

IVe (Rue du Chevalier-du-Guet), M. Varin, marchand de toiles en gros.

Entré au Conseil Municipal en 1856, M. Varin fut remplacé par M. Prieur de la Comble, banquier.

V^e (Faubourg Saint-Martin), M. Delore, banquier.

VIe (Rue Bérenger), M. Monnin-Japy, manufacturier, Député de Paris.

Entré au Conseil Municipal en 1857, M. Monnin-Japy eut pour successeur M. Lenoir, propriétaire.

VIIe (Rue Sainte-Croix-de-la-Bretonnerie), M. Arnaud-Jeanti, négociant.

VIIIe (Place des Vosges), M. Perret, avocat, Député de Paris.

Esprit inquiet, mécontent, déçu peut-être, M. Perret, dont les opinions politiques étaient fort médiocrement sûres, et dont l'attitude envers mon administration motivait ma défiance, donna sa démission en 1858. Je fus heureux de pouvoir mettre à la tête de son Arrondissement, qui comprenait le Faubourg Saint-Antoine, un Maire absolument dévoué au Gouvernement Impérial, M. Frédéric Lévy, marchand de bois, Juge au Tribunal de Commerce.

IXe (Rue Geoffroy-Lasnier), M. Lesecq, archiviste retraité de l'Hôtel de Ville.

X^e (Rue des Saints-Pères), M. Roger, avocat.

Mort en 1854, M. Roger fut remplacé par M. Augustin Cochin, propriétaire, Administrateur du Chemin de Fer d'Orléans, qui donna sa démission en 1858, à la suite d'une condamnation du *Correspondant,* revue catholique dans laquelle il écrivait, et qui fut remplacé à son tour par M. De Fresne, ancien notaire. M. Cochin entra au Conseil Municipal en 1860.

XIe (Place Saint-Sulpice), M. Desgranges, avocat.

Mort en 1858, M. Desgranges eut pour successeur M. Colin de Verdière, ancien avocat au Conseil d'État et à la Cour de Cassation.

XIIe (Place du Panthéon), M. Leroy de Saint-Arnaud, Conseiller d'État.

Frère du Maréchal Ministre de la Guerre, M. de Saint-Arnaud avait ambitionné la succession de M. Berger. Il me garda rancune de son insuccès, jusqu'après son élévation au Sénat, où ce Monsieur, qui n'y fût jamais arrivé par son propre mérite, ne manqua pas une occasion de combattre mes actes ou mes projets.

En 1860, lors de l'extension des limites de Paris, six seulement des Maires de 1853 étaient encore en fonctions.

A cette époque, la ville, agrandie, fut divisée, comme elle l'est toujours, en vingt Arrondissements, dont les circonscriptions ne rappellent pas plus que leur classement numérique, l'ancien ordre des choses. Je dus, par suite, renoncer aux services de quelques Maires, faisant doubles emplois ou dépaysés dans les Arrondissements nouveaux. D'autres, fatigués, profitèrent de l'occasion pour se retirer.

M. Lenoir devint Conseiller Municipal.

MM. Dabrin, Prieur de la Comble, Arnaud-Jeanti, Lévy et Colin de Verdière furent compris dans la liste des nouveaux Maires, que voici, du reste, avec les modifications qu'elle subit jusqu'en 1870.

On y remarquera peut-être une certaine amélioration d'ensemble du Personnel de ces Magistrats.

Ier Arrondissement (Louvre), M. Prieur de la Comble, dernier Maire de l'ancien IVe.

IIe (Banque), M. Louvet, négociant.

Il mourut et fut remplacé, en 1863, par M. Hébert, agent de change, qui mourut, à son tour, en 1865, et dont le successeur fut M. Dufour, notaire.

IIIe (Arts et Métiers), M. Arnaud-Jeanti, Maire de l'ancien VIIe, nommé membre du Conseil Municipal en 1864, et remplacé par M. Gérard, négociant.

IVe (Hôtel de Ville), M. Drouin, négociant, Juge, puis, Président du Tribunal de Commerce.

Entré au Conseil Municipal en 1869, il eut pour successeur M. Lemaître, notaire.

V^e (Panthéon), M. Rataud, Conservateur à la Bibliothèque Sainte-Geneviève.

VIe (Luxembourg), M. Colin de Verdière, Maire de l'ancien XIe.

Il mourut dès 1861, et fut remplacé par M. Gressier, ancien Ingénieur Hydrographe de la Marine.

VIIe (Palais-Bourbon), M. le Marquis de Villeneuve-Bargemont, propriétaire.

VIIIe (Élysée), M. Abel Laurent, agent de change.

Il mourut en 1867, et fut remplacé par M. le Baron de Ladoucette, Sénateur, qui mourut, à son tour, en 1869, et eut, pour successeur, le Général Ambert.

IXe (Opéra), M. Dabrin, Maire de l'ancien IIe.

Il mourut en 1865, et fut remplacé par M. Foucher, notaire.

X^e (Enclos Saint-Laurent), M. Calon, banquier.

Il mourut dès 1862, et fut remplacé par M. Thiébault, fondeur en bronze.

XIe (Popincourt), M. Lévy, Maire de l'ancien VIIIe.

XIIe (Bercy), M. Dupérier-Pellou, négociant en vins.

XIIIe (Gobelins), M. Lebel, marchand de bois.

XIVe (Montrouge), M. Dareau, entrepreneur de transports.

Il mourut en 1867, et fut remplacé par M. Boullée, négociant.

XVe (Vaugirard), M. Aubert, négociant.

XVIe (Passy), M. le Baron de Bonnemains, ancien Inspecteur des Finances.

XVIIe (Batignolles), M. Balagny, notaire.

XVIIIe (Montmartre), M. le Baron Michel de Trétaigne, ancien Médecin en Chef d'Armée.

Il devint Conseiller Municipal en 1864, et eut pour successeur M. Labat, propriétaire.

XIXe (Buttes-Chaumont), M. Micol, propriétaire.

XXe (Ménilmontant), M. Morel-Fatio, Conservateur au Louvre.

LES CHEFS DES ADMINISTRATIONS EXTÉRIEURES.

La dernière partie de ma réception matinale était réservée aux Chefs des services extérieurs de mon administration.

Le premier, dans l'ordre des présentations, fut M. Davenne, Directeur de l'Assistance Publique, accompagné de M. Dubost, Secrétaire Général, et de M. Blondel, Inspecteur Principal de cette Administration.

M. Davenne, ancien Chef de Division au Ministère de l'Intérieur, avait eu là, dans ses attributions, les Établissements Charitables. Auteur d'un ouvrage estimé sur l'Assistance, beau parleur, s'écoutant avec plaisir, cet excellent homme attendait paisiblement le terme de sa longue carrière publique, dans la belle situation qu'il occupait. S'il n'y laissa pas les choses, en se retirant vers 1861, telles qu'il les avait prises, ce ne fut guère de son fait ; mais, il ne gêna rien d'utile. — Je l'ai déjà dit : il eut pour successeur M. Husson, Chef de Division à l'Hôtel de Ville.

M. Dubost, vieux serviteur, très usé, demanda sa retraite à la même époque, et fut remplacé par M. de Cambray, ancien Chef de Bureau de la Ville, passé, comme Chef de Division, à l'Assistance Publique.

Après M. Davenne parut M. Le Dieu, Directeur du Mont-de-Piété, accompagné de M. Gateau, Secrétaire de son Administration.

M. Le Dieu, Chef de Bataillon de la Garde Nationale, avait montré le zèle le plus bruyant pour la cause du

Prince Louis-Napoléon, à l'époque de l'Élection du Président de la République, le 10 Décembre 1848. La Direction du Mont-de-Piété, poste fort ambitionné, fut sa récompense.

Ce n'était pas un fonctionnaire modeste ni commode; mais, au fond, ce n'était pas non plus un méchant homme. Très entier dans son service, parlant haut, militairement, sans doute à cause de ses grandes moustaches grises et de son impériale de vieux colonel retraité, il faisait plus d'embarras que de mauvaise besogne.

Je le supportai, comme bien d'autres, et le mis doucement au pas.

Vint ensuite M. Tassin, Directeur de l'Octroi, accompagné de MM. Descures et Clémenceau de Saint-Julien, Régisseurs.

M. Tassin, beau-frère de M. Duclerc, ancien Ministre des Finances, auquel il devait sa position à la Ville, avait fait sa carrière dans l'Administration des Contributions Indirectes. C'était un homme fin, adroit, de relations agréables, menant bien, sans bruit, toutes les branches de son service.

Il prit sa retraite en 1867, et fut remplacé par M. Clémenceau de Saint-Julien, gendre du Général de Tournemine, qui devait à M. de Morny sa nomination comme Régisseur. Homme du monde, parfait de manières, et d'un esprit très éveillé, M. de Saint-Julien s'était vite mis au fait du service de l'Octroi. Il fut, à son tour, un Directeur habile et prudent.

Les postes de Régisseurs étaient fort enviés.

Aux deux qu'occupaient, en 1853, MM. Descures et de Saint-Julien, on dut en ajouter un troisième pour

M. de la Coussaye, beau-frère de Mme la Comtesse de Pons de Wagner, Dame Lectrice de S. M. l'Impératrice.

M. de la Coussaye mourut en 1856, et fut remplacé par M. Brun, avocat, ancien Maire de Blaye, Conseiller Général de la Gironde. Je le connaissais de longue date, et M. le Marquis de La Grange, Sénateur, le patronnait vivement.

M. Descures était devenu Régisseur hiérarchiquement : « *Rara avis.* » Il demanda sa retraite en 1861, Il eut, pour successeur, M. d'Affry de la Monnaye, Chef du service des Perceptions Municipales. Celui-ci mourut en 1867. Il eut pour successeur M. Le Glay, ancien Archiviste du Département du Nord, ancien Sous-Préfet à Moissac et à Libourne, que l'Empereur connaissait depuis sa captivité dans le fort de Ham, et que Sa Majesté me désigna Elle-même.

Je me gardai bien de faire objection à cette candidature. Époux de la cousine germaine d'un de mes gendres, M. Le Glay m'avait été, dès longtemps, recommandé par M. le Baron Poisson, Conseiller Municipal, oncle par alliance de sa femme.

Quand M. de Saint-Julien devint Directeur, il fut remplacé, comme Régisseur, par M. de Baylen, Directeur des Haras, également désigné par l'Empereur, mais, cette fois, sur la sollicitation du Général Fleury, Grand Écuyer, son Aide-de-Camp, lorsque ce personnage, chargé de la Direction « Générale » des Haras, s'occupa de caser le titulaire de la Direction supprimé.

M. Merruau me présenta, enfin, trois chefs de service d'ordre plus modeste que MM. Davenne, Le Dieu et Tassin; savoir :

M. d'Affry de la Monnaye, encore chargé des Perceptions Municipales en 1853. Son service comprenait les Droits établis dans les Halles, Marchés, Entrepôts; le Poids Public et le Mesurage; les concessions d'emplacements sur la Voie Publique; les stationnements, etc., etc. — Après M. d'Affry, ce service eut pour chef M. Biollay, beau-fils de M. Scribe, le célèbre auteur, membre de l'Académie Française et du Conseil Municipal.

M. Sari, Directeur de la Caisse de Poissy, supprimée en 1857, lorsque fut proclamée la Liberté complète du Commerce de la Boucherie, qui produisit, contrairement à toutes les prévisions de la Science Économique, le renchérissement de la viande, comme plus tard, au reste, la proclamation de la Liberté de la Boulangerie amena le renchérissement du pain.

M. Sari, Corse d'origine, ancien Officier de Marine, avait donné, disait-on, des preuves de dévouement à l'Empereur Napoléon Ier, pendant son séjour à l'Ile d'Elbe, et, longtemps après, accompagné ses cendres, de Sainte-Hélène aux Invalides.

Enfin, M. Dumont, Directeur des Tontines, placées, on n'a jamais su pourquoi, sous l'autorité de la Préfecture de la Seine, qui disparut, après quelque temps, avec les institutions dont il avait la régie.

MES VISITES.

Après cette matinée laborieuse, j'allai, dans l'après-midi, m'inscrire personnellement chez tous les Ministres, tandis que M. Ferrier le faisait, pour moi, chez les Ambassadeurs et Chefs de Légations des Puissances Étrangères.

Ensuite, je me présentai chez les Présidents des trois Grands Corps de l'État ; chez le Premier Président de la Cour de Cassation, M. Troplong, et chez celui de la Cour des Comptes, M. Barthe ; mais, sans succès. J'avais déjà fait ma visite, je l'ai dit, à M. Delangle, Premier Président de la Cour Impériale.

Pour épuiser la liste de celles qui m'étaient imposées dans les 24 heures de mon installation, il ne me restait plus qu'à me rendre chez le Maréchal Magnan, commandant l'Armée de Paris, et chez l'Archevêque, Mgr Sibour. — Je les rencontrai l'un et l'autre.

Cependant, M. Ferrier, continuant sa tournée, déposait des cartes, en mon nom, chez de hauts fonctionnaires envers lesquels le Décret de Messidor, sur les préséances, ne m'imposait aucun devoir, mais qui, pourtant, avaient assez d'importance pour que je pusse les prévenir, notamment : les Procureurs Généraux près les Cours, les Directeurs Généraux des grandes administrations publiques, et les Secrétaires Généraux des Ministères, dont il tenait de M. Merruau la liste, les noms et les adresses.

Le Maréchal Magnan était un ami de mon père. Ils avaient servi de conserve, au siège d'Anvers et ailleurs. Je le connaissais moi-même d'assez longue date. Il m'accueillit à merveille.

Ce beau soldat, cet homme magnifique, de forte carrure ; portant bien, malgré ses 72 ans, sa haute taille et sa belle tête grisonnante, parlait toujours sur le ton du commandement ; très affable, d'ailleurs ; galant avec les Dames ; bon vivant, trop même, et systématiquement étranger à tout ce qui n'était pas militaire. Aussi, n'avait-il aucun rôle politique et n'exerçait-il guère d'influence, hors de son service.

Certes, il avait pris une part décisive au Coup d'État du Deux-Décembre ; mais, à la condition de n'agir qu'en exécution d'ordres écrits du Ministre de la Guerre, et c'est pour les lui donner que le Général Saint-Arnaud, dont répondait le Colonel Fleury, Aide-de-Camp du Prince-Président, avait été rappelé d'Afrique et nommé, tout à point, Ministre.

Le Maréchal Magnan adorait sa femme, ses cinq filles et surtout son fils, aujourd'hui, Général. La Maréchale, excellente et très aimable personne, s'entendit au mieux avec Mme Haussmann, dont elle partageait les goûts simples, et des relations familières s'établirent entre nos filles, bien que plusieurs fussent plus âgées que les miennes.

A l'Archevêché, je fus introduit dans le Salon d'Honneur, où Mgr Sibour, sortant de son cabinet, vint me recevoir. Son accueil fut aussi bienveillant qu'empressé. Il me dit, dès le premier abord : « Je vous con-
« nais déjà par tout le bien que dit de vous S. E. le
« Cardinal Donnet, Archevêque de Bordeaux. »

Mgr Sibour était de petite taille et d'apparence chétive. Sa tête mince, aux traits saillants, émaciés, à la peau jaune, parcheminée, aux yeux noirs sans vivacité, malgré son origine méridionale, lui donnait une apparence ascétique. Sa conversation révélait un caractère doux, modeste, évangélique, et la préoccupation constante des devoirs de son apostolat. Mais, elle n'indiquait pas un de ces esprits supérieurs qu'on aime à rencontrer dans les grandes situations.

Malgré ma vénération pour la mémoire de cette victime d'un lâche assassinat, j'oserai même exprimer que mon Archevêque me parut manquer de prestige, comme cet honnête et savant Professeur de la Faculté de Droit de Poitiers, M. Bourbeau, que l'Empereur avait improvisé Ministre de l'Instruction publique et des Cultes, et qui succomba sous le poids de cette observation, comiquement vraie.

Je puis affirmer, en effet, qu'il ne tenait pas son portefeuille plus mal que tant d'autres, épargnés par la gaîté parisienne, ne portaient les leurs.

Le Prélat m'entretint du très mauvais état et de l'insuffisance des Églises de Paris et de la Banlieue, dont la population s'accroissait d'une manière fort sensible, et de son projet de demander la création de nouvelles Paroisses sur divers points, où, déjà, grâce à lui, des lieux de culte provisoires étaient ouverts. Je ne pus que promettre d'examiner, avec le plus grand intérêt, cette grave affaire.

Au moment de le quitter, « Monseigneur, » dis-je, « il me reste à faire un aveu : je suis protestant. Car, « si vous deviez l'apprendre par les actes de mon ad-« ministration, vous ne le sauriez peut-être jamais. « Mgr Donnet ne l'ignorait pas ; mais, il l'a peut-être « oublié. » — « Ce que je sais, » me répondit l'Archevêque, « c'est que vous avez toujours été dans d'ex-« cellents termes avec Son Éminence ; c'est que je « puis espérer le même accord entre nous. »

Son vœu fut pleinement réalisé.

J'ajoute qu'après la mort tragique de Mgr Sibour, le 10 Février 1857, je n'eus pas de moins bons rapports avec son respectable successeur, le Cardinal Morlot,

Archevêque de Tours, quand il devint Archevêque de Paris, et en outre, Grand Aumônier de l'Empereur. Pendant son assez longue administration du Diocèse de Paris, il conçut pour moi des sentiments de confiance et d'affection tels, qu'à son lit de mort, il chargea l'un de MM. ses Vicaires Généraux, de m'en porter le témoignage non équivoque : sa bénédiction.

Il fut remplacé par Mgr Darboy, Évêque de Nancy. Je l'avais connu Vicaire Général de Mgr Morlot, qui l'avait désigné lui-même à l'Empereur comme pouvant, mieux que tout autre, lui succéder.

Mgr Darboy était, en effet, un Prélat des plus distingués du Clergé Français, par ses vertus, sa dignité réservée, le charme de ses manières, et la grande élévation de son esprit.

Jamais, le moindre dissentiment ne surgit entre nous, sur quoi que ce fût.

Je le vis, pour la dernière fois, en 1870, à la suprême séance du Sénat, dont il était devenu membre. Détail singulier : il avait tenu à faire partie de la Commission nommée par les Bureaux pour l'examen de plusieurs projets de lois relatifs à la défense du Pays, présentés successivement, vers la fin du mois d'Août, par le Ministère Palikao, et dont je fus Rapporteur. — En lui serrant cordialement et tristement les mains, quand nous nous séparâmes, j'étais loin de me douter que je saluais un martyr !

CHAPITRE VII

LE CONSEIL MUNICIPAL
ET LE CONSEIL GÉNÉRAL EN 1853

Les Membres des deux Corps. — Leur visite collective. — Le Président. — Comment je fus fait Sénateur et M. Delangle, Ministre. — Fin d'une journée laborieuse.

Un peu avant quatre heures, j'étais dans mon cabinet, à la disposition du Conseil Municipal et du Conseil Général.

C'est le moment de dire que, si j'ai donné jusqu'à présent, au Conseil Municipal, et si j'entends continuer à lui donner ce titre, qu'il dut seulement à la Loi Organique de 1855, c'est, d'abord, parce qu'on le désignait couramment ainsi; mais, c'est encore parce que cette Loi n'a changé ni son organisation, ni ses attributions. Elles étaient avant ce qu'elles furent après. En langage officiel, il se nommait alors : Commission Municipale de Paris; mais, personne ne l'appelait autrement que : « le Conseil Municipal ».

Ce Corps était composé de 36 Membres. En 1859, lors de l'extension des limites de Paris, il en eut 60. Depuis 1870, il fut porté à 80 : — un, par quartier. — Je n'avais pas osé pousser jusque-là mes propositions; mais, je n'hésite pas à reconnaître que c'eût été logique.

Le Conseil Général, ou, pour être ponctuellement exact, « la Commission Départementale » de la Seine comprenait les 36 membres du Conseil Municipal de Paris, et, des représentants des Arrondissements de Saint-Denis et Sceaux, au nombre de 8 : un par canton.

Tous étaient à la nomination de l'Empereur.

Voici la liste des uns et des autres :

1° *Membres, tout à la fois, de la Commission Municipale et de la Commission Départementale :*

MM. Ernest André, banquier ;

Le Comte d'Argout, Sénateur, Gouverneur de la Banque de France, ancien Ministre de l'Agriculture, du Commerce et des Travaux Publics ;

Bayvet, raffineur, Membre de la Chambre de Commerce ;

Billaud, Syndic des Agents de Change ;

Boissel, Député de la Seine ;

Bonjean, Président de la Section de l'Intérieur de l'Instruction publique et des Cultes au Conseil d'État ;

Boulatignier, Conseiller d'État,

Chaix-d'Est-Ange, avocat, ancien Bâtonnier de l'Ordre, qui devint, en 1858, Procureur Général près la Cour Impériale ; puis, Sénateur ; enfin, Secrétaire du Sénat ;

Chevalier, négociant ;

Eugène Delacroix, artiste peintre, membre de l'Institut (Académie des Beaux-Arts) ;

Delangle, Sénateur, Premier Président de la Cour Impériale ;

Devinck, Député de la Seine, ancien Président du Tribunal de Commerce ;

Dupérier, négociant;

Eck, fondeur en bronze;

D'Eichthal, banquier;

Firmin Didot, imprimeur-libraire;

Fleury, avoué de Première Instance (successeur de M. Berger);

Victor Fouché, Conseiller à la Cour de Cassation;

Frémyn, notaire;

Herman, Sénateur; ancien Préfet; ancien Directeur de l'Administration Départementale et Communale, puis, Secrétaire Général au Ministère de l'Intérieur;

Eugène Lamy, Vice-Président au Tribunal de Première Instance, qui devint successivement Conseiller et Président de Chambre à la Cour Impériale, et enfin, Conseiller à la Cour de Cassation;

Legendre, marchand de bois de construction;

Moreau de la Seine, ancien notaire; ancien Maire d'Arrondissement de Paris; Député de la Seine.

Ernest Moreau, avoué; ancien Maire d'un Arrondissement de Paris;

Casimir Noël, notaire de l'Empereur;

Pécourt, Président de Chambre à la Cour Impériale, bientôt nommé Conseiller à la Cour de Cassation;

Pelouze, Président de la Commission des Monnaies, membre de l'Institut (Académie des Sciences);

Périer, Doyen des Juges de Paix de Paris;

Peupin, ancien Représentant du Peuple, membre du Conseil des Prud'hommes;

Riant, ancien notaire;

De Ribérolles, Conseiller à la Cour des Comptes;

Ségalas, Docteur en Chirurgie, membre de l'Académie de Médecine;

Édouard Thayer, Conseiller d'État; Directeur Général de l'Administration des Postes;

Thierry, Docteur en Médecine;

Germain Thibaut, négociant, Député de la Seine; membre de la Chambre de Commerce;

Tronchon, ancien avoué; ancien Maire d'un Arrondissement de Paris.

2° *Membres de la Commission départementale seulement:*

ARRONDISSEMENT DE SAINT-DENIS :

Canton de Courbevoie : M. de Mongis, Conseiller à la Cour Impériale;

Canton de Neuilly : M. Possoz, Maire de Passy;

Canton de Pantin : M. Antoine Prélard, Maire de la Villette;

Canton de Saint-Denis : M. Amédée Thayer, Sénateur; — gendre du Général Bertrand, le fidèle serviteur de l'Empereur Napoléon Ier;

ARRONDISSEMENT DE SCEAUX :

Canton de Charenton : M. Libert, Maire de Bercy;

Canton de Villejuif : M. Noël Picard, Maire d'Ivry;

Canton de Vincennes : M. Lamouroux, Pharmacien à Paris;

Canton de Sceaux : M. Chevreau, ancien Chef d'institution à Saint-Mandé.

LEUR VISITE COLLECTIVE.

Peu après quatre heures, prévenu par un huissier que tous ces Messieurs étaient réunis dans le salon d'attente qui précédait mon cabinet, je m'empressai de m'y rendre, et je les trouvai rangés en demi-cercle,

M. Delangle en tête, avec M. Périer, Vice-Président, M. d'Eichthal, Secrétaire, et M. Ernest Moreau, Vice-Secrétaire de la Commission Municipale.

Le premier abord de ces nombreux visiteurs, censés ne pas venir me trouver « en Corps », fut littéralement de glace. J'avais pris moi-même, dès mon entrée, que l'huissier ne manqua pas d'annoncer à haute voix, une attitude contenue, des plus calmes, des plus cérémonieuses. — Des deux parts, on se tenait sur la réserve.

Je m'avançai jusqu'au milieu du salon, et, après un salut profond à toute l'assistance, je me tournai vers le Président, à qui j'en adressai un autre, qui signifiait : « Je vous écoute. »

M. Delangle me rendit mon salut, ainsi qu'avaient fait ses collègues, et se dressant sur ses ergots, comme un coq crêté, me tint à peu près ce langage, du ton sec, tranchant, qui semblait être naturel chez lui :

« Monsieur le Préfet,

« J'ai l'honneur de vous présenter la Commission
« Municipale et Départementale.

« Tous ses membres partagent les sentiments que je
« vous exprimais avant-hier, lorsque vous m'avez fait
« l'honneur de me rendre visite. Tous, comme moi,
« regrettent profondément M. Berger, votre honorable
« prédécesseur.

« Nous estimions son caractère ; nous aimions sa
« personne ; nous avions une entière confiance dans la
« sagesse de son administration.

« Quoi que nous sachions de la valeur de vos ser-
« vices passés, et des talents hors ligne dont elle est
« le témoignage, nous ne pouvons taire que M. Berger

« emporte nos sympathies les plus vives dans sa re-
« traite prématurée.

« Mais, nous sommes dévoués à l'Empereur et pleins
« de respect pour ses décisions. Nous devons notre
« loyal concours au représentant de son autorité. Vous
« pouvez, dès lors, compter qu'à ce titre, il vous est
« acquis d'avance, pour toutes les mesures qui, n'excé-
« dant pas les forces de la Ville, pourront contribuer
« à sa splendeur et au bien-être de ses habitants. »

Ce n'était pas précisément une déclaration de guerre;
mais, c'était une prise de position défensive. Sans avoir
pu supposer qu'on me la notifierait avec cette raideur,
je m'y attendais, sous une forme ou sous une autre.
Elle ne m'étonna qu'à demi, et j'eus l'air de prendre en
très bonne part, comme la chose du monde la plus
naturelle, ce singulier compliment de bienvenue.

Je saluai de nouveau, en signe d'acquiescement,
M. Delangle, qui n'avait pas perdu le moindre pouce
de sa petite taille, et qui fut bien obligé de me rendre
ma politesse; puis, me redressant avec tranquillité, je
me tournai vers le gros de la réunion, et je dis :

« Messieurs,

« Je vous remercie de votre démarche. J'en sais tout
« le prix, et les circonstances lui donnent, à mes yeux,
« une importance exceptionnelle.

« Je n'ai pas ambitionné la Préfecture de la Seine.
« S'il en était autrement; si, jamais, de près ou de
« loin, j'avais eu la prétention de succéder à l'hono-
« rable M. Berger, les paroles que je viens d'entendre
« seraient de nature à me causer un véritable embarras.

« Mais, personne n'ignore maintenant, je l'espère,
« qu'appelé, d'une façon tout à fait inattendue, à re-
« cueillir son héritage administratif, j'en ressentis, de
« suite, autant de crainte que de surprise.

« Je suis malheureusement un inconnu pour vous,
« et je devrai conquérir cette estime, cette confiance,
« sinon cette affection, dont vous l'honoriez.

« Parisien de naissance, malgré mon nom alsacien ;
« élevé à Paris où, j'ose à peine ajouter, devant les ju-
« risconsultes éminents qui m'écoutent, que je fis
« mon Droit et pris mes grades, y compris le Doctorat,
« j'ai passé, jusqu'à présent, ma vie administrative en
« province.

« M. le Comte d'Argout a, sans doute, perdu de vue
« le jeune Sous-Préfet qu'il accueillit jadis avec une
« bienveillance inoubliable, lorsque, Ministre, il avait
« dans ses attributions le Personnel de l'Administra-
« tion Départementale.

« M. le Sénateur Herman ne se souvient guère mieux,
« je le crains, d'avoir, comme Secrétaire Général du
« Ministère de l'Intérieur et Chef de ce Personnel, après
« l'Élection Présidentielle du 10 Décembre 1848, classé
« mon dossier parmi ceux des anciens fonctionnaires
« de la Royauté de 1830, qui lui paraissaient mériter
« l'attention de M. Léon Faucher, son Ministre.

« Et l'honorable M. Boulatignier, que j'eus la bonne
« chance de rencontrer, naguère, chez un ami com-
« mun, peut suspecter de prévention favorable les
« appréciations de cet ami, qui m'a connu Préfet de
« l'Yonne.

« Je ne saurais donc être déçu par l'isolement de
« la première heure, qui m'apparaissait, dès Bordeaux,

« comme une des difficultés de ma situation nouvelle.
« Car, ce n'est pas, Messieurs, de mon côté non plus,
« un mariage d'inclination que, par obéissance pour
« la Volonté de l'Empereur, je suis venu contracter,
« avec la Ville de Paris, dont la Confiance de Sa Ma-
« jesté vous a constitués les représentants légaux, et
« autour de laquelle gravitent, comme autant de sa-
« tellites, plus ou moins modestes, les autres Com-
« munes du Département de la Seine.

« Mais, les unions où la raison seule préside, ne sont
« pas toujours les moins fécondes.

« Permettez-moi de retenir surtout, de l'expression
« de vos sympathies durables pour M. Berger, la pré-
« cieuse certitude de vos sentiments de justice pour le
« devoir consciencieusement accompli, et la ferme espé-
« rance de recevoir, un jour, la part de sa lourde suc-
« cession que vous ne pouvez pas encore, je le com-
« prends, m'accorder aujourd'hui. »

Je n'en dis pas plus : c'était suffisant.

Il me semblait dangereux de parler des affaires de la Ville. Cela m'aurait forcément conduit tout au moins à côtoyer des questions irritantes. Je préférais les aborder de front et prendre le taureau par les cornes, le moment venu.

Ce fut, du reste, à la mesure extrême de mon allocution que j'en dus le succès, très visible chez le plus grand nombre des assistants. L'aspect de la réunion était tout autre à la fin qu'au début. La manière courtoise dont je venais de parer le coup droit, en pleine poitrine, de M. Delangle, faisait ressortir ce que cette botte avait de déplacé. Il me parut même que le Président s'en rendit compte. Quand je le priai de me faire l'honneur de me nommer ses collègues, il s'y prêta de la meilleure grâce du monde.

M. le Comte d'Argout, M. Herman et M. Boulatignier me serrèrent cordialement la main, en protestant de la confiance qu'ils avaient toujours eue dans mon avenir, et de leur satisfaction de me voir parvenu au plus haut poste de l'Administration Française.

Je m'efforçai de dire quelque chose d'agréable aux autres Conseillers, en profitant naturellement de la notoriété acquise aux noms et aux travaux de quelques-uns, pour les complimenter.

J'emportai, de cette première entrevue, d'abord, la conviction que M. Delangle avait beaucoup exagéré les regrets laissés par M. Berger parmi les membres de la Commission Municipale et Départementale ; puis, qu'il ne me serait pas impossible de faire, de ces prétendus adversaires des projets de l'Empereur, des hommes de bonne volonté, en attendant mieux, à la condition d'user envers tous de formes déférentes, et de donner de bonnes raisons à ceux qui n'avaient pas de parti pris ou d'amour-propre engagés, et qui formaient évidemment une Majorité considérable.

LE PRÉSIDENT.

Pour que M. Delangle, tel que je l'ai connu plus tard, eût ainsi forcé la note, malgré tant de raisons qui devaient le faire tenir, au moins, sur la réserve, il fallait qu'il se fût senti blessé bien profondément dans son importance, comme d'un grave manquement d'égards pour sa haute position, par le silence que le Gouvernement avait gardé envers lui sur le changement de Préfet ; car, s'il était très susceptible et facile à s'emballer, il n'en était pas moins, sous son apparence voulue de magistrat gourmé, un courtisan très fin, très adroit, aimable même, à l'occasion.

Mais, on paraissait le traiter comme un Président quelconque de la Commission Municipale et Départementale ; comme un simple Échevin de Paris, arrivé à ce poste, ainsi que M. Berger à la Préfecture de la Seine, et, il n'avait pu s'empêcher de prendre, faute de mieux, sur le Préfet nouveau, qui n'en pouvait mais, sa revanche d'un pareil sans-façon.

Ayant vite compris son caractère, je ne lui ménageai pas les moyens de revenir à de meilleurs procédés, vis-à-vis de moi. Je continuai d'user de prévenances envers lui, ce que son âge et sa situation rendaient, d'ailleurs, tout naturel, et sous couleur de le consulter, je l'associai peu à peu aux propositions que j'avais à soumettre au Conseil Municipal, soit pour l'exécution des plans de l'Empereur, soit pour l'adoption d'autres mesures importantes.

Une de ces mesures eut le don de l'intéresser tout particulièrement et de me concilier définitivement ses sympathies personnelles. Ce fut la création de la Caisse de la Boulangerie, dont j'avais vu le principe réalisé sur une toute petite échelle, d'abord, comme Sous-Préfet de l'Arrondissement de Nérac, puis, comme Sous-Préfet de celui de Blaye, où je l'avais importé.

La Compensation des Prix Extrêmes du Pain, qui supprimait la cherté, sans imposer, en fin de compte, aucun sacrifice au Budget de la Ville ; sans apporter aucun trouble réel à la liberté des transactions commerciales entre fariniers et boulangers ; cette Assurance contre la Disette, qui profitait à tous les habitants, à la différence des Bons de Pain, toujours insuffisants, malgré les distributions abusives que, naguère, on en faisait aux Mairies, et pourtant si onéreux pour la Caisse Municipale, lui apparut comme une idée ingénieuse et simple, dont l'organisation de la Caisse de la Boulangerie lèverait toutes les difficultés d'application à Paris.

Je devrai m'occuper spécialement de cette Institution qui, malgré sa pleine réussite et les grands services qu'elle avait rendus, ne put trouver grâce, après ma retraite, devant les détracteurs systématiques de mon administration. Mais, il me faut en expliquer sommairement le mécanisme, pour faire comprendre l'admiration qu'en avait conçue M. Delangle.

La Caisse payait comptant les achats de farine librement conclus par tous les boulangers de Paris et du Département de la Seine (car elle avait un caractère départemental), soit au moyen des fonds qu'ils lui remettaient, soit au moyen des crédits qu'elle leur ouvrait, sur leur demande. C'était un contrôle efficace : 1° du cours moyen ressortant des Mercuriales, d'après lequel on établissait le prix de revient du kilogramme de pain, selon la formule réglementaire de la Taxe ; 2° de l'importance de la fabrication et de la vente périodiques de chaque boulanger, constatées d'après le mouvement des entrées et des sorties de son magasin.

En temps de cherté, la Caisse avançait aux boulangers, pour le compte de la Population, la différence en moins donnée par la comparaison du prix de revient du pain, déterminé comme il est dit plus haut, avec la Taxe Officielle, maintenue par l'Administration en dessous du maximum où l'on jugeait à propos de limiter le prix de vente au consommateur.

En temps d'abondance, lorsque le cours des Mercuriales faisait descendre le prix de revient réglementaire du pain au-dessous du prix de vente minimum adopté, la Taxe s'arrêtait à ce dernier chiffre, et les boulangers versaient à la Caisse les différences en trop perçues par eux, en conséquence. C'était la prime d'assurance payée par le consommateur, en compensation du sinistre de la cherté, contre lequel il avait été garanti par avance, comme en 1853, 1854 et 1855, ou comme provision pour les sinistres à venir, en cas de persistance du bon marché.

Jamais, la Caisse ne fit une perte, bien qu'elle eût commencé de fonctionner par un débours supérieur à 50 millions. Elle avait une provision de 18 millions, quand elle fut supprimée, en 1870.

M. Delangle appartenait, d'origine et d'opinion, à cette classe moyenne, conservatrice, des électeurs à 200 francs, qui fut prépondérante sous la Monarchie de Juillet. Il en avait gardé les idées et les prétentions jusque sous l'Empire, auquel, cependant, il appartenait, sans retour possible, comme Rapporteur du Sénatus-Consulte qui en avait proclamé le rétablissement. C'était un « Bourgeois de 1830 », imbu des préjugés de cette époque à l'endroit de « la Noblesse », et surtout de ce qu'on nomme aujourd'hui « le Cléricalisme ». Respectueux de la Religion et du Clergé séculier, il avait l'aversion traditionnelle des parlementaires contre les Jésuites et les Congrégations, et il admettait tout juste, par exception, celles des Frères et Sœurs de la Doctrine Chrétienne, dont les écoles furent communalisées, à Paris, dès le début de mon administration, parallèlement aux écoles laïques, seules entretenues par le Budget de la Ville pendant le règne du Roi Louis-Philippe. En effet, 1830 avait été marqué, entre autres choses, par une réaction municipale en faveur des écoles dites d'Enseignement Mutuel, contre les écoles congréganistes, exclusivement subventionnées sous la Restauration.

L'Empire donna, le premier, l'exemple du vrai libéralisme en matière d'Instruction Primaire. A Paris, chaque quartier eut, en même temps que deux écoles laïques, deux écoles congréganistes « communales », pour garçons et filles; plus, une salle d'asile laïque et une salle d'asile congréganiste. La Ville offrait ainsi, aux familles le choix entre les unes et les autres, se bornant à développer celles que les préférences des populations rendaient insuffisantes.

Et je dois dire que ces préférences, tout autres qu'on aurait pu les supposer dans les quartiers habités principalement par les classes laborieuses, allaient, d'ordinaire, aux écoles et salles d'asile congréganistes !

Mais, le Président du Conseil Municipal ne pouvait dissimuler le mécontentement que lui causait le nombre croissant des dons et legs faits aux établissements religieux reconnus, sur lesquels le Conseil avait à se prononcer, sous forme d'avis, dans le cours de l'instruction des demandes adressées au Gouvernement, afin d'obtenir, pour ces établissements, l'autorisation de les accepter. Alors, il donnait carrière à ses répugnances de jurisconsulte pour les biens de mainmorte, qu'il faisait taire quand il s'agissait de dons ou legs aux Hospices, Hôpitaux et Bureaux de Bienfaisance.

Je me souviens qu'un jour, M. Bonjean, qui n'était pas encore passé de la Présidence de la Section de l'Intérieur, de l'Instruction publique et des Cultes du Conseil d'État, au siège de Président de Chambre à la Cour de Cassation, et qui, dans le Conseil Municipal, était le Rapporteur habituel, et presque toujours favorable, des affaires de Dons et Legs, fut brusquement interrompu, dans le cours de ses conclusions, par M. Delangle, qui lui dit :

— « Je ne comprends pas, Monsieur Bonjean, qu'un
« jurisconsulte de votre valeur, connu jusqu'à présent
« pour le libéralisme extrême de ses opinions, puisse
« être ici le défenseur systématique des demandes ten-
« dant à l'accroissement de la « Mainmorte » au profit
« des congrégations religieuses. »

Je voudrais pouvoir taire la réponse de M. Bonjean ; mais, elle était si complètement inattendue, et elle mit au jour, d'une manière si étrange, les opinions intimes de ce « libéral » (qui les a, du reste, bien cruellement expiées !) que je crois devoir reproduire textuellement cette réponse, gravée en traits ineffaçables dans mon souvenir :

« Je considère, Monsieur le Président, la Mainmorte,
« dans les cas tels que celui dont il s'agit, comme une
« Caisse d'Épargne du superflu de la richesse de cer-
« taines familles, qui peut devenir, comme après 1789,
« une puissante ressource pour l'État, et je m'étonne
« que ce point de vue échappe à votre sagacité. Chez
« vous, le jurisconsulte l'emporte sur l'homme public. »

Stupéfait, sinon convaincu, M. Delangle n'eut plus mot en bouche, et M. Bonjean acheva sa lecture, ainsi qu'il l'avait commencée, au milieu de l'inattention générale du Conseil. Toutefois, je pris la parole pour dire que les observations qui venaient d'être échangées au cours du rapport, me paraissaient affecter le caractère d'une conversation particulière, dans laquelle il ne m'appartenait pas d'intervenir, pour faire telles réserves que de raison, comme Représentant du Gouvernement Impérial; que, dans le texte du rapport et dans le projet de délibération soumis au Conseil, au nom d'un de ses Comités, il n'y avait pas trace des idées personnelles émises par M. Bonjean, et que je me bornais à demander que ces deux documents fussent mentionnés, seuls, au procès-verbal de la séance.

Mais, quel avertissement pour nous, de ce que les jacobins de nos jours peuvent avoir en pensée, pour faire face aux embarras financiers du Gouvernement Républicain !

Et aussi, quelle révélation curieuse touchant la composition disparate du premier Personnel des Hauts Fonctionnaires de l'Empire, recrutés dans les rangs de tous les anciens partis !

COMMENT JE FUS FAIT SÉNATEUR ET M. DELANGLE MINISTRE.

Je ne restai pas toujours, moi-même, à l'abri des coups de boutoir du Président du Conseil Municipal, et je dus à l'un d'eux mon élévation rapide au Sénat, que je ne croyais pouvoir espérer qu'au terme de ma carrière d'Administrateur.

C'était, en 1857, au lendemain d'une « Fête Restreinte » donnée par le Corps Municipal de Paris au Grand-Duc Constantin de Russie. — L'Empereur avait décidé que la Ville réserverait aux têtes couronnées les « Grandes Fêtes », qui ne seraient pas motivées par une solennité nationale. — Cette fois, le programme se composait d'un spectacle, suivi d'un souper dans la Salle du Trône. On n'ouvrit qu'une moitié de l'Hôtel de Ville. Ne furent admis à la table du Prince que les personnages désignés par lui-même. Les autres invités trouvèrent, à l'heure dite, des soupers servis dans les salles de buffets.

Comme toujours, les membres du Corps Municipal eurent leur buffet à part, où n'étaient reçues que les personnes de leurs familles ou celles qu'ils y conduisaient. J'ajoute que, dans cette fête élégante, comme dans toutes les autres, où les invitations étaient adressées par le Préfet, soit, « au nom de la Ville de Paris », soit, « au nom du Corps Municipal », selon les cas, les membres de ce Corps, reconnaissables à leurs uniformes, leurs femmes et leurs filles non mariées, que distinguait la décoration d'un bijou spécial aux armes de la Ville, jouirent du droit de passer partout et en tous sens, malgré les consignes contraires.

A l'occasion de la grande fête du Baptême du Prince Impérial, S. M. l'Impératrice daigna recevoir et porter la décoration des « Dames Municipales », dont je lui offris d'avance les insignes, ornés par Froment-Meurice, orfèvre et bijoutier de la Ville, avec le goût parfait dont toutes ses œuvres sont empreintes, de pierres aux couleurs de Paris (saphirs et rubis) entourées de perles et de brillants.

M. Delangle avait voulu faire voir les préparatifs du souper du Prince et des grands personnages, dans la Salle du Trône, à la jeune Dame qu'il promenait. C'était une petite Marquise, blonde, très jolie, fille d'un ancien Maire d'Arrondissement, nièce d'un très grand Dignitaire, et femme d'un Colonel, dont elle était séparée pour des torts constatés exclusivement, par la Justice, du côté de celui-ci. Mais, elle ne portait pas la décoration des « Dames Municipales », et l'huissier de garde l'avait arrêtée au seuil de la salle : — « Madame ne « peut entrer. » — « Vous ne me connaissez donc pas ? « Je suis le Président du Conseil Municipal, » dit sèchement M. Delangle. — « J'ai parfaitement l'honneur de « vous connaître, Monsieur le Président ; mais ce n'est pas « à vous que ma consigne est applicable. C'est à Madame « seule, » répondit l'huissier, avec la plus grande politesse. — Sur ce, M. Delangle s'était emporté. Fort heureusement, M. Merruau, à qui j'avais délégué le soin de maintenir partout le bon ordre, ne se trouvait pas loin. Attiré par le bruit de l'altercation, il s'était empressé de lever exceptionnellement la malencontreuse consigne, avec force excuses.

Néanmoins, tout irrité d'avoir eu besoin, dans la circonstance, de l'intervention du Secrétaire Général de la Préfecture, pour voir s'abaisser toutes les consignes devant sa volonté. M. Delangle, en ouvrant, dès le matin suivant, la séance du Conseil Municipal, qui commença par des félicitations mutuelles au sujet de la charmante fête qui venait à peine de prendre fin, s'éleva contre des consignes dans la prescription desquelles on n'avait pas tenu suffisamment compte, selon lui, de ce que cette fête était donnée par le Corps Municipal, con-

signes dont l'application littérale faisait refuser l'entrée de la Salle du Trône à lui, Président du Conseil ; à lui Premier Président de la Cour Impériale ; à lui, Sénateur ! Et comme fin de tirade, il se tourna vers ma place, en ajoutant : « Car, je suis Sénateur, moi, et par con-
« séquent, Dignitaire de l'État ! »

J'aurais pu lui répondre que M. le Comte d'Argout et M. Hermann, qui ne se plaignaient pas, l'étaient aussi ; que, d'ailleurs, les consignes au maintien desquelles on devait justement l'ordre parfait des Fêtes de la Ville, et qui, dans le passé, n'avaient jamais motivé la moindre observation, ne concernaient pas les membres du Corps Municipal ni leurs familles, et qu'après tout, le refus de passage d'une porte, fait inconsidérément par un subalterne, ne s'adressait pas à lui.

Je me contentai de me dire absolument désolé de l'incident causé par l'inintelligence d'un homme de service, huissier du Conseil cependant, et je promis de donner à tous, pour l'avenir, l'ordre d'obéir au Président du Conseil Municipal comme à moi-même. Je finis en demandant à M. Delangle la permission de considérer comme une circonstance atténuante, que le seul fait regrettable qu'il eût relevé dans toute cette belle soirée, se fût passé, pour ainsi dire, en famille.

Dans l'après-midi, j'allai faire, à cet irascible Président, une visite d'excuses, qui le calma tout à fait.

Je ne pensais plus, ni lui sans doute, à cette tempête dans un verre d'eau, quand, peu de jours après, comme je quittais l'Empereur, mon travail fini, Sa Majesté me rappela pour me dire : — « A propos, Monsieur Hauss-
« mann, j'ai résolu de vous nommer Sénateur ! » —
« Sire !... » — « Oui, oui », interrompit l'Empereur,

« je ne veux plus que personne puisse dire à mon Pré-
« fet de la Seine, dans le Conseil Municipal ou ail-
« leurs : Je suis Sénateur, et vous ne l'êtes pas !... »

Le Souverain oublia vite son mécontentement de l'incartade de M. Delangle, qu'il avait sue indirectement. Jamais, je n'aurais songé à m'en plaindre : j'étais fait aux « couleuvres » ! Depuis, sous la République opportuniste, ce sont des « crapauds » que M. Gambetta dut avaler. Quelques semaines plus tard, M. Delangle devint... Ministre de l'Intérieur.

Au reste, les longs ressentiments, alors même qu'il en existait de plus graves sujets, s'accordaient mal avec la nature calme et bienveillante de l'Empereur.

C'était un de ces « phlegmatiques » auxquels le Monde appartient, dit-on. Je ne L'ai vu en colère qu'une seule fois, à l'occasion d'un fait que j'aurai lieu de raconter. Quelque subite contrariété faisait parfois passer une lueur dans son œil doux et même caressant ; mais, voilà tout. Rarement, il laissait échapper une exclamation ; pas une fois, la moindre expression inconvenante. Il gardait le souvenir de tout service rendu, de toute marque d'attachement. Quant à ses adversaires, une fois désarmés, Il leur pardonnait avec plus de facilité que de prudence.

Il se servait des hommes suivant les besoins du moment, et, quand Il les jugeait plus capables que d'autres d'y faire face, Il ne tenait pas toujours assez compte de leur passé. Ce n'était point, comme on l'a dit, par suite d'une indifférence méprisante pour tous : Il croyait aisément à la sincérité des conversions en politique.

« Il a bien changé ! » me disait-il un jour, où je constatais avec inquiétude, comme un signe des temps, qu'il était prêt à donner sa confiance à certain personnage, rencontré par moi, naguère dans un camp tout autre que celui de l'Empire. — « Il a bien changé ?... Sire, » répondis-je, « les situations, les intérêts changent ; mais,
« les hommes !... c'est bien rare. Et l'amour-propre ?...
« cette conscience des gens qui n'en ont pas d'autre,
« en ce siècle de peu de foi ! Et l'esprit de parti ?...
« l'amour-propre élevé à la plus haute des puissances !
« Se déjuger extérieurement, aux yeux de tous, c'est
« dur ; cependant, cela se voit chez l'ambitieux : *Omnia*
« *serviliter pro dominatione ;* mais, le fait-il aussi dans
« son for intérieur ?... Non ! l'espoir d'une revanche,
« pour sa vanité froissée, humiliée, n'y demeure que
« plus vivace : *Manet in altâ mente repostum.* »

L'Empereur ne partagea pas mes appréhensions, et la revanche du prétendu converti ne tarda pas à se produire : ce fut « l'Empire Parlementaire », la revanche du Deux-Décembre ; la préface de la catastrophe.

Il le reconnut trop tard à Chislehurst, quand il dit, en parlant de moi, à l'un de mes amis : « Celui-là m'a
« toujours donné de prudents conseils et de sages avertissements ! C'était un Grand Administrateur : je n'ai
« pas cru assez tôt à sa valeur politique. »

Au Ministère de l'Intérieur, M. Delangle remplaça le Général Espinasse, que l'Empereur avait mis là temporairement, à la suite de l'attentat d'Orsini, pour donner à la Direction de la Sûreté Générale une impulsion plus vigoureuse que celle de son prédécesseur, M. Billault, sorti des rangs de l'Opposition Parlementaire, une mauvaise école de Gouvernement, comme il avait appelé M. Boittelle, Préfet de l'Yonne, ancien Officier de Cavalerie, dont MM. de Morny et de Persigny garantissaient la solidité, à la Préfecture de Police, pour y exercer une action plus efficace sur les menées des sociétés secrètes de France et d'Italie, que M. Piétri aîné, leur ancien coreligionnaire politique.

Le choix de M. Delangle, dont l'entier concours avait bien racheté le peu d'empressement à seconder, tout d'abord, la grande entreprise de la Transformation de Paris, et qui, malgré ses boutades, s'était rallié non moins complètement à mon administration qu'il l'avait mal accueillie au début, s'expliquait assez par cette raison : l'Empereur voulait faire cesser les difficultés et les lenteurs calculées que l'instruction de mes affaires rencontrait, en général, au Ministère de l'Intérieur.

Il en existait un autre motif : M. Delangle manifestait, avec une énergie extrême, son opposition au maintien du Préfet de Police, dans des fonctions administratives, inconciliables avec sa mission essentielle, et forcément abandonnées à des subalternes. Or, l'Empereur voulait le transfert de ces attributions à la Préfecture de la Seine, afin de reconstituer, dans mes mains, l'unité de l'Administration Municipale de Paris, et aussi, pour concentrer désormais la vigilance de la Préfecture de Police, débarrassée de tout autre sujet de sollicitude, sur la sûreté de la Capitale et de l'État.

M. Delangle prit pour Chef de Cabinet M. Noyon, Directeur de la Caisse de la Boulangerie, non seulement, parce qu'il avait eu l'occasion de reconnaître un Administrateur dans ce chef de service laborieux ; mais encore, parce que, durant les nombreux conflits de sa Direction avec la Préfecture de Police, M. Noyon lui faisait toucher du doigt les vices de la division de pouvoirs qu'il s'agissait de faire cesser.

FIN D'UNE JOURNÉE LABORIEUSE.

On le voit : en quatre années, de 1853 à 1857, le même homme qui, dès le premier jour de mon entrée effective en fonctions à l'Hôtel de Ville, m'avait adressé, comme Président de « la Commission Municipale et Départementale », l'allocution peu encourageante que j'ai rapportée plus haut, était, grâce à ma déférence, poussée à l'extrême, pour sa grande position et sa grande valeur, devenu tellement solidaire de mon administration, que l'Empereur le plaçait au Ministère de l'Intérieur pour y dominer les mauvais vouloirs qu'elle y avait subis sous M. Billault, et dont l'incompétence du Général Espinasse n'aurait pas eu raison ; comme aussi, pour y préparer et mener à fin, envers et contre tous, les mesures qui devaient encore en grandir l'importance.

Le soir de ce curieux discours, qui fut, en fin de compte, pour moi, l'occasion d'un premier succès, j'allai, suivi de M. Frémy, raconter le résultat de mon entrevue avec les membres du Conseil Municipal et du Conseil Général, à M. de Persigny, qui faisait de la villégiature dans une grande propriété de location, sise à Ville-d'Avray, au-dessous de la place de l'Église, en bordure de la route y montant de Sèvres, après la station du Chemin de Fer de la rive droite.

Le Ministre m'engagea fort à me rendre à Saint-Cloud, dès le lendemain matin, pour faire connaître à l'Empereur la façon dont les choses s'étaient passées.

Je lui dis que je ne le pourrais pas, à cause de mes réceptions officielles; mais, que je le ferais certainement le dimanche matin.

J'essayai de causer quelques instants avec la jeune comtesse de Persigny. J'avais dîné chez elle, au Ministère, lors de mon voyage à Paris, en mars, et, ainsi qu'alors, je la jugeai comme une enfant gâtée, absolument incapable de seconder « Totor » (c'est ainsi qu'elle appelait son mari, le Ministre!) dans sa haute situation, et d'un caractère tellement léger, tellement capricieux, qu'elle devait, au contraire, lui créer, comme, en effet, elle lui créa, de sérieux embarras, de nombreux ennuis, pour ne rien dire de plus.

Je rentrai vers onze heures à l'Hôtel de Ville, où mon valet de chambre avait tout disposé, selon mes habitudes, dans la pièce choisie pour ma demeure.

Resté seul, je ne manquai pas de faire ce rapprochement curieux que, le soir du jeudi précédent, le 23 Juin, je m'endormais à la Sous-Préfecture de Bazas, avec la satisfaction de m'être affranchi d'un grand trouble dans mon existence, en refusant la Préfecture de la Seine, et que le soir du jeudi 30, j'étais à Paris, installé malgré tout, dans les fonctions dont je ne voulais pas, en pleine possession de l'Hôtel de Ville, avec la ferme intention de m'y maintenir aussi longtemps qu'il le faudrait pour accomplir ma difficile mission.

Mais, je ne me doutais pas, assurément, que c'était un bail de dix-sept ans que je venais de contracter.

Je me doutais encore moins de tout ce que, pendant cette longue durée d'une administration dont j'avais eu bien raison de redouter les difficultés, il me faudrait subir d'attaques passionnées, d'injures, que dis-je? de grossiers outrages.

Sans doute, dès le premier avis de ma nomination à la Préfecture de la Seine, je pressentais la lourdeur de la tâche exceptionnelle imposée par l'Empereur au titulaire de ce poste éminent, et, dans l'ignorance où j'étais, quant aux moyens d'action et à la solidité des appuis sur lesquels j'aurais besoin de compter, je préférais, tout d'abord, conserver l'excellente situation où je me voyais dans la Gironde, à courir les hasards d'une entreprise enveloppée d'incertitudes et m'apparaissant comme aussi chanceuse que brillante. Mais, je supposais, à tort, que le caractère administratif, municipal, des Grands Travaux de Paris devait, du moins, placer le fonctionnaire chargé d'en diriger l'exécution, à l'abri de l'hostilité des partis politiques, sinon des jalousies, des compétitions d'ambitieux de tout ordre.

Cette illusion, je l'avais apportée de Bordeaux, je l'avoue; je m'en berçais le soir de mon installation à l'Hôtel de Ville, et je la gardai quelque temps encore.

Le réveil n'en fut que plus pénible.

CHAPITRE VIII

LE CONSEIL MUNICIPAL ET LE CONSEIL GÉNÉRAL, DE 1853 A 1870.

Mutations dans le Conseil Municipal, de 1853 à 1859. — Réorganisation de 1859 et mutations ultérieures. — Situation à la fin de 1869. — Le successeur de M. Delangle. — Personnel du Conseil Général, en 1870.

Pendant les dix-sept années qu'a duré mon administration parisienne, le Conseil Municipal, dont j'ai dit quelle était, au début, la composition, fut presque entièrement renouvelé. Dans cette assemblée, formée généralement d'hommes choisis parmi les plus distingués de leurs carrières diverses, à Paris, ayant dépassé par conséquent la moyenne de la vie humaine, la mort causait des vides fréquents.

D'autres vacances, moins nombreuses, y survenaient périodiquement, pour ainsi dire, par suite de la promotion de certains fonctionnaires publics à des situations incompatibles, ou dont les occupations étaient jugées par eux inconciliables avec la qualité de membre du Conseil Municipal de Paris et les devoirs qu'elle entraînait; — car un siège, dans ce Corps envié, n'était pas une sinécure ! — comme aussi, par la retraite d'autres Conseillers, arrivés au terme de charges électives qu'ils occupaient (dans des corps consulaires, notamment), lors de leurs nominations, quand elles en avaient été les raisons déterminantes.

Quelques démissions furent causées par des motifs exceptionnels que je ferai connaître.

Toujours est-il que la moitié déjà du Conseil Municipal de 1853 avait été remplacée graduellement, à la fin de 1859, lors de l'extension des limites de Paris, qui le fit porter de 36 à 60 membres. En 1870, quand j'abandonnai mes fonctions, il ne restait en exercice, qu'un quart des Conseillers Municipaux de la première heure.

Aujourd'hui, de ces neuf collaborateurs fidèles, un seul, plein de jours, accablé par son grand âge, est encore vivant : M. Boulatignier, le savant Professeur de Droit Administratif, qui fut une des lumières du Conseil d'État de l'Empire.

MUTATIONS DANS LE CONSEIL MUNICIPAL DE 1853 A 1859.

Comme on le verra plus loin, peu de temps après mon entrée à l'Hôtel de Ville, la Majorité du Conseil, se ralliant à mes propositions, malgré la résistance très prononcée d'une partie de ses membres, modifia les bases d'évaluation des revenus de la Ville sur lesquelles on avait établi le Budget de 1853, et le projet de Budget préparé par M. Berger pour 1854.

Cinq des opposants, MM. Ernest André, d'Eichthal, Dupérier, Fleury et Riant, donnèrent leurs démissions.

Ce départ spontané de cinq adversaires irréconciliables du développement, voulu par l'Empereur, des grands Travaux de Paris, eut le double avantage de montrer combien ils étaient moins nombreux que Sa Majesté ne le pensait, dans le sein du Conseil Municipal, et de rendre évidente l'inutilité de ce Corps, jugée par moi tout à fait inopportune, et qu'il m'eût fortement répugné de provoquer, dès mon arrivée, sans motif apparent.

Ces Messieurs eurent pour successeurs :

M. Dumas, Sénateur, ancien Ministre de l'Agriculture et du Commerce, membre de l'Académie des Sciences, qui devint l'un de ses Secrétaires Perpétuels; membre de l'Académie Française et Président de la Commission des Monnaies ;

M. de Royer, Procureur Général près la Cour Impériale, qui devint Ministre de la Justice, Sénateur, Premier Président de la Cour des Comptes et Premier Vice-Président du Sénat ;

M. le Comte de Breteuil, Sénateur, ancien Préfet, père du gendre de M. Fould, Ministre d'État et de la Maison de l'Empereur, qui tenait beaucoup à cette nomination. — M. le Comte de Breteuil était le fils du Ministre de la Maison du Roi, dont les attributions embrassaient la Surintendance de la Généralité de Paris, sous le règne de Louis XVI ;

M. Fouché-Lepelletier, fabricant de produits chimiques, Député de la Seine ;

M. Le Dagre, Président en exercice du Tribunal de Commerce.

En 1854 et 1855, sept autres vides se produisirent successivement par la mort de MM. Moreau de la Seine, Casimir Noël, de Ribérolles; et, par la retraite de M. Bonjean, passé de la Présidence de la Section de l'Intérieur et des Cultes au Conseil d'État, — cause de son entrée au Conseil Municipal de Paris, — à la Présidence de la Chambre des Requêtes de la Cour de Cassation ; de M. Peupin, membre du Conseil des Prud'hommes, qui s'était affranchi de son mandat pour entrer dans la Maison de l'Empereur, au Service des Dons et Secours, et de MM. Boissel et Chevalier, deux mécontents, attardés au Conseil, après la démission de MM. Ernest André, d'Eichthal, Dupérier, Fleury et Riant.

Ils furent comblés par les choix suivants :

M. Ferdinand Barrot, Sénateur, ancien Ministre Plénipotentiaire, ancien Ministre de l'Intérieur, qui devint Grand Référendaire du Sénat à la mort du Général Marquis d'Hautpoul ;

M. Denière, fabricant de bronzes, Juge au Tribunal de Commerce, qui fut, après son entrée au Conseil Municipal de Paris, Président par deux fois de ce Tribunal ; Secrétaire, puis, Président de la Chambre de Commerce ; Régent de la Banque ; membre et, enfin, Président de la Société Générale ;

M. Dubarle, Conseiller à la Cour Impériale de Paris ;

M. Dutilleul, Procureur Général près la Cour des Comptes ;

M. le Marquis de Pastoret, Sénateur, membre du Conseil de Surveillance de l'Assistance Publique ;

M. Rouland, Procureur Général près la Cour Impériale, depuis que M. de Royer était devenu Procureur Général près la Cour de Cassation.

M. Varin, négociant, Maire du IVe Arrondissement de Paris.

En 1856, M. Tronchon, nommé Chef de la Division des Travaux Publics à l'Hôtel de Ville, fut remplacé par M. Fère, négociant, qui devint plus tard membre de la Chambre de Commerce, Censeur à la Banque de France, et membre de la Société Générale, avec M. Denière, son ami.

Du commencement de 1857 à la fin de 1859, époque où le nombre des Conseillers Municipaux fut élevé à 60, la mort emporta quatre des anciens membres : MM. le Comte d'Argout, Frémyn, Édouard Thayer et le docteur Thierry ; plus, deux des nouveaux : MM. Le Dagre et le Marquis de Pastoret.

M. Delangle était devenu Ministre de l'Intérieur ; M. de Royer, Ministre de la Justice ; et M. Rouland, Ministre de l'Instruction Publique et des Cultes.

La mort de M. le docteur Thierry n'ayant eu lieu que peu de temps avant la constitution du nouveau Conseil Municipal, il ne fut pas remplacé.

Les huit autres membres, décédés ou démissionnaires, l'avaient été par :

M. Cornudet, Conseiller d'État, qui devint Président de la Section de l'Agriculture, du Commerce, des Travaux Publics et des Beaux-Arts ;

M. Flourens, Professeur au Muséum d'Histoire Naturelle, membre de l'Académie Française, et Secrétaire Perpétuel de l'Académie des Sciences.

M. Lemoine, fabricant de meubles ;

M. Monnin-Japy, manufacturier, Maire du VI° arrondissement de Paris ;

M. Oudot, négociant ;

M. Paillard de Villeneuve, avocat, membre du Conseil de l'Ordre ;

M. Poumet, Président de la Chambre des Notaires ;

M. Vaïsse, Procureur Général.

M. Vaïsse avait remplacé M. Rouland à la Cour Impériale. — Entré au Conseil Municipal en 1857, il en sortit, dès 1858, à la suite de sa nomination comme Président de la Chambre Criminelle de la Cour de Cassation, et de son remplacement, à la tête du Parquet de la Cour Impériale, par M. Chaix-d'Est-Ange.

En proposant à l'Empereur ces nominations afin de remplir les vides survenus successivement dans le sein du Conseil Municipal, j'avais pris pour règle d'y proportionner, autant que possible, la représentation de chaque Arrondissement de Paris, à l'importance de sa population et de ses intérêts, ce dont on ne se préoccupait guère précédemment, sans négliger d'y faire représenter aussi, comme toujours, dans une juste mesure, les différentes situations sociales. Or, il n'était pas aisé de combiner, et surtout de maintenir la réalisation de ce double programme : d'une part, à cause de la pénurie de nombre d'Arrondissements en candidats y possédant leur vrai domicile et réunissant les autres conditions voulues, et du groupement, dans quelques autres, de la plupart des notabilités de toutes catégories ; d'autre part, à cause des changements d'habitations, si fréquents à Paris, qui venaient incessamment déranger l'équilibre cherché ; mais, surtout, de ceux qui se produisaient dans les positions officielles et autres, auxquelles bon nombre de membres du Conseil devaient leurs sièges.

Ce fut pour moi le sujet de soucis et d'embarras constants.

Combien de personnages désireux d'entrer au Conseil Municipal, ou d'y faire entrer quelqu'un des leurs, attribuèrent à de la mauvaise volonté ma résistance à leurs démarches, dont la seule raison, cependant, était ma répugnance à troubler cet équilibre difficile ! Combien d'ennuis, sinon même d'hostilités, ont été, pour moi, les conséquences de ma fidélité au principe équitable dont je poursuivais l'application !

Jamais, je ne me suis inquiété d'autre chose, dans le choix d'aucun membre du Conseil Municipal de Paris, que de la bonne composition de ce Corps, au double point de vue que je viens d'indiquer. Je comptais sur mon administration, vue de près, pour m'assurer le concours des nouveaux venus, comme des anciens.

RÉORGANISATION DE 1859.
MUTATIONS ULTÉRIEURES.

Ainsi que je l'ai dit, la moitié seulement, soit dix-huit des anciens membres étaient encore en exercice lors de l'annexion à Paris de la zone de Communes ou portions de Communes comprise entre le Mur d'Octroi supprimé et celui des Fortifications qui devait en tenir lieu désormais.

C'étaient : MM. Bayvet, Billaud, Boulatignier, Chaix-d'Est-Ange, Eugène Delacroix, Devinck, Firmin Didot, Eck, Victor Foucher, Herman, Eugène Lamy, Legendre, Ernest Moreau, Pécourt, Pelouze, Périer, le Dr Ségalas et Germain Thibaut.

Des vingt-deux nouveaux membres nommés de 1853 à 1859 inclusivement, cinq avaient disparu : il n'en restait que dix-sept.

C'étaient : MM. Ferdinand Barrot, le Comte de Breteuil, Cochin, Cornudet, Denière, Dubarle, Dumas,

Dutilleul, Fère, Flourens, Fouché-Lepelletier, Lemoine, Monnin-Japy, Oudot, Paillard de Villeneuve, Poumet et Varin.

Ces trente-cinq membres furent compris dans la composition du Conseil Municipal réorganisé et porté à soixante, en 1859.

Voici la liste des vingt-cinq membres complémentaires, dans le choix desquels l'Empereur tint compte de la disposition, due à mon initiative, dont Sa Majesté avait autorisé l'introduction dans le texte de la Loi d'Annexion, et qui assurait, à chacun des vingt Arrondissements de Paris agrandi, une représentation de deux membres, au moins, domiciliés sur son territoire. En la parcourant, on reconnaîtra qu'après avoir fait, comme précédemment, une large place, dans le Conseil, aux Grands Corps de l'État et à la Magistrature, aux hommes de loi et de science, plus de professions et de positions diverses ont pu, grâce à l'augmentation du nombre de ses membres, y avoir des organes accrédités :

MM. Artaud, Vice-Recteur de l'Académie de Paris ;

Auger, Agréé près le Tribunal de Commerce, Maire de Pantin ;

Avril, Inspecteur Général de 1re classe et Directeur de l'École des Ponts et Chaussées ;

Caristie, architecte, Vice-Président de la Commission des Bâtiments Civils ;

Victor Dillais, agréé près le Tribunal de Commerce ;

Le Baron Dubois, Doyen de l'École de Médecine ;

Gauthier de Charnacé, Vice-Président du Tribunal de 1re Instance, qui devint bientôt Conseiller à la Cour Impériale ;

Ernest Gouin, constructeur de machines ;

Hébert, ancien négociant, Maire de La Chapelle ;
Julliany, commissionnaire en marchandises ;
Langlais, Conseiller d'État ;
Gustave Lebaudy, raffineur ;
Leblanc, ancien magistrat ;
Le Chevalier Le Frotter de la Garenne, ancien Officier ;
Lenoir, ancien négociant, Maire de l'ancien VIe Arrondissement de Paris ;
Le Verrier, Sénateur, Directeur de l'Observatoire, membre de l'Institut (Académie des Sciences).
Lozouet, propriétaire ;
Onfroy, imprimeur sur étoffes, qui devint Directeur de la Compagnie Nationale d'Assurances sur la Vie.
Picard, marchand de charbons et de bois à brûler, Maire d'Ivry ;
Rattier, manufacturier ;
Possoz, propriétaire, Maire de Passy ;
Ravaut, marchand de bois de construction, qui devint Administrateur du Sous-Comptoir des Entrepreneurs ;
Eugène Scribe, auteur dramatique, membre de l'Académie Française ;
Teissonnière, marchand de vins en gros, qui devint membre de la Chambre de Commerce ;
Thiboumery, propriétaire, Maire de Vaugirard.

Porté ainsi à soixante membres, le Conseil Municipal, dans la période de cinq ans pour laquelle il avait été nommé, n'en perdit pas moins de quinze, savoir :
Dès la première année, MM. Cochin et Le Verrier ;
En 1861, MM. Artaud et Scribe ;
En 1862, MM. Caristie, Eugène Delacroix, Herman et Julliany ;

En 1863, M. Eck, un des doyens du Conseil;

En 1864, MM. le Comte de Breteuil, le Baron Dubois, Dutilleul, le Chevalier Le Frotter de la Garenne, Pécourt et Périer.

Cinq de ces quinze membres : MM. Eugène Delacroix, Herman, Eck, Pécourt et Périer faisaient partie du Conseil dès 1853. Trois, MM. Cochin, le Comte de Breteuil, Dutilleul, y étaient entrés de 1853 à 1859. Les sept autres ne dataient que de la réorganisation.

Lors du renouvellement opéré vers à la fin de 1864, les autres membres furent nommés de nouveau, sauf MM. Fouché-Lepelletier et Poumet, qui durent se retirer; le premier, à raison de l'attitude qu'il avait prise contre la Ville, comme fabricant de produits chimiques à Javel, afin de faire proroger, au delà de 1870, l'exonération du tarif de l'Octroi de Paris, accordée, pour dix ans seulement, aux usines de la Zone Suburbaine par la Loi d'Annexion; le second, parce qu'il avait cessé d'être Président de la Chambre des Notaires, et qu'il devait, d'après l'usage, faire place, dans le Conseil, au nouveau Président de cette Compagnie.

Les dix-sept nouveaux membres furent :

MM. Arnaud-Jeanty, ancien négociant, Maire de l'ancien VIIe et du nouveau IIIe Arrondissement de Paris;

Collette de Beaudicour, Juge au Tribunal de 1re Instance;

Decaux, Sous-Directeur des Gobelins;

Dufossé, fabricant de papiers peints;

Duban, architecte, membre de l'Institut (Académie des Beaux-Arts) et Vice-Président du Conseil des Bâtiments Civils;

Ducloux, Président de la Chambre des Notaires ;
Dumont, propriétaire ;
Garnier, négociant en métaux ;
Kœnigswarter, banquier, ancien Député de la Seine ;
Mancel, Juge de Paix du XIX° Arrondissement de Paris ;
Merruau, Conseiller d'État, ancien Secrétaire Général de la Préfecture de la Seine, nommé au Conseil Municipal, dès 1860, en remplacement de M. Cochin ;
Le Baron Michel de Trétaigne, ancien Médecin Principal des Armées, Maire du XVIII° Arrondissement ;
Périlleux, fabricant de passementeries ;
Le Baron Poisson, ancien Officier d'Artillerie ;
Robert-Fleury, artiste-peintre, membre de l'Institut (Académie des Beaux-Arts) ;
Le Docteur Tardieu, Doyen de l'École de Médecine ;
Winnel, fabricant de chronomètres de la Marine.

Si le Conseil avait vu le quart de ses membres enlevé par la mort dans la période quinquennale de 1859 à 1864, il ne fut guère moins rudement frappé de 1864 à 1869. Durant cette dernière, il en perdit onze, savoir :
En 1865, M. Leblanc ;
En 1866, M. Victor Foucher ;
En 1867, MM. Flourens et Pelouze ;
En 1869, MM. Auger, Duban, Firmin Didot, Gauthier de Charnacé, le Baron Michel de Trétaigne, le Docteur Ségalas et Varin.
En 1865, M. Langlais, Conseiller d'État, quitta le Conseil pour une mission au Mexique. Il y mourut.
En 1869, M. Ducloux, ainsi que M. Poumet, qu'il avait remplacé, céda son siège à M. Sébert, le nouveau

Président de la Chambre des Notaires. M. Gustave Lebaudy, raffineur à La Villette, se retira comme, en 1864, M. Foucher-Lepelletier, fabricant de produits chimiques à Javel, et pour la même cause; et, M. Decaux, Directeur des Gobelins, qui représentait le XIV° Arrondissement, ne put, à mon vif regret, après avoir transféré son domicile dans le VI°, y trouver place au Conseil.

Quatre de ces quinze membres, MM. Victor Foucher, Firmin Didot, Pelouze et le Dr Ségalas, appartenaient au Conseil Municipal dès 1853; deux, MM. Flourens et Varin, y étaient entrés de 1853 à 1859; cinq, MM. Auger, Gauthier de Charnacé, Langlais, Gustave Lebaudy et Leblanc, lors de la réorganisation motivée par l'extension des limites de Paris, et les quatre autres, MM. Decaux, Duban, Ducloux et le Baron Michel de Trétaigne, à des dates postérieures.

Les quarante-cinq membres restants y furent maintenus lors du renouvellement de 1869, qui précéda ma retraite de quelques semaines seulement.

Les quinze vacances avaient été remplies ou le furent alors, par les nominations nouvelles ci-après, faites dans les mêmes conditions que les précédentes :

MM. Boucher, Président de la Chambre des Avoués de 1re Instance;

Boullée, ancien négociant, Maire du XIV° arrondissement de Paris;

Bucquet, ancien négociant, ancien Juge au Tribunal de Commerce;

Buglet, peintre sur porcelaine, membre ouvrier du Conseil des Prud'hommes;

Drouin, Président du Tribunal de Commerce, Maire du IV° arrondissement de Paris;

Durand, tanneur-corroyeur;

Gilbert, architecte, membre de l'Institut (Académie des Beaux-Arts);

Hellot, ancien Officier d'Artillerie;

Lemarchand, ancien Commissaire de Marine;

Martin, affineur de métaux précieux;

D'Origny, ancien Directeur de l'Enregistrement et des Domaines à Paris;

Paillard, fabricant de bronzes, membre du Conseil des Prud'hommes;

Puteaux, propriétaire;

Sébert, Président de la Chambre des Notaires;

Servant, négociant en pelleteries.

SITUATION A LA FIN DE 1869.

Lorsque je quittai l'Hôtel de Ville, dans les premiers jours de 1870, parmi les soixante membres composant le Conseil Municipal, j'ai dit plus haut que neuf seulement y siégeaient déjà lors de mon entrée en fonctions en 1853. C'étaient : MM. Bayvet et Billaud, Boulatignier, (le seul survivant actuel de ce groupe), Chaix-d'Est-Ange, Devinck, Eugène Lamy, Legendre, Ernest Moreau et Germain Thibaut.

Neuf autres avaient été nommés de 1853 à 1859, avant l'extension des limites de la Ville : MM. Ferdinand Barrot, Cornudet, Denière (le seul survivant actuel de ce second groupe), Dubarle, Dumas, Lemoine, Monnin-Japy, Oudot et Paillard de Villeneuve.

Ces dix-huit membres, ouvriers de la première heure, m'ont prêté jusqu'à la dernière, et spécialement au cours de la portion la plus laborieuse et la plus contestée de la Transformation de Paris, un concours aussi précieux que persévérant.

Des quarante-deux autres, vingt-sept, entrés dans le Conseil de la ville agrandie, soit en 1859, soit en 1864, ont coopéré non moins résolument à la continuation de cette œuvre, déjà mieux comprise, mais qu'était venu compliquer, pour nous, le devoir d'assimiler à l'ancienne ville les territoires surburbains dont l'annexion doublait son étendue, et de faire profiter leurs habitants des progrès réalisés ou projetés dans tous les services municipaux.

Les quinze derniers avaient courageusement accepté de s'associer à mon administration, dans la lutte suprême qu'elle soutenait, en 1869, contre la coalition de tous ses envieux avec ses adversaires de toutes les nuances, et dont elle aurait sûrement triomphé sans l'arrivée au Pouvoir de M. Émile Ollivier, le représentant de cette conception, l'Empire Parlementaire, qui fut le commencement de la fin, et qui détermina ma retraite.

Le temps leur a manqué pour rendre fécond l'appui convaincu dont ils me donnèrent déjà bien des gages pendant l'importante session tenue par le Conseil au mois de décembre de cette année, où j'eus la prévoyance de résumer les deux grandes périodes de mon édilité parisienne, et qui marqua le terme de la prospérité croissante que, de l'aveu de tous maintenant, la Ville lui dut pendant dix-sept années.

Les quarante-deux membres dont il s'agit, ont laissé plus de survivants que les dix-huit des deux premiers groupes; mais, hélas! leurs rangs sont déjà plus qu'éclaircis!

A tous, je garde un souvenir reconnaissant.

Et aussi, aux trente-six membres — pas un de moins !...
— que la mort a moissonnés en plein combat, de 1853
à 1869, et à presque tous les dix-huit démissionnaires,
qui me témoignèrent, pour la plupart, les mêmes sentiments d'estime et de sympathie, et parmi lesquels la
mort n'a pas frappé moins cruellement. Car je crois
qu'un d'eux seulement, M. d'Eichthal, est encore de ce
monde, depuis la mort de M. Lebaudy. MM. Delangle,
de Royer, Rouland, Bonjean (!), Vaïsse, Langlais, Ernest André, Fleury, Riant, Fouché-Lepelletier, Tronchon, entre autres, ont certainement disparu !

Je ne me dissimule pas que les listes qui précèdent,
et dont l'ensemble constitue un véritable nécrologe, ne
présenteront pas le même intérêt pour tous mes lecteurs, quoiqu'elles soient de nature à expliquer bien
des choses.

Les notes dont j'ai cru devoir les accompagner, permettent à chacun de constater, par exemple, combien
peu des cent quatorze membres qui siégèrent au Conseil Municipal de Paris, sous mon administration, virent leur position au dehors améliorée pendant le
cours des fonctions gratuites qu'ils y remplissaient avec
un zèle au-dessus de tout éloge. Sans doute, pour les
hommes d'État, les fonctionnaires, elles n'ont pas été,
à beaucoup près, des causes de défaveur auprès du Souverain ; mais, pour la plupart des autres membres,
elles étaient la consécration et comme le couronnement
de carrières notoirement honorées par le travail et la
probité ! Cela suffisait. Ce ne fut pas chez les moins haut
placés que je trouvai le moins entier et le moins désintéressé dévouement !

. Aussi, quelque aride qu'ait pu sembler cette partie de mes souvenirs, était-ce un devoir de conscience, pour moi, de consigner ici les noms de tous ceux à qui revient une juste part dans le mérite de nos travaux communs.

C'est seulement au renouvellement de 1869 que je pus tout à fait réaliser, enfin, le projet que j'avais formé, dès le principe, d'établir un équilibre raisonné dans la représentation des divers Arrondissements de Paris au Conseil Municipal, et limitant à quatre membres au maximum, celle des plus populeux, des plus riches en intérêts à défendre et en candidats à présenter, tout en usant du droit de réduire au minimum de deux, celle des moins bien pourvus, sous ce dernier rapport, et sans négliger cette règle excellente dont je m'étais efforcé, au contraire, de développer l'application: donner des organes, dans le Sénat Municipal de la Grande Cité, au plus grand nombre possible de Corps Constitués et de situations sociales différentes.

Je l'ai dit d'ailleurs : ma pensée était d'attribuer une importance administrative toujours plus grande à la division de la Capitale de l'Empire en Arrondissements. A cet effet, on sait que j'avais déjà délégué aux Maires de Paris certains pouvoirs, et une action sur les services municipaux pouvant le mieux être localisés.

Je croyais utile d'imiter, dans une juste mesure, ce que j'avais vu, lors de mon voyage à Londres (1855), où chaque Paroisse a son administration complètement distincte, ce qui est excessif. On n'a pas songé, dans le passé, à réserver, au Pouvoir Royal, une autorité suffisante sur cette agglomération d'entités communales, ni sur la Cité même, autour de laquelle on les voit graviter, et qui forme, avec elles, la Capitale, ou, comme on dit là-bas, la Métropole du Royaume-Uni.

Le Gouvernement de la Reine tend, de nos jours, à grouper sous sa main ou dans celles de Commissions constituées par le Parlement, les services exigeant une même direction dans l'ensemble de la Métropole, et il a déjà réussi à le faire pour la Police et pour les mesures générales d'Assainissement.

Chez nous, où la centralisation répond à cet amour de l'unité qui distingue notre nation, on n'a pas compris, jusqu'à présent, qu'il y avait quelque chose à faire pour en tempérer l'application, poussée à l'extrême, dans l'organisation administrative de Paris.

Certes, je ne suis pas de ceux qui veulent l'autonomie communale de cette Ville : de beaucoup s'en faut. Je l'ai dit et redit, en toutes occasions, et je compte le démontrer sans réplique dans le chapitre venant après celui-ci : Paris appartient à la France, et non pas aux Parisiens de naissance ou de choix qui l'habitent, ni surtout à la population mobile de ses garnis, qui fausse la signification des scrutins par l'oppression de votes inintelligents ; à cette tourbe de « Nomades », suivant une expression qu'on m'a reprochée, mais dont je maintiens la justesse, dont les meilleurs vont dans la grande ville pour y chercher un travail plus ou moins régulier, mais avec esprit de retour, le moment arrivé, dans le lieu d'origine où restent leurs vraies attaches. Je crois que, sous tous les régimes, le Pouvoir Central, qui représente la Nation, doit être armé, dans Paris, de l'autorité nécessaire pour y faire prévaloir les intérêts généraux du pays sur tous les autres. — Mais, je pensais à cette époque, et je pense encore qu'il convient de donner satisfaction à ce qu'il peut y avoir de légitime, c'est-à-dire de conciliable avec ces intérêts généraux, au fond des revendications locales, fort exagérées, que les partis révolutionnaires exploitent contre tous les Gouvernements : ce serait le meilleur moyen de les combattre, sinon de les frapper d'impuissance.

Voilà pourquoi je tenais tant à faire représenter, auprès de mon administration, par un certain nombre de membres du Conseil Municipal, pris dans le sein de chacun, tous les Arrondissements de Paris, aussi étendus et plus peuplés que bien des grandes villes, sans préjudice de mes efforts pour créer, dans chacune des Mairies, un centre d'administration locale, que, plus tard, l'organisation d'un Conseil particulier eût complété fort utilement. En effet, ce Conseil d'Arrondissement communal aurait ouvert un champ d'activité à de justes ambitions et préparé des candidats au Conseil Municipal de Paris.

Ce devait être le corollaire de la mesure que j'avais provoquée dans un ordre d'idées inverse, et qui, vers la fin de l'Empire, fit soumettre le Budget de la Ville à la sanction du Pouvoir Législatif.

J'aurai, sans doute, à ce sujet, l'occasion de revenir sur les considérations auxquelles je viens de m'attarder.

LE SUCCESSEUR DE M. DELANGLE.

Lorsque M. Delangle quitta le Conseil Municipal, en 1857, son successeur à la Présidence fut M. Dumas, qui la conserva jusqu'en 1870.

Dès 1854, il avait été nommé Vice-Président, avec M. Périer, le Doyen du Conseil. Il fut remplacé, dans cette qualité, par M. Ferdinand Barrot. A la réorganisation de 1859, M. Périer, fatigué par l'âge, eut, pour successeur, M. Chaix-d'Est-Ange.

M. d'Eichthal fut remplacé, comme Secrétaire, lorsqu'il se retira du Conseil, en 1853, par M. Germain, Thibaut, qui garda cette situation jusqu'en 1859. Alors, il devint Syndic, — fonction nouvelle ayant de l'analogie avec celle de Questeur. — Il eut pour successeur au Secrétariat, M. Langlais. Lors du départ de celui-ci, M. Merruau devint Secrétaire.

A compter de 1859, M. Denière fut adjoint à M. Ernest Moreau comme Vice-Secrétaire.

J'avais connu M. Dumas Ministre de l'Agriculture et du Commerce, quand j'étais Préfet de l'Yonne, et, à Paris, j'obtins de l'Empereur, dès que cela me fut possible, de le faire entrer au Conseil Municipal, comme M. de Royer, avec qui j'entretenais d'excellents rapports de service à la même époque, et M. Ferdinand Barrot, frère de M. Odilon Barrot, mais ne suivant pas du tout la même ligne politique, afin d'y balancer un peu la situation, trop prépondérante, de M. Delangle, par la présence d'un plus grand nombre d'autres personnages importants.

M. Dumas différait, à peu près en tout, de son prédécesseur à la Présidence.

C'était un homme posé; d'excellentes manières; d'une politesse parfaite; d'un esprit calme, parfois irrésolu; parlant toujours avec mesure et avec un charme infini; merveilleusement clair dans ses exposés; ne négligeant aucun des côtés de la question qu'il traitait, mais concluant avec moins de netteté. Dans bien des cas, il oubliait ou s'abstenait de conclure.

Il eût été, certes, un excellent Président d'Assises, au temps des résumés impartiaux des débats, qui l'étaient si difficilement, que la pression de l'Opinion Publique les a fait supprimer.

Il fut enthousiasmé de mon projet d'alimentation de Paris en eaux de sources pour l'usage des habitations privées, et l'appui de l'autorité scientifique de cet illustre chimiste me servit beaucoup pour arriver, après huit ans de luttes, à recevoir enfin l'autorisation d'en commencer l'exécution.

Qui croirait aujourd'hui qu'il me fallut tant d'années et tant d'efforts pour faire accepter l'eau de la Dhuis, amenée la première à Paris, de préférence à l'eau de la Seine, que tout le monde alors préconisait comme l'eau potable par excellence, et les classiques aqueducs des Romains, au lieu des machines élévatoires et, notamment, des turbines qu'Arago voulait établir sur le petit bras de la Seine, en amont du Pont-Neuf?

M. Dumas me fut aussi d'un grand secours dans la discussion des problèmes très divers soulevés par le Service de l'Éclairage. Le mode de fabrication, la pureté et le pouvoir éclairant du gaz étaient de sa compétence, ainsi que les procédés de désinfection des vidanges et d'utilisation des eaux vannes et des eaux d'égout.

Nous avons soutenu ensemble, mais sans le même succès, le grand projet du Cimetière de Méry-sur-Oise, au double point de vue de la salubrité de Paris, menacée par le cercle des cimetières dans lequel cette grande ville est enserrée de plus en plus, de telle façon que tous les vents lui en apportent les émanations dangereuses, et que les infiltrations provenant de ces nécropoles ne peuvent manquer de corrompre, d'infecter la couche d'eau de ses puits ; et, aussi, de la permanence des sépultures, c'est-à-dire de l'égalité des citoyens dans la mort : question de dignité humaine, question de premier ordre, selon nous, dans un pays tel que le nôtre.

Ce grand problème préoccupait déjà l'Empereur, lorsque Sa Majesté me fit supprimer la Fosse Commune ; mais, il n'était pas mûr, paraît-il, quand nous l'abordâmes résolument, et ne l'est pas encore à beaucoup près. En bien des choses, l'Empereur devançait son époque : Il était plus libéral que ses détracteurs.

M. Dumas m'aida puissamment à développer l'Instruction Primaire, l'Enseignement Professionnel, et, spécialement, à créer, dans les écoles, des classes de Dessin.

Il fut pour moi — j'aime à le reconnaître — un collaborateur infatigable, et quoi qu'on ait pu me dire de son désir secret de me succéder, mobile réel, suivant ses détracteurs, de son dévouement aux affaires de la Ville, je dois déclarer que jamais il ne m'a manqué dans les circonstances critiques.

Mais, d'un autre côté, il me faut avouer que, jamais non plus, la moindre intimité ne s'est établie entre nous. Il se dérobait à tout mouvement expansif, et personne, je crois, ne peut se flatter d'avoir, même une fois, pénétré le fond de sa pensée et de ses vrais sentiments.

Lors du mariage de ma fille aînée, en 1860, il prit l'initiative d'une démarche dans laquelle je ne pus voir qu'une marque de sympathie, bien qu'elle m'eût vivement contrarié.

La dot que nous devions, ma femme et moi, constituer à la future, était naturellement inférieure à celle du futur. M. Dumas, l'ayant appris, réunit officieusement les membres du Conseil Municipal, et, avec leur assentiment, alla demander à l'Empereur l'autorisation de m'allouer, au nom de la Ville, à titre d'indemnité extraordinaire, une somme comblant la différence.

Dès que ce projet vint à mes oreilles, je m'empressai de faire savoir au Président que, pénétré de reconnaissance par des intentions si flatteuses pour ma famille et pour moi, je ne saurais, néanmoins, pour une foule de raisons, admettre rien de semblable.

Vainement, M. Dumas vint essayer de vaincre ma résistance. Croyant aller au-devant d'une de ces raisons, sur lesquelles je refusais de m'expliquer, il me dit même que le Conseil entendait bien assurer à ma fille cadette ce qu'on voulait faire pour l'aînée. Je fus inébranlable, et j'insistai résolument pour que les choses n'allassent pas plus loin.

Je me rendis chez l'Empereur, afin de le remercier de l'accueil bienveillant qu'Il avait fait à la démarche de M. Dumas, et fis connaître à Sa Majesté le plus puissant des motifs de mon refus, que je ne pouvais confier à personne autre : l'impossibilité morale où je serais de garder mon indépendance complète vis-à-vis du Conseil Municipal, si j'acceptais son offre, et le détriment qu'en éprouverait le Service de mon Maître.

L'Empereur, fort touché de cette considération, approuva ma conduite, ajoutant : — « Mais, ce que la Ville « ne fera pas, je le ferai, moi. »

Je suppliai Sa Majesté de renoncer à cette généreuse pensée. J'envisageais comme un honneur, pour ma fille et pour moi, le fait qu'on la voulût dans une excellente et riche famille, malgré notre peu de fortune. Pourquoi donner à croire qu'au contraire, pour lui trouver une alliance semblable, il fallait que la Ville ou l'Empereur l'enrichît ?

Je crus bon à ce sujet de raconter à Sa Majesté ce que m'avait rapporté M. Émile Péreire, chargé par M. Dollfus père, son collègue au Conseil d'Administration du Chemin de Fer de l'Est, de me faire les premières ouvertures touchant ce mariage. J'avais commencé par objecter la position du prétendant, Secrétaire d'Ambassade à Berlin, et, sur cette observation, que j'obtiendrais facilement de le faire attacher au Ministère des Affaires Étrangères à Paris, j'avouai franchement au négociateur, — pouvant m'ouvrir sans réserve à cet égard vis-à-vis de lui, — que, si je me retranchais derrière une telle objection, la seule à produire dans la circonstance, c'était pour ne pas m'exposer à la mortification de voir reculer ses clients, quand ils connaîtraient la somme, insuffisante pour eux, de la dot de ma fille, somme dont je ne saurais même compter de suite la totalité. Cette confidence qu'il trahit, comme il fut obligé d'en convenir dans une seconde entrevue, avait fait dire à l'un des membres les plus importants de la famille, réunie pour apprendre le résultat de la première, ancien Député sous la Monarchie de Juillet, Orléaniste incorrigible : — « Si le Préfet de la Seine
« donnait un million à sa fille, mon avis serait de ré-
« fléchir sérieusement avant de passer outre. Loin de
« recevoir autant, elle ne doit avoir qu'une dot modeste,
« payable, pour les deux tiers, à la volonté de ses parents.
« Eh bien ! je pense qu'il ne faut pas hésiter à demander
« sa main. » — L'Empereur, qui, plus que personne, avait

le sentiment de toutes les délicatesses, me dit : — « C'est très digne et, en effet, très honorable pour votre « fille et pour vous. Je comprends que vous attachiez « du prix à maintenir les conditions dans lesquelles se « fait cette alliance. Nous signerons au contrat, l'Im- « pératrice et moi. »

Le jour fixé, j'en fis part au Conseil Municipal, à l'issue d'une de ses séances, en disant que je garderais un éternel souvenir de l'intérêt que le Conseil avait pris, dès le début, à cet événement considérable pour ma famille, et que je priais le Président de faire à ma fille l'honneur d'être son témoin, avec le Ministre de l'Intérieur.

Tous les membres assistèrent sans exception au mariage civil, accompli dans la Salle du Trône de l'Hôtel de Ville, et au mariage religieux, célébré dans le Temple de l'Oratoire.

Les choses se passèrent de même pour le mariage de ma fille cadette, en 1864.

Lorsque je dus quitter mes fonctions, au commencement de Janvier 1870, c'est encore M. Dumas qui prit l'initiative de la visite que me firent les membres du Conseil Municipal, « en Corps », cette fois, et qui fut la contre-partie officielle de la visite officieuse que j'avais reçue, en 1853, sous les auspices peu favorables de M. Delangle.

Les paroles émues que m'adressa M. Dumas, en m'exprimant les regrets unanimes et en me faisant les adieux du Conseil, ne se trouvent pas rapportées au procès-verbal de la séance qu'interrompit cette manifestation, procès-verbal dont je garde précieusement l'extrait unique. Mais, le texte de ma réponse y fut consigné tout au long. Je donne ici la copie de ce curieux document introuvable depuis l'incendie qui n'a rien laissé de l'Hôtel de Ville d'alors :

Séance du 7 Janvier 1870.

« Le Conseil étant informé que M. le baron Hauss-
« mann, relevé de ses fonctions de Préfet de la Seine,
« se proposait de venir lui faire ses adieux dans la
« salle ordinaire de ses séances, les membres du Con-
« seil, par un mouvement unanime et spontané, se
« rendent immédiatement auprès de lui, afin de témoi-
« gner de leur profonde sympathie pour l'Administra-
« teur éminent auquel ils s'honorent d'avoir donné
« leur concours pendant un si grand nombre d'années,
« pour l'œuvre de la Transformation de Paris, et dont
« ils ont eu si souvent l'occasion d'apprécier la haute in-
« telligence et l'infatigable activité.

« En rentrant dans la salle de ses séances, M. le Pré-
« sident, se rendant l'interprète des sentiments de
« l'Assemblée, décide qu'il sera fait mention de cette
« démarche au registre des procès-verbaux, et que les
« paroles prononcées, en cette occasion, par M. le
« baron Haussmann, y seront rappelées.

« Voici le texte des paroles prononcées par M. le
« baron Haussmann :

« — Messieurs, plusieurs d'entre vous ont bien
« voulu venir à moi et me demander conseil sur ce
« qu'ils avaient à faire. Je leur ai répondu qu'ils de-
« vaient, comme moi, rester à leur poste jusqu'à ce
« qu'ils en fussent relevés. Je vous le dis à tous, pour le
« bien du Service de l'Empereur; pour le succès de la

« grande œuvre que nous avons accomplie ensemble,
« sous sa puissante inspiration.

« Souvent, à la dernière heure de la bataille, le Gé-
« néral tombe frappé à mort! L'armée ne s'arrête pas;
« elle serre ses rangs; elle achève la victoire, et ne re-
« vient à son mort que pour l'ensevelir dans les plis
« du drapeau triomphant.

« Vous savez que, depuis longtemps, j'aspirais à l'heure
« de la retraite; mais, je n'y voulais arriver qu'après
« avoir mis la dernière main à nos travaux, et bien
« assuré la liquidation complète de notre grande en-
« treprise. Il devait en être autrement.

« Ce qui me console, après tant d'efforts, c'est de
« tomber avec la pleine confiance de l'Empereur; avec
« l'estime et l'affection de vous tous ici présents, qui
« m'avez vu à l'œuvre. Cette satisfaction suffit à me
« faire oublier bien des outrages.

« Ah! Messieurs, il faut du courage et du dévoue-
« ment pour entrer dans les fonctions publiques, en
« France; pour y consacrer des efforts et des facultés
« qui, dans les professions libérales, procurent, tout à
« la fois, l'indépendance et la fortune, et qui n'amè-
« nent souvent, au service des intérêts publics, qu'amer-
« tume et mécompte!

« Dans un pays voisin, qui a vu naître, qui a créé le
« Régime Parlementaire, il en est différemment. En
« présence d'une grande œuvre nationale, l'esprit de
« parti se tait; les passions politiques sont effacées par
« le patriotisme; et, lorsqu'un homme a le bonheur,
« sinon le mérite, d'y voir attaché son nom, une cla-
« meur universelle s'élèverait, si le dénigrement et la
« calomnie tentaient de l'atteindre et de l'amoindrir! »

« J'espérais, Messieurs, vous présenter moi-même à
« mon successeur. Je regrette que les circonstances ne
« l'aient pas permis. Je vous demande, pour lui, le con-
« cours si utile que vous m'avez donné. Il le mérite
« par la loyauté de son caractère, et, surtout, par son
« dévouement éprouvé à l'Empire.

« Le jour, — il y a de cela dix-sept ans, — le jour
« où je fus placé à la tête de cette Administration, j'étais
« déjà le plus ancien Préfet de première classe, et j'ad-
« ministrais un des principaux départements. Parmi les
« motifs qui dominèrent mes hésitations, bien natu-
« relles, l'un des plus décisifs fut que mon acceptation
« restituerait au patrimoine de ce Personnel Adminis-
« tratif de France, qui jouit dans le Monde entier,
« d'une si légitime considération, la première des Pré-
« fectures, trop longtemps livrée aux exigences des
« ambitions politiques.

« Soyons heureux d'un choix qui prend encore,
« cette fois, l'Administrateur de la première Ville de
« France, non dans la politique, mais au sommet de la
« hiérarchie administrative du Pays.

« Recevez mes adieux. Croyez que, dans ma retraite,
« je garderai sans cesse la mémoire des liens de pro-
« fonde estime, de confiance réciproque, qui nous unis-
« saient, et rendaient si facile notre immense tâche. J'ai
« la fierté d'espérer que, vous non plus, Messieurs, vous
« ne les oublierez pas.

« Signés aux registres :

« DUMAS, *Président.*
« MERRUAU, *Secrétaire.*

« Pour extrait conforme :

« *Le Conseiller d'État, Secrétaire Général,*
« ALF. BLANCHE. »

Je n'ai voulu rien retrancher ni corriger de cette improvisation, restituée aussi fidèlement que possible par M. Merruau, aidé, comme je l'ai su, de M. Paillard de Villeneuve, avocat distingué, Directeur de la *Gazette des Tribunaux,* et membre du Conseil, un de mes amis les plus sûrs. Elle appartient, telle qu'elle est, à l'histoire administrative de la Ville de Paris.

Jusqu'à la chute de l'Empire, dans laquelle il fut entraîné, le Conseil Municipal, présidé par M. Dumas, resta fidèle aux traditions de notre gestion commune des affaires et des intérêts de la Ville : celles de ses délibérations de 1870 dont on peut retrouver le texte, en font foi.

PERSONNEL DU CONSEIL GÉNÉRAL EN 1870.

Il me reste à parler des mutations qu'a subies, de 1853 à 1870, la représentation des huit cantons des Arrondissements de Saint-Denis et Sceaux, dans le Conseil Général de la Seine.

Durant ce laps de temps, quatre des huit conseillers qui le composaient en 1853, sont morts : MM. Chevreau, Lamouroux, de Mongis et Amédée Thayer.

Des quatre derniers, disparus de même, depuis lors, deux, MM. Noël Picard, Maire d'Ivry, et Possoz, Maire de Passy, étaient entrés au Conseil Municipal de Paris en 1859, lorsque l'extension des limites de cette ville engloba la plus grande partie de la Commune de l'un et toute celle de l'autre.

MM. Anthoine Prélard, Maire de La Villette, et Libert, Maire de Bercy, dans le même cas, s'étaient retirés purement et simplement, après avoir succombé dans leur résistance, maintenue jusqu'à la dernière heure, à l'absorption de ces Communes.

M. Chevreau, mort en 1854, fut remplacé, dans le canton de Sceaux, par M. le Duc de Trévise, Sénateur, propriétaire du célèbre château de cette ville.

M. de Mongis, mort en 1855, eut pour successeur, dans le canton de Courbevoie, M. Kœnigswarter, banquier, Député de l'Arrondissement de Saint-Denis;

Et M. Lamouroux, mort à la même époque, M. Marchand, Conseiller d'État, propriétaire à Villemomble, dans le canton de Vincennes.

En 1859, M. Kœnigswarter, dont les relations de famille étaient nombreuses et les intérêts, considérables, en Autriche, ayant encouru le mécontentement de l'Empereur, par son attitude lors de la guerre d'Italie, dut se retirer du Conseil Général de la Seine. Il y fut remplacé par M. de Pongerville, membre de l'Académie Française, propriétaire à Nanterre.

M. Kœnigswarter fit sa paix avec l'Empereur, et entra, dans le Conseil Municipal de Paris, en 1861. Quelque temps après, investi du titre de Baron, par le Roi de Portugal, il ne put être autorisé à le porter en France, en raison du refus de M. Baroche, alors Garde des Sceaux et Ministre de la Justice, de proposer à l'Empereur l'agrément de sa demande, bien que, tous les jours, on accueillît celles de Comtes Romains, nommés par le Pape. Je suggérai à l'Empereur de tourner la difficulté en nommant M. Kœnigswarter Baron Français, ce qu'il fit.

Lors du renouvellement du Conseil Général, à la fin de 1859, M. Anthoine Prélard fut remplacé, dans le canton de Pantin, par M. Houdart, Maire de Drancy;

M. Libert, dans le canton de Charenton, par M. le Docteur Véron, Député de l'Arrondissement de Sceaux ;

M. Possoz, dans le canton de Neuilly, par M. Maës, fabricant de cristaux, Maire de Clichy ;

Et M. Noël Picard, dans celui de Villejuif, par M. Petit-Bergonz, avoué de Première Instance.

De 1859 à 1870, deux vacances seulement se produisirent par la mort du Docteur Véron, en 1864, et celle de M. Amédée Thayer, en 1866.

J'ai mentionné déjà que ce dernier avait épousé la fille du Général Bertrand le fidèle compagnon de l'Empereur Napoléon Ier à Sainte-Hélène, et dut à cette alliance la faveur de l'Empereur et sa fortune politique.

Quant au Docteur Véron, l'auteur des *Mémoires d'un Bourgeois de Paris*, je ne puis laisser passer le nom de cette notabilité, sans en dire quelques mots.

M. Véron était surtout un homme habile, sans préjugés ; un sceptique doublé d'un épicurien. Tout lui avait réussi, depuis la Pâte de Regnauld, dont il était le promoteur, et qui fut le premier grand triomphe de la Réclame maniée avec art, jusqu'à la Direction de l'Opéra, du temps des Grandes Étoiles du Chant et de la Danse, qu'il savait découvrir et exploiter, jusqu'à sa gérance du *Constitutionnel,* dont il orienta fort adroitement la politique, de 1848 à 1852.

Il n'avait qu'une croyance : le succès, et possédait un flair merveilleux pour le pressentir, et se mettre d'avance, du côté du plus fort. Il dut à cette précieuse faculté sa grande fortune, son importance d'un jour, et, finalement, son siège au Corps Législatif et son entrée au Conseil Général de la Seine.

Dans les derniers temps de sa vie, fatigué, outre mesure, par la bonne chère et les plaisirs, il assistait aux événements comme à des spectacles ; comme le soir, aux représentations de l'Opéra, en faisant sa digestion, dans la loge de rez-de-chaussée conservée par lui sur la scène. Il se divertissait des bruits de coulisse, plus qu'il ne s'intéressait aux chefs-d'œuvre exécutés.

M. Merruau, son ancien Rédacteur en Chef au *Constitutionnel*, me rapporta qu'en 1861, après une séance du Conseil Général, M. Véron lui avait dit : « J'aime
« beaucoup votre Préfet : il m'amuse. On dirait qu'il
« est convaincu de tout ce qu'il débite à ces imbéciles,
« qui l'écoutent, bouche béante, comme si tout ça de-
« vait arriver. Quand l'un d'eux se hasarde à présenter
« des observations, il les écoute avec un air de condes-
« cendance très réussi, approuvant de la tête les moins
« saugrenues ; puis, le moment venu de répondre, il
« commence par donner raison à son contradicteur sur
« des points secondaires, et prenant ensuite, dans le sens
« inverse, l'argumentation développée, la retourne, sans
« se presser, comme un gant dont il débarrasserait sa
« main aristocratique, et finit, d'un mot décisif, par clouer
« au mur le gêneur, mais avec une urbanité si parfaite,
« que, ravi de tant de bonne grâce, celui-ci le remercie
« et se déclare satisfait. On ne se moque pas du monde
« avec une désinvolture plus irréprochable. C'est très
« drôle ! »

Ce personnage avait passé la majeure partie de son existence à se jouer de ses contemporains. Il ne concevait pas qu'un homme intelligent prît la peine d'atteindre autrement son but, ni qu'on pût avoir d'autre but que des satisfactions personnelles. Aussi, éprouva-t-il un profond étonnement, lorsque les prévisions dont il souriait, se réalisèrent; quand « ça fut arrivé ». Il en mourut, comprenant qu'il était dépaysé dans ce Monde, qu'on lui avait changé!

M. le Docteur Véron eut pour successeur au Conseil Général, M. Sébastien Archdeacon, agent de change honoraire, propriétaire à Nogent-sur-Marne, canton de Charenton.

M. Amédée Thayer fut remplacé par M. de Milly, fabricant de bougies de stéarine à Saint-Denis, beau-père du Général Clinchant.

Le Bureau du Conseil Général était nommé par l'Empereur pour chaque session. Il se composait toujours du Président et des vice-Présidents du Conseil Municipal de Paris, du Secrétaire et du premier Vice-Secrétaire de ce Corps et d'un autre Vice-Secrétaire, pris parmi les représentants des Arrondissements de Saint-Denis et de Sceaux, qui fut M. Possoz, de 1853 à 1859, et M. Maës, de 1859 à 1870.

Je résume ici la composition du Conseil Général, telle qu'elle était lorsque je cessai mes fonctions. Le lecteur y trouvera la répartition normale que j'avais si longtemps poursuivie et pu réaliser enfin, des membres du Conseil Municipal de Paris, entre les Arrondissements de cette Ville.

PARIS.

Ier Arrondissement (Louvre): MM. Boucher, Devinck, Eugène Lamy, Tardieu;

II⁰ Arrondissement (Banque) : MM. Ernest Moreau, Onfroy, Paillard de Villeneuve, Germain Thibaut;

III⁰ Arrondissement (Arts-et-Métiers) : MM. Arnaud-Jeanti, Denière, Paillard, Servant;

IV⁰ Arrondissement (Hôtel-de-Ville) : MM. Bucquet, Drouin, Lemoine;

V⁰ Arrondissement (Panthéon) : MM. Collette de Beaudicour, Dubarle, Dumont, Oudot;

VI⁰ Arrondissement (Luxembourg) : MM. Ferdinand Barrot, Cornudet, Robert-Fleury, Sébert;

VII⁰ Arrondissement (Palais-Bourbon) : MM. Avril, Dumas, Gilbert;

VIII⁰ Arrondissement (Élysée) : MM. Billaud, Bayvet, Kœnigswarter;

IX⁰ Arrondissement (Opéra) : MM. Chaix-d'Est-Ange, Boulatignier, Dillais, Fère;

X⁰ Arrondissement (Enclos-Saint-Laurent) : MM. Legendre, Merruau, Monnin-Japy;

XI⁰ Arrondissement (Popincourt) : MM. Buglet, Desfossé, Garnier, Lenoir;

XII⁰ Arrondissement (Bercy) : MM. Ravaut, Teissonnière;

XIII⁰ Arrondissement (Gobelins) : MM. Durand, Picard;

XIV⁰ Arrondissement (Montrouge) : MM. Boullée, Winnerl;

XV⁰ Arrondissement (Vaugirard) : MM. Périllieux, Thiboumery;

XVI⁰ Arrondissement (Passy) : MM. le baron Poisson, Possoz;

XVII⁰ Arrondissement (Batignolles) : MM. Gouin, Puteaux, Rattier;

XVIII° Arrondissement (Montmartre) : MM. Hébert, Lemarchand, d'Origny ;

XIX° Arrondissement (Buttes-Chaumont) : MM. Hellot, Mancel ;

XX° Arrondissement (Ménilmontant) : MM. Lozouet, Martin.

ARRONDISSEMENT DE SAINT-DENIS.

Canton de Courbevoie : M. de Pongerville ;
— Neuilly : M. Maës ;
— Pantin : M. Houdart ;
— Saint-Denis : M. de Milly.

ARRONDISSEMENT DE SCEAUX.

Canton de Charenton : M. Archdeacon ;
— Sceaux : M. le Duc de Trévise.
— Villejuif : M. Petit-Bergonz.
— Vincennes : M. Marchand.

CHAPITRE IX

DE L'ORGANISATION MUNICIPALE PARISIENNE

Paris n'est pas le domaine exclusif des Parisiens. — Confirmation de ma thèse. — Polémiques ardentes. — Le Budget de la Ville au Corps Législatif.

Avant d'aller plus loin et d'entrer dans le récit des faits et gestes de mon administration comme Préfet de la Seine, c'est-à-dire de Maire Central de Paris, dont le reste du département n'est que la Banlieue; avant d'aborder l'exposé de la Transformation de Paris, que j'étais spécialement chargé d'accomplir; des ressources que je dus trouver à cet effet, et des obstacles de tout ordre que j'eus à vaincre, et plus souvent à tourner, je crois opportun de m'arrêter quelque temps à l'organisation municipale parisienne, telle qu'elle existait alors et fut consacrée par la Loi Municipale Organique de 1855, pour dire sa raison d'être; pour dégager le principe qui la justifiait; et, pour démontrer que la sûreté de l'État ne saurait être sauvegardée au même degré, ni les intérêts généraux et locaux, intimement liés dans cette ville immense, mieux servis, par aucun autre régime.

Depuis l'annexion à Paris des Communes ou portions de Communes, très habitées, qui se trouvaient entre l'ancien Mur d'Octroi et l'Enceinte Fortifiée, les territoires situés au delà de cette enceinte ne forment plus qu'une zone étroite d'isolement, qui sépare les nouveaux murs de la ville, du département de Seine-et-Oise, et je ne crois pas exagérer la condition subjective que cette mesure leur a faite, quand je les considère comme des Faubourgs de la Grande Cité.

En 1869, dernière année de mon administration, le contingent, en principal, assigné au département de la Seine dans les quatre Contributions Directes, montant à plus de 45 millions, portait : sur Paris, pour près de 42 ; sur l'Arrondissement de Saint-Denis, pour 2 millions environ ; et, sur celui de Sceaux, pour moins de 1 million 1/2.

Les ressources du Budget Départemental, à peu près exclusivement alimenté du produit de centimes additionnels, venaient donc, en presque totalité, des contribuables de la Ville, et ce Budget même était une sorte d'annexe du sien, au regard du Préfet, qui disposait parallèlement des crédits ouverts dans l'un et dans l'autre.

En somme, que faut-il voir dans cette agglomération d'habitants et d'intérêts de toutes classes et de tous ordres ? Qu'est-ce que Paris ? Une « Commune » bien plus populeuse, bien plus considérable que celles du reste de la France, mais pouvant, d'ailleurs, leur être assimilée sous tous les rapports ? Non.

« Paris n'est pas une Commune ; c'est la Capitale de
« l'Empire, la propriété collective du Pays entier, la
« Cité de tous les Français. »

J'extrais cette définition de mon Rapport à l'Empereur, du 25 Mai 1868, sur la Situation Financière de la

Ville de Paris, auquel j'ai déjà fait emprunt, et dont je citerai plus bas tout le passage résumant ainsi les motifs qui devaient, à mon sens, faire soumettre au vote d'une Loi son Budget, arrêté jusqu'alors par des Décrets Impériaux.

PARIS N'EST PAS LE DOMAINE EXCLUSIF DES PARISIENS.

J'avais émis et développé déjà, dans deux circonstances solennelles, la doctrine que Paris appartient à toute la France : le 14 Novembre 1859, à la Séance d'Installation du Conseil Municipal, porté de 36 à 60 membres, après l'Extension des Limites de la Ville, et cinq ans plus tard, lors du renouvellement des pouvoirs de ce Conseil, modifié sensiblement dans sa composition, par suite de vacances.

« Si Paris est une Grande Ville, centre d'une activité commerciale et industrielle qui lui est propre, comme aussi, de productions spéciales, de consommations prodigieuses et d'échanges incessants, » — disais-je, la première fois, — « c'est surtout la Capitale d'un puissant Empire; le séjour d'un glorieux Souverain; le siège de tous les Corps par lesquels s'exerce le Pouvoir Public, en France; le foyer universel des Lettres, des Sciences et des Arts. »

Cette Cité ne saurait donc avoir une administration purement municipale.

L'État intervient et doit intervenir directement et sans cesse, dans ses affaires; car, il concourt à sa splendeur, soit, par les Palais et les Monuments qu'il y élève;

les Fondations et les Musées qu'il y entretient ; soit, par une participation permanente aux dépenses de certains Services, tels que la Garde de Paris, la Police locale, l'entretien du Pavé ; soit, enfin, par des subventions applicables aux entreprises d'édilité qui dépasseraient les forces contributives de sa Population. C'est un Préfet de l'Empereur qui occupe l'Hôtel de Ville et qui remplit, à Paris, les fonctions administratives exercées ailleurs par le Maire. C'est l'Empereur qui nomme le Conseil Municipal, institution élective dans les autres cités de l'Empire !... »

La seconde fois, il ne pouvait plus me suffire, comme la première, d'exposer les raisons de cet état de choses: il me fallait le défendre, le justifier en face de l'Opposition, prétendue libérale, qui se formait contre l'Empire, et dont le Palais-Royal était devenu le centre, et le Prince Napoléon (Jérôme), l'inspirateur, le véritable Chef.

Je ne saurais mieux faire que de reproduire les passages principaux du Discours que je prononçai dans cette occasion, et dont le retentissement fut énorme. Il me serait impossible d'exprimer différemment, aujourd'hui, la conviction profonde qui m'animait et qui m'anime encore.

Je commençai par préciser, dans les termes suivants, le régime dont j'allais faire l'apologie :

« Il appartient à l'Empereur de nommer le Conseil Municipal de Paris.

« Ce n'est pas un état de choses provisoire ; c'est l'exécution régulière d'une Loi, qualifiée : Organique, parce qu'elle tenait, de la Constitution, le droit de régler souverainement l'organisation municipale du Pays.

Celle de Paris puise dans la disposition que je rappelle de cette Loi, promulguée le 5 Mai 1855, une autorité particulière.

« Ce n'est pas tout : afin que nul parti politique ne fût tenté de chercher un moyen de protestation et de polémique dans le régime administratif des communes limitrophes de Paris, la Commission du Corps Législatif décida, par amendement, que tous les Conseils Municipaux de la Seine seraient nommés également par l'Empereur, et la Loi consacra ce système.

« Elle n'accordait, toutefois, que 36 membres au Conseil Municipal de Paris ; mais, celle du 16 Juin 1859, relative à l'Extension des Limites de la Ville, a porté ce nombre à 60 membres, « nommés par l'Empereur », selon la déclaration surabondante de l'article 3.

« Il était impossible que le Législateur exprimât sa pensée avec plus de persistance et de solennité. Dans aucune matière, il ne l'eût fait, d'ailleurs, avec plus de sagesse et de certitude. »

Cette affirmation soulevait la question doctrinale que j'avais résolu d'aborder carrément, cette fois, et m'y conduisait par une transition toute naturelle. J'entrai donc en matière sans plus attendre, après avoir bien nettement formulé ma thèse comme on va le voir :

« L'Organisation Municipale de Paris ne peut être établie sur l'Élection, comme celle des autres communes de l'Empire. Ici, l'exception est une nécessité. Elle constitue la règle.

« En effet, est-ce bien, à proprement parler, une « Commune » que cette immense « Capitale »? Quel lien municipal unit les deux millions d'habitants qui s'y pressent? Peut-on même observer entre eux des affinités d'origine? Non! La plupart appartiennent à d'autres départements ; beaucoup, à des pays étrangers, dans lesquels ils conservent leur parenté, leurs plus chers intérêts, et souvent, la meilleure part de leur fortune. Paris est, pour eux, comme un grand marché de consommation ; un immense chantier de travail ; une arène d'ambitions ; ou, seulement, un rendez-vous de plaisir. Ce n'est pas leur Pays.

« Des jeunes gens, accourus de tous les points du Monde, y viennent suivre des classes, des Écoles Préparatoires, des cours de Facultés, ou étudier une profession dans les bureaux de la Finance, dans les magasins du Commerce, dans les ateliers de l'Industrie ; mais, c'est, pour le plus grand nombre, un lieu de passage ; leur famille, leur maison paternelle, leur commune sont ailleurs.

« Des ouvriers, par centaines de mille, affluent à Paris, pour chercher des salaires élevés, et amasser un pécule qui leur permette de se retirer ensuite chez eux. Parmi ceux qui restent, s'il en est un grand nombre qui, par le travail, l'ordre et l'économie, arrivent à se faire une situation honorable dans la ville ; si plusieurs même s'élèvent jusqu'aux premiers rangs de l'Industrie et s'ouvrent l'accès de toutes les positions, comme le prouveraient au besoin les listes anciennes et la liste nouvelle du Conseil Municipal ; d'autres, en trop grand nombre, ballottés incessamment d'ateliers en ateliers, de garnis en garnis, ayant, pour tous foyers, les lieux publics ; pour toute parenté, le bureau de bienfaisance, auquel ils s'adressent dans le malheur, sont de véritables nomades au sein de la Société Parisienne, absolument dépourvus du sentiment municipal, et ne retrouvent, au fond de leur cœur, celui de la Patrie, que dépouillé de ce qui le précise, le guide et l'épure chez les populations sédentaires.

« Je ne parle pas du grand nombre de fonctionnaires arrivés par avancement au centre de l'Administration Publique, ni des hommes d'intelligence que leur talent, leur génie ou leurs illusions amènent dans l'immense ville, pour y conquérir la renommée ou la fortune, mais qui ont le point de départ et le but de leur vie en province. Ceux-là sont, pour la Cité Parisienne, quand elle peut les retenir, de précieuses acquisitions.

« Mais, je ne saurais oublier cette masse toujours renouvelée de personnes déclassées, de gens à bout de ressources, inventeurs de combinaisons plus ou moins chimériques, et dégagés de scrupules, que poussent vers ce grand centre de population le besoin de l'oubli, un vague espoir de succès et de médiocres desseins. Voilà, malheureusement, quelques-unes des variétés de la population, étrangère à Paris, qu'y versent chaque jour les bouches béantes des Chemins de Fer, dont les cent bras attractifs s'étendent et se ramifient sur toutes les parties de la France.

« Au milieu de cet Océan aux flots toujours agités et toujours renouvelés, il existe une minorité, considérable sans doute, de Parisiens véritables, qui formeraient, si l'on pouvait les discerner et les saisir, l'élément constitutif d'une Commune ; mais, isolés les uns des autres, changeant avec une extrême facilité de logements et de quartiers, ayant leurs familles dispersées sur tous les points de Paris, ils ne s'attachent guère à la Mairie d'un Arrondissement déterminé, au clocher d'une Paroisse particulière. Quel moyen auraient-ils, d'ailleurs, de se reconnaître et de s'entendre sur les vrais intérêts communaux?

« Et alors même que les Parisiens, proprement dits, seraient, par un privilège renouvelé d'un autre âge, mis en mesure de se retrouver dans la ville, de se grouper pour choisir des mandataires chargés de leurs intérêts communaux, sauraient-ils toujours se tenir en dehors du courant qui entraîne fatalement ici le Suffrage Universel vers le côté politique des questions? »

CONFIRMATION DE MA THÈSE.

On peut juger par cette longue citation, qu'il importait de rendre littérale et complète, de la bonne foi des écrivains et des orateurs qui me reprochèrent et qui me reprochent encore, à l'occasion, d'avoir injurieusement traité de « Nomades » TOUS les habitants de Paris, sans distinction.

Je défie quiconque de nier l'exactitude rigoureuse du tableau qui précède et de méconnaître la justesse du terme dont je me suis servi, pour qualifier une certaine catégorie seulement des ouvriers qui viennent, du dehors, chercher du travail dans Paris.

Après avoir résumé ce que j'avais dit précédemment du véritable caractère de cette ville, de cette Capitale, centre de la Puissance Publique, séjour du Souverain, siège de tous les grands Corps de l'État, et de presque toutes les institutions nationales, j'ajoutai :

« Tout vient aboutir à Paris : Grandes Routes, Chemins de Fer, Télégraphes. Tout en part : Lois, Décrets, Décisions, Ordres, Agents. Les énergiques moyens de centralisation organisés à Paris de siècle en siècle, par les divers Gouvernements, en ont fait l'âme de la France, — « sa tête et son cœur », ainsi que l'a dit l'Empereur, dans un de ses magnifiques discours. — Paris est la Centralisation même.

« A Paris se rencontrent en même temps et se développent, par un mutuel contact, toutes les intelligences, toutes les activités de la nation : c'est, je le répète, le foyer des Lettres, des Sciences, des Arts ; c'est là que s'élaborent les idées, que s'exaltent les sentiments publics ; que l'Opinion, avec ses lumières, ses pénétrations subites, et souvent aussi, avec ses erreurs, ses égarements, naît et grandit en une heure, pour exercer, au loin, une irrésistible influence.

« N'est-il pas évident, dès lors, que, de tous les actes d'administration purement municipale en apparence, pouvant s'accomplir dans un tel centre, il n'en est pas un seul qui ne touche, à certains égards, le Gouvernement, la Nation même, ou des intérêts de telle importance qu'ils se confondent à peu près avec l'intérêt public ?

« L'ordre de cette Cité-Reine est une des premières conditions de la sécurité générale. Sa splendeur rejaillit sur tout le Pays ; le bien-être de sa Population importe à presque toutes les familles de France, et n'est point indifférente à la paix publique. La facilité de ses accès est une nécessité pour toutes les productions des départements, qui affluent sur ce grand marché. La commodité des points où se concentrent les approvisionnements, où s'opèrent les transactions diverses ; l'installation convenable de tous ses établissements d'instruction ; le style même de ses monuments publics ;

tout excite l'attention, contrarie ou satisfait des vœux ou des intérêts dans la France entière.

« Comment donc livrerait-on la gestion d'affaires dans lesquelles l'État, la Nation sont si étroitement engagés, à un Corps émané d'une élection locale, avec ses vues relativement étroites, égoïstes, et ses chances de changements et de caprice ? L'Organisation Indépendante de Paris, sous quelque forme qu'on la conçoive, ne serait autre chose que la création d'un État dans l'État. »

Avant de clore ma discussion, que la solennité dont j'avais pris prétexte, m'obligeait à produire sous la forme oratoire et dans les limites d'un Discours de cérémonie, je crus à propos d'invoquer, à l'appui, mais d'une façon très sommaire, l'histoire de Paris et l'exemple de ce qui se passait aux États-Unis d'Amérique, dans le pays réputé le plus libre du Monde.

« Un État dans l'État ! » avais-je dit, j'ajoutai :

« Il y parut bien dans d'autres temps.

« Je passe sur l'histoire des siècles anciens qui virent l'organisation bourgeoise de la cité parisienne se former et fonctionner assez régulièrement tant que celle-ci fut de peu d'importance; puis, se développer à mesure que grandissait la Capitale ; puis, prendre part aux affaires de l'État, aux guerres civiles, aux désordres publics ; porter ombrage à la Royauté ; subir des défaites ; se reconstituer à demi; ne plus conserver, à la fin, que l'apparence d'elle-même, et devenir, sous une forme abusive, mais pour des raisons profondes, une sorte d'émanation de la Puissance Royale.

« Encore moins ferai-je l'histoire, trop connue, de la fameuse Commune de Paris, dominant et terrifiant les

Représentants de la Nation et la Nation même, jusqu'à ce que sa dictature vînt succomber sous un Décret de la Convention, qui répartissait entre ses propres Comités toutes les branches de l'Administration du Département de la Seine et de la Ville de Paris.

« La République tombait là, selon sa coutume de tous les temps, d'un excès dans l'excès contraire. Après avoir mis l'État à la merci des maîtres de Paris, elle supprimait la Ville et l'absorbait dans l'État. Quoique ce dernier parti fût moins imprudent, moins irrationnel, après tout, que le premier, il ne faisait au fond que substituer un despotisme à un autre.

« Quelque chose d'analogue se reproduisit en 1848.

« Pendant la durée de la Monarchie de Juillet, on avait essayé d'une Municipalité fondée sur l'Élection, restreinte et privilégiée. Il en résulta, sans doute, un Conseil plus modéré que s'il fût émané du Suffrage Universel; mais, dont les membres étaient ordinairement nommés sous l'action des partis politiques; formant trop souvent obstacle aux vues intelligentes et fécondes de l'Administration; divisés, dans les questions de pure édilité, par des intérêts exclusifs de quartiers.

Les révolutionnaires de 1848, après avoir substitué le Suffrage Universel à l'Élection Censitaire, comprirent qu'un Conseil Municipal électif, dans les conditions nouvelles, serait bien plus dangereux, bien plus hétérogène que celui du Régime tombé. Ils chargèrent de l'Administration de la Ville et du Département un des membres même du Gouvernement Provisoire (M. Marrast), investi du titre et remplissant les fonctions de Maire de Paris. C'était de la concentration au plus haut degré. C'était encore l'exagération de ce principe, vrai au fond, que, dans la Capitale d'un grand Empire, l'intérêt local doit se subordonner à l'intérêt général.

« Chez la plupart des Nations de premier ordre, la Capitale est soumise à un régime exceptionnel, qui varie selon les mœurs et la Constitution de chaque pays. On peut aisément en fournir la preuve.

« En Amérique même, il en est ainsi du District de Colombie, siège de la Présidence et du Congrès, qui ne jouit pas d'une véritable autonomie, parce qu'il est considéré comme la propriété commune des États-Unis, et auquel un scrupule, emprunté à la logique la plus absolue, au radicalisme le plus excessif, refuse même le droit de nommer des Députés.

« Il n'est donc pas surprenant qu'en France, pays de centralisation et d'ordre, la Capitale, une des plus grandes villes du Monde, qui renferme la dix-huitième partie de la population totale de l'Empire, ait été presque toujours placée, quant à son organisation communale, sous un régime exceptionnel, et que, particulièrement, l'élection des Conseillers Municipaux n'y ait eu lieu qu'à d'assez rares intervalles, et, dans tous les cas, avec de graves inconvénients, quand ce n'était pas avec de grands périls. »

POLÉMIQUES ARDENTES.

Sous le régime de la Loi Organique de 1855, l'origine des pouvoirs du Conseil Municipal ne lui permettait pas de devenir l'instrument d'un antagonisme systématique entre les intérêts, plus ou moins bien compris, de la Ville, et les intérêts de l'État. Cependant, l'application de cette Loi, profondément sage, eut lieu, dès le principe, de façon à maintenir, d'une manière efficace, en fait, la personnalité de la Ville.

Aux termes de la Loi d'Annexion du 16 Juin 1859, deux des soixante Conseillers Municipaux, au moins, devaient, d'ailleurs, être choisis dans chacun des vingt Arrondissements, et la Main Auguste qui les désignait tous, allait chercher les uns, au sein même de l'Industrie et du Commerce parisiens, parmi les plus notables, les plus attachés à leurs quartiers, et les plus utiles à la population qui les environnait; d'autres, à la tête des professions libérales qui contribuent à la gloire de la Ville et du Pays entier; d'autres encore, à tous les degrés de la hiérarchie politique, judiciaire, administrative.

Le Corps de Ville, ainsi formé, jouissant d'attributions étendues, que l'application à Paris des mesures de Décentralisation décrétées en 1852, pendant la Période Dictatoriale, eut pour effet d'augmenter encore, s'animait immédiatement de l'esprit municipal dont le Préfet de l'Empereur, Maire Central de Paris, s'inspirait lui-même; embrassait avec ardeur les intérêts locaux; les défendait avec une jalouse vigilance, mais, en les subordonnant aux intérêts généraux, que tous savaient comprendre et faire prévaloir, quand il le fallait.

Jamais, Paris ne fut plus dignement et plus utilement représenté que par le Conseil Municipal nommé dans ces conditions, avant comme après la loi de 1859, par l'Empereur lui-même, en dehors de toute considération politique. En effet, nombre de Conseillers honorés de son choix avaient des origines et appartenaient à des opinions qui n'en faisaient pas des séides de l'Empire. Mais, ils rachetaient ce point, volontairement laissé dans l'ombre, par l'autorité que le concours de leur savoir, de leur expérience et de leur dévouement aux intérêts parisiens donnait aux travaux et aux délibérations du Conseil.

Les contemporains, de plus en plus rares, malheureusement, des Conseillers Municipaux qui prirent part à l'Administration de la Ville, pendant la période, mémorable à jamais, de 1852 à 1870, confirmeront, si nulle passion politique ne trouble leur impartialité, tout ce que je viens d'avancer concernant la valeur considérable de l'assemblée que ces conseillers, choisis avec une extrême sollicitude, composaient.

Néanmoins, la Presse opposante, qui n'osait pas encore trop s'attaquer directement au Gouvernement de l'Empereur sur le terrain politique, où bien peu de membres des Grands Corps de l'État l'auraient suivie, trouvait, dans l'organisation non élective de la Municipalité Parisienne, un texte de revendications qui pouvait donner le change sur son but véritable, et qu'elle eût remplacé difficilement. Aussi, jeta-t-elle les hauts cris dès la publication de mon Discours de 1864, afin d'en prévenir, autant que possible, l'effet sur l'Opinion. Elle avait laissé passer, en 1859, sans paraître s'en émouvoir beaucoup, celui que je prononçai dans une circonstance pareille, parce qu'elle existait à peine alors. Mais, cette fois, je fus taxé d'outrecuidance, de paradoxe, et d'injuste défiance envers l'héroïque et intelligente population de Paris.

Depuis 1855, où le Conseil Municipal reçut officiellement ce titre d'une Loi Organique faisant corps, pour ainsi dire, avec la Constitution, ces journaux affectaient de continuer à le désigner sous le nom qu'il portait auparavant, de « Commission Municipale », pour donner à croire ainsi que son mandat, non électif, n'avait qu'un caractère provisoire, plus ou moins durable.

Le Prince Napoléon (Jérôme) ne le désignait pas autrement, et je dus, pour éviter que, peu à peu, son exemple ne fût généralement suivi, saisir l'occasion qu'il me fournit soudain, un jour, de couper court, par une protestation solennelle, à ce dénigrement systématique de mes excellents collaborateurs.

C'était dans une séance extraordinaire du Conseil d'État, présidée par l'Empereur, à laquelle j'assistais en vertu d'un Décret de Sa Majesté, du 11 Janvier 1860, me donnant, de même qu'aux autres membres du Conseil des Ministres, droit de prendre part aux Délibérations des Assemblées Générales de ce Grand Corps, et à celles des Sections portant sur les affaires relatives à mon administration. Je ne me souviens pas exactement du sujet de cette réunion pleinière. S'il s'agissait, comme je le pense, de la Liberté de la Boulangerie et de la suppression de la Taxe du Pain, ce devait être au commencement de 1863. Mais, je me vois encore présentant debout, de ma place, et directement au Souverain, comme l'étiquette le voulait, des observations touchant la question agitée devant Lui.

Le Prince Napoléon (Jérôme) avait, en pareil cas, droit de séance dans le Conseil d'État, comme Prince du Sang, et siégeait, sur un tabouret, à la droite du Trône de Sa Majesté.

Au mépris des convenances, il m'interrompit brusquement lorsque, dans le cours de ma discussion, j'eus

lieu de parler du « Conseil Municipal » de Paris : « Dites :
« la Commission Municipale, » s'écria-t-il. — « Monsei-
« gneur, » lui répondis-je avec le plus grand calme, mais
non sans une certaine solennité, « je donne au Conseil
« Municipal de Paris le titre qu'il tient d'une de nos Lois
« Organiques, et que nul, si haut placé qu'il soit, n'a le
« droit de lui contester. » — « Aucune Loi, » répliqua
le Prince, « ne peut faire qu'un Corps non élu soit
« autre chose qu'une Commission. » — « Je ne saurais
« trop regretter, » repris-je en regardant du côté de
mon Auguste Maître, lequel, sûr de moi sans doute, ne
bronchait pas, « que Votre Altesse Impériale persiste à
« qualifier un Corps aussi dévoué que le Conseil Muni-
« cipal de Paris à l'Empereur, d'un nom que, pour pa-
« ralyser son autorité légitime, lui jettent constamment
« à la face, comme une injure, les ennemis de Sa Ma-
« jesté. » — « Une assemblée qui n'est pas élue ne sau-
« rait avoir d'autorité, » riposta le Prince, « parce
« qu'elle manque d'indépendance ! » J'attendais ce mot,
que je me hâtai de relever, en disant, avec un demi-
sourire : « Votre Altesse Impériale oublie que le Grand
« Corps au sein duquel nous sommes, n'est pas non plus
« le produit de l'Élection ; que, tous ses membres sont
« nommés par l'Empereur, comme ceux du Conseil Mu-
« nicipal de Paris, et que, cependant, tous les jours, le
« Conseil d'État prouve son indépendance, et j'ajoute
« sa fidélité, par la liberté complète de ses Décisions ou
« de ses Avis. »

Le coup porta. Mon contradicteur en fut comme
étourdi, et ce fut au milieu d'un murmure d'approbation, contenu par la présence de l'Empereur, que je repris le fil de mon discours.

A la sortie de la séance, je reçus de nombreuses félicitations, comme si j'avais fait acte de grand courage. Au fond, le Prince Napoléon avait peu d'amis dans le monde officiel.

LE BUDGET DE LA VILLE AU CORPS LÉGISLATIF.

Défenseur convaincu de l'Organisation Municipale Parisienne, je n'étais pas toutefois sans inquiétude sur le parti qu'on pouvait tirer contre elle de ce vieil axiome, considéré, par bien des gens, comme un principe de notre Droit Public, à savoir que l'impôt doit être « consenti », c'est-à-dire voté par les délégués des contribuables. En effet, on ne pouvait nier que, sans mandat direct de ceux-ci, le Conseil Municipal de Paris votât tous les ans, sous la seule condition de l'approbation de son Budget par Décret Impérial, la perception de centimes additionnels affectés à divers services. Bien que ce fût dans des limites fixées par les Lois de Finance, il ne réglait pas moins la quotité de ces centimes. Chaque année, d'ailleurs, il statuait également sur la mise en vigueur des taxes locales de toute nature autorisées par les pouvoirs compétents. Il fallait aller au-devant de ce grief, qui se dégageait encore mal des attaques, plus passionnées qu'habiles, des adversaires, et c'est pour cela que je m'avisai de proposer à l'Empereur de soumettre désormais le Budget de la Ville à l'approbation d'un Pouvoir issu de l'Élection, c'est-à-dire du Corps Législatif.

« Si Paris appartient à la France entière, » disais-je, « c'est au Corps Législatif qui la représente, de ratifier « les perceptions de tout ordre auxquelles doivent être

« assujettis, chaque année, les habitants de cette Cité
« de tous les Français. »

Cela ne marcha pas tout seul. Les Ministres ne virent, d'abord, dans mon projet, qu'une combinaison ambitieuse ayant pour but de constituer l'Administration de Paris en Ministère.

Comme l'Empereur m'avait déjà conféré, par Lettre-Close, le droit de siéger dans ses Conseils auprès d'eux, et, par Décret, celui de prendre part, avec les mêmes privilèges, aux délibérations du Conseil d'État, quand j'aurais entrée, ainsi qu'eux, dans le sein du Corps Législatif, pour y soutenir mon Budget, aucune différence n'existerait plus, craignaient-ils, entre leur situation et la mienne. D'ailleurs, n'étais-je pas Sénateur de l'Empire, Grand-Croix de la Légion d'Honneur, c'est-à-dire ce que nombre de ces Messieurs n'étaient pas?

Vainement, j'avais montré, dès 1860, mon abnégation personnelle, en acceptant cette situation bâtarde, dont je me contentais, au lieu de profiter de l'intention formelle conçue dès lors, par l'Empereur, de créer un Ministère de Paris. De même que, par transaction, je siégeais, depuis, sans aucun autre titre que celui de Préfet de la Seine, au Conseil des Ministres et au Conseil d'État, je serais allé, sous ce titre, au Corps Législatif, avec le mandat spécial de Commissaire du Gouvernement, pour y défendre le Budget de la Ville, et ma position n'en eût pas été beaucoup grandie.

Mais, en plusieurs circonstances, des Commissions du Corps Législatif m'appelaient pour m'entendre expliquer des projets, intéressant la Ville, qu'elles examinaient, et leur accueil, toujours empressé, faisait penser que, mis en rapport direct avec l'Assemblée, je pourrais y conquérir des sympathies de nature à me donner une nouvelle force vis-à-vis des pygmées se succédant au Ministère de l'Intérieur, dont l'autorité sur l'Hôtel de Ville devenait purement nominale.

Mon Rapport à l'Empereur du 20 Mai 1868 prouve qu'à ce moment, le projet poursuivi par moi n'était pas en faveur.

« Depuis plusieurs années, » y disais-je, « je me suis permis d'appuyer, auprès de l'Empereur, le projet de soumettre le Budget de la Ville à la sanction d'une Loi. Je voyais, à cette mesure, de grands et de nombreux avantages; elle avait surtout le grand mérite de faire cesser l'antagonisme traditionnel des provinces contre Paris, et d'y substituer des impressions, meilleures et plus justes, de solidarité, en rendant sensible, pour tous, cette incontestable vérité qu'il ne faut manquer aucune occasion de rendre évidente et de répéter : « Paris n'est
« pas une Commune, mais, la Capitale de l'Empire,
« c'est-à-dire la propriété collective du Pays entier, la
« Cité de tous les Français. »

« Loin d'être amoindrie par cette combinaison, l'importance des délibérations du Conseil Municipal s'en trouverait grandie. En effet, les débats annuels qu'on n'évite pas aujourd'hui, touchant les « Finances de la Ville » ou de ses divers Services, mais qui restent sans solution dans la plupart des cas, se termineraient par des votes significatifs, qui fortifieraient ce Corps de l'adhésion des représentants de toute la France.

« Si les résolutions du Gouvernement, déterminées par des considérations d'un ordre encore plus élevé, ont jusqu'ici fait écarter la pensée de ce changement, il n'en reste pas moins avéré que l'Administration de la

Ville est tellement peu portée à fuir l'examen, qu'elle souhaite ardemment de voir multiplier les vérifications de ses actes, et qu'elle a l'ambition du plus haut contrôle possible, certaine que, plus on scrutera ses affaires, plus on aura sujet de constater avec quel dévouement scrupuleux elles sont conduites, à tous les degrés de la hiérarchie municipale. »

En 1869, le courant changea par l'effet de circonstances que le moment n'est pas venu d'expliquer. Mais, on ne put pas se résoudre à faire, d'un coup, ce que je demandais. Il fut décidé seulement que le Budget Extraordinaire de la Ville serait soumis à la sanction d'une Loi. Mais, ce premier pas était considérable. Le Budget Ordinaire aurait, selon moi, forcément suivi l'autre, avant peu.

Il me semblait indubitable, en effet, que le Corps Législatif reconnaîtrait, de suite, l'absolue nécessité de se livrer, avant tout, à l'examen de celui-ci, dont l'Excédent Annuel de revenu fournissait la principale ressource de celui-là.

En résumé, l'Organisation Normale de la Municipalité Parisienne est, suivant moi, celle qu'avaient réglée les Lois des 5 Mai 1855 et 16 Juin 1859, et que devait compléter et mettre à l'abri de toute critique fondée, l'attribution au Corps Législatif du vote définitif du Budget de la Ville.

On y reviendra tôt ou tard.

CHAPITRE X

LA PRÉFECTURE DE POLICE

Attributions partagées entre les deux Préfets. — Conflits incessants. — L'attentat d'Orsini. Ses conséquences. — La campagne d'Italie. — Rentrée de l'Empereur. — Nouveau règlement d'attributions.

Le Préfet de la Seine est loin d'avoir, à Paris, comme le Préfet du Rhône, à Lyon, tous les services municipaux et départementaux sous son autorité. La Préfecture de Police conserve, encore maintenant, dans ses attributions, à côté de la Sûreté Publique et de la Police Municipale, qui devraient lui suffire, des Services purement Administratifs qu'y fait seule demeurer la répugnance des républicains mêmes à grandir le rôle du Conseil Municipal, issu du Suffrage Universel, qui siège de nos jours à l'Hôtel de Ville, et dont la Majorité, suspecte aux grands Corps de l'État, ne cache pas sa tendance à rétablir la Commune, de néfaste mémoire.

ATTRIBUTIONS PARTAGÉES
ENTRE LES DEUX PRÉFETS.

En 1853, la part d'administration faite à la Préfecture de Police était bien plus considérable que présentement. Elle comprenait un certain nombre d'attributions, et non pas des moins importantes, enchevêtrées, comme à dessein, au milieu de celles de la Préfecture de la Seine, au grand préjudice de l'unité de l'ensemble, et malgré les conflits inévitables des agents des deux Préfets. C'étaient des difficultés incessantes, que les bonnes relations personnelles de ces fonctionnaires ne parvenaient pas toujours à bien résoudre, et qui, dans tous les cas, leur faisaient perdre un temps précieux.

Le titre de Préfet, porté par le Chef de la Police Parisienne, comme par le Maire Central de la Grande Cité, trahit, du reste, chez le Chef d'État qui reconnut, en Messidor an VIII, l'opportunité de rétablir, à Paris, l'ancienne Lieutenance de Police, l'intention réfléchie d'atténuer le plus possible, par cette dualité, l'importance politique et la grande influence que pourrait être tenté de prendre, à l'exemple de certains Prévôts des Marchands, le Préfet de la Seine récemment installé dans l'Hôtel de Ville, le 28 Pluviôse, afin qu'il ne s'y trouvât plus place pour un autre Maire de Paris.

D'ailleurs, comme j'eus sujet de le rappeler le 14 Novembre 1859, dans le discours d'installation du Conseil Municipal de la ville agrandie, justement à l'occasion du Décret du 10 Octobre précédent, qui venait de rendre à la Préfecture de la Seine la plus grande partie des attributions administratives dont le Décret de Messidor l'avait dépouillée, la Police de Paris était bien loin d'avoir, à cette époque, le caractère qu'elle a, depuis lors, acquis.

Un petit nombre de Commissaires de Police et quelques Officiers de Paix étaient, à peu près, ses seuls agents ostensibles. Les autres, formant, la nuit, ce qu'on nommait des « patrouilles grises », n'avouaient leur mandat qu'en cas d'impérieuse nécessité. Elle n'avait aucune force spéciale pouvant obéir immédiatement à ses réquisitions. La Garde de Paris n'existait pas.

Aussi, conçoit-on qu'au début, le Gouvernement put croire nécessaire de détacher de l'Administration Municipale, placée, en principe, sous l'autorité du Préfet de la Seine, fût-ce au risque d'embarrasser la marche de celle-ci, des Services, plus ou moins considérables, pour les donner, comme occupation extérieure, comme enveloppe, à cette Police, qui, même au lendemain des plus mauvais jours, semblait craindre de se produire.

Mais, plus tard, la Police s'élevait, par l'exercice même de ses droits tutélaires et par la franchise de ses actes. En créant les Sergents de Ville, en leur donnant un costume distinct, une sorte de tenue militaire et des armes apparentes, elle se faisait voir au grand jour, et la valeur de la sécurité qu'elle garantissait à la Population, était bientôt reconnue et justement appréciée. Peu à peu, mais sans cesse, elle développait, d'ailleurs, son Institution, et dès 1853, elle constituait une force considérable, présente partout, et le sentiment public ne se trompait plus sur le rang mérité par cette Magistrature.

Les honnêtes gens tenaient en haute estime la mission difficile d'assurer le salut de tous par celui du Souverain et de l'État; de maintenir la tranquillité publique; et, de veiller efficacement à la protection des personnes, tout en se montrant à découvert.

A partir de ce moment, les attributions d'édilité soudées assez maladroitement à la Police, en Messidor an VIII, et qui gênaient plutôt qu'elles ne secondaient son action, pouvaient faire retour, sans nul inconvénient, et avec profit pour le bien du service, au centre de l'Administration Municipale Parisienne, à l'Hôtel de Ville. Mais, cela ne fut pas reconnu de suite, ni facilement admis : bien loin de là.

Absorbé, comme je le fus, dès mon arrivée à Paris et mon entrée en fonctions, par le souci de ma situation délicate vis-à-vis du Conseil Municipal et par les graves préoccupations que me causait le mandat spécial de continuer et développer les Grands Travaux projetés par l'Empereur, et mal engagés, je puis le dire, sous l'administration de mon prédécesseur, M. Berger, je ne sentis pas bien, tout d'abord, les entraves résultant de la division anormale des Pouvoirs Municipaux entre les deux Préfectures. En effet, le Préfet de Police n'avait rien à voir dans le percement et l'exécution des Voies Publiques, ni dans la construction des Halles Centrales, qui fut une de mes premières œuvres.

Mais, aussitôt que la rue de Rivoli et les autres voies faisant partie du même Réseau furent ouvertes et livrées à la circulation ; aussitôt que le principal groupe de pavillons des Halles Centrales fut mis à la disposition du Commerce, des conflits sérieux surgirent entre les deux administrations, et, par leur fréquence, éveillèrent mon attention sur un état de choses dont le vice originel se manifestait avec une évidence frappante.

Nos voies nouvelles, macadamisées, conformément à la volonté de l'Empereur, à qui l'on doit l'emploi, dans l'intérieur des villes, de ce procédé anglais, usité seulement jusqu'alors sur nos grandes routes, étaient d'un entretien difficile et coûteux. Fangeuses et poudreuses alternativement, elles exigeaient des nettoyages et des arrosages faits, à temps, avec un soin extrême. Il fallait éviter de désagréger leurs chaussées, dans les jours humides, par un balayage brutal, poussant à l'égout les bons matériaux comme le reste, et, dans les jours secs, de les détremper, ou, tout au moins, de les couvrir de boue, par l'exagération des répandages d'eau.

Des cantonniers, dressés *ad hoc*, par les Ingénieurs de la Ville et surveillés incessamment par des Conducteurs des Ponts et Chaussées, pouvaient seuls être employés utilement à cette besogne, accessoire des travaux d'entretien dont ils étaient chargés. Mais, le Nettoyage et l'Arrosage de la Voie Publique appartenaient à la Préfecture de Police, et ses agents semblaient prendre plaisir à s'en acquitter aussi mal que possible sur le macadam, comme pour rendre palpable le double inconvénient de ce système qui dérangeait leurs habitudes. De là, des réclamations sans fin de la part des Ingénieurs, auxquelles je n'avais aucun moyen de faire droit.

Durant bien des années, la pénurie d'eau que ressentaient les Réservoirs de la Ville, dans la saison chaude, tandis que les besoins de la Population croissante et la consommation des Services Publics allaient toujours en augmentant, ne fut pas une petite difficulté pour mon administration. Jusqu'à la mise en activité de l'aqueduc de la Dhuys, je m'avisai de tous les expédients imaginables pour y remédier ou pour concilier, de mon mieux, les diverses exigences. Mais, sous ce dernier rapport, je fis en vain appel au concours de la Préfecture de Police. Tant qu'elle demeura chargée du Lavage et de l'Arrosage de la Voie Publique, ses agents continuèrent à ouvrir toutes grandes, aux heures dites, les bouches d'eau sous trottoirs, et à noyer les chaussées sous les robinets à éventail de leurs tonneaux classiques, sans aucun égard pour les observations des Ingénieurs des Eaux, qui pensaient, avec raison, qu'il fallait, avant tout, assurer la Consommation Privée dans les habitations des différents quartiers de Paris.

L'égout, de section moyenne, inauguré sous la rue de Rivoli, comme type des galeries nouvelles à construire désormais, en vue de la concentration, qu'il convenait d'y faire, de tous les services souterrains, possédait, contre ses parois de droite et de gauche, des deux côtés de sa cunette, destinée à l'évacuation des eaux pluviales et ménagères, des trottoirs pouvant livrer passage aux agents de l'Administration et aux ouvriers de tout ordre. Sur les angles saillants de ces trottoirs, des rails permettaient de faire passer, au-dessus de la cunette, des wagonnets affectés à tous transports utiles. Quant au curage, d'autres wagonnets, à vannes, dont l'idée m'avait été suggérée, comme on peut le lire ailleurs, par les bateaux-vannes employés, avec tant de succès, dans les marais de Blaye, devaient l'opérer.

Mais, je comptais sans la Préfecture de Police, chargée du Curage des Égouts, dont je n'avais, dans mes attributions, que la Construction et l'Entretien. Je ne sus jamais obtenir qu'elle usât de mes wagons-vannes. Elle continuait, pour la galerie de la rue de Rivoli, comme pour les autres, à pratiquer le système dit : « à la cordelle », c'est-à-dire : à faire extraire la vase, de la cunette, dans des seaux remplis en bas par ces « Cureurs d'Égouts » légendaires, à grandes bottes, que je vois encore, et montés à la surface du sol par des regards, au moyen d'une poulie que supportaient trois perches, et que mettaient en action d'autres ouvriers. Des tombereaux sordides, contenant mal la vase, le plus souvent liquide, qu'on y versait par intervalles, encombraient la rue en attendant la fin de l'opération.

Quant à l'Éclairage, mes Ingénieurs dirigeaient la pose des conduites, installaient et entretenaient les candélabres; mais, c'était à la Préfecture de Police que ressortissait l'allumage des becs, le nettoyage des lanternes et le règlement de la consommation. Je ne pus qu'à grand'peine faire introduire, dans ce Service, l'usage d'un nouveau bec, imaginé par le savant M. Dumas, alors Vice-Président du Conseil Municipal, qui donnait beaucoup plus de lumière, avec une moindre quantité de gaz, au moyen d'un procédé très simple, régularisant la pression du gazomètre sur le brûleur, et ne permettant plus à des jets de gaz trop rapides, d'échapper à la combustion.

Dans les Halles et Marchés, dont j'avais la Construction et l'Entretien, la Ville percevait d'importants Droits de Place et de Vente intéressant au plus haut degré l'équilibre de ses Budgets, dont la responsabilité m'incombait, en somme. Mais, je n'avais rien à voir dans l'assiette et le recouvrement de ces Droits. La Préfecture de Police, à qui personne assurément n'aurait eu l'idée de contester la plus grande autorité de surveillance, au point de vue de l'ordre intérieur et extérieur de ces établissements, de la salubrité des marchandises offertes au public, et de la fidélité des transactions, en détenait l'administration tout entière, et c'était absolument intolérable.

Il en allait de même des emplacements libres de la Voie Publique, à raison desquels étaient perçus des Droits de Location Précaire et de Stationnement.

CONFLITS INCESSANTS.

L'Empereur, qui suivait avec sollicitude la marche et les résultats de tous nos Grands Travaux, ne fut pas longtemps à constater Lui-même les graves inconvénients de cet état des choses. D'ailleurs, les conflits pour la solution desquels son intervention personnelle était nécessaire, quand les deux Préfets ne parvenaient pas à mettre d'accord leurs subordonnés, devenaient de plus en plus fréquents.

C'est donc à son initiative, que je me gardai bien de provoquer, mais que j'appuyai, comme on peut le penser, des renseignements précis dont il avait besoin, que sont dues les profondes modifications du Décret de Messidor, résolues en son for intérieur dès 1856, mais réalisées en octobre 1859 seulement, qui lui furent inspirées par les effets mêmes de cet acte, si contraire au grand principe de la Loi du 28 Pluviôse an VIII, sur l'Administration Départementale en France : « Administrer est le fait d'un seul. »

L'Empereur résumait de la manière suivante la réforme qu'Il voulait opérer : — « Au Préfet de Police, « l'autorité sur les Personnes ; au Préfet de la Seine, « l'administration des Choses. » — Mais, à l'application, cet axiome, séduisant par sa netteté logique et par sa concision élégante, rencontra mille difficultés.

Il faut mentionner, en première ligne, le mauvais vouloir de presque tous ses Ministres, notamment, de son Ministre de l'Intérieur, M. Billault, qui, vers le milieu de 1854, avait quitté la Présidence du Corps Législatif, pour remplacer M. de Persigny.

Certes, ce n'eût pas été ce dernier qui se fût offusqué de l'importance nouvelle que l'adoption du projet de l'Empereur ne pouvait manquer de donner à ma situation personnelle. Mais, M. Billault n'était pas animé du même esprit élevé, généreux, chevaleresque. Il trouvait tout naturel que le Préfet de Police allât, chaque matin, rendre compte au Souverain, comme cela s'était fait sous tous les Régimes, de l'état de la Capitale. Mais, il voyait d'un œil jaloux que l'Empereur eût pris l'habitude de me faire venir quotidiennement aussi, pour me donner directement ses ordres au sujet de ces Grands Travaux de Paris dont il était l'inspirateur, et travaillât avec moi, comme il le faisait, moins souvent même, avec certains Ministres, au sujet des affaires de leurs Départements respectifs.

Je n'ai pas besoin de dire que le Préfet de Police, désireux de ne pas déplaire à l'Empereur, usait discrètement de tous les moyens possibles pour susciter des obstacles à l'exécution du plan de Sa Majesté; mais, les Chefs des branches administratives de sa Préfecture, maîtres absolus dans leurs Services respectifs, dont il était empêché de s'occuper par des préoccupations d'un ordre supérieur, mettaient une passion extrême à faire maintenir le *statu quo,* pour ne pas tomber sous l'autorité, moins commode, d'un Préfet de carrière, libre de toute responsabilité politique, et connu déjà comme un réformateur des abus petits ou grands.

Enfin, il y avait cette force d'inertie, cet esprit de routine, cette puissance des précédents, qui font que, chez nous, le premier mouvement de chacun, en face d'une nouveauté quelconque troublant les habitudes prises, est la résistance.

Mais, je dois ajouter, en toute sincérité, que la formule impériale devait forcément souffrir de nombreuses exceptions, au sujet desquelles il était difficile de se mettre immédiatement d'accord, même quand on en avait l'intention. Ainsi, par exemple, l'on ne pouvait songer à placer sous l'autorité du Préfet de Police, l'État Civil, les Élections, l'Assistance et l'Instruction Publiques, à titre de Services intéressant par-dessus tout les Personnes; et, il n'était pas moins impossible de penser à lui retirer toute action dans les Halles et Marchés, sous prétexte qu'il s'agissait là principalement de Choses.

Heureusement, l'Empereur possédait cette force de volonté calme, persévérante autant que patiente, qui vient à bout de tout avec le temps. Mais, Il avait aussi des façons si mesurées, si polies, d'exprimer ce qu'Il voulait, et d'écarter les objections faites à ses idées, que beaucoup se laissaient prendre à l'espoir de modifier ses intentions. Certes, Sa Majesté méditait longtemps sur un projet avant de le fixer dans son esprit; mais, quand Elle l'avait conçu mûrement ou fait sien avec conviction, ceux dont il pouvait contrarier les vues n'avaient plus qu'une ressource efficace : gagner du temps, ce que sa mansuétude extrême rendait généralement facile.

M. Billault, trompé, dans l'affaire qui m'occupe ici, par le peu d'empressement que notre Maître commun semblait apporter à poursuivre une solution, et par la douceur avec laquelle Il soutenait son système contre l'opposition habile, mais passionnée, qu'on y faisait, crut pouvoir emporter de haute lutte, en s'en prenant directement à moi, l'ajournement indéfini du projet dont je passais pour être l'instigateur. Mais, cela ne tourna pas bien; car, l'Empereur, s'il aimait les convictions fermes, énergiques au besoin, détestait, en temps ordinaire, les violences, les formes brutales.

Je reçus donc, un beau jour, de M. Billault, — c'était en 1857, vers le commencement de l'automne, — une lettre écrite de sa main, où, me traitant comme un subordonné révolté, cet imprudent Ministre me tançait plus que vertement, au sujet des conflits qui, sans cesse, renaissaient entre l'Hôtel de Ville et la Préfecture de Police, et qu'il attribuait à mon ambition de conquérir des attributions nouvelles aux dépens de celle-ci. Bref, il me sommait, sur un ton de menace, de mettre fin aux réclamations de mes Chefs de Service.

M. Billault était un fin politique, mais un Ministre assez médiocre. Il manquait surtout de décision, et le style cassant de sa missive contrastait avec ses façons d'agir habituelles, et ses formes cauteleuses beaucoup plus qu'autoritaires. Comptait-il que, m'emportant, je lui répondrais de bonne encre et lui fournirais une occasion de plainte à l'Empereur contre moi? Je l'ignore : mais, dans ce cas, j'évitai le piège.

J'allai trouver immédiatement Sa Majesté, qui résidait alors à Saint-Cloud. Il faisait frais, et la cheminée de son cabinet avait du feu. Je mis sous les yeux de l'Empereur l'autographe de son Ministre, et je lui demandai ce que je devais répondre.

Après l'avoir lu fort tranquillement, par deux fois, Sa Majesté le jeta dans la cheminée, en me disant : « Vous ne devez pas répondre à cette lettre : vous ne « l'avez pas reçue. J'en fais mon affaire. »

J'ignore ce qui se passa; mais, je n'entendis plus parler de rien, et quand je rencontrai, quelques jours après, M. Billault, dans le salon d'attente précédant le cabinet de l'Empereur, il agit envers moi de la façon la plus courtoise, absolument comme s'il ne m'eût jamais écrit sa malencontreuse missive.

Sans doute, il comprenait enfin que le vrai Maire de Paris était l'Empereur; que la résistance de son Préfet de Police et surtout celle de son Ministre de l'Intérieur, à la concentration, voulue par Lui, de tous les Services Administratifs, départementaux et municipaux, à l'Hôtel de Ville, le fatiguait, et qu'en fin de compte, il ne fallait voir en moi que l'agent d'exécution, ou, si l'on veut, l'Adjoint délégué de ce Maire Auguste.

L'ATTENTAT D'ORSINI. SES CONSÉQUENCES.

Le 14 Janvier 1858, éclata, comme un coup de foudre dans un ciel sans nuage, l'attentat d'Orsini, qui produisit une impression profonde sur l'Empereur, malgré le calme incomparable qu'Il montra dans cette terrible épreuve, et dont je puis témoigner; car, j'étais là, sous le péristyle du théâtre de la rue Lepeletier, au moment où l'explosion des bombes fit trembler soudainement le sol et brisa les vitres des portes.

Quand je courus m'assurer que Leurs Majestés avaient échappé miraculeusement à tout mal (je néglige les coupures légères causées au visage de l'Empereur par quelques fragments des glaces de sa voiture), mon courageux Maître, sans me laisser le temps de prononcer une parole, me dit à mi-voix : « Occupez-vous des blessés !... » puis, donnant le bras à l'Impératrice, Il monta dans sa loge, comme si de rien n'était. Inutile d'ajouter qu'en le voyant y prendre place, sain et sauf, tous les spectateurs, debout, le saluèrent d'acclamations émues.

L'Opéra donnait, en représentation extraordinaire, au bénéfice de Massol : le IIe acte de la *Muette;* une scène de *Marie Stuart,* par la Ristori; le IIe acte de *Guillaume Tell;* et, le Bal Masqué de *Gustave,* avec la Rosati et la Ferrari.

Pendant que le spectacle commençait, par ordre, sans retard, je faisais relever les nombreuses victimes de l'explosion; transporter à l'Hôpital Lariboisière les blessés qui pouvaient endurer le trajet en voiture, ou sur des brancards improvisés; enfin, organiser une ambulance pour les autres, avec l'aide des médecins et pharmaciens du voisinage, et des Sœurs de la Maison de Secours du quartier, tandis que le Préfet de Police, dont les agents me secondaient avec zèle dans ces actes d'Assistance, s'occupait, de son côté, de la recherche des coupables et d'un commencement d'instruction contre ceux-ci.

On comptait 106 blessés (dont deux mortellement), savoir : le cocher et 3 valets de pied de l'Empereur; 12 hommes de la Garde Impériale; 11, de la Garde de Paris; 29, du Personnel de la Préfecture de Police, et 50 particuliers. On ne put exactement préciser le nombre de ceux-ci, parce que plusieurs, atteints légèrement, s'étaient fait conduire immédiatement chez eux.

Aussitôt que cela me fut possible, je m'empressai de me faire ouvrir la loge impériale, pour y rendre compte des mesures prises. La première partie de la représentation venait de finir. L'Empereur, dans le salon du fond, étanchait, avec un linge mouillé, le sang qui sortait encore de ses coupures. — « Eh bien?... » me demanda-t-il avec empressement. Je résumai ces mesures; mais, je crus devoir atténuer le nombre des personnes atteintes, que, du reste, je ne savais pas d'une manière certaine. Il me remercia chaleureusement, et je retournai faire mon devoir, après avoir offert à l'Impératrice mes félicitations, attristées par le tableau navrant que j avais eu sous les yeux, mais dont je lui dissimulai, comme à l'Empereur, une grande partie.

Le 7 Février, M. Billault, Ministre de l'Intérieur, était remplacé par le Général Espinasse, Aide-de-Camp de Sa Majesté; le 16 Mars, M. Pietri, Préfet de Police, par M. Boittelle, Préfet de l'Yonne.

Je fus doublement surpris de la disgrâce de M. Pietri, plus inattendue que celle de M. Billault, et du choix, tout à fait imprévu, de son successeur.

Je supposais à tort, évidemment, en raison de faits significatifs rapportés ailleurs avec détail, que l'Empereur avait des motifs de confiance absolue en M. Pietri, qui lui permettraient difficilement de s'en séparer.

On expliqua le remplacement de ce Haut Fonctionnaire par de prétendus ménagements qu'il aurait eus à l'égard d'Orsini, dont il savait l'arrivée en France, signalée d'Italie même, et se croyait sûr de déjouer les desseins, quels qu'ils fussent, sans recourir à des actes de rigueur contre cet ancien coreligionnaire politique.

Était-ce la vraie cause, et la seule, de la brusque résolution prise par l'Empereur? Je l'ignore. Sa Majesté ne me disait que ce qu'Elle jugeait utile de me faire savoir.

Quant à M. Boittelle, mon cousin par alliance, comme je l'ai précédemment expliqué, je ne m'attendais, en aucune façon, à l'avoir pour collègue.

Originaire du département du Nord, il avait embrassé, tout d'abord, la carrière des armes. Officier de Lanciers, sous le règne du Roi Louis-Philippe, il avait donné sa démission bien avant 1848, lors de son mariage avec une de mes cousines d'Alsace. C'est en 1852 seulement, qu'il entra dans l'Administration, comme Sous-Préfet de Saint-Quentin. Il resta plusieurs années dans cette résidence, et devint ensuite Préfet de l'Aisne, puis, de l'Yonne.

M. Boittelle différait en tout de M. Pietri. C'était un homme du meilleur monde, aux formes parfaites, mesurant ses actes comme ses paroles, et correct en toutes choses. S'il dut, par nécessité de position, défendre les attributions administratives de sa Préfecture, il le fit avec d'autant plus de convenance qu'il savait probablement, par l'Empereur même, la ferme intention qu'avait Sa Majesté de les lui retirer. Dans tous les cas, nos relations de famille, toujours excellentes, et très intimes encore entre nous et nos enfants, eurent pour effet de tempérer, au moins, l'antagonisme, auparavant très aigu, de nos subordonnés respectifs.

Pendant les trois ou quatre mois d'exercice de l'honorable Général Espinasse, improvisé fort inopinément Homme d'État, au Ministère de l'Intérieur, qu'il n'ambitionnait assurément pas, il y fut question de toutes autres choses que de modifier le Décret de Messidor an VIII. Mais, je dois lui rendre ici justice : dans ce poste, où sa mission était, par-dessus tout, de réprimer, d'une main ferme, les menées des factieux, et de traiter, de la bonne façon, les imprudents qui s'aviseraient de troubler l'ordre, il ne fut au-dessous d'aucun de ses autres devoirs.

Quant à moi, je n'eus qu'à me louer de mes rapports de service avec lui, comme de nos relations privées, de tout temps excellentes.

C'est lorsque l'Empereur ne jugea plus indispensable cette occupation militaire de la Direction Politique du Pays, et du grand Service de la Sûreté, dont le Général Espinasse désirait être déchargé le plus tôt possible, que l'Administration proprement dite reprit tous ses droits, et que notre affaire put être sérieusement remise sur le tapis.

LA CAMPAGNE D'ITALIE.

Le 5 Juin 1858, la nomination de M. Delangle, Président du Conseil Municipal de Paris, au Ministère de l'Intérieur, ne permit plus à personne de conserver le moindre doute sur la ferme volonté d'en finir que l'Empereur manifestait ainsi. M. Delangle était, en effet, un des partisans déclarés du retour, à la Préfecture de la Seine, de toutes les attributions purement administratives de la Préfecture de Police, sans aucune exception. Ses rapports avec moi, très tendus au commencement, et rendus parfois difficiles ensuite par l'irritabilité de son caractère, avaient complètement changé. Je ne comptais pas de plus chaud défenseur, ni de collaborateur plus convaincu, plus dévoué. C'est de ma main qu'il voulut recevoir son Chef de Cabinet, et je lui désignai M. Noyon, qu'il connaissait et qu'il appréciait beaucoup.

Celui-ci ne manqua pas de hâter la rédaction du projet de Décret qui devait enfin mettre un terme aux conflits dont il avait été, non seulement, le témoin, mais encore, la victime, dans plus d'une circonstance, comme Directeur de la Caisse de la Boulangerie, et d'en faire saisir officiellement, par son Ministre, la Section de l'Intérieur au Conseil d'État.

A partir de ce moment, la question fit de grands pas ; mais, on crut à propos d'en subordonner la solution au vote d'un projet de Loi des plus importants : celui de l'Extension des Limites de Paris, qui devait développer considérablement les attributions normales de la Préfecture de Police, et justifier, de reste, le report des autres à l'Hôtel de Ville.

Durant le cours des délibérations du Corps Législatif sur ce projet de Loi, survint le départ de l'Empereur pour la Campagne d'Italie, qui fut précédé (5 Mai 1859) par un remaniement du Ministère, faisant passer M. Delangle, de l'Intérieur, à la Justice, qui lui convenait assurément encore mieux, et lui donnant, pour successeur, rue de Grenelle, M. le Duc de Padoue, notre collègue au Sénat.

M. le Duc de Padoue, fils de l'un des Lieutenants de Napoléon Ier, le Général Arrighi, Corse d'origine, et parent de l'Empereur, n'était pas, à proprement parler, un Homme d'État. C'était surtout un Grand Seigneur, fort riche, très affable, absolument étranger à ce qu'on nomme l'habileté politique, et médiocrement versé dans la science administrative, quoiqu'il eût été nommé, d'emblée, Préfet du département de Seine-et-Oise, en 1849, et qu'il en eût rempli les fonctions pendant plusieurs années.

Mais, l'Empereur ne pouvait pas laisser, auprès de l'Impératrice-Régente et du Prince Impérial, un Ministre de l'Intérieur qui méritât mieux son entière confiance, et dont le dévouement sans réserve à sa Dynastie lui fût garanti plus sûrement.

Je crois superflu d'ajouter que, durant toute l'absence de Sa Majesté, M. le Duc de Padoue n'eut guère le temps de s'inquiéter du nouveau règlement d'attributions de la Préfecture de la Seine et de la Préfecture de Police.

La loi d'Annexion à Paris de sa Banlieue Suburbaine fut, pour l'Impératrice et pour lui surtout, chargé d'en assurer le vote, sans en savoir le premier mot, un sujet d'hésitations et d'embarras.

Le projet adopté par l'Empereur comprenait, dans la Zone Annexée, non seulement, le sol des Fortifications jusqu'au pied des glacis extérieurs, mais encore, les terrains sis jusqu'à 250 mètres au delà, que grevaient des Servitudes Militaires. Cette bande, sur laquelle toute construction était interdite, se trouvait, par cela même, frappée d'une énorme dépréciation, et pour l'utiliser convenablement, Sa Majesté comptait la faire acquérir par la Ville, afin d'y ouvrir un large Boulevard de Ceinture, qui remplaçât les Boulevards et Chemins de Ronde bordant alors, à l'extérieur, le Mur d'Octroi, et qui permît le transport facile des marchandises d'un point de la circonférence de Paris à un autre, sans les gênes et les droits d'escorte que leur imposait le transit par l'intérieur de la ville. L'Empereur projetait de faire établir là de vastes plantations servant de promenades aux populations des Communes contigues, aussi bien que des nouveaux Faubourgs. D'ailleurs, l'exécution de ce plan eût fait disparaître les bâtiments construits avant l'établissement des remparts ou qui s'étaient élevés depuis, par abus, dans le rayon des Servitudes.

Mais, M. Baroche, Président du Conseil d'État, membre du Conseil des Ministres, se montrait absolument contraire à cette fixation des nouvelles limites de la Ville, et l'absence de l'Empereur lui faisait beau jeu.

Quel était le mobile de son opposition, qu'il n'appuyait d'aucune raison plausible, et dont l'ardeur me surprenait dans une question semblable ? Quelqu'un de ses amis ou de ses anciens clients devait s'y trouver intéressé. Car, ce Grand Fonctionnaire était on ne peut plus accessible à l'influence de ses relations personnelles, et je l'ai vu, dans plus d'un autre affaire, soutenir avec passion des thèses excessives, ayant, au fond, pour but évident, de favoriser des intérêts privés (qu'il croyait assurément recommandables), et, pour conséquence fatale, de compromettre gravement l'intérêt public en même temps que celui de la Ville de Paris, qui le touchait peu.

Je n'ai pas à juger ici M. Baroche, Homme d'État. Il me parut, à la tribune, brillant Avocat, plus que puissant Orateur. Mais, en Administration, c'était un Bourgeois, imbu des idées étroites, routinières, de la classe moyenne de Paris, et complètement hostile, en son for intérieur, à nos Grands Travaux.

En fin de compte, son avis prévalut sur le mien dans le Conseil (malgré l'appui que me prêta M. Delangle, Garde des Sceaux), par suite de la défection du Ministre de la Guerre, le Maréchal Randon. Je croyais rallier celui-ci à ma cause, en invoquant l'importance que devrait avoir, pour la Défense de Paris, le dégagement complet de la Zone des Servitudes Militaires, et en temps de paix, le concours utile prêté par les agents de la Ville aux Gardes du Génie, pour la répression des contraventions de tout ordre commises dans cette zone.
— « Je n'ai besoin d'aucun aide à cet effet, » — me dit fièrement, en me coupant la parole, ce guerrier, bienveillant pour moi, d'habitude, mais, cette fois, mal disposé. Je voulais qu'on en référât à l'Empereur ; mais, la

Régente, qui n'osait, suivant son vif désir, me donner raison contre une telle résistance, me prit à part, et me supplia de ne pas soulever ce conflit, qui pourrait porter coup à son autorité. Je dus céder.

L'Empereur fut très mécontent de la brèche faite à notre plan; mais, il croyait avoir le temps de la réparer, plus tard. Quant au Maréchal Niel, du Corps du Génie, qui remplaça bientôt le Maréchal Randon à la Guerre, il ne se consola jamais de la défaillance de son prédécesseur dans une question pareille.

La Loi d'Annexion fut promulguée le 15 Juin 1859; mais, l'application en fut ajournée au 1er Janvier 1860. Ce délai, de plus de six mois, n'était pas de trop pour l'assurer à tous égards.

RENTRÉE DE L'EMPEREUR.
NOUVEAU RÈGLEMENT D'ATTRIBUTIONS.

Enfin, l'Empereur, victorieux à Solférino, revint en France!

Son retour fut bientôt suivi de celui des troupes, et je n'oublierai jamais l'entrée vraiment triomphale de l'Armée dans Paris, l'Empereur en tête, par la Barrière du Trône, le Faubourg Saint-Antoine, la ligne des Boulevards, et l'émouvant défilé des drapeaux et des canons enlevés à l'ennemi; des prisonniers faits sur le champ de bataille, devant son Auguste Chef à cheval, Place Vendôme, en face de la Colonne portant la statue de Napoléon Ier.

J'avais encadré la Place entière d'estrades magnifiques, où prirent place, en avant du Ministère de la Justice, l'Impératrice et sa Cour, entourée des Grands

Fonctionnaires et Grands Dignitaires de l'Empire ; dans celles de droite et de gauche, les Grands Corps de l'État et toutes les autorités en costume ; dans les autres, l'élite de la Société Parisienne, qui s'en disputait les places, et aux premiers rangs, des Dames en grande toilette, jetant des fleurs à nos braves soldats.

Quel beau spectacle ! Quelle enthousiaste, quelle triomphale ovation ! Nous étions bien à l'apogée de la Puissance Impériale.

Et dire que, si la guerre de 1870 eût été mieux conçue, mieux préparée, mieux conduite, nous aurions peut-être encore une fois vu semblable Solennité Nationale, au lieu d'assister à la plus lamentable, à la plus irréparable des catastrophes !...

L'Empereur ne tarda pas à se faire rendre compte des mesures prises en vue de l'exécution de la Loi du 15 Juin, et des développements qu'elle apportait aux services propres de la Préfecture de Police. Il constata qu'indépendamment des nouveaux Commissaires, Officiers de Paix et Inspecteurs attachés aux 32 quartiers composant les 8 nouveaux Arrondissements, la Police Municipale était renforcée de 800 Sergents de Ville, et son Personnel, porté au chiffre total de 4,590 fonctionnaires et agents de tout ordre ; que l'effectif de la Garde de Paris, accru de 416 hommes d'Infanterie et de 52 Cavaliers, s'élevait parallèlement à 2,892 hommes et 663 chevaux, et que celui de la Gendarmerie de la Seine s'augmentait de 5 nouvelles brigades, ajoutées aux 25 qui se trouvaient précédemment dans Paris même. Il jugea le moment venu de réaliser la réforme qu'il avait décidée depuis si longtemps.

Sa Majesté pressa donc les délibérations du Conseil d'État et, le 10 Octobre 1859, fut enfin signé le Décret qui rendit à la Préfecture de la Seine toutes les attributions administratives dont celui du 12 Messidor an VIII avait investi la Préfecture de Police, concernant la Petite Voirie; l'Éclairage; le Nettoiement de la Voie Publique; le Curage des Égouts; la Vidange des Fosses d'Aisances; les tarifs et traités relatifs aux Voitures Publiques; l'assiette et la perception des Droits Municipaux de toute sorte; la Boulangerie; la Boucherie; les approvisionnements, marchés, adjudications, intéressant tous les services administratifs de la Ville, sans exception, etc., etc.

Le principe de la séparation rationnelle des deux Préfectures, qu'on chercherait en vain entre l'Hôtel de Ville et la Lieutenance de Police, dans les institutions municipales de l'Ancien Régime, formées successivement, sans plan d'ensemble, selon les besoins de chaque moment; ce principe, posé dans la Loi du 28 Pluviôse an VIII, abandonné le 12 Messidor suivant, pour un expédient jugé nécessaire, reprenait, à l'avenir, sa légitime autorité.

Mais, il n'avait pas fallu moins de trois ans et demi pour que, sous un Régime qualifié, bien à tort, de Gouvernement « Despotique », l'Empereur arrivât à faire prévaloir son opinion, bien arrêtée pourtant, à cet égard.

A partir de l'utile réforme de 1859, tous conflits cessèrent entre l'Hôtel de Ville et la rue de Jérusalem, et quand M. Boittelle, élevé, dans le cours de 1866, aux dignités de Sénateur de l'Empire et de Grand Officier de la Légion d'Honneur, après une carrière administrative de quatorze années, céda le poste de Préfet de Police à M. Pietri jeune, celui-ci trouva solidement établi l'accord en toutes choses des deux Préfectures, et n'eut jamais à régler, avec moi, le moindre différend survenu, pour des raisons de service, entre nos agents.

Quand M. Billault revint au Ministère de l'Intérieur le 1er Novembre 1859, c'est-à-dire : quelques jours après la signature du Décret dont il avait tant combattu la première pensée, nous entretînmes, — jusqu'à sa nomination, en Novembre 1860, comme Ministre sans Portefeuille et Orateur du Gouvernement au Sénat et au Corps Législatif, avec MM. Rouher et Magne, et son remplacement par M. de Persigny, — d'excellentes relations, qui prirent même un caractère de cordialité complète, dans les derniers temps de sa vie.

M. Billault est mort en Octobre 1863. Il avait succédé, le 29 Juin précédent, à M. le Comte Walewski, dans les fonctions de Ministre d'État.

C'est comme Orateur du Gouvernement, en 1860 et années suivantes, qu'il montra toute sa valeur.

A partir du 22 Décembre 1860, je ne fus pas appelé seulement à ce travail direct avec Sa Majesté qui le choquait si fort pendant son premier séjour au Ministère de l'Intérieur, de 1854 à 1858 ; j'avais séance au Conseil des Ministres, et droit de prendre part, comme eux, aux délibérations de l'Assemblée Générale et des Sections du Conseil d'État !...

Or, si M. Billault et ses collègues envisagèrent, d'abord, comme une victoire, cette combinaison (que j'ai, plus haut, appelée transactionnelle), imaginée par

M. Rouher, pour éviter la création du Ministère de Paris, que l'Empereur voulait, et qui, du reste, pouvait seule remplir entièrement ses vues quant à l'Administration de la Capitale ; aussitôt écartée la crainte des amoindrissements de certains Ministères qu'elle eût entraînés, ces Messieurs ne tinrent plus compte que de l'obligation, qu'elle imposait à chacun, de me traiter comme une sorte d'égal, siégeant de pair avec eux, dans les Conseils de Sa Majesté.

Il n'est pas de petits moyens, auxquels ils n'aient eu recours, afin de me faire sentir, et, de bien marquer partout, que nos situations hiérarchiques restaient les mêmes ; qu'une distance existait toujours entre nous ; que j'étais un simple Préfet (partant, leur subordonné), investi par l'Empereur, pour des raisons passagères, d'attributions exceptionnelles, mais dont le rang officiel n'avait pas changé.

C'est ce que, plus tard, on m'opposa, lors du règlement de ma Pension de Retraite.

CHAPITRE XI

MA PREMIÈRE SESSION DU CONSEIL MUNICIPAL

L'Empereur et le Conseil. — Début de Session. Exposé des ressources de la Ville. — Mes conclusions inattendues. — Vifs débats. Adoption finale de mes propositions.

Je dus consacrer les deux journées qui suivirent mon installation à l'Hôtel de Ville, — le vendredi, 30 Juin et le samedi 1ᵉʳ Juillet, — à la réception officielle des innombrables fonctionnaires et agents, ressortissant à mon Administration, qui me restaient à connaître ; comme aussi, des Corps Constitués, des Associations de tout ordre et des Corporations diverses en rapports avec la Préfecture de la Seine ; puis, des États-Majors de la Gendarmerie du Département, de la Garde Municipale et des Sapeurs-Pompiers de Paris ; enfin, des employés des Mairies d'Arrondissements, et des Maires et Adjoints des communes des Arrondissements de Saint-Denis et de Sceaux, présentés par leurs Sous-Préfets.

Ce que je vis de figures inconnues ; ce que j'entendis de paroles banales ; et, ce que j'en dus répondre pendant cet interminable défilé de deux jours, dépassa tout ce que j'avais pu m'imaginer. Il serait oiseux de m'y arrêter.

Je passe également sous silence les incidents, sans intérêt, des visites qui me furent faites et que je dus rendre en personne.

Ailleurs, quand le moment sera venu d'exposer l'organisation et le jeu des diverses branches de mon Administration dont le concours à la Transformation de Paris (que j'ai surtout pour objectif dans cette revue de mes souvenirs) mérite d'être signalé par moi d'une manière distincte, je dirai quels étaient, au début, mes auxiliaires pour les travaux en cours d'exécution ; comment et pourquoi j'accrus ou modifiai la composition de ce Personnel militant ; et, quels en étaient les Chefs et les principaux membres au terme de mon laborieux mandat.

Je parlerai de mes autres auxiliaires lorsque j'aurai sujet de m'occuper d'affaires ou de questions rentrant dans leurs attributions respectives.

L'EMPEREUR ET LE CONSEIL.

Le dimanche 2 Juillet, dans la matinée, j'allai, suivant la recommandation que M. de Persigny m'en avait faite, à Saint-Cloud, afin de raconter en détail, à l'Empereur, toutes les circonstances de mon premier contact avec ce Conseil Municipal de Paris dont il voulait, tout d'abord, la dissolution à bref délai.

Sa Majesté se montra fort surprise et très mécontente de l'attitude prise, vis-à-vis de moi, par M. Delangle. — « Oh ! » me dit-Elle, « ces Parlementaires ! Ils sont incor-« rigibles ! » L'Empereur ne le sut que trop, plus tard, lorsque ceux dont Il ne pouvait s'empêcher de meubler son Conseil des Ministres, tant Il ressentait d'admiration pour les hommes à parole facile, abondante, toujours prête, seule qualité qui lui manquât, l'entraînèrent jusqu'à dénaturer la Constitution de 1852, pour substituer, à sa conception personnelle de l'organisation des Pouvoirs Publics, le régime déguisé de la Charte de 1830. En effet, ce changement de Politique Intérieure énerva l'Empire et amena sa chute.

Je suppliai Sa Majesté de ne rien dire ni faire dire à M. Delangle. On ne pouvait songer à lui retirer la Présidence du Conseil Municipal, renouvelé ou non. Il fallait donc bien se garder de lui donner à penser que je me fusse plaint de son accueil personnel et de son allocution de bienvenue, à la tête du Conseil Municipal et Départemental. La manière dont j'avais pris celle-ci, m'ayant paru produire un bon effet sur ses collègues et sur lui-même, il convenait de m'y tenir et de tâcher de charmer ce cerbère, moins intraitable au fond qu'il n'avait voulu le paraître.

L'Empereur se montra très incrédule, quant à mon espoir de ramener la très grande Majorité du Conseil Municipal à ses projets de Transformation de Paris. Je lui rappelai, ce qu'il savait mieux que moi, combien on obtient des hommes en ménageant leurs susceptibilités, plus ou moins fondées ; en couvrant de formes conciliantes une volonté qu'ils sentent inébranlable au fond ; en un mot, en dissimulant, suivant une formule devenue classique, « la main de fer, sous un gant de velours ».

Je n'avais certes pas la pensée de convertir aux idées impériales tous les membres du Conseil, sans exception. Il en était quelques-uns de la part desquels je pressentais une résistance absolue. Mon plan était de les isoler peu à peu, pour les amener à se retirer, quand ils se sentiraient impuissants à maintenir leurs collègues dans les voies d'Opposition sourde aux plans de l'Empereur, où les uns et les autres se trouvaient engagés. La formule : « Se soumettre ou se démettre, » n'existait pas encore; mais, j'en avais la prescience.

J'insistai pour faire comprendre à l'Empereur toute la force que me donnait la certitude d'obtenir la dissolution du Conseil, si, convaincu de l'inutilité de mes tentatives, j'en venais à reconnaître la nécessité de cette mesure extrême.

Je lui rappelai que, déjà, dans deux circonstances graves, investi de pleins pouvoirs, je n'avais pas eu besoin de m'en servir, précisément, parce que j'y puisais une complète sécurité qui doublait la fermeté de mes résolutions.

La première fois, c'était en 1849.

Préfet dans le Var, où m'envoyait le Prince, que préoccupait le nombre, relativement peu considérable, des voix groupées autour de sa candidature, à l'Élection Présidentielle du 10 Décembre 1848, il me fallut, comme premiers actes de mon administration, remplacer le Conseil Municipal de Toulon par une Commission Temporaire, et dissoudre la Garde Nationale, au désarmement de laquelle je ne pus procéder qu'avec l'aide du Préfet Maritime.

L'Italie était en feu; le Roi de Sardaigne, Charles-Albert, en guerre avec l'Autriche; Rome, au pouvoir de Garibaldi. Le siège de cette ville allait être fait par une Armée Française, placée sous le commandement du Général Oudinot, et ravitaillée par le port de Toulon, si peu sûr. Les ouvriers mêmes de notre Arsenal, travaillés par les agents d'une propagande socialiste effrénée, inspiraient des inquiétudes. La garnison, trop faible, n'eût pas offert un point d'appui bien solide, sans le concours des Équipages de Ligne, heureusement très bons.

A Draguignan, je n'avais qu'un bataillon de dépôt, peuplé de conscrits, et je me trouvais dans une situation plus que difficile, au sein de ce foyer démagogique, entouré de communes populeuses, plus mauvaises les unes que les autres, surexcitées par les prédications démagogiques des fauteurs de désordre, qui parcouraient incessamment les campagnes.

Comme je l'ai raconté, dans le récit de mon passage à la Préfecture du Var, je faisais face à tout avec une vingtaine de brigades de Gendarmerie, les plus rapprochées du Chef-Lieu, que je faisais replier sur Draguignan dans les grands jours, et avec quelques-unes desquelles j'allais rapidement rétablir l'ordre sur les points où des troubles se produisaient.

Mais, les relations de Draguignan avec Paris étaient lentes. Il me fallait huit jours entiers pour recevoir la réponse du Gouvernement à une lettre. Le télégraphe aérien, dont on se rappelle les dépêches, si fréquemment interrompues par le brouillard, s'arrêtait à Toulon, et je devais expédier des estafettes pour lui porter les miennes, et en faire venir d'autres pour me rapporter les décisions demandées, en franchissant les vingt lieues qui me séparaient de cette ville.

Afin d'obvier aux périls d'une telle situation, M. Léon Faucher, qui ne me connaissait que par mon dossier, avant ma nomination dans le Var, et dont mes premiers actes avaient complètement conquis la faveur, proposa au Prince de m'envoyer dix formules de Décrets, en blanc, signées de Son Altesse Impériale et contresignées par lui, Ministre, sur lesquelles je pourrais, en cas d'urgence, inscrire moi-même, de suite, les décisions dont j'aurais besoin.

Lorsque me parvinrent ces feuilles de papier, la confiance sans limite dont elles étaient la preuve, me fut d'un tel secours moral, que je pus, redoublant de vigueur et d'activité, venir à bout de tout, sans user de la suprême puissance mise à ma disposition. Je tins à honneur de rapporter à Paris les dix formules intactes.

Plusieurs années après, le matin même du 2 Décembre 1851, lorsque je fus envoyé dans la Gironde, dont je venais à peine d'être nommé Préfet, j'avais reçu des mains de M. le Comte de Morny, Ministre de l'Intérieur depuis quelques instants, des pouvoirs extraordinaires signés du Prince, et contresignés par cet Homme d'État, qui me permettaient de faire tout ce qui me semblerait nécessaire pour assurer mon autorité, d'une manière incontestable, à Bordeaux. Mais, j'eus à peine besoin de laisser comprendre que j'en étais porteur, pour obtenir la soumission la plus complète au Régime nouveau. Le Registre des Actes de la Préfecture témoigne que je pus accomplir mon mandat, sans recourir à cette redoutable ressource.

L'Empereur me dit : « C'est vrai. Dans le Var et à « Bordeaux, vous avez rempli deux missions des plus « difficiles, en n'usant que des moyens légaux. Vous vou- « lez essayer de faire mieux encore à Paris? J'y consens. »

DÉBUT DE SESSION.
EXPOSÉ DES RESSOURCES DE LA VILLE.

A partir du lundi 3 Juillet, quand il me restait onze jours pour aborder la Session Ordinaire du Conseil Municipal, je réunis mes Chefs de Service, afin d'examiner à fond et discuter, jusque dans les moindres détails, avec eux, le Budget Supplémentaire de la Ville pour 1853, et le Budget Primitif de 1854, comparés au Compte de l'exercice 1852. Je consacrai, sans désemparer, mes après-midi, pendant une semaine entière, à ce formidable travail, et, sachant tout ce que j'avais besoin de savoir, je pus m'occuper de condenser, dans un Mémoire, aussi bref que possible, mais ne laissant brèche à nulle contradiction fondée, le résultat de mes recherches.

J'intitulai : *Note, présentée par M. le Préfet de la Seine à la Commission Municipale, sur la Situation Financière de la Ville de Paris,* ce Mémoire, le premier d'une longue série d'exposés financiers, moins concis, dont la collection est devenue plus que rare.

Il put être restreint dans huit pages d'impression, grand in-4°; plus, deux états.

La lecture que j'en fis, immédiatement, à l'ouverture de la Session, produisit dans le Conseil un effarement général. La forme en était des plus mesurées; mais, j'y renversais, de fond en comble, un échafaudage habilement conçu, savamment dressé, pour cacher, à des yeux insuffisamment exercés, l'importance des ressources que la Ville pouvait annuellement consacrer à de Grands Travaux. Il semblait que j'eusse mis le pied dans une fourmilière.

Après avoir constaté que le Budget Primitif pour 1854, aussi bien que le Compte Administratif de 1852 et les États de Dépenses Supplémentaires de l'exercice courant, avait été « dressé par M. Berger, imprimé « pendant les derniers jours de sa gestion et distribué « la veille de mon entrée à l'Hôtel de Ville », je remplaçai la protestation que j'eusse pu faire contre cette entrave à ma liberté, par cette simple observation :

« Je ne saurais rien changer aux propositions conte-
« nues dans le dernier document. Il ne me reste qu'à
« en déposer l'original sur le bureau de la Commission
« Municipale, en vous soumettant, Messieurs, les
« observations d'ensemble qu'une étude très attentive
« mais trop abrégée, de l'état des affaires de la Ville,
« m'a suggérées, et en me réservant de suppléer, ainsi
« qu'il appartiendra, dans le cours de la Session, à
« l'insuffisance de cette Note sommaire. »

Je posai ensuite les chiffres ci-après, qui parlaient d'eux-mêmes :

Recettes Ordinaires de 1852.

L'exercice 1852 avait reçu le report des Reliquats des exercices antérieurs, soit.	12,488,865.92
A ce chiffre, il fallait ajouter le montant de créances anciennes, dont le recouvrement, en retard, semblait certain, pour	2,550,000 »
Enfin, les Recettes propres de l'exercice s'étaient élevées à.	54,110,694.32
ENSEMBLE.	69,149,560.24

Dépenses Ordinaires de 1852.

Arriéré des exercices antérieurs. .	1,922,994.12	50,970,106.74
Charges propres à l'exercice 1852. .	49,047,112.60	
RELIQUAT.		18,179,453.50

On avait eu soin, il est vrai, d'éparpiller cette ressource, au moyen d'imputations que je précisais, et qui ne montaient pas à moins de. . .   8,752,118.28

Il est également vrai que M. Berger proposait un État de Provision de Dépenses Supplémentaires montant à. .   2,677,335.22

Ce qui faisait disparaître. 11,429,453.50

Mais, il restait encore un Solde Disponible de . . . .   6,750,000 »

Pour l'escamoter, à son tour, M. Berger avait combiné le Budget Primitif de 1854 de manière à le mettre en déficit de cette somme, qu'il proposait d'affecter à boucher le trou. C'était complet!

Je me gardai bien de dire ce que je pensais des premières imputations. Elles ouvraient des crédits dont j'étais maître de ne pas user, suivant le cas, et je saurais bien faire redevenir libres, en 1854, faute d'emploi en 1853, les sommes immobilisées ainsi.

Quant aux 6,750,000 francs qu'il s'agissait d'attribuer, par avance, à l'exercice 1854, voici de quelle façon je m'exprimai :

« Mon prédécesseur a proposé d'affecter ce Reliquat
« à des Dépenses Extraordinaires pour lesquelles il n'a
« pas trouvé place dans le Budget de 1854. Cette attri-
« bution anticipée, à l'exercice 1854, de ressources ap-
« partenant encore à l'exercice 1853, ne me paraît pas
« régulière. Je la crois, d'ailleurs, sans intérêt. »

A ces mots : « pas régulière », un mouvement se fit parmi mes auditeurs. Sans paraître m'en apercevoir, je continuai :

« Si les Dépenses Extraordinaires dont on voudrait
« ainsi assurer la réalisation, dès à présent, ont un
« caractère d'urgence, rien n'empêche de les entre-
« prendre immédiatement, au moyen des ressources
« qu'on entend leur réserver. Dans le cas contraire,
« pourquoi aliéner, à leur profit, la disponibilité de
« sommes importantes, auxquelles des circonstances
« imprévues peuvent, d'un jour à l'autre, assigner un
« emploi plus utile? Au reste, l'exercice 1853 donnera,
« selon toute apparence, des résultats non moins favo-
« rables que le précédent. Déjà, les prévisions de Re-
« cette portées à son Budget, sont notablement dépas-
« sées. Certainement, il se soldera par un Excédent
« qui permettra de couvrir les Dépenses dont il s'agit,
« à moins qu'un contrôle attentif des évaluations de
« Recette inscrites au projet de Budget de 1854, ne vous
« amène à reconnaître, avec moi, la possibilité de les
« faire entrer dans ce Budget même. »

Une certaine agitation se manifesta sur quelques bancs du Conseil, après cette affirmation tranquille des résultats favorables de l'exercice en cours, et de l'intention que j'annonçais de faire relever les évaluations de M. Berger, pour les Recettes du prochain exercice.

Je poursuivis, comme si de rien n'était :

« On l'a vu plus haut, les ressources propres à
« l'année 1852 se sont élevées à 54,110,694 fr. 32.
« Mon prédécesseur a déclaré, dans son Exposé Général,
« que toutes les rentrées se réalisaient, en 1853, avec
« des bonifications sensibles. On ne peut donc attri-
« buer qu'à un excès de prudence la limitation à
« 48,758,904 fr. 79, des prévisions de Recette inscrites
« au projet de Budget Primitif de 1854. »

Cette démonstration du parti pris de sous-évaluer les revenus de la Ville causa le désappointement et la mauvaise humeur de quelques-uns; mais, elle excita l'attention, l'étonnement, et même l'intérêt de beaucoup d'autres.

Je la complétai par l'examen du produit, pendant le premier semestre de 1853, du principal revenu de la Ville, l'Octroi, qui, malgré la réduction de certains Droits, avait donné une plus-value de 1,406,566 francs, soit de 7,765 francs en moyenne, par jour. En annonçant que cette amélioration, loin de décroître, suivait un progrès constant, j'ajoutai que, du 1er au 13 Juillet, veille de la séance du Conseil, l'augmentation moyenne s'était élevée à 8,992 francs par jour; qu'il y avait donc lieu de prévoir un Excédent total de plus de 2 millions sur les produits de 1852, qui montaient à 39,328,579 fr., et par conséquent, une Recette dépassant 41 millions.

Un tel chiffre ne pouvait diminuer les dispositions hostiles des adversaires des Grands Travaux de Paris; mais, la surprise des hommes de bonne volonté avait déjà fait place à des impressions favorables, qui se changèrent graduellement en une adhésion à mes paroles, quand je dis :

« On ne voit, dès lors, aucun motif de sous-évaluer,
« pour 1854, le produit de cette branche de ressources.
« Il ne figure, cependant, que pour 35,500,000 francs
« au projet de Budget qui vous est soumis.

« Plusieurs autres revenus de la Ville y sont également
« atténués.

« Vous penserez sans doute, Messieurs, qu'on peut,
« sans témérité, évaluer l'ensemble des Recettes de 1854

« à 55 millions de francs, au lieu de 40,750,000 francs ;
« par suite, allouer en Dépense, au Budget de cet
« exercice, la presque totalité des travaux auxquels on
« propose d'affecter, par anticipation, la somme restant
« disponible sur les Fonds Libres de 1852, et réserver
« cette somme pour les besoins imprévus de l'exer-
« cice 1853, auquel, en bonne règle, elle appartient
« maintenant. »

Passant aux Dépenses Ordinaires prévues au projet de Budget de M. Berger, je me bornai à l'observation suivante :

« L'excès de prudence que je remarque dans l'éva-
« luation des Recettes de 1854, je le retrouve dans la
« supputation des Dépenses. Tandis que, pour les
« Recettes Ordinaires, on est resté de 5,351,789 fr. 53
« au-dessous des résultats de l'exercice clos, on les a
« dépassés de près de 700,000 francs dans le calcul des
« Dépenses de même ordre des Services Administratifs.
« — Je suis loin de blâmer une telle circonspection ;
« je constate seulement qu'elle suffit à prévoir tout
« mécompte. »

Les Dépenses Ordinaires se répartissaient de la manière suivante :

Services administratifs de la Préfecture de la Seine.	19,166,146ᶠ »
Subvention à l'Assistance publique.	5,609,126ᶠ »
Dépenses de la Préfecture de Police.	8,039,046ᶠ,20
Ensemble.	32,814,318ᶠ,20

« Cette somme, » disais-je, « représente les charges
« annuelles de la Ville. Comparée au montant de ses

« revenus que j'évalue à 55 millions, elle laisse un
« Excédent de plus de 22 millions, pour faire face aux
« charges extraordinaires.

« Il est évident que, dans des circonstances nor-
« males, une telle situation permet à la Ville de faire
« de grandes choses!

MES CONCLUSIONS INATTENDUES.

Le chiffre de 22 millions, auquel je fixais l'Excédent
certain du Budget de 1854, produisit, dans le Conseil,
ce que les comptes-rendus des séances des Chambres
qualifient : mouvement en sens divers.

« Quant à présent, » m'empressai-je d'ajouter,
« la Ville a des engagements dont il faut tenir
« compte, avant tout, et qui absorberont, pendant une
« assez longue série d'années, une portion de sa ri-
« chesse. »

Et, changeant de sujet alors, ma Note se terminait
par l'énumération des éléments de la Dette Municipale,
dont le capital devait être ramené à 112 millions,
au 1er Janvier 1854, mais qui s'élèverait, accrue des
intérêts, primes et frais divers, à 168 environ, répartis
fort inégalement sur 44 années.

D'après le tableau d'échéances y annexé, les annuités
de 1854, 1855 et 1856 n'étaient pas moindres de
12 millions; celles de 1857 et 1858 descendaient à 10;
celles de 1859 et 1860 à 8, et les suivantes, de 1862 à
1870, à 7 millions et au-dessous.

« Malgré ces engagements », continuai-je, « et alors
« même que les revenus de la Ville, au lieu de suivre
« une progression constante, demeureraient station-

« naires, chaque Budget peut réserver, aux Grands Tra-
« vaux, une dotation considérable, qui ne serait pas
« au-dessous de 10 millions pour les années les plus
« obérées. » — Autre mouvement en sens divers.

« Je n'ai pas cru sans intérêt, Messieurs, de démon-
« trer ce fait : il me paraît de nature à justifier com-
« plètement, aux yeux les plus prévenus, les prétendues
« témérités de l'Administration Municipale de Paris. »
— Approbation sur la plupart des bancs.

« Cette fois, sans doute, le montant de la Dotation
« des Grands Travaux déjà votés, dont la dépense n'est
« pas assurée par des ressources spéciales, absorbera,
« pour quelques années, une grande partie de nos Excé-
« dents de revenus. Mais, tout considérables que
« soient les travaux commencés, la Situation Financière
« de la Ville me semble permettre à l'Administration
« d'envisager sans appréhension, et d'étudier, comme
« susceptibles d'une réalisation prochaine, quelques-
« uns des projets d'utilité publique dont se préoccupe
« l'Opinion, et qui doivent continuer l'œuvre de la
« Transformation du vieux Paris, que vous avez si cou-
« rageusement abordée. »

Je venais de clouer mon drapeau résolument au mât
de la nef légendaire de la Ville de Paris, dont j'avais la
conduite. Il s'ensuivit une assez vive sensation dans
le sein de l'Assemblée.

Le moment n'était pas venu de dire que l'Excédent de
ressources de 10 millions, au minimum, sur lequel on
devait tabler, pouvait gager, sans s'épuiser à beaucoup
près, un important Emprunt, pour hâter l'entreprise et
l'exécution des nouveaux projets auxquels je faisais

allusion. Il ne vint qu'au commencement de 1855. A chaque jour, suffit sa peine.

Le reste de ma Note était consacré à la situation financière des entreprises des Grands Travaux en cours.

J'y rappelais qu'un premier Emprunt, de 25 millions, contracté surtout en vue de la création des Halles Centrales, avait été détourné de sa destination, pour couvrir les charges extraordinaires imposées à la Ville par la Révolution de 1848, et qu'il avait fallu recourir à un autre Emprunt, de 50 millions, cette fois, pour faire face, non seulement, aux travaux des Halles Centrales et à l'ensemble des Opérations de Voirie qui en étaient la conséquence; mais encore, à l'ouverture de la rue de Rivoli jusqu'à l'Hôtel de Ville, au dégagement des abords du Louvre et à l'abaissement du Pont Notre-Dame. Or, voici comment se présentait l'affaire :

L'évaluation de la dépense totale de ces diverses entreprises, contrôlée avec soin par moi, ne montait pas à moins de.............................. 99,675,000 fr.

Le prix de revente des matériaux des maisons démolies et des parcelles de terrains délaissés par la Voie Publique, constituait une ressource de . . . . 18,268,000 fr.

La part de concours promis par l'État s'élevait à. . . . . . . 14,000,000 fr. } 93.659,000 fr.

Les ressources fournies par l'Emprunt, émis fort au-dessus du pair à . . . . 61,391,000 fr.

On devait donc prévoir un Découvert de . . . . 6,016,000 fr.

« Ce déficit n'a rien d'inquiétant, » disais-je en terminant mon Exposé. « Il reste disponible, sur le Reli-
« quat de l'exercice 1852, une somme de 6,750,000 fr.,

« qui suffira, seule, à le combler. Il ne faut pas oublier,
« d'ailleurs, que les Ressources propres de l'exercice
« 1853, dépassant toutes les prévisions, donneront un
« Excédent très considérable sur les Dépenses auto-
« risées jusqu'à présent. »

Je ne crois pas avoir besoin de dire que ma dialec-
tique serrée gênait terriblement les membres du Conseil Municipal aux inspirations desquels était dû le
système budgétaire dont je venais de mettre à jour et
dont je me montrais déterminé à déjouer les petites
habiletés. Mais, les autres parurent me savoir gré de
les délivrer des scrupules financiers qui les avaient fait
hésiter jusqu'alors à se déclarer partisans de l'extension
des Grands Travaux de Paris.

Le Président fit le départ, entre les Comités du Conseil, des affaires introduites par mon Administration,
et renvoya les Comptes et Budgets à celui des Finances
que présidait M. Devinck, Député de Paris.

L'impression et la distribution de ma Note furent
décidées, et la séance prit fin.

A la sortie du Conseil, qui fut très agitée, le Président Delangle répondit à M. Boulatignier, qui lui demandait : — « Eh bien, Monsieur le Président, qu'est-
« ce que vous pensez de tout cela? » — « Je pense que
« nous avons affaire à un maître homme! Je ne sais pas
« comment le Docteur Chocolat (M. Devinck) va parer
« le coup ; mais, pour sûr, il aura du fil à retordre avec
« ce Préfet-là. »

J'appris ce propos de M. Frémy, qui le tenait de
M. Boulatignier, son ami très intime. Je ne pouvais rien

espérer de mieux qu'un tel jugement, surtout de la part d'un homme mal disposé, d'abord, en ma faveur.

Quant au fil à retordre, j'en eus ma large part.

VIFS DÉBATS.
ADOPTION FINALE DE MES PROPOSITIONS.

Dans le sein du Comité des Finances, et, après, dans l'Assemblée Générale du Conseil, lorsque les diverses parties du Budget de 1854 y vinrent en discussion, il me fallut soutenir de longues et laborieuses luttes, pour faire prévaloir mes propositions des deux côtés.

J'avais trop raison pour ne pas faire admettre mes évaluations de Recette, basées sur les résultats « acquis » de l'exercice clos, et non pas, comme cela s'est fait souvent ailleurs, en présence de produits sans cesse croissants, sur les résultats « probables », très supérieurs, de l'exercice en cours. A l'égard des Dépenses, quand je déclarais abandonner, comme superflues, certaines augmentations de crédits demandées par M. Berger, le Comité des Finances et le Conseil seraient sortis de leur rôle en me les imposant.

Je pris soin, d'ailleurs, de justifier tous mes dires par la présentation au Conseil d'un nouveau Mémoire, daté du 29 Juillet, où je lui soumettais, en remplacement des États de Dépenses Supplémentaires dressés par M. Berger, de véritables Chapitres Additionnels au Budget de 1853, dressés conformément à l'Instruction Générale du 10 Avril 1835, sur la Comptabilité Municipale, dont, je ne comprends pas du tout pourquoi, les prescriptions n'étaient pas suivies, à cet égard, dans les Bureaux de la Ville.

En procédant comme on se contentait de le faire à Paris, on n'atteignait pas le but principal de l'institution de ces Chapitres Additionnels : rattacher à l'exercice courant toute la suite des affaires de l'exercice clos, et rendre saisissable, au milieu même de l'année, l'ensemble de la Situation Financière.

En rentrant dans la règle, je faisais donc cesser immédiatement toute obscurité sur l'état des finances de la Ville et sur l'importance vraie de ses disponibilités.

A ce Mémoire, était joint un tableau modificatif des propositions contenues au projet de Budget Primitif des Recettes et Dépenses de 1854, rehaussant l'évaluation des unes, d'après les résultats constatés de l'exercice clos (1852) et ceux déjà donnés par l'exercice en cours (1853), et faisant rentrer, parmi les autres, les charges que M. Berger couvrait par une imputation anticipée, taxée avec raison d'irrégulière, dans ma Note, sur le Reliquat de l'exercice clos, repris et reporté, par moi, dans la première partie des Chapitres Additionnels de 1853, selon les prescriptions de l'Instruction Générale, que je remettais en vigueur.

Je concluais par cette juste observation qu'à défaut d'autres avantages, l'application rigoureuse des règles de la Comptabilité, dans les circonstances où nous nous trouvions, avait celui d'exposer aux yeux de tous la vérité vraie, sans la moindre exagération, comme sans aucune atténuation.

Après des débats prolongés par la patience extrême avec laquelle j'écoutai, pour les réfuter de point en point, tous les arguments de mes contradicteurs, et par le soin que je mis à saisir toutes les occasions d'affirmer les miens, je l'emportai sur toute la ligne, à une forte Majorité.

Je me sentis, dès lors, fermement en selle, pour aller à la conquête du vieux Paris, avec une armée qui se prenait de confiance pour son nouveau Chef, et dont le concours, de plus en plus assuré, me permettrait d'entreprendre l'éventrement des quartiers de ce centre de ville aux rues enchevêtrées, presque impraticables à la circulation des voitures; aux habitations resserrées, sordides, malsaines, qui étaient, pour la plupart, autant de foyers de misère et de maladie, et de sujets de honte pour un grand pays comme la France.

A ce sujet, le Cardinal Morlot, Archevêque de Paris, qui fut un des grands appuis de mon administration, me disait, plusieurs années après : « Votre apostolat
« vient en aide au mien. Vous combattez indirectement
« mais sûrement, la misère morale, en relevant les con-
« ditions et les habitudes d'existence des classes labo-
« rieuses. On ne se comporte pas, dans des rues larges et
« droites, inondées de clarté, avec le même laisser-aller
« que dans des rues étroites, tortueuses, obscures.
« Doter le logement du Pauvre, d'air, de jour et d'eau,
« ce n'est pas seulement y rétablir la santé physique;
« c'est encore y apporter un encouragement, une exci-
« tation à la bonne tenue du ménage, à la propreté des
« personnes, qui réagit peu à peu sur l'état moral de
« ceux qui le composent. Votre prédication, pour être
« silencieuse, n'en est pas moins efficace. »

Je pus, dès le 16 Janvier 1854, apporter au Conseil Municipal la justification complète des évaluations de

Recette qu'il avait admises, conformément à mes chiffres au Budget de 1854, et confondre ainsi mes contradicteurs au dedans et au dehors.

Le montant des produits de 1853, constatés au 31 décembre, dépassait 55 millions, et faisait ressortir une plus-value de près de 8 millions sur les prévisions du Budget de cet exercice! L'Octroi, dont les perceptions réalisées au moment où je lisais au Conseil ma Note du 14 Juillet 1853, m'autorisaient à dire qu'elles s'élèveraient, en fin d'année, à 41 millions, avait donné 41,102,452 fr., soit, 2,281,566 de plus qu'en 1852.

On pouvait donc affirmer, sans attendre la clôture de l'exercice 1853, au 31 Mars 1854, que les ressources budgétaires disponibles et reportables à l'exercice en cours, dépasseraient 18 millions, et que la réserve de pareille importance, léguée par les exercices antérieurs, resterait intacte.

En fin de compte, les Recettes Ordinaires de 1853 surmontèrent les Dépenses de même nature, non pas seulement de 18 millions, mais bien, de 24,705,915 fr. 18. La différence des deux chiffres vient de ce que le premier représentait l'Excédent budgétaire probable, après compensation des Restes à Recouvrer et à Payer des exercices antérieurs, et déduction faite de l'annuité de la Dette Municipale.

A partir de cette communication, de nature à rassurer les plus timides, le Conseil n'hésita plus à s'engager résolument, avec moi, dans la voie tracée par une Main Auguste à notre édilité.

Je l'ai dit au chapitre IX : j'eus à regretter la retraite de cinq membres du Conseil (remplacés immédiatement par des personnages considérables), que mes démonstrations n'avaient sans doute pas convaincus, ou dont mes projets contrariaient les visées.

Mais, l'honorable M. Devinck, Président du Comité des Finances, digne et excellent homme, plein de droiture et de bon vouloir, n'hésita pas longtemps à reconnaître l'inanité de ses appréhensions, et la puissance du point d'appui que nous offrait le Budget de la Ville, pour faire de plus grandes choses encore que celles où, déjà, l'Administration Municipale était engagée. Je m'efforçai, par la juste considération que je montrai toujours pour son caractère, et la déférence que je témoignai pour ses observations et ses avis, de conquérir à la cause des projets de l'Empereur ce bourgeois des anciens temps, un peu égaré dans le nôtre, qui, néanmoins, exerçait une influence, qu'il importait de ménager, sur le Commerce de Paris.

Il est inutile, sans doute, que j'exprime la satisfaction causée à l'Empereur par le résultat favorable de mes premiers rapports officiels avec le Conseil Municipal de Paris, dont je venais d'aborder, au pied levé, la Session la plus importante. Au fond, Il était enchanté de se voir affranchi, comme je l'avais espéré, de la nécessité, qu'Il croyait inévitable, de dissoudre ce Corps, pour assurer l'exécution de ses plans.

Mais, Sa Majesté fut encore plus satisfaite, et cela se comprend, du résultat de mes premières études sur la Situation Financière de la Ville, et de la certitude qui m'était absolument acquise, de pouvoir faire face, avec le concours de ce Conseil Municipal, converti désormais, et grâce à des Excédents de revenu, sans la moindre

Surimposition ni Surtaxe, au développement qu'Elle se proposait de donner à la Transformation de Paris, objet de ses méditations incessantes; à cette œuvre complexe, pour l'exécution de laquelle son choix spontané s'était arrêté sur moi.

Je n'ai pas besoin d'ajouter que je me trouvais bien allégé moi-même des préoccupations qui m'avaient fait reculer, d'abord, devant cet appel si flatteur, pour m'y rendre, ensuite, dans un trouble profond.

Le plan, le programme financier que devait adopter mon administration, s'il ne se dégageait pas d'une manière complète du résultat de mes premières investigations personnelles, m'apparut pourtant, dès lors, dans ses grandes lignes, comme une conception méritant de généreux et persévérants efforts de la part de celui qui se sentirait le courage d'en prendre l'initiative ; comme un noble but à poursuivre, au travers des immenses obstacles qu'il ne pouvait manquer de soulever; but bien tentant, au double point de vue politique et pratique, pour un serviteur dévoué de l'Empire, pour un fonctionnaire éprouvé du Pays :

Ne faire peser, sur la Population, aucune aggravation de charges ;

Achever néanmoins, dans le cours de mon édilité, toutes les parties de la Grande Œuvre embrassant l'amélioration de l'ensemble des Services Publics de Paris.

On verra, dans les chapitres suivants, comment ce programme hardi prit corps, et ce que j'en pus finalement accomplir.

Victor Havard Edit

M! LE BARON HAUSSMANN

Extension des limites de Paris

1860

CHAPITRE XII

PLAN FINANCIER
DES GRANDS TRAVAUX DE PARIS

Points de départ et d'arrivée. — Objections et critiques. — Demandes de dégrèvement des contribuables. — Discours de l'Empereur au boulevard Malesherbes. — Projet de réduction des Droits sur les Vins.

La pensée dominante de toutes les combinaisons financières motivées par les entreprises de la Ville accomplies sous mon administration, a été, suivant le programme résumé ci-dessus, de faire face aux charges de tout ordre qu'elles comportaient, au moyen des seuls excédents du revenu municipal, graduellement accru par l'effet même de ces opérations fécondes, sur les dépenses normales auxquelles il devait pourvoir avant tout : soit, qu'on appliquât directement aux paiements exigibles ces excédents annuels ; soit, qu'on les affectât au service des intérêts et à l'amortissement d'emprunts contractés pour hâter l'exécution de certains travaux ; ou bien encore, qu'on eût recours parallèlement, selon les circonstances, à l'un et à l'autre de ces deux systèmes, mais toujours sans Impositions Extraordinaires ni Surtaxes d'Octroi.

POINTS DE DÉPART ET D'ARRIVÉE.

Le service des Emprunts de 25 millions et de 50 millions, contractés, l'un, sous l'administration de M. le Comte de Rambuteau ; l'autre, sous celle de M. Berger, était assuré par des aggravations du Droit d'Octroi sur les Vins. On a pu lire précédemment que, Préfet de l'Yonne, j'avais présenté, dans l'intérêt de mes administrés, des observations à M. Berger, au sujet de la dernière. Préfet de la Seine, je nourrissais l'espoir d'affranchir les Parisiens de tout recours, de ma part, à de semblables ressources, quelle que pût être la lourdeur de la Grande Œuvre dont la responsabilité m'incombait.

Je rappelai au Conseil Municipal, le 30 Octobre 1869, — deux mois à peine avant de cesser mes fonctions, — ce programme sans précédents, qui se trouvait en germe dans ma Note initiale du 14 Juillet 1853 ; que je n'avais pas craint de formuler plus clairement, à mesure que les faits étaient venus le justifier ; et, dont le Mémoire accompagnant la présentation des Budgets Ordinaire et Extraordinaire de la Ville, pour 1870, allait démontrer la réalisation complète.

J'ajoutais : « Nous nous serions épargné bien des soucis, bien des embarras, et surtout bien des critiques injustes, mais cruellement pénibles, si, au lieu de concevoir cette ambition généreuse, d'exécuter tant d'utiles projets sans faire porter aux contribuables le poids de charges nouvelles, c'est-à-dire de doter la population entière de bienfaits incalculables, *sans qu'aucune exigence fiscale fournît à personne le moindre prétexte de plainte ou de regret,* nous nous étions décidés, tout d'abord, à réclamer ce qu'obtinrent toutes les autres Grandes Villes qui suivirent l'exemple de Paris : la création de ressources spéciales, au moyen de Contributions Extraordinaires formant, en quelque sorte, le prix de ces avantages. »

En effet, je n'ai jamais douté que la passion apportée par les adversaires acharnés des Grands Travaux de Paris, dans la critique des combinaisons financières, souvent laborieuses, qui me permirent de rester fidèle, jusqu'au bout, au programme que je m'étais tracé dès le début de mon édilité, — programme dont le Conseil Municipal avait compris la haute valeur politique, — était précisément excitée par le sentiment de l'impuissance où les réduisait l'accomplissement, dans de telles conditions, des plans conçus par l'Empereur, en leur ôtant, d'avance, tout prétexte d'ameuter les contribuables contre les entreprises colossales qui devaient prendre rang parmi les plus glorieuses de son règne.

Si, le jour même où je découvris, dans un examen attentif de la situation budgétaire de la Ville, la possibilité de prélever, chaque année, sur ses ressources ordinaires, une somme très considérable, pour en doter les œuvres capitales dont l'exécution m'était confiée, je me sentis saisi du très ardent désir de trouver, dans le développement successif de ces ressources, favorisé par l'effet même de la plupart des Grands Travaux, le moyen de pourvoir à tout sans grever la population d'aucune charge nouvelle, je conviens que j'étais loin de prévoir quelles proportions inouïes allait prendre la progression ascendante des Recettes Ordinaires du Budget Municipal, et, partant, de croire que l'importance des Excédents annuels laissés disponibles par les Dépenses de même nature, me fourniraient les moyens d'exécuter, en dix-sept ans, pour deux milliards et demi d'entreprises de tout ordre, sans aucun appel aux contribuables de Paris.

Ce n'est même qu'après plusieurs exercices, dont les résultats répondaient largement à mes espérances, que j'osai les dévoiler complètement à l'Empereur, d'abord, puis, au Conseil Municipal, et enfin, dans mes comptes-rendus officiels livrés à la publicité.

Quant à la qualification de « Productives » que je donnai justement aux Dépenses Extraordinaires ayant pour effet certain d'accroître, tout à la fois, le chiffre et le bien-être de la population fixe et de la population flottante de Paris ; d'attirer de plus en plus, dans cette ville, les riches étrangers ; et, de développer, en définitive, sans aucune élévation des tarifs de l'Octroi, le rendement des droits établis sur les objets de consommation, je dus me défendre du reproche d'avoir posé, comme un principe général, d'avoir érigé presque en théorie administrative cette doctrine extrême, que l'élévation des Dépenses était le moyen le meilleur de remédier à l'insuffisance des Recettes et d'équilibrer les Budgets !

C'est dans un Mémoire au Conseil Municipal, du 28 novembre 1864, relatif au Budget de la Ville pour 1865, que se trouve le passage incriminé. Je vais le reproduire textuellement, pour montrer de quelle bonne foi mes contradicteurs ont fait preuve dans cette question, comme dans celle des « Nomades Parisiens », qui date de la même époque.

Après avoir mis en regard la progression des Recettes et celle des Dépenses Ordinaires de la Ville, et fait ressortir la proportion, toujours plus forte, suivant laquelle les premières dépassaient les dernières, je venais d'énoncer que, si les revenus excédaient les charges annuelles, dans une mesure notable et croissante, il n'existait guère d'entreprise qu'on ne pût aborder avec la certitude d'en arriver à bout, et de résumer toute ma pensée par cet axiome : « ce n'est plus une question d'argent; c'est une question de temps. » Je continuai en ces termes :

« Contrairement à l'opinion la plus commune, les Dépenses Extraordinaires ne sont pas toujours les ennemies des Budgets. Elles les enrichissent, *lorsqu'elles sont faites avec intelligence,* parce qu'elles produisent l'accroissement graduel du revenu, et qu'elles deviennent ainsi le moyen indirect, mais sûr, de couvrir les Dépenses Ordinaires, dont l'économie la plus sévère ne réussit jamais complètement à contenir l'expansion. Si je croyais pouvoir dire, d'une manière générale, sans aucune réserve, que le procédé le meilleur pour équilibrer un Budget en déficit, à défaut d'une réduction des Dépenses, qu'on ne peut pas toujours obtenir; à défaut d'une création de ressources nouvelles par l'Impôt, devant laquelle on recule souvent, est d'élever encore les Dépenses, je mériterais qu'on me taxât de paradoxe ; mais, si j'ajoutais seulement un seul mot : si je disais que ce procédé consiste à développer, au lieu de les réduire, les Dépenses « Productives » sur lesquelles tombent d'ordinaire les rigueurs de l'économie, parce qu'elles sont facultatives et moins rebelles aux retranchements que les autres, je n'énoncerais rien de paradoxal; je proclamerais une vérité : oui, j'ose le dire, une vérité, qui se fera jour, avec ou sans moi ! »

J'invoquais les résultats acquis déjà des entreprises de la Ville, à l'appui de cette glorification des Dépenses qui se soldent elles-mêmes, dans un délai plus ou moins long, par les accroissements de revenu dont elles sont « productives », et qu'elles laissent finalement, comme autant de richesses nouvelles, aux administrations qui n'ont pas craint la responsabilité de ces opérations hardies.

OBJECTIONS ET CRITIQUES.

La guerre faite aux Grands Travaux de Paris affecta, sous mon administration, un caractère de violence croissant avec leur succès; mais, elle avait déjà pris naissance avant mon arrivée à l'Hôtel de Ville.

Au fond, c'était l'Empereur qu'on attaquait dans les œuvres éclatantes dues à son initiative. C'est le serviteur dévoué, convaincu, l'instrument pratique, infatigable de Sa Volonté, qu'on poursuivit sans relâche en moi.

Il ne faut donc pas s'étonner que tous les arguments, même les plus contradictoires, fussent jugés bons pour ruiner, si possible, pour atténuer, tout au moins, le prestige de ces œuvres sans exemple. En aucun temps, l'Opposition Politique ne s'est montrée scrupuleuse dans le choix de ses moyens d'action.

J'eus, sans doute, à soutenir de véritables campagnes, qu'il était du reste facile de prévoir, pour la défense des combinaisons de Trésorerie et des opérations de Crédit très diverses auxquelles je dus recourir, pour assurer le service financier des grandes entreprises dont j'avais charge, au moyen des seuls revenus de la Ville, comme je tenais à honneur de le faire jusqu'à la fin, sans la moindre défaillance. Mais, il me fallut compter, en outre, avec une nuée de critiques incessantes, que je ne pouvais pas laisser produire sans y répondre, si peu sérieuses qu'elles fussent pour la plupart, et qui me faisaient perdre beaucoup de temps en vaines polémiques.

On s'en prit, tout d'abord, à la réalité des Excédents de revenus sur lesquels je basais tous mes plans financiers. Suivant certains critiques, ils résultaient de purs artifices de Comptabilité. Les classifications de Recettes et de Dépenses introduites « arbitrairement » par mon administration dans les Budgets de la Ville, avaient pour but de réduire systématiquement le groupe des Dépenses Ordinaires, afin de pouvoir le placer en regard de celui des Recettes de même nature, et de faire trouver, dans cette comparaison, mes Excédents progressifs, qui, disaient-ils, étaient des trompe-l'œil.

On me reprochait notamment de n'inscrire, parmi les Dépenses « Ordinaires » de la Ville, dans la première partie de son Budget, formée seulement de ces deux groupes, que les intérêts de la Dette Municipale, et les lots attribuables, par la voie du sort, aux porteurs d'obligations des Emprunts anciens et nouveaux, que je considérais, à bon droit, comme des suppléments d'intérêts aléatoires, et de porter, dans la deuxième partie, consacrée aux Recettes et Dépenses « Extraordinaires », les sommes affectées aux remboursements et amortissements du capital de cette Dette, dont le paiement n'était pas moins « obligatoire » que celui des intérêts et des lots. — Et puis, je classais aussi, parmi les

Dépenses Extraordinaires, les grosses réparations, restaurations ou reconstructions des édifices municipaux, dont on invoquait le caractère non moins obligatoire, et les constructions neuves d'églises et d'écoles, ayant, au point de vue moral, le même caractère, parce qu'elles répondaient à des nécessités indéniables !

Ma réponse était facile, et si les journaux de l'Opposition de Droite et de Gauche m'ont mis, par leur insistance, dans le cas de la répéter souvent, je ne me plaignis pas des occasions multiples qu'ils me donnèrent ainsi, de faire lire à leurs abonnés mes explications péremptoires, et de leur apprendre ou de leur expliquer, du même coup, force choses qu'on leur laissait ignorer ou qu'on leur présentait sous un tout autre jour que moi-même.

Mon classement des Recettes et Dépenses de la Ville constituait une mesure d'ordre intérieur qui ne changeait rien à la balance finale de ses Budgets. Sans doute, en reportant certaines allocations, obligatoires ou non, des Dépenses Extraordinaires aux Dépenses Ordinaires, j'aurais atténué l'importance de la portion laissée libre, par celles-ci, des Recettes de même ordre destinées, avant tout, à les couvrir ; mais, j'aurais évidemment diminué d'autant les besoins que cet Excédent devait me servir à satisfaire : l'équilibre général des Recettes et Dépenses de toute nature serait demeuré le même.

Du reste, l'assimilation doctrinale qu'on voulait faire, des Dépenses *Obligatoires* et des Dépenses *Ordinaires* ne reposait sur rien. C'était une grave erreur de traiter les deux qualifications comme synonymes.

Le remboursement d'une Dette et l'amortissement annuel d'un Emprunt (remboursement partiel de la somme empruntée) sont des emplois de fonds de la même espèce que les Dépenses pour le paiement desquelles on a pris terme, dans le premier cas, ou qu'on a soldées avec l'argent de prêteurs, au moyen d'une sorte de novation de titre, dans le second. Les crédits que je faisais inscrire aux Budgets de la Ville, afin de pourvoir à la libération réelle, totale ou par àcomptes, du coût des opérations ou des travaux ayant motivé ces Dépenses Extraordinaires, prenaient donc place, à bon droit, dans la Section affectée à celles-ci. J'ajoute que, dans les modèles de Budgets Communaux joints aux instructions du Ministère de l'Intérieur, tout le service des Emprunts figurait au rang des Dépenses Extraordinaires, et que, si j'avais innové, c'était en portant les intérêts, primes et lots de la Dette Municipale de la Ville parmi ses Dépenses Ordinaires.

Quant aux grosses réparations, restaurations et reconstructions d'édifices, leur caractère est déterminé par le Code Civil, qui, loin d'en grever les revenus, en exonère l'usufruitier, pour les mettre à la charge du nu-propriétaire, c'est-à-dire du capital.

Une critique plus sérieuse aux yeux des formalistes, mais purement spécieuse au fond, était qu'en reportant la partie des Recettes Ordinaires excédant les Dépenses de même nature, de la première à la seconde Section du Budget, je donnais, par anticipation, à ces ressources, la qualité de Fonds Libres qu'elles ne pouvaient recevoir qu'après la clôture de l'exercice, et que je transformais ainsi des revenus appartenant aux besoins courants, prévus ou non, des services municipaux, en capitaux disponibles.

J'aurais eu facilement raison de cette argumentation captieuse, sous son enveloppe dogmatique, en retardant d'une année, par quelque artifice de Trésorerie, les imputations attaquées; mais, aucune disposition légale ou réglementaire ne m'interdisait de payer des Dépenses Extraordinaires au moyen de Recettes Ordinaires, et *vice versa*.

Ai-je besoin de dire que, si l'on me refusait cette faculté, par un abus de logique pouvant impressionner quelques esprits mal disposés, on condamnait absolument *a fortiori* l'affectation que j'entendais faire, par avance, des Excédents prévus des Recettes de nombreux exercices, soit au paiement direct des Dépenses d'opérations en cours ou projetées, soit au service d'Emprunts contractés pour en hâter l'exécution? A côté de l'objection de forme dont je viens de montrer l'inanité, je rencontrais là des doutes systématiques, quant à la permanence et, surtout, quant au développement des Excédents sur lesquels je faisais fond, pour l'avenir, comme pour le présent.

Mais, la Ville, dans l'hypothèse qu'on m'objectait, d'une réduction de ses revenus ou d'une augmentation subite de ses charges annuelles, n'aurait-elle pas toujours la ressource à laquelle on voulait qu'elle recourût de suite, afin d'y trouver une arme contre ses entreprises : l'appel aux contribuables? Que risquait-elle à tenter la chance heureuse, qui semblait certaine, d'échapper à cette cruelle nécessité?

DEMANDES DE DÉGRÈVEMENT DES CONTRIBUABLES.

Alors, on changeait de thème. Puisque je me montrais si convaincu de l'existence d'un Excédent considérable des revenus de la Ville sur ses charges annuelles, et de la durée de cet état de choses, on me sommait de dégrever proportionnellement les contribuables des Taxes qui le produisaient, — la Ville n'étant autorisée à les percevoir que pour subvenir aux besoins de ses divers Services, — sauf à demander aux Pouvoirs Publics des ressources extraordinaires spéciales pour chacune des entreprises du même ordre qu'elle voudrait aborder successivement, et dont ils reconnaîtraient la nécessité et limiteraient l'étendue. Cette fois, en me prenant à partie, c'était à l'Empereur qu'on en avait.

Le Souverain ne paraissait pas prêt à se laisser déposséder de la haute direction des Travaux de Paris en faveur du Corps Législatif; mais, Il montrait des dispositions systématiquement hostiles aux Taxes de Consommation, et dressait l'oreille toutes les fois qu'on parlait de les réduire. L'assaut donné à l'Octroi par les adversaires des Grands Travaux de Paris, avait donc bien plus de portée que leurs arguments théoriques, résumés ci-dessus, qui ne Le touchaient guère.

L'Empereur était hanté de deux idées généreuses, très difficiles, sinon tout à fait impossibles à concilier, comme il me fallait incessamment le Lui rappeler :

1° L'accomplissement de la Transformation de Paris, non seulement, pour en faire une Capitale digne de la France, la Cité Reine du Monde, mais encore et avant tout, afin de procurer en abondance à ses habitants l'air, la lumière, l'eau, ces éléments essentiels de la salubrité publique; de leur assurer largement les facilités de communication qui manquaient entre diverses parties de la Ville; et aussi, de donner satisfaction à leurs instincts artistiques, par de belles perspectives; par le dégagement des monuments anciens et l'isolement des nouveaux; par l'ouverture d'avenues plantées, de vastes promenades, de parcs et de jardins publics, emplissant les yeux d'un luxe sans exemple de verdure et de fleurs;

2° L'atténuation graduelle des Impôts et Taxes, spécialement des Impôts et Taxes de Consommation, qu'Il croyait peser plus lourdement que les autres sur les classes laborieuses; sur les ouvriers, qui Lui tenaient tant au cœur, et qui se sont montrés toujours si peu reconnaissants de sa sollicitude et de ses bienfaits.

« Ce sera déjà beaucoup, Sire, » Lui répétais-je sous toutes les formes, « que de ne pas faire payer aux
« Parisiens, par une aggravation des charges qu'ils
« supportent, l'amélioration de toutes leurs condi-
« tions d'existence, qui forme le principal article du
« glorieux programme de Votre Majesté. Si je devais
« m'engager à plus, dès le début de cette première
« étape, je ne pourrais certainement pas en atteindre
« le terme.

« Lorsque j'en approcherai, grâce à l'accroissement
« graduel des ressources actuelles, que je crois suffi-
« sant pour m'y faire sûrement parvenir, l'Empereur,
« sans rien compromettre, ordonnera les dégrèvements
« qu'Il jugera les plus opportuns, suivant les circon-
« stances du moment. Alors, Sa Majesté pourra même
« le faire dans une plus large mesure qu'aujourd'hui,

« si j'ai raison de croire que le développement du
« produit des Taxes de Consommation suivra celui de la
« prospérité publique, progressivement accrue par le
« résultat de nos Grands Travaux.

« Mais, si l'Empereur me force à renoncer, tout
« d'abord, aux moyens d'action, bien limités, dont j'ai
« la disposition, que deviendrai-je? — On ne fait rien
« avec rien. Il n'appartient qu'à Dieu de tirer des œuvres
« concrètes du néant, cette abstraction mystérieuse.
« L'homme ne crée pas : il utilise, avec plus ou moins
« d'intelligence, les éléments à sa portée. — Archi-
« mède, qui prétendait inventer un levier capable de
« soulever le Monde, demandait un point d'appui pour
« ce terrible engin. Mon point d'appui, je l'ai dit, sera
« l'Excédent de Recette, bien modeste encore, que j'ai
« pu dégager du fatras des Comptes de la Ville. Mon
« levier sera l'accroissement graduel de ses revenus,
« sur lequel je crois pouvoir compter. »

— « Vous avez raison ! » me répondait toujours l'Empereur ; mais, bientôt, ce « Doux Entêté » revenait à la charge, et je devais recommencer !

Une combinaison qui le séduisait et que j'eus beaucoup de peine à ruiner dans son esprit, en lui démontrant à satiété combien elle était irréalisable, consistait à remplacer les Droits d'Octroi par une surélévation de la Taxe Mobilière. Cependant, il était facile de comprendre qu'à Paris, où l'Administration Municipale doit prendre à sa charge et verser au Trésor, par prélèvement sur le produit de l'Octroi, non seulement, le total des cotes personnelles dont sa Population est passible, mais encore, l'intégralité des cotes mobilières des classes pauvres, et une partie du montant de celles des classes moyennes, on ne pouvait faire l'inverse, en augmentant cette Contribution Directe, jugée déjà trop lourde, pour atténuer, sinon même supprimer le tarif de l'Octroi, dont les perceptions, quelque importantes qu'elles pussent être, s'opéraient d'une façon très indirecte, qui les rendait bien moins sensibles au consommateur.

Du reste, le contingent en principal et centimes additionnels incombant à Paris dans la Contribution Personnelle et Mobilière, n'excédait guère *six* millions en 1853, tandis que le produit de l'Octroi s'élevait, comme on l'a vu dans le chapitre précédent, à *quarante et un millions*, dès cette époque.

Le montant de la Contribution était de 12 millions et demi en 1870; mais, alors, le produit de l'Octroi s'élevait à 107 millions 1/2.

Se fût-on décidé à grever de nouveaux centimes additionnels les quatre Contributions Directes, et non pas une seule, qu'il eût fallu dépasser M. Garnier-Pagès, et plus que doubler son impopulaire Surimposition de 45 centimes, qui ne contribua pas peu, je le crois, à la chute du Gouvernement Révolutionnaire de 1848.

L'Empereur avait été frappé, malgré tout, par cette observation que le tarif de l'Octroi se composait exclusivement de droits *fixes,* à la différence du tarif des Douanes, qui, le plus souvent, taxe *ad valorem* les objets qu'il impose. Il en résultait que les charges des consommateurs parisiens ne suivaient pas la progression toujours croissante du prix des denrées assujetties à l'Octroi, comme aussi, de la plupart des dépenses des

Services Municipaux que l'Octroi doit couvrir, et que la proportion établie à l'origine et jugée raisonnable alors, entre ce prix et le montant des Droits de Consommation, diminuait, au contraire, d'année en année. Le système de taxation suivi par l'Octroi contenait donc, en lui-même, le principe de dégrèvements successifs qui, pour être inaperçus, n'en étaient pas moins réels.

D'ailleurs, en 1852, durant la période dictatoriale, un Décret émané de l'initiative du Chef de l'État n'avait-il pas fait abandon complet de l'Impôt du Dixième perçu précédemment au profit du Trésor Public, sur le produit des Octrois Municipaux, à la charge par les villes de réduire d'autant leurs tarifs ? Ce dégrèvement notable permettait, tout au moins, d'ajourner à Paris les exonérations nouvelles que méditait Sa Majesté.

Quant au tarif même, j'ai dit et je maintiens, contrairement à ce que soutenaient les infatigables critiques de mon plan financier, qu'il n'a, durant mon administration, été frappé d'aucune Surtaxe. Cela ne signifie pas qu'il n'ait pas subi certaines modifications, motivées par des causes diverses, mais, à bien peu d'exceptions près, confirmant la règle : — comme l'établissement d'une Taxe sur la Glace à Rafraîchir, lors de la création de Glacières Municipales, qui en avait grandement abaissé le prix.

Les articles nouveaux ne comprenaient que des Droits « de Remplacement », si je puis ainsi dire, nécessaires à la défense des produits de la perception.

C'est ainsi que les pièces de charpente en fonte et en fer, substituées graduellement aux pièces de charpente en bois dans les constructions, furent imposées d'une

Taxe représentant celle qui grevait ces dernières, mais notablement moins élevée. C'est ainsi que les bougies de stéarine, employées généralement en place des bougies de cire, et concurremment avec les chandelles de suif, furent frappées d'un Droit équivalant à celui que supportaient les chandelles ; c'est ainsi qu'à l'époque de l'introduction des pétroles et des huiles lourdes, remplaçant les huiles de colza, d'œillette, etc., dans l'éclairage des ateliers et même des familles, ces nouveaux produits se virent également atteints, mais, de Taxes moindres de moitié.

Parallèlement, le dernier traité passé par moi, pour le compte de la Ville, avec la Compagnie du Gaz, mit, à l'autorisation que celle-ci demandait, de transférer ses usines hors Paris, la condition qu'elle paierait un Droit de deux centimes par mètre cube de gaz introduit dans le rayon de l'Octroi, pour remplacer celui qu'elle payait jusqu'alors sur la houille distillée dans ses cornues, *intra muros*.

Le fisc municipal suivait la consommation dans ses changements d'habitudes ; mais, il ne la grevait pas, en réalité, de charges plus pesantes que par le passé.

Le prélèvement opéré sur les produits de l'Octroi pour affranchir les classes pauvres de la Contribution Personnelle et Mobilière et pour en alléger le poids aux classes moyennes, ne dépassait pas de beaucoup un million en 1853. Il s'était, élevé graduellement à 3 millions et demi, en 1869, par suite de l'accroissement de la population, sans doute, mais aussi, de l'extension notable donnée, suivant le désir de l'Empereur, aux exonérations accordées.

Au début, les loyers affranchis de toute cotisation étaient ceux de 200 francs. A la fin, cette limite avait été portée successivement de 200 à 400 francs.

Les exonérations partielles s'arrêtaient, d'abord, à 1,000 francs de loyer; elles furent étendues finalement jusqu'à 1,500 francs.

Or, tous ces chiffres sont ceux de la matrice cadastrale, systématiquement inférieurs d'un cinquième aux prix réels des loyers.

Le nombre des familles dégrevées, en tout ou partie, de celui des Impôts Directs que la population parisienne trouve le plus lourd, était donc très considérable. Il montait à près de 300,000 à la fin de mon administration, et représentait près de la moitié de la population.

L'autre moitié, qui payait, sans atténuation, les deux tiers du contingent total, n'était cependant taxée que des cotisations qu'une répartition normale aurait mises à sa charge. On ne demandait à nul contribuable, en fin de compte, plus qu'il ne devait, tandis qu'aujourd'hui, pour ménager les produits de l'Octroi, l'Administration Municipale répartit, sur les plus forts, une portion, tout au moins, de la somme dont elle exonère les petits. Nous ne faisions que du dégrèvement progressif : on ajoute à notre œuvre, en frappant d'une Surimposition les gros locataires.

DISCOURS DE L'EMPEREUR AU BOULEVARD MALESHERBES.

Ce dégrèvement des petits loyers auquel l'Empereur attachait tant d'importance, et qui n'eût pas été possible sans l'Octroi, tempéra les préventions de Sa Majesté contre cette source de revenus, et comme, après tout, il imposait à la Ville moins de sacrifices que n'eût fait une revision quelconque du tarif des Droits de Consommation, je ne me défendis pas trop des extensions qu'il dût recevoir à plusieurs reprises : elles calmaient les impatiences de mon Auguste Maître. Cette compensation d'une Contribution Directe par un Impôt Indirect était loin de froisser mes convictions d'économiste. J'y voyais, d'ailleurs, la condamnation, de plus en plus éclatante, du système contraire, dont j'avais eu tant de peine à désabuser le Souverain !

Mais, je ne me faisais pas d'illusions sur ce point que, si l'Empereur cédait à la nécessité qu'il lui fallait bien reconnaître, de maintenir provisoirement, dans son ensemble, le tarif de l'Octroi de Paris, Il ne perdait pas de vue son projet d'y faire introduire, tôt ou tard, des modifications profondes.

Aussi, tout en prolongeant de mon mieux la durée de l'ajournement consenti par Sa Majesté, m'étais-je préparé d'avance, par une étude attentive de tous les éléments de ce tarif, à Lui proposer, en temps convenable, une réforme des plus populaires, mais en même temps des moins dommageables pour les finances municipales. Je dirai bientôt ce que je tenais en réserve pour l'époque où je ne pourrais plus reculer devant sa volonté suprême.

Malheureusement, l'Empereur ne gardait pas toujours pour moi l'objet de sa préoccupation constante.

Dans le discours que Sa Majesté prononça, le 13 Août 1861, à l'inauguration du Boulevard Malesherbes, on trouve, après une appréciation très flatteuse des actes accomplis et des mesures prises par l'Administration Municipale, parallèlement à l'exécution des Grands Travaux de Paris, afin de venir en aide aux classes laborieuses, cette recommandation publique, — circonstance très grave ! — de réduire, dès que cela serait possible, les Taxes de Consommation.

Voici le texte de ce passage que les charges nouvelles, encore mal définies, imposées à la Ville par la grande mesure appliquée depuis dix-huit mois à peine, de l'Annexion, à Paris, des territoires compris entre l'ancien Mur d'Octroi et l'Enceinte Fortifiée, rendaient absolument inopportun :

« Je félicite la Ville des mesures prises ou adoptées
« pour améliorer le sort de la classe la plus nombreuse.
« Ainsi, elle s'occupe d'amener à Paris de l'eau qu'on
« paiera moins cher ; elle exonère de l'Impôt, les loyers
« au-dessous de 250 francs ; elle a organisé la Boulan-
« gerie de telle manière que, dans un cas de Disette, le
« pain ne puisse pas excéder un certain taux ; elle
« cherche à diminuer le prix de la viande, non seule-
« ment, par la liberté de la Boucherie, mais encore, par
« la création d'un Marché unique, qui garantira mieux
« l'intérêt du consommateur ; enfin, elle multiplie par-
« tout les Églises, les Écoles et les Établissements de
« Bienfaisance.

« Pour travailler, suivant le même ordre d'idées, *je
« vous recommande, surtout, dans l'examen de votre
« Budget, de réduire, autant que les finances le permet-
« tront,* LES DROITS PESANT SUR LES MATIÈRES DE PREMIÈRE
« NÉCESSITÉ.

« Par là, vous acquerrez de nouveaux titres à ma
« reconnaissance. »

Il n'y avait qu'à s'incliner devant de telles paroles, sauf à tirer le meilleur et le plus long parti possible de ce bienheureux membre de phrase : « autant que les « finances le permettront. » Je remplis ce double devoir, jusqu'au jour, non moins heureux, où je fus prêt à provoquer, dès que Sa Majesté le jugerait à propos, une réduction considérable de l'article, de beaucoup le plus important, du tarif de l'Octroi.

Je crus bon de résumer alors, dans un document public, devant avoir du retentissement : mon *Rapport à l'Empereur sur la Situation Financière de la Ville* (20 Mai 1868), les raisons du long retard subi par l'accomplissement du vœu manifesté dans le discours de 1861.

J'y rappelai, tout d'abord, le passage cité plus haut, et je le fis suivre du commentaire ci-après :

« L'Administration Municipale de Paris s'est toujours montrée jalouse de réaliser le vœu de l'Empereur. Pour le faire utilement, elle dût s'imposer l'obligation d'attendre le terme de la plupart des nombreuses entreprises de tout ordre où la Ville se trouvait engagée, et qui, devant une de ces grandes œuvres accomplies, avaient évidemment motivé la réserve faite par Sa Majesté, au sujet de l'équilibre des finances; mais, elle sut, du moins, se maintenir jusqu'au bout dans l'observation du programme qu'elle s'était tracée elle-même, dès le début, et qui peut se résumer ainsi : « Pas de « Surcroîts d'Impôts; pas de Surtaxes locales grevant « la population dans le présent ni dans l'avenir. » En effet, elle put faire face, non certes sans difficulté, mais par un labeur opiniâtre, à toutes les dépenses et à tous les embarras de trésorerie d'opérations colossales.

sans engager rien autre chose que les accroissements de Recette graduellement produits par ces fécondes opérations. »

Pouvais-je manquer, dans la circonstance, de mettre en lumière le motif de patienter qui naguère avait le plus touché l'Empereur? Non, certes. J'ajoutai donc :

« Je ne saurais trop le répéter : le maintien, pendant quinze ans, malgré l'élévation du prix de toutes choses, signe irrécusable d'une diminution de la valeur monétaire, de Droits *fixes*, tels que ceux de l'Octroi de Paris, dont le tarif ne comporte pas une seule perception *ad valorem*, était déjà l'équivalent d'une réduction notable de ces Droits. Il justifiait l'ajournement d'une mesure plus efficace encore, et, dans tous les cas, plus saisissante, jusqu'au moment où la renonciation de la Ville à une portion quelconque de ses revenus, ne risquerait de compromettre, ni l'achèvement des entreprises qui en augmentaient l'importance, ni l'accomplissement d'autres œuvres également utiles. »

Trois ans plus tôt, lorsque ce délai m'était encore indispensable pour entrer dans la voie des dégrèvements, j'avais jugé nécessaire d'affirmer, devant le Conseil Municipal, dans un Mémoire du 13 Décembre 1864, que la diminution, désirée par l'Empereur, des Taxes locales ne cessait pas de nous apparaître comme l'une des données, comme le couronnement de notre œuvre.

« Toutefois, disais-je, nous pensons qu'elle en doit être le terme et non pas un incident.

« C'est quand les Grands Travaux de Paris auront eu toute l'action qu'ils doivent avoir sur les Recettes de la Ville, qu'on pourra songer sérieusement à réduire celles-ci. En effet, c'est une mesure qu'on ne saurait morceler sans en compromettre les fruits. De faibles atténuations de Taxes profiteraient aux intermédiaires, et ne descendraient pas jusqu'aux consommateurs.

« L'allégement des charges des contribuables, qui doit être, pour le noble cœur de l'Empereur, la plus douce des satisfactions, me représente ces bouquets de fête que les constructeurs sont dans l'usage de mettre sur le comble du bâtiment, mais, au terme de tous les travaux du gros œuvre. »

PROJET DE RÉDUCTION DES DROITS SUR LES VINS.

En 1869, devait expirer le délai de dix années imposé par l'État à la Ville, dans un Traité du 18 Mars 1858, pour l'achèvement du Deuxième Réseau des nouvelles voies publiques. Le Premier était fini ; le Troisième, bien avancé, et l'assimilation du nouveau Paris à l'ancien, cette obligation morale résultant de l'agrandissement de la Ville, pouvait être considérée comme accomplie, quand l'Empereur me demanda ce Rapport du 20 Mai 1858, qui devait exposer à Sa Majesté quelle serait la Situation Financière de la Ville après des conventions qu'elle venait de faire avec le Crédit Foncier de France, pour échelonner, sur un grand nombre d'exercices, le paiement d'une portion du passif de ses grandes entreprises ; en d'autres termes, « quelle serait l'importance
« des ressources dont la Ville garderait la libre dispo-
« sition, soit, pour faire face aux améliorations d'utilité
« publique réclamées encore par les besoins de la Grande
« Cité ; soit, pour effectuer, *par des abandons de revenu,*
« l'allégement des impôts ou des charges locales. »

Ce n'est pas le lieu d'entrer dans les explications détaillées, très complexes, fournies par le document dont il s'agit ; mais, il établissait clairement que les engagements de tout ordre pris par la Ville, n'épuiseraient pas, à beaucoup près, l'Excédent très considérable de revenu que le présent léguerait à l'avenir. Cet Excédent, calculé d'après les résultats acquis, dépassait de 30 millions la charge annuelle de la Dette Municipale dont il devait, avant tout, assurer l'amortissement graduel, et ce chiffre ne pouvait manquer de s'accroître, non seulement, par la progression normale des revenus, mais encore, pour les deux raisons ci-après :

1° Le partage des bénéfices nets de la Compagnie du Gaz, dont la moitié reviendrait à la Ville, dès 1869, aux termes d'une clause introduite, à la dernière heure, grâce à mon insistance, dans les traités passés entre mon administration et cette Société, clause répétée, depuis lors, dans d'autres traités de concession.

Cette portion, qui ne monta pas à moins de 4,950 000 fr., pour la première année du partage, s'est élevée à 13,550,000 francs, pour 1888.

2° L'amortissement final, en 1871, de l'Emprunt de 50 millions contracté par mon prédécesseur, pour couvrir les dépenses des travaux des Halles Centrales et de l'ouverture de la rue de Rivoli, du Louvre à l'Hôtel de Ville, qui rendrait libre l'annuité de plus de 5 millions affectée au service de ce dernier Emprunt.

Ce ne serait donc pas seulement de 30 millions, mais bien de 40, et probablement de plus encore, que pourraient disposer, pour de nouveaux besoins ou pour des dégrèvements de Taxes, les administrations qui succéderaient à la mienne, après avoir réservé la part des engagements dont je leur laisserais la charge, et le moment approchait de s'occuper de l'emploi le meilleur à faire de cette richesse.

Le Rapport dont je résume ici les conclusions, témoigne du désir que j'avais déjà fait connaître, après l'Exposition de 1867, à l'Empereur, de cesser mes fonctions. Mais, l'Empereur n'était point las de mon service, et, dans aucun cas, ne voulait entendre parler de ma retraite avant l'achèvement complet et la liquidation finale des entreprises en cours.

En remettant ce Rapport à Sa Majesté, je lui dis que, dans ma pensée, il fallait préparer immédiatement une mesure hardie et féconde : la réduction générale, de moitié, des Droits payés par les Vins à l'entrée de Paris. Ce serait le plus populaire des dégrèvements, et nous devions le préférer à tout autre, par cette raison qu'une réduction pareille accroîtrait largement la consommation locale ; porterait, d'autre part, une grave atteinte à l'industrie de la fraude et des falsifications, et aurait, comme conséquence assurée, le rétablissement, en bien peu d'années, de l'ancien niveau des produits.

Si je n'avais pas eu la ferme conviction de ce résultat, la mesure m'eût semblé plus que hardie. En effet, le produit du Droit d'Octroi sur les Vins dépassait déjà 44 millions par an. Il était de plus de 45, pour 1869. Il s'agissait donc d'un abandon de revenu de plus de 22 millions.

Mais, on devait, sans nul doute, en agissant avec la résolution que je conseillais, retrouver la possibilité de nouvelles détaxes.

A l'appui de cette ouverture, qui ravit autant qu'elle surprit l'Empereur, je citai Lyon, où les droits étaient de moitié moindres qu'à Paris, et la consommation, par tête d'habitant, plus que double.

Seulement, je ne pouvais agir sans le concours du Ministre des Finances ; car le vin en cercles, pour ne parler que de cet article principal, à son arrivée dans Paris, n'était pas uniquement frappé d'une Taxe d'Octroi de 10 francs par hectolitre; il payait, en outre, 8 francs, plus deux décimes, de Droit d'Entrée, perçus pour le compte du Trésor Public.

La mesure exigeait une action commune.

Ma proposition fut appuyée par M. Rouher, Ministre d'État, conquis par les théories du Libre-Échange les plus avancées, depuis que, Ministre de l'Agriculture, du Commerce et des Travaux Publics, il avait fait les célèbres Traités de Commerce qui resteront ses plus beaux titres d'honneur.

Mais, M. Magne, Ministre des Finances, se montra, tout d'abord, et jusqu'au terme de mon administration, absolument intraitable. Ce n'était pas, je me hâte de le dire, qu'il eût contre moi la moindre hostilité. Bien au contraire, il me témoigna toujours une sympathie réelle, et nos familles vivaient dans la meilleure intelligence. Mes prétendues « audaces financières » l'intéressaient ; mais, pour rien au monde, il n'y voulait être associé. Positif et timoré de nature ; médiocrement touché des points de vue économiques et politiques dont M. Rouher faisait valoir l'importance, il craignait d'abandonner le certain pour l'incertain. Néanmoins, nous serions, je crois, venus à bout de sa résistance obstinée, si les événements, qui se pressaient, nous en avaient laissé le temps; car, je le répète, elle ne reposait pas sur un parti pris d'opposition à mes idées.

Dans tous les cas, j'avais atteint mon but.

A partir de l'exposé de mon système de dégrèvement, qui dépassait tout ce que l'Empereur espérait de ma soumission finale, ce ne fut plus moi qui me trouvais devenu son auxiliaire ; ce fut M. Magne que Sa Majesté s'occupa désormais de convertir à ses desseins généreux.

Il est bien regrettable, toutefois, que, par suite des refus de concours de ce Ministre honnête, habile, mais trop timide, je n'aie pu faire adopter, dès 1868, les mesures que je proposais; car, elles auraient exercé, j'en suis convaincu, sur les masses populaires de Paris, un effet dont les conséquences immédiates pouvaient être considérables.

En modifiant, dans cette ville, les résultats des Élections Législatives de 1869, elles auraient peut-être paralysé les influences qui firent l'Empire Parlementaire et le reste.

Dans un ordre de choses moins élevées, — celui dont j'avais charge, — elles eussent donné la triomphante conclusion de la Transformation de Paris, que j'avais entrepris de mener à fin « sans aucune Surimposition ni Surtaxe », et qui se fût terminée dans de meilleures conditions encore, après un Dégrèvement notable du plus lourd des Droits d'Octroi, rendu possible par les accroissements de revenu de la Ville, dus à cette Grande Œuvre même.

CHAPITRE XIII

LA TRANSFORMATION DE PARIS.
RESSOURCES DE LA VILLE

Affectation des disponibilités budgétaires présentes et à venir. — Excédents des Recettes sur les Dépenses Ordinaires. — Importance finale des disponibilités annuelles. — Fonds libres employés aux Grands Travaux. — Aggravations des dépenses de Voirie. — Causes diverses. — La Cour de Cassation. — Le Conseil d'État.

Les personnes qui n'ont pas vu Paris antérieurement à la transformation si considérable qu'il a subie de 1852 à 1870, ne sauraient comprendre toute l'importance de cette œuvre multiple, ni se rendre un compte exact des efforts qu'il fallut déployer pour faire, de la Grande Cité, ce qu'elle est depuis lors. Si j'en juge par moi, les survivants mêmes des nombreux coopérateurs de l'immense entreprise dont je fus l'instrument principal, le directeur dévoué, convaincu, durant ces dix-sept ans, ont parfois quelque peine à se représenter complètement l'ancien état des choses, et à se bien rappeler tout ce que le nouveau leur a coûté de labeurs, de soucis et de luttes. Je suppose, d'ailleurs, que les imperfections inévitables ou les lacunes forcées de certains de nos travaux ne sont pas ce qu'on remarque maintenant le moins ; car, voilà ce qui m'en frappe le plus, lorsque je les revois. Désormais, je visite notre

Paris en critique, avec une impartialité due au temps, comme je juge ceux de mes écrits oubliés que j'ai l'occasion de relire.

Quoi qu'il en soit, les générations, qui, durant mon édilité si longue, assistèrent au bouleversement général de la vieille ville, en connurent les gênes et les ennuis de toutes sortes, avant de pouvoir en apprécier les bienfaits.

Celles qui sont venues après, ont vu surtout les résultats heureux de la Transformation laborieuse dont leurs devancières avaient supporté les inconvénients, et jouissent, plus entièrement qu'elles, des avantages de tout ordre qu'elle devait assurer finalement, tôt ou tard, à la Population Parisienne.

AFFECTATION DES DISPONIBILITÉS BUDGÉTAIRES PRÉSENTES ET A VENIR.

C'est à bon droit que je crus pouvoir faire contribuer, dans une juste mesure, l'avenir comme le présent, qui n'y ménageait pas ses ressources, au paiement des dépenses de cette grande entreprise, par voie d'atermoiements et d'emprunts, autorisés par les Pouvoirs Publics, juges désintéressés de l'équitable distribution du fardeau qu'il me fallait répartir. Mais, je pus dire, sans crainte d'être contredit, au cours de mon Rapport à l'Empereur déjà cité, que, chaque fois qu'il s'était agi, pour la Ville, de faire appel au Crédit, l'Administration Municipale avait toujours montré la sollicitude la plus attentive « afin de ne laisser à la charge de l'avenir que
« la moindre portion possible des dépenses dont il
« devait cependant profiter non moins que le présent. »

Je rappelais, en même temps, le soin scrupuleux que cette Administration avait mis, dans toutes les occasions de ce genre, à « ménager les générations futures, aussi « bien que la génération actuelle, en basant le rembour- « sement des emprunts, non pas, comme cela se pra- « tique d'habitude, sur le produit de Surimpositions ou « de Surtaxes plus ou moins lourdes, plus ou moins du- « rables, mais uniquement sur des excédents de reve- « nus certains, réservés prudemment à cet effet, et « surpassant même de beaucoup l'importance du ser- « vice de la Dette qu'ils devraient couvrir. »

En définitive, le présent d'alors, devenu, depuis, un passé lointain, a payé plus de la moitié des Dépenses Extraordinaires, montant à 2 milliards et demi, faites de 1852 à 1870, et, en regard de la portion de ces dépenses laissée à la charge de l'avenir, et soigneusement échelonnée sur une longue série d'exercices, ce passé lui léguait un Excédent Annuel de Recette, qui s'est élevé, pour 1869, à plus de 83 millions !

La liquidation finale de la Transformation de Paris, assurée par mes combinaisons financières, devait donc, ainsi que je l'affirmais d'avance à l'Empereur, permettre aux administrations venant après la mienne, de conserver, malgré les prélèvements que cette liquidation ferait subir aux Excédents de Revenu, « des disponibilités considérables, soit pour de nouvelles entreprises, soit pour des allégements de taxes, ou d'adopter parallèlement ces deux modes d'emploi ».

Lorsque, le 30 Octobre 1869, en présentant au Conseil Municipal le projet de Budget de la Ville pour 1870, j'insistais sur ce résultat, je ne pouvais prévoir : ni la guerre désastreuse qui a perdu l'Empire et ruiné le Pays ; ni la rançon de 200 millions imposée par l'Étranger vainqueur à Paris assiégé, rançon que mon ancien collaborateur et ami dévoué, M. Noyon, Trésorier de la Ville, eut la douleur de porter lui-même à Versailles ; ni les pertes de revenus, ni les charges extraordinaires dont le Siège et la Commune ont été les causes, et qu'on peut évaluer à près d'un milliard. Mais, la preuve que je ne m'abusais pas sur la puissance financière de la Ville, c'est qu'elle a pu se relever bientôt, après de telles atteintes, et faire face, en même temps, à la reprise des œuvres interrompues par la Guerre, et au service d'amortissement des Emprunts contractés sous mon administration.

Je vais puiser dans le Mémoire contenant l'Exposé de ce projet, et dans les tableaux l'accompagnant, les chiffres établissant l'importance relative des ressources fournies annuellement par les Budgets de la Ville.

J'y trouverai, de même, ceux qui me serviront ultérieurement à préciser le montant des appels faits, sous diverses formes, au Crédit, pour en employer le produit, concurremment avec les Subventions de l'État propres à quelques entreprises, et certaines Recettes Spéciales, dont j'indiquerai l'origine, en regard des Dépenses Extraordinaires de toute nature, imposées à la Ville par ses grandes œuvres d'édilité.

En 1869, le terme assigné par le traité de 1858 aux dernières Opérations de Voirie subventionnées par l'État, venait d'arriver, et j'avais saisi l'occasion que m'offrait l'achèvement des travaux extrêmement considérables qu'elles comprenaient, pour grouper dans le Mémoire du 30 octobre les éléments du Compte Général de ces Opérations, et, en même temps, de toutes les entreprises du même ordre ou d'autre, accomplies sous mon administration ; car je sentais s'approcher la fin de mon mandat, que l'Empereur consentît ou non à m'en décharger, tant le caractère personnel des attaques de nos adversaires politiques et de mes envieux était devenu passionné, violent, intolérable.

Je l'ai déjà dit : aux yeux des Parisiens, aussi routiniers, quant aux choses, qu'ils sont d'humeur changeante, quant aux personnes, j'avais deux grands torts, habilement exploités par les ennemis du Souverain et par mes envieux. Depuis dix-sept ans, je troublais toutes leurs habitudes, en bouleversant Paris, et je leur faisais voir le même visage de Préfet à l'Hôtel de Ville. C'étaient deux griefs irrémissibles.

« Quand j'aurai quitté le Palais Municipal, » répétai-je plusieurs fois à l'Empereur, « on ne tardera pas à
« rendre toute justice aux œuvres, inspirées par Votre
« Majesté, dont je suis le trop énergique et trop im-
« muable instrument. »

EXCÉDENTS DES RECETTES SUR LES DÉPENSES ORDINAIRES.

Pour donner à la liquidation anticipée de mon édilité que j'abordais, une précision irrécusable, au lieu de relever le montant des Recettes annuelles de la Ville, comme je l'avais fait pour mes précédents Mémoires financiers et pour mon Rapport à l'Empereur, si discuté par nos aristarques, dans les colonnes des Comptes Administratifs, qui donnent, sous la rubrique : Droits

Constatés », le total des titres de Recette définitifs, qu'il soit entré dans la Caisse durant l'exercice, ou qu'il ait été reporté, comme « Reste à Recouvrer », sur le suivant, je m'étais attaché à n'inscrire dans le Mémoire de 1869, que les sommes réellement reçues, chaque année, par le Trésorier de la Ville, en laissant provisoirement de côté les Restes à Recouvrer. J'avais opéré de même quant aux Dépenses. Mais, j'avais fait état des encaissements ultérieurement réalisés sur le montant de ces Restes à Recouvrer, après déduction des Restes à Payer soldés, dans un Compte Spécial comprenant aussi le produit des « Recettes Accidentelles », recettes variables, d'origines très diverses, que leur nature aléatoire m'avait empêché de classer parmi les Recettes Ordinaires, dans un travail où je tenais à dégager nettement, hors de toute contestation, l'importance réelle des Excédents du revenu certain, permanent, de la Ville.

Dans le résumé de ma première communication au Conseil Municipal, — Note sur la Situation Financière de la Ville de Paris, du 12 Juillet 1853, — j'avais démontré que les recettes propres de l'exercice 1852 s'étaient élevées à 54,110,694 fr. 32, et ses charges, à 49,047,112 fr. 62. Mais, ces deux chiffres ne distinguaient pas les Recettes et Dépenses Ordinaires, des Recettes et Dépenses d'autre nature. Ils comprenaient, d'ailleurs, les Restes à Recouvrer ou à Payer, aussi bien que les sommes encaissées ou soldées.

Le montant des Recettes Ordinaires réalisées n'avait pas dépassé 52,618,776 fr. 17, et les Dépenses de même nature, payées (le service de la Dette Municipale réservé) 31,227,128 fr. 94.

L'Excédent des unes sur les autres avait donc été de 21,391,647 fr. 23.

Le Reliquat Général laissé par l'exercice 1852 à l'exercice 1853 s'était élevé, toutes compensations faites, à 18,179,453 fr. 50, comme on l'a vu précédemment.

Il se composait :

Du Reliquat de Caisse de 1853.		13,398,056ʳ,36
De l'Excédent des Restes à Recouvrer du même exercice.	4,349,266ʳ,76	
Sur les Restes à Payer..	2,117,869ʳ,62	
Soit.		2,231,397ʳ,14
Du montant de créances d'une rentrée certaine.		2,550,000ʳ »
Somme égale		18,179,453ʳ,50

Aucune corrélation n'existe entre ce résultat et l'Excédent de Revenu réalisé, montant, comme ci-dessus, à 21,391,647 fr. 23, et employé, dans le cours même de l'exercice, concurremment avec les autres ressources budgétaires, soit, au service de la Dette Municipale, soit, en Dépenses Extraordinaires diverses.

De 1852 à 1859, époque de l'extension des limites de Paris, c'est-à-dire pendant une période de sept ans, les Recettes Ordinaires effectuées se sont élevées de 52,618,776 fr. 17 à 79,778,705 fr. 54, ce qui donne une plus-value de 27,159,929 fr. 37, soit, en moyenne annuelle, de 3,879,989 fr. 91.

Parallèlement, les Dépenses Ordinaires proprement dites ont monté de 31,227,128 fr. 94 à 42,413,646 fr. 48. L'accroissement n'en a donc pas dépassé 11,186,517 fr. 54, soit, en moyenne annuelle, 1,598,073 fr. 93.

L'Excédent Annuel du Revenu s'est élevé de la différence en plus qui existe entre 3,879,989 fr. 91, —

progression ascendante moyenne des recettes — et 1,598,073 fr. 93, — augmentation moyenne des dépenses, — soit, de 2,281,915 fr. 98.

En somme, les Recettes Ordinaires des sept exercices donnent un total de	467,674,666ᶠ,83
Et les Dépenses de même nature, un total, de.	270,169,819ᶠ,39
Les Excédents Annuels, qui se sont élevés de 21,391,647 fr. 23, en 1852, à 37,365,059 fr. 06, en 1859, ont produit ensemble une ressource de.	197,513,847ᶠ,44

En 1860, par suite de l'Annexion, à Paris, de la Zone Suburbaine, qui, du jour au lendemain, assujettit une population nouvelle de plus de 400,000 âmes, aux perceptions de l'Octroi, les Recettes Ordinaires de la Ville furent portées brusquement de 79,778,705 fr. 54 à 105,118,400 fr. 88, tandis que, de 42,413,616 fr. 48, ses Dépenses de même nature ne montèrent, d'abord, qu'à 56,584,481 fr. 95. L'Excédent des unes sur les autres s'éleva donc, du même coup, de 37,365,059 fr. 06, à 48,533,918 fr. 93.

Dans les 11,168,859 fr. 89 dont il s'accrut, en une seule année, il est impossible de faire exactement la part :

1° De l'influence, toujours croissante, de l'accomplissement des grandes œuvres précédemment entreprises, sur les ressources diverses du Revenu Municipal ;

2° De la première application de la mesure, si considérable à tous égards, qui venait d'étendre subitement le rayon de l'Octroi parisien jusqu'à l'Enceinte Fortifiée, sans laisser aux charges qui devaient en compenser, que dis-je ? en surmonter de beaucoup les produits, le temps de se développer, comme elles le firent successivement, un peu plus tard.

Mais, après 1860, la marche ascensionnelle des revenus de la Ville prit, comme on va le voir, des proportions qui ne permettent pas de méconnaître qu'elle a dû contribuer notablement à grossir l'excédent anormal donné par cette première année de la période décennale de 1859 à 1869, dont j'ai maintenant à constater les résultats.

Je ne puis cependant omettre de dire ici que l'Annexion, à Paris, de la Zone Suburbaine, si favorable, semblait-il, d'après son premier résultat financier, fut une cause de perturbations profondes dans l'économie des Budgets de la Ville : non seulement, par l'augmentation progressive, très considérable, des dépenses annuelles, qu'elle entraîna ; mais encore, par les dépenses extraordinaires, montant au chiffre énorme de 352 millions, qu'il fallut faire durant cette période, pour doter les nouveaux Arrondissements d'édifices municipaux, religieux, scolaires, charitables et autres, qui leur manquaient ; pour y paver, garnir de trottoirs, éclairer une foule de rues ; pour les pourvoir de distributions d'eau régulières, et d'une canalisation d'égouts complète ; enfin, pour témoigner le même souci du bien-être de leurs populations, que de celui des habitants de l'Ancien Paris, auxquels ils devaient être assimilés en tout désormais, par l'établissement de voies plantées, promenades, parcs, jardins et squares, répartis sur les divers points de leur immense territoire.

Ces explications sont d'autant plus nécessaires qu'à l'époque de l'Annexion, les adversaires de l'Administration Municipale ne manquèrent pas de dire qu'à bout de ressources, elle avait provoqué cette mesure pour se procurer de nouveaux contribuables !

Les Recettes Ordinaires de la Ville, que l'agrandissement, réalisé, de Paris venait de porter, d'un seul bond, de 79,778,705 fr. 54, en 1859, à 105,118,400 fr. 88, en 1860, se sont élevées, en 1869, à 159,234,070 fr. 98, non compris la première attribution de 4,950,000 francs dans les bénéfices nets de la Compagnie du Gaz, que je laisse de côté pour un moment, à cause de son caractère de ressource nouvelle. Dans les neuf dernières années de la période décennale dont je m'occupe, la plus-value des revenus de la Ville a donc été de 54,115,670 fr. 10, soit, de 6,012,852 fr. 23, en moyenne.

Or, j'ai constaté, pour la période de sept ans écoulée de 1852 à 1859, quand les grandes entreprises municipales n'étaient encore engagées que dans une proportion relativement restreinte, une plus-value moyenne annuelle, acquise à ces mêmes revenus, de 3,879,989 fr. 91, seulement.

A quelle cause attribuer la progression notable des Recettes Ordinaires observée pendant la période suivante, si ce n'est à l'action fécondante du développement et de l'achèvement successif de ces entreprises?

Quant aux Dépenses Ordinaires, qui n'avaient monté que de 42,413,646 fr. 48, en 1859, à 56,584,481 fr. 95, en 1860, elles ont été de 83,768,557 fr. 29, en 1869. Leur accroissement de 27,184,075 fr. 34, en neuf ans, donne, en moyenne annuelle, 3,020,452 fr. 81.

Or, de 1852 à 1859, avant l'annexion, l'élévation graduelle de ces dépenses n'était, en moyenne annuelle, que de 1,598,073 fr. 93.

En présence des chiffres qui précèdent, et dont je regrette l'aridité, ne suis-je pas fondé quand je soutiens que l'extension des limites de Paris a grevé les Budgets de la Ville de charges hors de proportion avec l'augmentation de revenu, qu'elle a pu lui procurer?

Malgré tout, l'accroissement annuel moyen des Recettes : 6,012,852 fr. 23, a dépassé celui des Dépenses : 3,020,152 fr. 81, de 2,992,699 fr. 42, et grossi d'autant, pour chacune des neuf années auxquelles se rapportent les résultats qui précèdent, l'Excédent de Revenu.

Pour la période septennale de 1852 à 1859, où cependant les Dépenses n'avaient pas eu de causes exceptionnelles d'augmentation comparable à l'agrandissement de Paris, l'Excédent avait progressé de 2,281,915 fr. 58 seulement par année.

Si, maintenant, je compare l'ensemble des Recettes et des Dépenses Ordinaires, de la période décennale courue de la fin de 1859 à la fin de 1869, je trouve :

Recettes	1,326,926,037ᶠ,57
Dépenses.	702,834,550ᶠ,44
Différence, représentant la somme des Excédents Annuels de Revenu.	624,091,487ᶠ,13

IMPORTANCE FINALE DES DISPONIBILITÉS ANNUELLES.

Dans le Mémoire de 1869, les chiffres relatifs à l'exercice en cours n'avaient pu figurer que par évaluation. Dans les calculs auxquels je viens de me livrer, comme dans ceux qui vont suivre, j'ai contrôlé, rectifié, complété ces chiffres, au moyen du Compte Final dressé, le 31 Juillet 1870, par mon successeur.

Les Recettes Ordinaires figurent dans ce Compte pour 168,443,629 fr. 61, montant des « Droits Constatés » (y compris la part de la Ville dans les bénéfices de la Compagnie du Gaz), dont 164,184,070 fr. 98, réalisés, et 4,259,558 fr. 63, reportés, comme Restes à Recouvrer, sur 1870 ; les Dépenses Ordinaires proprement dites (le service de la Dette Municipale réservé), à 85,084,744 fr. 53, dont 83,768,557 fr. 29, acquittés, et 1,316,187 fr. 24, reportés sur le même exercice, comme Restes à Payer.

L'Excédent des Recettes réalisées sur les Dépenses acquittées, 80,415,513 fr. 69, formait une ressource disponible dès 1869.

Mais, l'Excédent des Produits Constatés sur les Dépenses Réglées, le véritable Excédent de l'exercice n'a pas été moindre de 83,378,885 fr. 08.

En tout cas, j'étais dans la vérité quand j'avançais, plus haut, que celui de 1869 avait dépassé le chiffre énorme de 83 millions.

Les 80,415,513 fr. 69 disponibles ont servi, d'abord, à faire face au service ordinaire de la Dette Municipale, — intérêts, lots d'emprunts, etc. — pour 46,922,550 fr. 08.

Les 33,492,963 fr. 61 restants, accrus de 7,070,764 fr. 43, produits par des Recettes Accidentelles diverses, et de 27,110,673 fr. 50 de Recettes Extraordinaires absolument indépendantes des Recettes Spéciales appartenant aux grandes Opérations de la Ville, formèrent une ressource totale de 67,694,401 fr. 58, sur laquelle durent être prélevés 3,998,150 fr. 87 de Restes à Payer, provenant de 1868 et années antérieures.

L'amortissement de la Dette Municipale qui, je l'ai dit, représentait le paiement définitif de Dépenses Extraordinaires dont le solde avait été précédemment ajourné par atermoiements ou bien au moyen d'emprunts, exigea 12,475,688 fr. 71.

Néanmoins, cette ressource a donné finalement une somme nette de 51,220,924 francs, que mon administration put affecter aux Dépenses Extraordinaires des grandes entreprises de tout ordre alors en cours.

Elle ne s'en fit pas faute ; car, les restes à recouvrer et à payer de toute provenance compensés, l'exercice 1869 n'a laissé qu'un reliquat de 4,405,801 fr. 96.

Voici le résumé de la 1re section du Budget de 1870, voté par le Conseil Municipal, en novembre 1869 :

Recettes Ordinaires.	171,530,904f,62
Dépenses Ordinaires, y compris une réserve de 1,250,000 fr. pour cas imprévus, à. . . .	87,558,776f,88
Excédent.	83,972,127f,74

A peine supérieur à celui des Produits Constatés sur les Dépenses Réglées de 1869, qu'on ne pouvait connaître encore alors, cet Excédent l'aurait, selon toute apparence, dépassé de 3 millions, suivant la progression moyenne observée durant la période décennale antérieure, sans les désastres de l'Année Terrible.

En résumé, après le prélèvement des 46,472,127 fr. 74 nécessaires au service ordinaire de la Dette Municipale, il restait un disponible de 37,500,000 francs, que viendraient accroître, avant tout, le reliquat net de 1869, soit 4,405,801 fr. 96 ; puis, des Recettes Extraordinaires, évaluées à 15,635,949 fr. 49, en dehors de celles qui, par leur provenance, appartenaient aux Grands Travaux de Paris, et former une ressource totale de 56,541,751 fr. 45.

L'amortissement — 14,050,314 francs — de la Dette Municipale assurée, cette ressource laissait encore libres environ 42 millions et demi, dont le Conseil Municipal avait réglé l'emploi, conformément à mes propositions.

En 1871, elle devait s'accroître, en sus des plus-values annuelles des excédents de revenus, dont la progression ascensionnelle ne semblait menacée par aucune cause d'interruption, d'une somme d'au moins 5 millions, sans emploi, par suite de l'extinction complète de l'Emprunt de 1852.

Je ne me dissimule pas l'ennui de tous ces calculs ; mais ils étaient nécessaires à l'appui de ma thèse, pour lui donner une précision mathématique poussée jusqu'aux derniers francs et centimes, qui pût défier toute contradiction. Ils prouvent, en effet, qu'à la fin de 1869, au terme de mon administration, avant les désastres de 1870 et 1871, la situation financière de la Ville, bien loin de se trouver engagée *ultra vires,* assurait, au contraire, à mes successeurs, des disponibilités — notablement plus considérables que celles dont j'avais reçu l'héritage de M. Berger, — en sus des moyens de faire face à la très forte part contributive mise à la charge de l'avenir, dans les dépenses motivées jusqu'alors par la Transformation de Paris, part dont je déterminerai l'importance avec la même exactitude.

FONDS LIBRES EMPLOYÉS AUX GRANDS TRAVAUX.

La somme des excédents annuels des Recettes Ordinaires réalisées, sur les Dépenses de même nature acquittées, est de 821,605,334 fr. 57, savoir :

Pour la période septennale antérieure à l'Annexion . . . . 197,513,847ᶠ,44 Et pour la période décennale postérieure, de. . . 624,094,487ᶠ,13	821,605,334ᶠ,57
Le compte spécial des Recettes Accidentelles, d'origines très variables, a produit, pendant ces dix-sept années.	60,897,445ᶠ,36
Les Recettes Extraordinaires provenant d'une foule de sources (remboursements, parts contributives, cotisations à la charge de divers; prix d'aliénation de terrains appartenant au Domaine de la Ville, etc.) ont donné, pendant le même laps de temps, savoir : A la Caisse Municipale . . . 76,348,357ᶠ,93 A la Caisse des Travaux de Paris. 58,392,306ᶠ,62	134,740,664ᶠ,55
Total Général.	1,017,243,444ᶠ,48

Je traiterai, dans un chapitre à part, de cette dernière Caisse, de son organisation et de son fonctionnement. Elle avait été créée pour décharger la Caisse Municipale du service de Trésorerie de nos grandes entreprises, et les Comptes et Budgets de la Ville, de l'énumération des recettes et des dépenses exceptionnelles s'y rattachant.

La réunion des totaux ci-dessus donne l'ensemble des ressources budgétaires « réalisées », dont j'ai pu disposer, durant mon administration, pour couvrir, jusqu'à due concurrence, le coût de nos Grands Travaux : 1,017,243,444 fr. 48. Il faut y joindre le reliquat, non employé par moi, de l'exercice 1869 : 4,405,201 fr. 90.

Au risque d'être accusé de redites, je rappelle que, dans cet énorme chiffre, n'entre le produit d'aucune Surimposition, d'aucune Surtaxe.

Si, parallèlement aux Grands Travaux de Voirie, dont ma principale mission était d'assurer l'accomplissement, et qui, pour beaucoup de personnes, trop exclusivement frappées de leurs résultats visibles, semblent constituer presque toute l'œuvre de la Transformation de Paris, je n'avais pas dû poursuivre nombre d'autres entreprises non moins utiles, non moins urgentes, et plus coûteuses dans leur ensemble, cette ressource de plus d'un milliard eût suffi pour solder finalement les dépenses de toutes les voies nouvelles ouvertes et achevées sous mon administration.

En effet, bien que ces dépenses, aggravées au delà de toutes prévisions par les causes ci-après expliquées, aient presque atteint, d'après le compte que j'en fis dresser à la fin de 1869, le chiffre énorme de 1,300 millions, elles ont été compensées, dans une large mesure, par les Subventions de l'État, montant à 95 millions, en somme ronde, applicables aux premiers réseaux et par le produit de la vente des matériaux des maisons démolies et des lots de terrains expropriés en dehors des alignements nouveaux de la Voie Publique, dont le total s'élevait à plus de 269 millions, ce qui ramenait le chiffre brut approximatif de 1,300 millions, à celui de 933.

Mais, il ne m'aurait pas été possible, dans la pratique, d'opérer aussi facilement que je le fais ici, la liquidation de cette grosse affaire. C'est seulement durant les dernières années de mon administration, que les Excédents des Recettes sur les Dépenses Ordinaires de la Ville prirent toute leur importance, et c'est, dès les premières, que j'ai dû résolument aborder l'exécution du plan d'ensemble des Grands Travaux de Voirie, à peine ébauchés sous mon prédécesseur.

D'ailleurs, ne fallait-il pas commencer par payer la dépense brute de chacun, bien avant de pouvoir disposer des ressources de nature spéciale qui devaient la compenser en partie ? Dans l'hypothèse même à laquelle je viens de m'arrêter, j'aurais donc eu besoin de recourir à des emprunts, pour me fournir les moyens de Trésorerie qui m'étaient nécessaires, et que je pus obtenir, plus tard, d'une manière encore bien insuffisante, lorsque, m'autorisant du succès incontestable de la Caisse de la Boulangerie, je fis décider l'institution de la Caisse des Travaux.

AGGRAVATIONS DES DÉPENSES DE VOIRIE.

Avant d'aborder l'exposé des Appels au Crédit que je fus contraint de faire sous plusieurs formes, il convient d'en préciser les motifs, au moyen de l'énumération sommaire et de l'importance totale des augmentations de dépense qui portèrent à 1,300 millions, en somme ronde, le coût de nos Grands Travaux de Voirie, évalués par moi, sans crainte d'erreur, de 460 à 470 millions, dans une circonstance solennelle (Discours au Sénat du 13 Avril 1869). J'en ferai connaître ensuite les diverses causes, impossibles à prévoir, pour la plupart.

Dans tous les documents administratifs de l'époque, les voies nouvelles dont on avait décidé l'ouverture, se trouvent divisées en trois groupes improprement nommés « Réseaux », dont la formation ne fut décidée par aucun motif tiré de la situation respective de ces voies, ni de leur utilité relative, ni de l'ordre dans lequel on comptait les exécuter.

Ce classement avait uniquement pour but de distinguer celles que l'État subventionnait, dans un intérêt d'ordre public ou pour assurer le dégagement de monuments nationaux, en exécution de conventions sanctionnées par des lois spéciales, de celles que la Ville devait entreprendre sans aucune subvention. C'était un classement de comptabilité : rien de plus.

En effet, lorsque, sur un plan d'ensemble de Paris, on suit le tracé de toutes ces voies, qui se complètent, on comprend qu'il ne fût pas possible, d'une manière absolue, d'exécuter successivement les trois réseaux. Et, quant à l'ordre de leur importance, on reconnaît qu'il n'a pas exercé d'influence sur ce travail; car, on voit figurer, dans le Premier Réseau, la portion de la rue de Rivoli comprise entre la Place du Louvre et l'Hôtel de Ville, et, dans le Second, celle qui va de l'Hôtel de Ville à la Bastille; puis, reléguées dans le Troisième, des voies telles que la plus considérable section du boulevard Haussmann, et le prolongement de la rue Lafayette, du Faubourg-Poissonnière au Carrefour de l'Opéra, sur la rive droite; le Boulevard Saint-Germain et la rue de Rennes, sur la rive gauche.

Néanmoins, en fait, le Premier fut entrepris bien avant le Second, qui date de 1858 seulement, tandis que celui-ci fut exécuté concurremment avec le Troisième.

Les mécomptes ne montèrent qu'à 60 ou 70 millions, pour le Premier Réseau, dont une grande partie était achevée quand les circonstances auxquelles je les attribue se sont produites.

Le Second Réseau, le plus frappé des trois, coûta 230 millions de plus qu'on ne l'avait supposé.

Cela faisait près de 300 millions d'excédent de dépense, pour l'ensemble des opérations exécutées en vertu de conventions passées entre l'État et la Ville et sanctionnées par des lois spéciales !... Mais, l'État, loin d'augmenter son contingent proportionnel stipulé, pour le mettre en rapport avec les résultats constatés, se retrancha derrière la clause des conventions qui fixait à ce contingent une limite maxima. Et c'est ainsi qu'il ne contribua que pour 95 millions, en tout, à des entreprises qui, finalement, en coûtèrent 882.

Or, l'augmentation du produit des Impôts de toute sorte perçus pour le compte du Trésor Public dans Paris, s'est accru, de 1852 à 1870, d'une plus-value annuelle qui dépassait 120 millions, en 1869 !

Les déceptions causées à la Ville par le Troisième Réseau ne dépassèrent pourtant pas 170 ou 180 millions. Cela tient à ce que la plus grande partie de l'exécution pût être concédée à de gros entrepreneurs, ayant des facilités et des aptitudes que ne saurait posséder une administration publique, pour traiter à l'amiable de l'acquisition des immeubles expropriés et du règlement des indemnités d'éviction des locataires, comme aussi, pour utiliser le mieux possible les matériaux de démolition et les terrains expropriés au delà des alignements des voies nouvelles.

CAUSES DIVERSES.

L'exécution « en Régie » du Premier et d'une partie considérable du Second Réseau n'a pas été sans contribuer, en effet, aux déceptions réservées à la Ville. Mais, au début, elle n'avait pas le choix entre ce mode et celui des traités à forfait : les entrepreneurs étaient effrayés par l'aléa des décisions du Jury d'Expropriation. C'est seulement après l'issue favorable de petites opérations concédées exceptionnellement, que la pratique de ce système se généralisa graduellement, et que de gros entrepreneurs, appuyés au besoin par des groupes financiers, s'enhardirent jusqu'à se charger, à prix débattu, de l'ouverture de certaines grandes artères.

De plus, M. Berger, mon prédécesseur, voulant se mettre à l'abri des sollicitations et des responsabilités, avait adopté pour système, de citer indistinctement, devant le Jury, tous les propriétaires et locataires frappés d'Expropriation ou d'Éviction, qu'ils fussent ou non disposés à traiter amiablement avec la Ville, pour le règlement des indemnités de toute nature auxquelles ils avaient droit.

Je ne méconnaissais pas que cela fût commode ; mais, je ne pouvais y voir ni l'observation de l'esprit, ni l'exécution de la lettre de la Loi du 3 Mai 1841. C'est, en effet, « à défaut d'arrangements amiables », que cette Loi permet de saisir le Jury du règlement des indemnités et fixe toute la procédure à suivre en ce cas suprême.

Je considérai que mon devoir d'administrateur consciencieux et de fonctionnaire de l'Empire jaloux de son intérêt politique me commandait, avant tout, d'accepter, de provoquer même, les demandes d'arrangement repoussées jusqu'alors, afin de ne pas aggraver le trouble causé par l'Expropriation dans les situations personnelles, par la rigueur des formes d'une procédure contentieuse.

Mais, j'entourai les traités amiables de formalités propres à en garantir la sécurité, aussi complètement que possible.

A cet effet, j'instituai la « Commission des Indemnités », présidée par un Conseiller de Préfecture, et composée de membres du Conseil Municipal, pris parmi les plus expérimentés et les plus compétents, du Chef du Service de la Voirie, de l'Avoué de la Ville, etc. Cette Commission fut chargée ultérieurement de la fixation des prix de revente à l'amiable des terrains provenant d'expropriations, et enfin, de recevoir et comparer les demandes en concession des Opérations de Voirie que la Ville n'exécuta pas elle-même ; de procéder à une sorte d'adjudication restreinte entre les divers concurrents, et d'arrêter la rédaction des traités à soumettre au Conseil Municipal, « sous réserve de l'approbation du Gouvernement » !

Je suis toujours demeuré complètement étranger aux travaux de cette Commission, et, « jamais », aucune affaire ne lui fut recommandée par moi, dans un sens ou dans un autre. Elle avait et méritait mon entière confiance et celle du Conseil.

Une des principales causes de l'exagération de dépenses qui dépassa les prévisions les plus larges, fut certainement la répartition sur dix années, par la convention de 1858, des Grands Travaux de Voirie constituant le Deuxième Réseau.

On croyait éviter, par cette stipulation, une concentration trop grande d'ouvriers à Paris. On pensait, d'ailleurs, amoindrir la dépense, par les facilités que ce délai donnerait aux intérêts menacés, notamment, aux industries à déplacer, pour opérer leur translation, et à la Ville, pour saisir toutes les occasions d'acheter d'avance, à de bonnes conditions, les immeubles dont elle avait besoin, et pour attendre l'expiration ou l'amoindrissement des baux dans les liens desquels ces immeubles étaient engagés.

Or, toutes ces espérances ont été vaines.

L'échelonnement des entreprises sur dix années n'a pas eu seulement pour effet de laisser, au renchérissement de toutes choses, le temps de se produire sur les maisons et sur les valeurs locatives, et de s'accroître même là des plus-values résultant des travaux graduels de la Ville.

Il a, de plus, favorisé la combinaison d'une foule de fraudes ayant pour objet d'abuser le Jury d'Expropriation, déjà trop enclin à faire pencher la balance du côté de l'intérêt privé, particulièrement, au moyen de la réfection des livres de commerce de certains industriels, pour une longue suite d'exercices.

Quant aux acquisitions nombreuses que la Ville put faire, par avance, au lieu de constituer des mesures d'économie, comme on le supposait, elles sont devenues la cause d'un vrai désastre, par suite d'une jurisprudence toute nouvelle, inopinément adoptée par la Cour de Cassation : le règlement immédiat, absolument imprévu, d'indemnités d'Éviction, en faveur des locataires des maisons achetées, auxquels on croyait n'avoir rien à payer quand on leur laissait la paisible jouissance de leurs baux.

Enfin, la Ville fut privée, par l'application d'une doctrine, non moins nouvelle, émanée du Conseil d'État, de la plupart des compensations de dépense que la revente, avec les plus-values nées de l'exécution même de ses entreprises, des terrains libres provenant d'expropriations, pouvait lui procurer.

LA COUR DE CASSATION. — LE CONSEIL D'ÉTAT.

On tenait pour certain que le droit à indemnité du locataire prenait sa source, non, dans le fait de l'acquisition judiciaire ou amiable de l'immeuble occupé par lui ; mais, dans le dommage à lui causé par la résiliation, amiable ou judiciaire, de son bail ; par la cessation effective de sa jouissance ; par sa dépossession réelle. En effet, un Arrêt de la Cour Impériale de Paris, en date du 26 Juillet 1856, avait formellement établi que les baux continuaient à produire leur effet contre les locataires, après le Jugement d'Expropriation de l'immeuble, si l'Expropriant déclarait que son intention était de les exécuter.

Mais, la nouvelle jurisprudence de la Cour de Cassation, révélée, pour la première fois, dans un Arrêt du 12 Juin 1860, et qui, depuis lors, est toujours allée s'aggravant, a, tout à coup, décidé le contraire.

Cette doctrine ne fut pas acceptée sans résistance. Je me souviens même qu'aussitôt informé des conclusions de l'Avocat Général, M. de Marnas, qui l'avait soutenue, au grand étonnement de bien des auditeurs, je m'empressai de faire visite à M. Troplong, Président du Sénat et Premier Président de la Cour de Cassation, où malheureusement il ne siégeait plus guère, pour l'entretenir des conséquences incalculables qu'elle pouvait avoir, et que cet illustre jurisconsulte ne pouvait en croire ses oreilles. Plus tard, quand un Arrêt conforme eut rendu le mal irrévocable, M. Troplong ne pouvait entendre parler de la jurisprudence nouvelle de sa Cour, sans lever les bras au Ciel.

Cinq Jugements du Tribunal de Première Instance de la Seine, obtenus en 1862, protestèrent en vain contre elle. Un Arrêt de la Cour Impériale de Paris, du 11 Août 1862, admettant une exception en faveur des cessions amiables faites par actes notariés, sans intervention de la Justice, ne fut pas plus heureux. La Cour de Cassation, par un Arrêt du 20 Janvier 1864, confirma sa jurisprudence néfaste, avec toutes les conséquences contraires à la Ville qu'on en pouvait tirer.

Elles se chiffrèrent par centaines de millions !

Mais, déjà, le 27 Décembre 1858, sous la pression, sous l'insistance de M. Baroche, son Président avec rang de Ministre, le Conseil d'État, dont beaucoup de membres étaient hostiles, ouvertement ou non, aux Grands Travaux de Paris, et quelques-uns, peu sympathiques, par jalousie ou pour tout autre motif, à ma personne, modifia gravement, au fond, malgré mes protestations énergiques et réitérées, le Décret Organique de 1852, qui réglementait l'Expropriation.

Le Décret nouveau, délibéré, *proprio motu,* par ce Grand Corps, ne revenait pas seulement sur la faculté précieuse donnée par le précédent à la Ville, d'exproprier les terrains sis en dehors du tracé des voies à ouvrir, jugés nécessaires à la construction, en bordure, de maisons convenables et salubres ; il donnait, en outre, aux propriétaires des immeubles atteints, le droit de retenir les terrains en provenant qui ne devraient pas être incorporés à la Voie Publique, après avoir fait payer à la Ville, bien entendu, toute la valeur des constructions qui recouvraient ces terrains, comme aussi, les indemnités d'éviction des locataires qui les occupaient !

On assurait ainsi gratuitement aux expropriés le bénéfice des plus-values que, devenu libre pour un emploi fructueux, grâce à la Ville, ce restant de leurs immeubles, en façade sur une large et belle artère, allait certainement acquérir, et la Ville se voyait privée de la chance de trouver, par la revente avantageuse qu'elle en aurait pu faire, la compensation, dans une certaine mesure, des lourdes charges de son entreprise.

En vain, je signalai très nettement à l'Empereur les conséquences, onéreuses pour la Ville, de cette disposition. J'eus beau démontrer, d'ailleurs, contre M. Baroche, dans le sein du Conscil des Ministres, que son Décret, tout entier, était inspiré par une pensée de réaction contre la grande œuvre, en plein développement, qui serait une des gloires du règne de Sa Majesté ; je fis remarquer, sans plus de succès, que le Décret Organique du 23 Mars 1852, dont on abandonnait une disposition capitale, celle qui permettait des expropriations complémentaires, afin d'assurer le bon lotissement des terrains en bordure des voies nouvelles, et la construction, sur ces terrains, de maisons dignes d'y figurer sous tous les rapports, était un acte de la Dictature, si féconde en décisions utiles, un Décret-Loi, qu'on ne pouvait modifier par un simple Règlement d'Administration Publique.

L'Empereur ne voulut pas donner tort à M. Baroche, qui soutenait avec une passion extrême sa thèse pseudo-libérale. — Du reste, Sa Majesté n'attachait qu'un médiocre intérêt aux questions de procédure administrative tant qu'elles ne se traduisaient point encore par des faits saisissables, et il en était de même, quant aux questions financières.

Le Décret fut donc signé. L'Empereur ne tarda pas beaucoup à me dire, au sujet de cette affaire, comme de bien d'autres : — « Combien vous aviez raison ! » — Mais, il n'était plus temps.

Ai-je besoin de dire que, sous l'effet du courant d'opinion contraire aux Grands Travaux de Paris, qui se prononçait jusque dans les hautes régions du Pouvoir, la tendance inguérissable du Bourgeois Parisien à donner des leçons au Gouvernement se manifestait par une exagération croissante des décisions du Jury d'Expropriation ?...

C'est durant la dernière période, la plus laborieuse et la plus chargée de mon administration qu'apparut, sous le chiffre formidable cité plus haut, l'importance réelle des aggravations de Dépense produites par les causes que je viens d'indiquer. Grâce aux combinaisons multiples qui me permirent d'assurer constamment le service de Trésorerie de toutes les grandes choses à mener de front, sans embarras pour la marche des affaires ordinaires de la Ville, je pus maintenir obstinément, jusqu'à la fin, l'exécution de mon plan financier. Mais, ce chiffre, concorde avec le montant (465 millions) des dernières Grandes Opérations de Voirie, qui motivèrent les traités passés entre la Ville et le Crédit Foncier, prétextes de si graves débats en 1869.

CHAPITRE XIV

LA TRANSFORMATION DE PARIS.
APPELS AU CRÉDIT.

Entreprises parallèles aux Travaux de Voirie. — Dette Municipale ancienne. — Emprunts. — Avances de la Caisse des Travaux. — Traités avec le Crédit Foncier. — Bilan général.

ENTREPRISES PARALLÈLES AUX TRAVAUX DE VOIRIE.

Si l'ouverture, à la circulation publique, de vastes artères débouchant le dédale inextricable des rues, étroites et sordides, enchevêtrées au centre du vieux Paris, s'imposait absolument à cette Capitale, comme une conséquence inéluctable de l'augmentation incessante de sa population, qui s'accroissait, chaque année, de trente mille âmes, depuis le développement des grandes lignes de Chemins de Fer, et aussi, des exigences toujours plus pressantes de la science hygiénique, au sujet de la salubrité des villes, les mêmes raisons conspiraient pour entraîner son administration à réorganiser presque entièrement tous les Services Municipaux, dotés avec trop de parcimonie depuis longtemps, et restés bien en arrière du mouvement de progrès devenu la loi des sociétés modernes.

Les édifices municipaux : Mairies, Casernes de la Garde et des Sapeurs-Pompiers de Paris, Postes de

Police, étaient, en général, insuffisants, mal agencés, d'un accès difficile.

Les Monuments Religieux, délabrés, quand ils ne menaçaient pas ruine, réclamaient, presque tous, des travaux considérables. Il en fallait de nouveaux sur un grand nombre de points.

L'Assistance Publique demandait, à bon droit, une meilleure installation, et le développement de ses établissements de tout ordre : Hospices, Hôpitaux, Maisons de Secours.

L'Instruction Publique n'était pas moins exigeante pour les siens : Facultés, Lycées, Collèges, Écoles supérieures et primaires, Salles d'Asile, etc.

Sans parler des **Halles Centrales**, dont l'emplacement restait à couvrir d'abris vastes, commodes et dignes de Paris, la plupart des **Marchés** se tenaient en plein air. On en manquait dans beaucoup de quartiers.

Les Abattoirs fondés sous le premier Empire, au milieu d'espaces inhabités alors, se trouvaient en pleine ville, par l'effet du peuplement de ces espaces. Il convenait de leur substituer un Abattoir unique, doublé d'un Marché à Bestiaux remplaçant les Marchés de Sceaux et de Poissy, trop éloignés du Commerce de la Boucherie Parisienne.

Depuis que le Service de la Voie Publique s'était enrichi de tant de vastes Boulevards, de larges rues, le voisinage de ces artères nouvelles, pourvues de meilleures conditions de viabilité, faisait ressortir l'état déplorable d'une foule d'anciennes rues, mal pavées, privées de trottoirs, mal éclairées, et ne permettait pas de maintenir cet état de choses.

Le réseau des Égouts ne desservait pas, à beaucoup près, toute la Ville. D'ailleurs, il se composait de galeries basses, étroites, difficiles à parcourir, entretenir et curer.

Les Distributions d'Eau ne répondaient pas aux besoins d'une Grande Cité. L'eau potable était portée à domicile, filtrée ou non, par l'industrie privée, dans ces grands tonneaux sur roues dont on se souvient à peine, comme des Auvergnats voués à ce commerce. On la prenait aux « Fontaines Marchandes » de la Ville, alimentées, suivant les quartiers, par des puisages en Seine opérés chèrement, ou par le Canal de l'Ourcq : froide, en hiver ; chaude, en été ; sale ou louche, en tout temps. Les Eaux de Rungis, amenées par l'Aqueduc d'Arcueil, et celles de Belleville et des Prés-Saint-Gervais, débitées par la Fontaine Maubuée, dont le nom signifie « mauvaise lessive », ne dissolvaient pas le savon, tant elles étaient séléniteuses ; mais, on en faisait grand cas, à cause de leur température égale et de leur limpidité. Quant au lavage des ruisseaux et à l'arrosage des chaussées, les réservoirs trop rares et trop exigus de la Ville ne les assuraient qu'à grand'peine.

Enfin, je ne puis omettre ce qui semble être le couronnement de toutes les grandes œuvres de mon édilité : la transformation des Champs-Élysées ; celle du Bois de Boulogne, et, plus tard, du Bois de Vincennes, — dons magnifiques, mais onéreux, de l'État, — devenus de merveilleuses promenades, que le monde entier connaît et qu'il admire ; ni la création du Parc Monceaux, de ceux des Buttes-Chaumont et de Montsouris, de nombreux jardins et squares ; ni la plantation des Avenues et Boulevards qui rayonnent de tous côtés dans le Paris actuel.

Les dépenses faites et payées pour ces diverses causes, durant mon édilité, dépassent 468 millions.

J'ai précédemment énoncé que l'Annexion, à Paris, de la Zone Suburbaine, qui en a doublé la superficie, et l'assimilation de cette nouvelle ville à l'ancienne, entraînèrent des dépenses extraordinaires montant à 352 millions, en somme ronde. J'ajoute ici que cette somme, déjà bien grosse, ne comprend pas la quotité de la portion du Prix de Rachat des Concessions et des Usines de la Compagnie des Eaux dans les territoires annexés, et de l'Abattoir des Batignolles, transformée en annuités à long terme, qui restait due à la fin de 1869 (plus de 20 millions).

Néanmoins, la réunion de ces 352 millions aux 468 ci-dessus forme un groupe de 820 millions.

Mais, avant de le mettre en regard du chiffre de 933 millions, que ne dépasse pas, comme je l'ai démontré, la Dépense « Nette » de tous les Grands Travaux de Voirie, comme ce groupe ne comprend pas le capital considérable représenté par les annuités dont je viens de faire mention, et par d'autres, au moyen desquelles ont été réglées totalement, ou pour la plus grosse part, les opérations ci-après, dont la dépense devait être compensée, d'ailleurs, ou tout au moins grandement atténuée, par des accroissements de revenu correspondants, il convient d'en dégager et d'en déterminer le coût.

Dès 1860, afin de concentrer, dans un seul service embrassant l'ensemble de la Ville agrandie, les distributions d'eau de toutes provenances, le Conseil Municipal avait délibéré, sur ma proposition, le Rachat, moyennant 60 annuités de 1,160,000 francs chaque, représentant un capital de plus de 21 millions, et payables à partir du 1er Janvier 1861, non seulement, des Concessions faites à la Compagnie Générale des Eaux par les communes annexées, mais encore, de tous les Établissements et Usines de cette puissante Société, qui prit ensuite la Régie Intéressée des Eaux de Paris livrées à la consommation particulière. Le Traité de Rachat, passé le 11 Juillet, avait été sanctionné par un Décret d'approbation rendu, sur l'avis du Conseil d'État, le 2 octobre suivant.

Un autre Décret, du 9 Juillet, ratifia de même le Rachat de la Concession du Canal Saint-Martin, au prix de 1,338,800 francs en numéraire, et de 61 annuités de 180,000 francs chaque, à partir du 1er Janvier 1862.

Cette Opération permit d'abaisser de plus de 6 mètres le plan d'eau primitif du bief compris entre l'écluse des Récollets, en amont, et les trois écluses qui se trouvaient accolées, en aval, à l'entrée du tunnel débouchant, par dessous la Place de la Bastille, dans le Bassin de l'Arsenal, en reportant celles-ci contre celle-là ; puis, de couvrir le bief abaissé, de la voûte sur laquelle passe aujourd'hui la partie centrale du Boulevard Richard-Lenoir. Par suite, le Boulevard du Prince-Eugène, maintenant, Boulevard Voltaire, qui ne pouvait franchir la voie navigable que sur un Pont tournant ou sur un Pont fixe très haut, avec des rampes d'accès très incommodes, se vit délivré de cette alternative, et put croiser à niveau le Boulevard Richard-

Lenoir, par-dessus le canal englouti dans le sol, au grand profit de la salubrité des quartiers voisins.

Ah! c'est après bien des insomnies anxieuses, que me vint à l'esprit ce remède héroïque de l'infirmité qui menaçait la grande artère, de près d'une lieue de long, sur un seul alignement, déjà presque entièrement ouverte, entre la Place du Château-d'Eau et celle du Trône!

Je m'empressai de faire étudier ma combinaison par M. Belgrand, et dès qu'il l'eût reconnue praticable, je me hâtai d'en porter la nouvelle à l'Empereur, qui monta de suite à cheval, pour aller s'en rendre compte.

J'ai rarement vu mon Auguste Souverain enthousiasmé. Cette fois, il le fut sans réserve, tant il attachait de prix, dans un intérêt d'ordre public, au travail par lequel je proposais de faire disparaître l'obstacle permanent dont le plan d'eau, trop élevé, du bief du Canal menaçait, soit, la circulation commode, soit, l'établissement, « à plein voyant », d'un bout à l'autre, de la ligne magistrale d'où l'on pourrait, au besoin, prendre à revers tout le Faubourg Saint-Antoine.

Bien plus, le Boulevard que je projetais au-dessus du Canal couvert, et dont le nom me fut indiqué par l'Empereur, devait substituer, au moyen de défense que le Canal offrait aux émeutiers, une nouvelle voie d'accès dans le centre habituel de leurs manifestations.

Détail curieux! lorsque mon projet fut mis à l'enquête, plus de 30,000 dépositions favorables provenaient surtout des classes ouvrières. Les 500 autres avaient été presque toutes faites par des négociants et industriels, qui profitaient du service à quai du canal, sans souci, pour la population, des miasmes délétères de ses eaux, renouvelées insuffisamment, comme des mérites divers de la promenade nouvelle, dont la promesse charmait les petites gens.

Un troisième décret, du 9 Août 1864, autorisa le Rachat des Eaux et des Usines du Canal Saint-Maur, pour une somme de 3 millions en tout, dont 980,334 fr., payables comptant, et le surplus, réglé en 50 annuités de 125,702 fr. 50 chaque, à partir de 1865.

Enfin, un quatrième Décret, du 11 Décembre 1864, approuva la mise en adjudication de l'établissement et de l'exploitation en Régie Intéressée, pendant 50 ans, du Marché à Bestiaux de la Villette. L'adjudicataire (la Société : *L'Approvisionnement*) devait avancer tous les fonds nécessaires à l'exécution du projet, dans la limite d'un maximum de 25 millions, pour être remboursé par le prélèvement de 50 annuités égales sur les produits de sa Régie.

En réalité, les Dépenses, réglées en deux séries, à 13,188,599 fr. 51, pour la première ; à 2,391,849 fr. 80, pour la seconde : et, à 15,580,449 fr. 31, en tout, furent balancées au moyen de 50 annuités de 722,427 fr. 49 chaque, partant du 1ᵉʳ Janvier 1868, et de 49 autres, de 131,646 fr. 56 chaque, partant du 1ᵉʳ Janvier 1869.

Il est vrai qu'en vue de cette grosse affaire, la Ville avait fait, en 1864, le Rachat, qui se confond avec elle, de l'Abattoir des Batignolles, au prix de 35 annuités de 55,000 francs chacune, portant du 1ᵉʳ Janvier 1865. Mais le produit de la Régie adjugée à la Société : *L'Approvisionnement,* qui s'est élevé, dès 1869, à 1,729,142 fr. 45, a permis de couvrir largement le service de ces différentes annuités.

Les charges imposées à son Budget par les trois précédentes affaires n'ont pas été sans avoir aussi leur contre-valeur dans les résultats de l'exploitation des droits dont elles avaient eu le rachat pour objet.

Mais, toutes les quatre (toutes les cinq, si l'on tient compte à part de celle de l'Abattoir des Batignolles), n'en ont pas moins coûté 54 millions, en somme ronde, dont 52, réglées en annuités, ne figurent pas dans le total de 820 millions trouvé ci-dessus, et viennent en surcroît de ce chiffre, auquel il faut les ajouter, si l'on veut connaître toute l'importance des améliorations apportées par la Ville dans l'organisation de ses différents services, en dehors des Grands Travaux de Voirie, auxquels on croit généralement qu'elle a consacré presque tous ses efforts, presque toute sa sollicitude, pendant mon édilité.

DETTE MUNICIPALE ANCIENNE.

Si puissantes que fussent, les ressources fournies par le Budget de la Ville, elles ne m'auraient pas suffi, seules, je le répète, pour faire face aux besoins de Trésorerie aussi bien qu'au paiement complet de ces grosses entreprises. L'obligation de recourir au Crédit m'était donc forcément imposée dans tous les cas.

Avant de préciser les différentes circonstances dans lesquelles je l'ai fait, les combinaisons diverses que j'ai dû mettre en œuvre, pour rester fidèle à mon programme : « Pas de Surimpositions ; Pas de Surtaxes ; » et la mesure des aggravations très notables que la Dette Municipale en a subies, parallèlement aux augmentations, plus considérables encore, des revenus libres de la Ville, je crois à propos de nettement déterminer ce qu'était cette Dette au début de mon administration; car ce n'est pas moi qui l'ai créée.

Or, elle ne se composait pas seulement, alors, des annuités à servir des Emprunts contractés par M. Berger, en 1849 et 1852. Elle comprenait, en outre :

Des sommes restant à payer, pour l'extinction complète d'Emprunts plus anciens ;

Des annuités représentant le prix des Rachats de Péages de Ponts dans Paris, opérés avant 1853 ;

D'un capital de 12,330,528 fr. 90, productif d'intérêts, dû par la Ville à l'Assistance Publique, pour prix d'acquisition de divers Marchés que celle-ci possédait encore, avant 1848.

De sommes revenant au Trésor, pour solde final de sa part dans les produits de l'Octroi de Paris, antérieurement au Décret Dictatorial de 1852.

En 1866, il me fallut aviser au Rachat, très onéreux, du Monopole des Petites Voitures, dont la Préfecture de Police, pour des raisons qui me sont inconnues, mais que l'Empereur dût trouver bonnes alors, avait fait concession directe à M. Ducoux, un de ses anciens Préfets.

Certes, on ne peut nier que les anciens fiacres de Paris, dont rien, de nos jours, ne saurait donner aucune idée, eussent été remplacés avec avantage, sur nos stations publiques, par les nouvelles voitures que mit en circulation la Compagnie Ducoux. Les personnes, bien rares aujourd'hui, qui sont montées dans ces grandes guimbardes à six places, dans ces caisses mal fermées, suspendues sur des courroies, que traînaient deux haridelles, maigres, poussives, et que menaient des cochers sordides, chaussés de sabots garnis de paille, et vêtus, en toute saison, de vieux carricks à collets noisette, comprendront que M. Piétri l'aîné, le premier Préfet de Police de l'Empire, cette ère de progrès, dans les attributions duquel était encore le Service des Voitures Publiques, ait accueilli favorablement l'offre de substituer, à tout cela, des véhicules répondant mieux aux besoins de la population, mieux attelés, mieux conduits. Mais, comme l'événement le fit voir, il avait tort de croire à la nécessité de concentrer, dans une seule main, l'entreprise de ces améliorations désirables, comme on l'avait fait avec succès pour l'ensemble des lignes d'Omnibus.

L'Empereur, très partisan du Traité Ducoux, au commencement, avait fini par reconnaître que, si le monopole est le moyen le plus expédient d'assurer la bonne organisation des Transports en Commun d'une grande cité, la libre concurrence convient mieux pour approprier aux goûts très divers du Public le Service des Transports Individuels. En conséquence, Sa Majesté décida que la Compagnie Ducoux serait dépossédée de son privilège, moyennant une juste indemnité, préalablement réglée par la Ville.

L'affaire n'alla pas toute seule, à beaucoup près. Elle rencontra de sérieuses difficultés, non pas tant du côté de la Société Concessionnaire, que dans le sein du Conseil Municipal, qui trouvait très dure l'obligation de reprendre, à chers deniers, un privilège concédé gratuitement, dont il n'avait jamais beaucoup apprécié l'utilité, mais auquel on était habitué. J'ajoute que ses inconvénients ne le frappaient guère.

Une Commission Arbitrale, composée du Premier Président de la Cour des Comptes, du Président de la Section de l'Intérieur au Conseil d'État, et du Premier Président de la Cour Impériale de Paris, fixa l'Indemnité de Rachat à 47 annuités de 360,000 francs chaque, payables à partir de 1866, qui représentaient à peu près six millions et demi, et la Ville traita sur cette base, acceptée par la Compagnie.

Les quatre premières annuités furent payées par moi, de 1866 à 1869.

Il est évident que la charge du Rachat de la Concession Ducoux ne saurait m'être imputable. Je suis donc en droit de la mettre au compte du passé, comme celles dont j'ai fait précédemment l'énumération, et qui formaient, à la fin de 1852, la Dette Municipale proprement dite.

L'amortissement de l'Emprunt de 1849 s'est accompli durant mon administration.

Celui de l'Emprunt de 1852 était presque achevé quand je quittai l'Hôtel de Ville : on a vu qu'il devait prendre fin dès le commencement de 1871.

En dix-sept ans, de la fin de 1852 à la fin de 1869, mon administration a payé :

Pour le service de ces deux Emprunts et l'extinction complète des Emprunts antérieurs	111,469,237^f »
Pour le Rachat des Péages de Ponts.	9,069,229^f,48
Pour intérêts et remboursement final de la créance de l'Assistance Publique.	20,269,618^f,52
Pour solde de l'Arriéré revenant au Trésor. . .	2,735,371^f,33
Pour quatre annuités de l'Indemnité Ducoux.	1,440,000^f »
Total.	144,983,456^f,69

En compensation de cette dépense, qui n'était pas de son fait, mon administration a reçu :

1° La portion de l'Emprunt de 1852 non employée à la clôture de l'exercice, montant à 25,266,990 fr. 29.

2° Le Reliquat des ressources budgétaires de 1852, s'élevant à 18,179,453 fr. 50, dont les éléments sont compris, d'une part, dans le relevé des Recettes Accidentelles; d'autre part, dans celui des Recettes Extraordinaires que j'ai donnés déjà.

Je tiendrai compte de ces deux importantes sommes, au Résumé Général des ressources de toutes natures dont j'ai pu disposer.

A la fin de 1869, il ne restait, de l'ancienne Dette Municipale, que le solde final de l'Emprunt de 1852, dont la dernière échéance devait arriver au commencement de 1871, et les dernières annuités du prix de Rachat des Péages de Ponts. Mais, il y avait encore à payer quarante-trois annuités de l'Indemnité de Rachat de la Concession Ducoux.

EMPRUNTS.

Le premier Emprunt dont je fis la proposition au Conseil Municipal, est celui de 60 millions, émis dès 1855, en vue : 1° de l'ouverture du Boulevard de Sébastopol; 2° du dégagement des abords de l'Hôtel de Ville, de la Tour Saint-Jacques et de la Place du Châtelet; 3° du prolongement de la rue de Rivoli jusqu'à la rue Saint-Antoine, et, par la seconde section suffisamment large de celle-ci, jusqu'à la Place de la Bastille. Cet ensemble d'opérations, qui reçut la désignation de « Premier Réseau », réalisa, sur une vaste échelle, ce qu'on appelait déjà, du temps de Philippe-Auguste, « la Grande Croisée de Paris. »

Nous obtînmes les 60 millions, par le placement, au taux de 400 francs, de 150 000 obligations municipales de 500 francs, remboursables en 40 années, productives de 3 p. 100 d'intérêt, et participant à des tirages semestriels de lots s'élevant à 300 000 francs, par an.

Le second Emprunt fut motivé par le Traité passé, le 15 mars 1858, entre l'État et la Ville, pour l'ouverture, entre autres grandes voies nouvelles constituant le « Deuxième Réseau » : 1° du prolongement du Boulevard de Sébastopol à travers la Cité, puis, à travers le Quartier Latin, jusqu'au Carrefour de l'Observatoire (Boulevards du Palais et Saint-Michel) ; 2° du Boulevard Malesherbes ; 3° du Boulevard du Prince-Eugène (aujourd'hui Boulevard Voltaire), la plus longue voie de Paris ; 4° des nouvelles avenues rayonnant autour de la Place de l'Étoile.

Émis en 1860, sous forme d'obligations absolument semblables à celles de 1855, remboursables aux mêmes échéances, et jouissant des mêmes avantages, ce second Emprunt avait été combiné de manière à tripler exactement les 143,809 obligations non amorties des 150,000 précédentes, par la création de 287,618 titres nouveaux, constituant deux séries de 143,809 chaque, concordant, numéros par numéros, avec les titres restants de la première, souscrite en 1855.

Les porteurs de ceux-ci pouvaient réclamer, par préférence, les obligations correspondantes des deux nouvelles séries, de façon à courir trois fois la même chance favorable dans les tirages de lots. Ce privilège fut sans doute fort goûté ; car le placement des 237,618, fait en deux fois, eut lieu, d'abord, à 475 francs ; puis, à 450 francs, — au lieu de 400 francs, — et produisit 133,548,925 francs.

Le troisième Emprunt, nécessité principalement par les besoins de la Zone Suburbaine annexée à Paris, fut réalisé dans des conditions tout autres, en 1865. On émit 600,000 obligations de 500 francs, remboursables en 60 ans, rapportant 4 p. 100 d'intérêt, et participant à des tirages trimestriels de lots montant à 1,140,000 francs, par année, qui furent émises au taux de 450 francs, et produisirent une somme de 270 millions.

Cette combinaison était due aux membres influents de la Commission des Finances du Conseil Municipal. Je trouvais un peu trop élevés les 20 francs d'intérêts fixes attribués à chaque titre, lorsque les obligations de l'Emprunt de 1860, placées, en grande partie, au prix de 475 francs, et, pour le surplus, au prix de 450 francs, ne produisaient pas plus de 15 francs d'intérêt fixe, comme celles de l'Emprunt de 1855, émises à 400 francs, seulement. Il me paraissait que, malgré le bien plus grand nombre de titres à créer, cette fois, on pouvait n'offrir que 18 francs d'intérêts, et réduire l'importance des lots à 600,000 francs, par an.

La rapidité avec laquelle on vit le cours des nouvelles obligations dépasser le pair de 500 francs, montra que j'avais raison, et qu'on aurait dû restreindre les avantages faits aux souscripteurs. Ma condescendance pour les organes autorisés du Conseil Municipal, à l'avis desquels je m'étais rendu, mais à regret, fut donc nuisible à la Ville, et je m'en accuse comme d'une défaillance très regrettable.

La somme « invariable » de lots (attribués annuellement par le sort) que la Ville payait, pour chaque Emprunt, en sus des intérêts fixes, plus ou moins élevés, servis pour toute obligation municipale non amortie, équivalait à un supplément, toujours plus fort, du montant de ces intérêts. De plus, tout porteur d'une obligation amortie était assuré, par le remboursement au pair, d'un accroissement du capital versé lors de l'émission, constituant une prime de remboursement de 100 francs, pour l'Emprunt de 1855 ; de 25 francs seulement, pour la majeure partie de l'Emprunt de 1860; et, de 50 francs, pour le surplus, comme pour l'Emprunt de 1865.

Il faut tenir compte de l'importance relative de ces différentes charges, et du nombre d'années pour lequel chaque Emprunt était contracté, si l'on veut savoir à quel taux revenait, après tout, à la Ville, la somme versée dans sa Caisse, par les souscripteurs de ses obligations.

Il variait de 4,87 1/2 p. 100, pour l'Emprunt de 1855, et de 4 p. 100 à peine, pour l'ensemble de celui de 1860, à 5 p. 100, environ, pour celui de 1865.

Les ressources procurées à la Ville par ces trois opérations formèrent une somme de 463,548,925 francs.

Mais, l'amortissement, au pair de 500 francs, des 1,037,618 obligations émises à divers taux, devait lui coûter, au total, une prime de 55,260,075 francs, qui porterait le remboursement final à 518,809,000 francs. Or, à la fin de 1869, le jeu de l'amortissement, très peu sensible durant le cours des premières annuités de tout Emprunt, avait déjà produit, néanmoins, le remboursement, avec primes, de 73,698 titres, et une dépense de 36,849,000 francs. La dette imposée à l'avenir, du chef des 963,920 obligations restantes, était donc exactement de 481,960,000 francs.

Toutefois, les appels au Crédit faits par mon administration, sous d'autres formes, ne lui laissèrent pas de moindres charges.

AVANCES DE LA CAISSE DES TRAVAUX.

La Caisse des Travaux de Paris, pourvue d'une Dotation de 20 millions, sur les ressources extraordinaires du Budget Municipal, l'avait d'abord placée en valeurs, dont les revenus devaient couvrir, avant tout, les dépenses de son fonctionnement, et c'était au moyen de l'émission de bons à court et à long terme, analogues aux Bons du Trésor, émis dans la limite fixée, chaque année, par le Corps Législatif, qu'elle faisait son Service, nécessitant un Fonds de Roulement d'au moins 100 millions.

Je n'ai pas besoin de dire que la Ville tenait compte à la Caisse du montant des intérêts de ces Bons. Mais, lors du règlement terminal de nos principales entreprises, exécutées en Régie, pour augmenter de 20 millions l'importance de son Fonds de Roulement de 100 millions, devenu de plus en plus insuffisant, la Caisse se vit dans la nécessité de réaliser les valeurs de sa Dotation, et la Ville dut pourvoir à tous ses besoins.

Le moment n'est pas venu de résumer l'histoire de la création, de l'existence et de la fin de cette Institution.

sans laquelle le mécanisme financier des grandes opétions de Voirie notamment, eût été très laborieux, pour le moins, et contre laquelle se déchaînèrent, pour cette raison, les hostilités de tous les adversaires de ces opérations.

Je me borne à dire ici qu'à l'époque de sa mise en liquidation, fixée au 1er Janvier 1870 (veille du jour où je fus relevé de mes fonctions !), elle avait en circulation pour 100 millions de Bons à toutes échéances, dont la Ville devint débitrice par le fait même de cette mise en liquidation.

D'un autre côté, la Ville, tout compte établi, restait débitrice envers la Caisse, d'une somme de 60,800,222 fr. 32 pour Avances ou Restes à Payer formant le solde final de ses grandes opérations de toute nature.

Elle devait donc se trouver, le 1er Janvier 1870, en face d'un nouveau passif de 160,800,222 fr.32, à régler dans un délai de plusieurs années, mais en regard duquel existaient des terrains à revendre, provenant des entreprises mêmes dont la Caisse avait été l'instrument financier, et dont la valeur atteignait 68 millions.

Sans la catastrophe de 1870, ces terrains mis en vente successivement, dans la mesure des paiements à faire chaque année, auraient produit au moins le montant de leur estimation, et la liquidation de la Caisse se serait soldée par un passif de 92 millions seulement. Si les événements l'ont rendue plus lourde, ce que je ne suis pas en position de vérifier, je crois faire, à la critique, reste de raison, en admettant que, toutes compensations faites, mes successeurs durent supporter, sans atténuation, le poids de l'émission des Bons de la Caisse des Travaux de Paris, soit 100 millions.

TRAITÉS AVEC LE CRÉDIT FONCIER.

Reste à faire compte d'une très grosse dette, réglée à 465,575,195 fr. 92 c., par deux conventions passées, en 1867 et 1869, entre la Ville et le Crédit Foncier, dont l'approbation n'eut lieu qu'après d'orageux débats au sein du Corps Législatif.

Cette dette avait pour origine la Concession que la Ville avait dû faire à quelques grands entrepreneurs, appuyés par des Sociétés Financières puissantes, de certaines Opérations de Voirie subventionnées par l'État, comprises dans le Traité du 18 Mars 1858, ou faisant partie du groupe, non subventionné, réuni sous la dénomination de « Troisième Réseau », pour assurer l'achèvement des unes et des autres, désiré par l'Empereur, en vue de l'Exposition Universelle de 1867.

L'exécution de chacune avait été soumissionnée pour un prix net de tant par mètre carré de terrain livrable à la Voie Publique, prix débattu dans le sein de la Commission dite « des Indemnités », voté par le Conseil Municipal, et payable par termes répartis sur plusieurs années, avec intérêts au taux de 5 p. 100, à partir de la réception finale des voies concédées.

J'ajoute que tout Concessionnaire déposait, à la Caisse des Travaux de Paris, indépendamment du cautionnement de son entreprise, la somme jugée nécessaire au règlement des indemnités d'Expropriation, dont il courait les risques à forfait, et que cette Caisse payait ensuite pour son compte.

Une autre précaution avait en vue le transport qu'il pourrait vouloir faire du prix net de son entreprise dès que ce prix lui serait acquis définitivement. Ce transport ne devait avoir lieu qu'au moyen de « Bons de Délégation », visés par l'Administration Municipale, afin de garantir la Ville et les tiers contre toute émission de Bons supérieure à la somme réellement due à telle ou telle échéance.

Le Crédit Foncier ayant cru pouvoir escompter ces valeurs, de tout repos, à des conditions meilleures que les autres Sociétés Financières, on comprend qu'il fut bientôt détenteur de presque toutes.

Les conventions de 1867 et 1869 avaient pour unique objet d'en proroger les échéances, en répartissant le montant des Bons de Délégation réunis dans son portefeuille, en 60 annuités égales, calculées à raison de 5 p. 100 d'intérêt, et de 16 centimes de commission, au lieu de 45, son taux ordinaire.

Cet arrangement, favorable aux deux parties, consolidait la combinaison sans laquelle il ne m'eût pas été possible d'accomplir le vœu de l'Empereur avant l'ouverture de l'Exposition Universelle, et c'est justement pour cela qu'il fut attaqué sans merci par tous les coryphées des Oppositions de Droite et de Gauche, dans le Corps Législatif, dont l'intervention avait été jugée nécessaire, à cause du long délai pour lequel étaient pris les nouveaux engagements de la Ville.

Je ne saurais, sans trop m'écarter du résultat que je poursuis, raconter ici même, avec les développements qu'ils comportent, les débats épiques soulevés par cette question, de pure forme, dite « des Bons de Délégation » que passionna la coalition de tous les ennemis de l'Empire et de l'Empereur, de mes envieux et de ceux que M. Frémy ne manquait pas d'avoir, ainsi que moi, dans le sein même de la Majorité.

Je dirai, quand j'aurai sujet de revenir sur cette chaude affaire, quelles arguties des esprits élevés, tels que MM. Thiers, Jules Favre, Bethmont et Marie, pour ne citer que ceux-là, ne craignirent pas de soutenir de toute leur éloquence, afin d'assimiler à des « Emprunts Déguisés », faits sans autorisation préalable du Pouvoir Tutélaire compétent, le Corps Législatif, des acquisitions, à terme, de terrains livrables à la Voie Publique, payables, en général, dans des périodes de six années, à partir de chaque livraison, et n'excédant pas, dès lors, la limite des « aménagements de revenu » réglementairement permis aux Administrations Municipales.

En effet, une Circulaire du Ministre de l'Intérieur, en date du 11 Mai 1864, avait fixé cette limite à six ans.

L'article 14 de la Loi du 4 Juillet 1867 autorisait, d'ailleurs, les Communes, à contracter, sous la seule approbation des Préfets, des emprunts remboursables en douze ans, au moyen de leurs revenus ordinaires !

Mais, les Traités de Concession incriminés avaient tous été formellement approuvés par des Décrets de l'Empereur, « rendus en Conseil d'État », parce qu'ils impliquaient des expropriations pour cause d'utilité publique.

Si, malgré tout, on voulait absolument que la clause de nos marchés d'entreprises à forfait, relative au paiement à terme du prix des terrains livrables, par les Concessionnaires, à la Voie Publique, équivalut à la conclusion d'un Emprunt par la Ville, c'était donc au Gouvernement qu'on devait imputer l'oubli, dans ce cas, des droits du Corps Législatif. Puisqu'il avait jugé tous les marchés de sa compétence exclusive, comme les Rachats de Concessions opérés contre des annuités à long terme, énumérés plus haut, l'Administration Municipale de Paris était prise à partie, bien à tort, pour l'erreur commise au-dessus d'elle.

C'est ce qu'auraient dû dire les organes du Gouvernement, pour couvrir le Préfet, qu'on mettait personnellement en cause, au lieu de l'excuser, en alléguant, comme circonstance atténuante de cette prétendue erreur de Droit Constitutionnel, qu'on laissait à son compte : sa parfaite bonne foi ; les difficultés de sa tâche ; et, la valeur de ses services !

Car, c'est au moyen de ces pitoyables échappatoires, revêtus, d'ailleurs, des plus belles formes de langage que fut défendue mon administration par les divers organes du Gouvernement ; par le Ministre de l'Intérieur, M. de Forcade de la Roquette, à leur tête ; et, en dernier, par M. Rouher, le Ministre d'État, dont le devoir eût été de revendiquer hautement, dignement, comme le représentant le plus direct de l'Empereur, la responsabilité des actes attaqués, actes approuvés, je le répète, par des Décrets de Sa Majesté, rendus en Conseil d'État, sauf à les soutenir ou bien à les abandonner devant le Corps Législatif, selon qu'il appartiendrait.

Je dirai les déclarations faites et les engagements téméraires perfidement pris, au cours de la discussion, vis-à-vis de ce Corps, dont la Majorité ne demandait rien de semblable, et dont la Minorité n'en fut pas diminuée d'une voix, par les deux Ministres, ennemis secrets des Travaux de Paris, et visiblement jaloux, dès longtemps, de ma position inexpugnable, de leur côté, dans l'estime du Maître, déclarations et engagements qui frappaient d'impuissance, dans l'avenir, cette Administration dont ils louaient pompeusement, dont ils glorifiaient presque les œuvres, et qui, finalement, après avoir été mise sur la sellette pendant onze séances entières, se vit absoute par 185 voix approuvant les Traités désavoués, en quelque sorte, par leurs défenseurs officiels, contre 41 les repoussant, et 27 abstentions.

Les votes hostiles, émis en faveur des amendements proposés, ne dépassèrent pas 69. Le plus captieux n'en réunit que 97.

Enfin, je dirai de quelle manière je présentai moi-même au Sénat la justification de mes actes, et la solennité que prit, devant cet illustre aréopage, la défense du Préfet de l'Empereur.

EMPRUNT DE 1869.

Les Traités approuvés réservaient à la Ville la faculté de rembourser le Crédit Foncier par anticipation. Or, un article de la Loi d'approbation obtenue donnait à la Ville, qui ne l'avait pas demandée, l'autorisation d'emprunter les sommes nécessaires à cet effet.

Cette addition était due aux financiers de la Chambre, jaloux de retirer au Crédit Foncier une grande affaire, pour la reporter à la Bourse des Valeurs, et aux adversaires personnels que M. Frémy comptait jusque dans les hautes régions du Pouvoir, à cause de la confiance particulière que l'Impératrice avait en lui.

Pour tenir l'engagement pris par le Gouvernement à cet égard, il me fallut faire, de suite, une première émission d'obligations nouvelles, pour 250 millions. Ces obligations, remboursables en quarante ans, au pair de 400 francs, étaient productives de 12 francs d'intérêt fixe, et devaient participer à des tirages de lots montant à 1 million par an.

Elles furent placées au prix de 345 francs, qui réservait aux souscripteurs une prime de remboursement de 55 francs.

Mais, afin de répondre aux objections de M. Magne, Ministre des Finances, qui pensait que, pour avoir preneurs, il fallait faire l'émission à 330 francs, je dus constituer un syndicat de garantie de la souscription à 345 francs, composé de tous les gros banquiers de Paris, dont l'intervention coûta 1 p. 100 de commission, soit 3 fr. 45 par titre. Le prix de 345 francs fut donc ramené à 341 fr. 75.

C'était toujours mieux que 330 francs, et, dans tous les cas, c'était un résultat notablement plus favorable que celui de l'Emprunt de 1865.

Quoi qu'il en fût, cette opération ne changea rien au montant de la dette qu'elle ne faisait que transformer une fois de plus, et qui restait fixée toujours à. 465,575,195,92

En y joignant celui des obligations des Emprunts de 1855, 1860 et 1865, en circulation au 1er Janvier 1870. . . . . 481,960,000 »

Et celui de l'Émission des Bons de la Caisse des Travaux de Paris. 100,000,000 »

On trouve un total de. 1,047,535,195,92

Mais, il faut, d'une part, y ajouter le capital représenté par les annui-

Report. . .   1,047,535,195,92

tés restant dues, tant à la Compagnie Générale des Eaux, à la Société propriétaire de l'Abattoir des Batignolles, et aux anciens concessionnaires du Canal Saint-Martin et du Canal de Saint-Maur, qu'à la Compagnie adjudicataire du Marché à Bestiaux. . . . .   45,650,000 »

Ce qui le porte à.   1,093,385,195,92

Et, d'autre part, en retrancher le Reliquat Net de l'exercice 1869, repris par l'exercice 1870.   4,405,801,90

Ce qui le ramène à.   1,088,979,394,02

C'est, en définitive, la part que j'ai reportée sur l'avenir, des Dépenses de tout ordre faites, sous mon administration, pour la Transformation de Paris, et en regard de laquelle je lui léguais, ainsi qu'on l'a vu plus haut, des disponibilités annuelles dépassant déjà 83 millions, et devant s'élever, dès 1871, à plus de 88, sans parler de terrains sans affectation, ne provenant pas des opérations de Voirie, mais appartenant au Domaine de la Ville, dont le Conseil Municipal avait délibéré la vente, et qui valaient plus de 32 millions.

La part de ces Dépenses que j'ai pu balancer et payer sans recourir au Crédit, grâce aux ressources très diverses réalisées par la Ville pendant la période que je nommais, par antiphrase « le présent », n'est pas moindre de 1,382,071,888 fr. 67, non compris le Reliquat de l'exercice 1869.

LA TRANSFORMATION DE PARIS.

BILAN GÉNÉRAL.

Je suis maintenant en mesure de résumer, par groupes, toutes les dépenses dont j'ai déjà donné les totaux partiels, en nombres ronds.

	PARIS ANCIEN	ZONE ANNEXÉE
Grandes Opérations de Voirie.	1,297,445,134,62	132,895,250,88
	1,430,340,385,50	
Entreprises parallèles :		
Architecture et Beaux-Arts.	193,116,002,77	89,675,693,72
Voie Publique et Promenades.	128,902,384,51	49,468,240,35
Eaux et Egouts.	75,160,203 »	78,441,767,16
Concours de la Ville dans la construction de Ponts et Quais à la charge de l'État, dans Paris.	17,134,264,14	
Sa part dans des opérations faites en commun avec la Liste Civile, l'État, le Département, l'Assistance Publique, les Fabriques et divers.	53,342,660,66	
Ensemble.	467,655,515,03	217,785,701,23
	685,441,216,31	
Totaux.	1,765,100,649,65	350,680,952,11

En réunissant à la somme des Dépenses Extraordinaires de toute nature, faites dans la Zone Annexée.	350,680,972,11
Le montant de la Dette apportée à la Ville par cette Zone.	1,971,171,52
On a le chiffre précis des charges de l'Annexion, évaluées précédemment à 352 millions	352,652,123,63
Maintenant, si l'on y joint la somme des Dépenses extraordinaires faites, dans Paris ancien, parallèlement aux Grandes Opérations de Voirie.	467,655,515,08

T. II.

Report.	352,652,123,63
	467,655,515,08

On trouve le total exact des charges diverses, évaluées à 820 millions, mises, plus haut, en regard de la Dépense Nette (933 millions) des Opérations de Voirie dans l'ancienne Ville, auxquelles, seule, j'avais à pourvoir dans le principe.   820,307,638,71

Je reprends les résultats d'ensemble constatés ci-dessus, en négligeant la répartition faite entre Paris Ancien et la Zone Annexée :

Grandes Opérations de Voirie.	1,430,340,385,50
Entreprises parallèles.	685,441,216,34

Il convient d'y ajouter :

Portion du Prix de Rachat des Concessions et Usines de la Compagnie Générale des Eaux, du Canal Saint-Martin, du Canal de Saint-Maur, de l'Abattoir des Batignolles et des avances de la Compagnie adjudicataire du Marché à Bestiaux, de la Villette, réglée en annuités	52,000,000 »
Service de la Dette Municipale :	
Ancienne Dette. 143,543,456,60	
Annuités payées à la Compagnie Ducoux. . . . . 1,440,000, »	144,983,456,69
Intérêts, lots, amortissement et frais de service des Emprunts et Opérations de Crédit de mon administration	157,084,148,99
Annuités payées pour les Concessions et Usines rachetées et pour les avances faites par la Compagnie adjudicataire du Marché à Bestiaux	34,845,954,27
Dotation et Subventions à la Caisse des Travaux de Paris.	47,002,090,88
Dette à la charge des territoires compris dans la Zone Suburbaine Annexée.	1,971,171,52
Total.	2,553,668,424,10

LA TRANSFORMATION DE PARIS.

Comme contre-valeur, on a :

1° Les ressources puisées dans le Budget même de la Ville, durant les 17 années courues de 1853 à 1869 inclusivement, et qui s'élèvent à 1,017,243,444 fr. 48, savoir :

Reliquat de l'exercice 1852		18,179,453,50
Excédents « réalisés » des Recettes sur les Dépenses Ordinaires, 1853 à 1869		821,605,334,57
Recettes Accidentelles. .	60,897,445,36	
Recettes Extraordinaires. .	134,740,664,55	
ENSEMBLE. . .	195,638,107,91	
Dont il faut déduire le Reliquat de 1852, porté ci-dessus, à part.	18,179,453,50	177,458,656,41
Somme égale.		1,017,243,444,48

2° Les Ressources Spéciales, provenant :

1° Des Subventions accordées à certaines Grandes Opérations de Voirie par l'État, et s'élevant à	95,130,760,66	
2° Des ventes de matériaux de démolition et de terrains expropriés en dehors des alignements des nouvelles voies publiques, qui ont produit.	269,697,683,53	364,828,444,19

Par la réunion de ces deux résultats, on retrouve le montant de la part des Grands Travaux de Paris, payée sans fonds d'Emprunt.   1,382,071,888,67

On a, de plus :

La portion de l'Emprunt de 1852, qui restait disponible au 1er Janvier 1852.	25,266,990,29
Et les ressources que j'ai demandées au Crédit, savoir :	
Le produit net des Emprunts de 1855, 1860 et 1865, ci.	463,548,925 »
A *reporter*.	1,870,887,803,96

Report...	1,870,887,803,96
Le montant des engagements de la Ville dont le Crédit Foncier était cessionnaire, et qui firent l'objet des traités approuvés par la Loi du 28 Avril 1869............	465,575,195,92
Celui de l'émission des Bons de la Caisse des Travaux de Paris.............	100,000,000 »
Celui des avances de cette Caisse, au 31 Décembre 1869................	60,800,222,32
Le capital représenté par des annuités restant à écheoir................	52,000,000, »
Enfin, le Reliquat net laissé par l'exercice 1869.	4,405,201,90
Total......	2,553,668,424,10

Voilà, sous une forme sommaire, mais absolument exacte, le Bilan, au 31 Décembre 1869, des Grandes Œuvres dont l'Empereur m'avait donné mission de diriger l'accomplissement.

C'est le résumé financier de toutes les entreprises auxquelles est due la Transformation de Paris, dont l'Exposé Général forme l'objet principal de ce volume.

Il me semble offrir, par ce motif, un extrême intérêt.

CHAPITRE XV

CAISSE DE LA BOULANGERIE

La Compensation des Prix Extrêmes du Pain. — Objections des adversaires. — Création et fonctionnement de la Caisse. — La liberté de la Boulangerie. — Grandes Manutentions.

Le plan financier des Grands Travaux de la Ville reposait tout entier sur l'importance des excédents annuels de ses revenus, importance déjà notable, mais que je comptais avec raison, comme l'ont prouvé les faits, voir augmenter dans la même proportion que le développement de nos œuvres fécondes. Il était à peine arrêté dans mon esprit, que la disette vint en compromettre la réalisation par la menace de rudes atteintes à l'équilibre des Budgets Municipaux.

La récolte en blé de 1853 avait été mauvaise en France. Celle de 1854 fut plus mauvaise encore, et les deux suivantes, médiocres.

Dès le 1er septembre 1853, le prix du pain, taxé d'après les Mercuriales officielles, excédait 40 centimes par kilogramme (seize sous par pain de quatre livres) considéré jadis comme la limite qu'il ne pouvait dépasser à Paris, sans devenir trop lourd pour la population laborieuse !

Il atteignait 45 centimes, et monta bientôt à 50 ; puis, à 52, à 58, et enfin, à 60 !

Or, de longue date, cette population, complètement étrangère aux dogmes de l'Économie Politique, loin de penser que le pain fût une marchandise comme une autre, soumise à la loi de l'Offre et de la Demande, restait imbue de l'opinion que le Gouvernement pouvait et devait régler le prix de cet aliment de première nécessité, de telle manière qu'il n'excédât jamais sensiblement l'ancien maximum de 40 centimes par kilogramme. On avait donc à redouter qu'elle ne s'ameutât, comme à d'autres époques, devant les boutiques des boulangers, et ne se livrât à des désordres, pour protester contre l'élévation subite de la Taxe.

Le préjugé persistant que je rappelle, s'est réveillé, presque aussi vivace qu'autrefois, dans le courant de l'année 1888, lorsque, pour la première fois depuis longtemps, une crainte de Disette, et aussi, l'établissement d'un droit élevé sur l'introduction des blés étrangers en France, ont eu pour effet d'encourager les exigences de la Boulangerie, devenue libre. Il s'expliquait mieux, en 1853, par l'organisation officielle et la limitation de cette industrie, qui subsistait encore alors, dans Paris et le département de la Seine : en restreignant le nombre des boulangers, on faisait, de chacun d'eux, non pas sans doute, un fonctionnaire public, mais le titulaire d'une sorte de charge industrielle privilégiée, dont la transmission était assujettie, comme celle des charges d'officiers ministériels, à l'autorisation du Pouvoir, représenté par le Préfet de Police.

Il est vrai que, grâce à cette organisation, toute boulangerie devait posséder un approvisionnement de farine, sans cesse renouvelé, pour trois mois de sa consommation moyenne; qu'il lui fallait, en prévision de troubles interrompant la circulation, avoir une partie de cet approvisionnement, et son four, attenants à son débit : condition surannée, très onéreuse dans les quartiers riches ; enfin, que l'importance de ses fournées quotidiennes obligatoires était réglée par l'Administration, d'après les besoins présumés de sa clientèle.

Mais, sans entrer dans ces considérations, les masses ne voyaient que le fait de la réglementation exceptionnelle d'une industrie organisée pour leur fournir le pain de chaque jour, et tenaient comme certain que la Corporation investie de ce monopole envié, de fabriquer et vendre un aliment indispensable, partant, d'un placement régulier tout à fait sûr, était, en retour, astreinte à subir la Taxe que, de son côté, l'Administration devait maintenir dans des bornes modérées.

D'ailleurs, les adversaires de la doctrine du Libre-Échange, les protectionnistes, ont toujours professé que la loi de l'Offre et de la Demande ne saurait être applicable au pain, dont la consommation quotidienne, forcée, ne permet pas à l'acheteur de discuter utilement le prix de vente, et de résister, par la cessation ou l'ajournement de la Demande, à l'exagération, plus ou moins grande, des conditions de l'Offre.

LA COMPENSATION DES PRIX EXTRÊMES DU PAIN.

Sous le premier Empire et sous la Restauration, lorsque le régime de la Protection était en plein honneur, et le Libre-Échange, à peine éclos dans la pensée de quelques théoriciens, la Ville de Paris, afin de prévenir les embarras de tout ordre que pouvaient amener les terribles disettes de 1811-1812 et de 1816-1817, avait fait acheter à l'étranger, de concert avec l'État, des grains destinés à l'approvisionnement de la Boulangerie Parisienne, qui pût, grâce à la cession qui lui fut consentie, à perte, des farines produites par ces importations, subir une Taxe du pain établie au-dessous de celle qu'auraient donnée les Mercuriales.

Or, des documents officiels constataient que les sacrifices causés à la Ville par ces opérations désastreuses n'avaient pas grevé ses budgets de moins de 50 millions, tandis que la population parisienne était de moitié moindre qu'en 1853, et quelles que fussent les tendances du second Empire à s'inspirer des traditions du premier, nous ne pouvions songer, un instant, à suivre en cela son exemple,

Sous le Gouvernement de Juillet, où l'État créait partout des chaires d'Économie Politique, pour concilier, autant que possible, les théories nouvelles avec le maintien de l'ordre dans Paris, on s'abstint de modifier en quoi que ce fût la Taxe Officielle, et la Ville fit distribuer largement des Bons de Pain à prix réduit, chaque fois que la cherté s'accentua.

Sans parler du spectacle affligeant qu'offraient, en pareil cas, les queues de quémandeurs attendant, chaque jour, aux portes des Mairies, leur tour de distribution, ni du trafic, on ne peut plus scandaleux, des Bons dont il s'agit, que pratiquaient, chez les marchands de vin, les individus, très nombreux, qui réussissaient à s'en faire délivrer frauduleusement pour des familles qu'ils n'avaient pas ou dont ils exagéraient la composition réelle, ce nouveau système ne fut pas moins onéreux que le précédent, aux finances municipales. Tout m'interdisait donc la pensée d'y recourir.

Mais, comment sauvegarder les Excédents précieux de revenu dont j'avais tant besoin pour commencer la mise à exécution du plan financier des Grands Travaux de Paris, et pour en démontrer, sans retard, la justesse, aux esprits les plus prévenus ; et, cependant, faire face aux conséquences de mon intervention, nécessitée par les faits antérieurs, surtout au début du règne d'un Souverain populaire, dans la question du prix du pain ?

C'est alors que je me rappelai M. Mauvezin, mon vieux Maire de Nérac, ancien minotier et négociant en grains et farines, et le procédé par lequel il compensait les prix extrêmes du pain dans sa ville, en atténuant et relevant tour à tour, suivant les circonstances, d'accord avec ses anciens clients, les boulangers, la Taxe hebdomadaire de la miche de douze livres, unité locale du pain de ménage, de manière à maintenir ses fluctuations dans des bornes modérées, en bas comme en haut de l'échelle des prix.

Je n'avais pas oublié non plus l'heureuse expérience, faite avec succès, de ce procédé paternel, à Blaye, pour amortir les effets de la Disette de 1846 ; mais, c'est alors qu'elle me revint également en mémoire d'une manière frappante.

On ne songe guère, en effet, au remède connu d'un mal, qu'en présence de ses résultats déjà manifestes et devenus inquiétants.

Voilà pourquoi le système de la Compensation des Prix Extrêmes du Pain, cette assurance contre la cherté, n'aurait jamais eu la chance d'être expérimenté dans Paris, sans les circonstances graves où je me souvins des très modestes, mais très utiles applications que j'en avais vu réaliser, et sans la pression exercée par la nécessité sur l'esprit de tous ceux qui voulaient, ainsi que moi, parer aux embarras de la situation, mais, en même temps, ménager les disponibilités du Budget Municipal.

Je viens de comparer, à une assurance contre la cherté du pain, cette idée, tout au moins ingénieuse, conçue sans effort par le digne vieillard qui la pratiquait tout simplement, sous mes yeux, à Nérac, sans se douter le moins du monde qu'il eût trouvé la solution d'un problème économique des plus ardus, et que son idée, recueillie par le jeune Sous-Préfet qu'il honorait de son estime et de son amitié, mais développée par celui-ci dans de vastes proportions, préserverait, bien des années après, la Ville de Paris, d'un sacrifice de plus de 53 millions ! Mais, la mise en jeu de cette assurance d'un caractère spécial présente cette particularité, que, tout au contraire de ce qui se passe d'habitude, il faut commencer par payer le montant du sinistre, et ne recevoir qu'ensuite les primes successives destinées à le couvrir.

A Nérac et à Blaye, les boulangers faisaient crédit à leurs municipalités respectives, du montant des pertes que leur causait, en temps de cherté, l'abaissement de la Taxe Officielle au-dessous de la valeur réelle du pain, et s'en trouvaient remboursés graduellement, en temps de bon marché, par la fixation de la Taxe au-dessus de cette valeur. Mais, à Paris, que dis-je? dans le département de la Seine entier, dont les communes très peuplées, formant les Faubourgs et la Banlieue de cette grande Capitale, ne pouvaient être laissées à part en pareil cas, il n'était pas possible d'obtenir semblable chose de la Boulangerie, si fortement organisée qu'elle fût par les Règlements de Police, applicables à tout le département, qui protégeaient ses privilèges.

Or, qui ferait l'avance du « sinistre » dont il était impossible de calculer, dès le début, toute l'importance ? — La Ville ? Non, certes. Il s'agissait justement de sauvegarder ses disponibilités budgétaires, pour les consacrer exclusivement aux Grands Travaux en cours ou projetés. — Le Département ? Mais, il n'avait pas de revenus propres : les ressources des divers chapitres de son Budget provenaient, à peu près exclusivement, de centimes additionnels de toute sorte, dont le produit n'en balançait qu'à grand'peine les dépenses. — L'État ? Il n'y fallait pas compter.

Que faire alors ?

Parmi les nombreux Services réunis sous mon autorité, se trouvait l'administration du Mont-de-Piété de Paris, dont les prêts étaient alimentés au moyen d'une émission constante de Bons portant intérêt, analogues aux Bons du Trésor, que les petits capitalistes parisiens et notamment les marchandes des Halles, recherchaient de préférence à toute autre valeur. — Détail curieux : la Comédie-Française figurait parmi les gros preneurs de ces Bons du Mont-de-Piété ! — L'Excédent de l'intérêt (fort élevé), que payaient les emprunteurs du Mont-de-Piété, sur celui qu'il servait aux porteurs de ses Bons, constituait un bénéfice considérable, couvrant, et bien au delà, tous ses frais d'administration. Le solde annuel était versé dans la caisse de l'Assistance Publique, dont il formait une importante ressource.

Pourquoi des Bons qu'une autre administration spéciale serait autorisée à souscrire, sous la garantie de la

Ville ou du Département, pour le service de la Boulangerie, en vue de la modération du prix du pain, ne jouiraient-ils pas également de la faveur populaire? Je ne voyais aucune raison de le craindre.

OBJECTIONS DES ADVERSAIRES.

A partir de ce moment, la Caisse de la Boulangerie du Département de la Seine était née dans mon esprit, et j'eus vite arrêté le plan de son organisation et de sa mise en œuvre.

Je voulais en faire une Institution Départementale et non pas seulement Parisienne, pour une raison que je n'ai pas encore énoncée.

Il fallait, d'abord, que son service comprît la Boulangerie des grandes et des petites Communes formant les Faubourgs et la Banlieue de Paris, aussi bien que celle de Paris même; car on n'aurait pas empêché les habitants des plus rapprochées, très populeuses en général, d'acheter leur pain dans Paris pendant les époques de Détaxe, et ceux des quartiers extrêmes de Paris, d'aller s'approvisionner au dehors pendant celles de Surtaxe. Aux limites du département, des fraudes semblables étaient de moindre conséquence.

Ensuite, je désirais éviter, à tout prix, de donner aux mesures à prendre un caractère purement municipal, autorisant, en cas de besoin, des appels directs au Budget de la Ville.

La Caisse de la Boulangerie ne devait pas seulement faire, aux boulangers, l'avance des sommes représentant la différence en moins de la Taxe atténuée comparée à la valeur effective du pain d'après les Mercuriales. Elle devait aussi, comme le faisait la Caisse de Poissy, qu'on n'avait pas encore supprimée, pour les achats de bestiaux de la Boucherie Parisienne, payer « comptant », pour les boulangers, les farines nécessaires au maintien complet de leurs approvisionnements réglementaires, afin de modérer, autant que possible, le prix de leurs achats libres, par la sécurité que son intervention donnerait aux vendeurs, et par la suppression des crédits, plus ou moins longs, que ceux-ci, de tout temps, étaient forcés de leur consentir.

Cette intervention de la Caisse avait un autre avantage : elle assurait à l'Administration, qui saurait ainsi fort exactement le prix moyen des achats de farines, une base plus certaine que les Mercuriales de la Halle au Blé, pour la fixation du prix réel du pain, et la détermination des différences, en plus comme en moins, à établir entre ce prix et la Taxe Officielle.

Quand mon projet fut libellé, je m'empressai de le porter à l'Empereur, dont il conquit, de suite, la faveur, et qui le fit soumettre, sans retard, au Conseil d'État, où j'eus à le défendre contre la coalition des économistes, ayant à leur tête M. Michel Chevalier, et des routiniers, nombreux partout en France.

Ceux-ci ne comprenaient pas que le Gouvernement Impérial voulût toujours faire du nouveau.

Que ne se bornait-on à suivre, dans la circonstance, les traditions du Gouvernement de Juillet? C'est-à-dire : que ne faisait-on pas délivrer, par les Maires, des Bons de Pain, à prix réduit, aux familles nécessiteuses? Pourquoi ; par une mesure générale, étendre cette assistance aux familles qui n'en éprouvaient pas le besoin?

La réponse à ces questions était facile. Chacun avait gardé mémoire des honteux désordres auxquels la distribution des Bons de Pain donnait lieu sous le règne du Roi Louis-Philippe. La mesure proposée n'aurait en rien le caractère d'un acte d'assistance. Le service à rendre aux populations ne serait pas gratuit. Ce qu'on avancerait pour elles, par voie de Détaxe, en temps de cherté du pain, elles le rembourseraient par voie de Surtaxe, en temps de bon marché. D'ailleurs, les classes laborieuses, affranchies de l'obligation d'aller solliciter l'aumône des Bons de Pain, tiendraient grand compte à l'Empereur de leur avoir épargné d'humiliantes démarches, par l'application générale d'un système, nouveau, sans doute, à Paris, mais dont la nouveauté consisterait justement à sauvegarder la dignité des petits ménages, en traitant tout le monde sur le même pied, et à montrer la sollicitude extrême du Gouvernement Impérial pour les intérêts moraux, comme pour les intérêts matériels du Peuple.

Quant aux économistes, qui déjà méditaient la ruine du monopole de la Boulangerie Parisienne, ils ne pouvaient que repousser mon projet; car, il s'appuyait sur l'organisation réglementée de cette Corporation puissante, et semblait devoir, par cela même, la consolider.

L'accusation que m'adressa M. Michel Chevalier, en plein conseil, de vouloir porter atteinte à la « Liberté du Commerce » ne tint pas longtemps contre ces observations : le Commerce n'était pour rien dans l'affaire, puisque les meuniers et les importateurs continueraient à vendre directement aux boulangers leurs farines, aux prix qu'ils en pourraient obtenir; sans doute, la condition du paiement comptant de leurs livraisons, les amènerait à modérer leurs demandes, dans la proportion des avantages qu'ils y trouveraient; elle affranchirait, d'ailleurs, ce que personne dans le Conseil ne pouvait regretter, un grand nombre de petits boulangers, de l'espèce de servage dans lequel certains gros meuniers les tenaient : soit, par de longs crédits qui ne leur laissaient pas toute liberté de discuter le prix de leurs achats de farines; soit, par ce qu'on appelait des « Marchés à Cuisson »; mais, les facilités qu'il s'agissait de donner aux habitants de Paris et du Département pour traverser la Disette, constituaient des mesures d'ordre intérieur, qui ne touchaient en aucune manière à la liberté des transactions, et la seule influence qu'elles pussent avoir sur le marché des farines, c'était de maintenir la régularité des achats de la Boulangerie, en prévenant la diminution possible, en cas de cherté trop grande, de la consommation du pain.

Avant d'aller plus loin, je dois expliquer ce qu'étaient les Marchés à Cuisson.

Les boulangers, pris dans les liens de ces marchés, recevaient leurs approvisionnements de farines d'un meunier, auquel ils devaient compte, par quinzaine, de leur consommation, au prix résultant des Mercuriales de la Halle au Blé, qui constituait l'élément variable de la Taxe Officielle du pain.

Ces boulangers se trouvaient ainsi complètement désintéressés dans le cours des farines, et la Meunerie éprouvait d'autant moins de résistance à le maintenir élevé, qu'elle avait mieux réussi, par ce moyen, à réduire le nombre des acheteurs désireux de la baisse et s'efforçant de la produire.

Assurée, d'ailleurs, de l'écoulement régulier d'une énorme quantité de farine, la Meunerie pouvait, à coup sûr, régler le développement de son industrie, et l'importance de ses achats de blé, dans les bons moments.

Les boulangers à cuisson trouvaient la rémunération de leur travail et des frais de leur fabrication, dans la quotité de la Taxe représentant, par un chiffre invariable, le coût et le bénéfice normal de la cuisson du pain, que le meunier leur abandonnait généralement en entier, et qui resta fixée, de 1853 à 1863, au chiffre de 7 francs par 100 kilogrammes de farine donnant 130 kilogrammes de pain de première qualité.

La puissante maison Darblay, propriétaire des moulins de Corbeil, était, paraît-il, en possession de plusieurs centaines de marchés de ce genre.

Une autre accusation, qui ne pouvait être formulée contre moi par M. Michel Chevalier, cet adepte éminent des doctrines de Saint-Simon, et qui me vint d'un autre côté, fut celle de faire du Socialisme. — On n'osait pas ajouter : à l'exemple de mon Souverain. — Elle ne me préoccupa guère.

Toute organisation d'intérêts collectifs, toute institution publique peut, dans la forme, encourir, plus ou moins justement, cette critique.

L'important est que le fond soit irréprochable. En pareille matière, comme en toutes choses, la question se réduit à discerner le bien du mal; à rejeter ce qui, somme toute, est mauvais, et à n'adopter que ce qui semble bon, après mûr examen.

Une autre objection, plus sérieuse, faisait hésiter beaucoup d'esprits favorablement disposés pour le projet : « Tout ira bien, » me disait-on, « tant que vous fe-
« rez des avances à la Boulangerie ; mais, quand il s'agira
« de rentrer dans ces avances, vous ne recevrez rien
« ou vous recevrez peu de chose, au retour du bon
« marché. Les boulangers percevront le produit de la
« Surtaxe du pain ; mais ils le garderont et, dans tous
« les cas, ne vous en rendront qu'un compte infidèle. »

A cela, je répondais : « Supposons, par impossible,
« que vous ayez raison. Alors, je ne me trouverai pas
« dans une situation pire que celle dont je compte être
« préservé par le Décret demandé. — Mais, l'organi-
« sation de la Boulangerie donne, à chaque fonds de
« boulanger, une valeur qui me garantit le paiement
« exact des petites sommes produites par la Surtaxe
« du pain, chaque quinzaine, pendant toute la durée du
« bas prix des farines. Aucun boulanger ne saurait,
« d'ailleurs, me tromper sur l'importance de sa vente,
« puisque la Caisse, qui paiera pour lui ses achats de
« farine, connaîtra, par leur importance, celle de sa con-
« sommation. Quant à ses achats, le versement à la
« Caisse de provisions hebdomadaires est prescrit, et,
« en cas de retard, l'approvisionnement obligatoire de
« trois mois est là, comme garantie de toute perte. »

CRÉATION ET FONCTIONNEMENT DE LA CAISSE.

Après de vifs débats, la Majorité se rendit à mes raisons. Le Décret Organique de la Caisse de la Boulangerie fut signé par l'Empereur, et je fis partir du 1ᵉʳ Septembre 1853 l'application du système qu'il consacrait.

Il plaçait l'Institution nouvelle sous le contrôle d'une Commission de Surveillance, composée du Préfet de la Seine, Président; du Gouverneur de la Banque de France (M. le comte d'Argout, Sénateur); du Directeur général de la Caisse des Dépôts et Consignations (M. Guillemot, Conseiller d'État); de M. le Directeur du Mouvement des Fonds au Ministère des Finances (M. Dutilleul); et de trois membres de la Commission Départementale, désignés par le Ministre de l'Intérieur.

Je fis nommer Directeur mon ancien et fidèle Conseiller de Préfecture du Var, M. Noyon, alors Sous-Préfet à Prades, et Caissier, M. Pelletier, Receveur de l'Octroi de Paris, à l'Entrepôt des Liquides.

Quand M. Noyon devint Chef du Cabinet de M. Delangle au Ministère de l'Intérieur, M. Pelletier le remplaça comme Directeur, et fut remplacé lui-même, comme Caissier, par M. Simon.

Plus tard, je pus faire allouer à la Caisse de la Boulangerie, par le Département, sur le produit de son Emprunt de 50 millions, émis en 1857, une Dotation permanente de vingt millions, plus, une avance remboursable de vingt autres. Mais, dans le principe, elle dut pourvoir exclusivement à toutes les nécessités de son service, au moyen d'émissions de Bons proportionnées à ses besoins successifs.

Ces Bons, au porteur ou nominatifs, étaient aux échéances demandées par les preneurs, et portaient des intérêts plus ou moins faibles, selon le plus ou le moins d'éloignement de ces échéances.

La période de cherté, déterminée par la longue Disette qui marqua si malheureusement les débuts de mon administration, dura, du 1ᵉʳ Septembre 1853, au 15 Juin 1856, c'est-à-dire près de trois ans, avec des oscillations du prix des farines la rendant très aiguë parfois ; car, sans les atténuations de la Taxe Officielle, pendant cette première phase de la mise en pratique du système de Compensation des Prix Extrêmes du Pain, cette Taxe se fût élevée, je l'ai dit, jusqu'à 60 centimes par kilogramme (soit, vingt-quatre sous par pain de quatre livres), c'est-à-dire jusqu'à moitié en sus du prix-limite de 40 centimes par kilogramme !

Les sommes dont la Caisse dut faire compte aux boulangers dans le cours de cette première phase, pour compenser toutes les atténuations de Taxe qu'ils n'auraient pu supporter, même temporairement, forment un total de 53,457,947 fr. 15.

Les Surtaxes pratiquées pendant la seconde, lorsque la période du bon marché fut décidément venue, varièrent, en général, de 1 à 3 centimes par kilogramme. Elles montèrent rarement à 4 centimes, et jamais, à 5. Aussi, fallut-il, à la Caisse, plus de six ans, pour se couvrir de ses avances, de ses frais d'administration et des intérêts des Bons émis par elle. Mais, au 1ᵉʳ septembre 1863, juste dix ans après le commencement de la Disette, elle y était parvenue.

Le montant des Surtaxes perçues, pour son compte, par les boulangers, sans nul accroc, s'élevait alors à 62,086,493 fr. 06.

Le total des « primes d'assurance » contre la cherté du pain, payées, après coup, par les consommateurs, compensait largement toutes les conséquences du « sinistre » auquel la Caisse avait dû faire face, tout d'abord.

J'avais donc eu raison de dire à l'Empereur, au Conseil Municipal de Paris, qui m'avait cru plus volontiers encore, et au Conseil d'État, que, grâce à l'organisation de la Boulangerie dans le département, je pouvais répondre de ce résultat final.

Je n'ai pas parlé jusqu'à présent de celui du Service de Trésorerie des achats de farine conclus par les boulangers et payés par la Caisse. Je me borne à constater que chaque boulanger acquitta régulièrement, par versements successifs, le prix des farines dont il prit livraison.

Le succès du « Système de la Compensation » était complet, et sauf les Économistes qu'il exaspérait de plus en plus, tout le monde s'y trouvait rallié. Je crois encore, aujourd'hui qu'il est oublié presque entièrement, avoir rendu, par l'introduction que j'en ai faite dans le Département de la Seine ; par ma persistance pour obtenir l'autorisation de l'y mettre en pratique ; et, par ma persévérance à en suivre, pendant une série de dix années, l'exacte application, un grand service aux populations de ce département, aussi bien qu'à la Ville de Paris, dont il a préservé les finances d'un ébranlement profond.

LA LIBERTÉ DE LA BOULANGERIE.

Nos adversaires se réveillèrent après l'abolition de la Caisse de Poissy, conséquence inévitable de la suppression de la Taxe de la viande et de la proclamation de la Liberté complète de la Boucherie Parisienne, obtenue par les Économistes, de l'Empereur, qui suivait toujours leurs inspirations quand aucune raison politique n'y faisait obstacle, et quand aucun grand intérêt administratif, comme la Transformation de Paris, n'était en jeu. Les fameux Traités de Commerce dont M. Rouher fut l'habile négociateur et le non moins habile instrument d'exécution, le prouvent surabondamment.

Le mécanisme de la Caisse de la Boulangerie, dont l'efficacité n'était plus contestable, reposant sur l'organisation de cette industrie dans le Département de la Seine, en supprimant celle-ci, on croyait abattre, du même coup, celle-là.

M. Rouher, exalté dans ses convictions libre-échangistes de fraîche date, par les glorieux résultats qu'il leur devait, se mit à la tête de la campagne engagée contre cette organisation et contre la Taxe du Pain, sans se soucier autrement de la Caisse de la Boulangerie, qu'il savait cependant fort goûtée de l'Empereur.

Je compris que Sa Majesté finirait par céder à cet assaut de tous les jours. La logique voulait, d'ailleurs, qu'on fît à l'égard de la Boulangerie ce qu'on avait cru devoir faire à l'égard de la Boucherie, et les raisons de résister, dans le cas dont il s'agissait, à la logique, n'avaient pas grande chance de l'emporter longtemps. Je cherchai donc, à l'avance, les moyens de maintenir, sans Boulangerie Organisée, sans Taxe Officielle, l'application du précieux système de Compensation des Prix Extrêmes du Pain, et j'étudiai, jusque dans les moindres détails, toutes les modifications que la constitution et le mécanisme de la Caisse de la Boulangerie devraient subir à cet effet.

Dans le courant de 1863, lorsque fut proclamée la liberté de l'industrie, si longtemps réglementée, des boulangers, je surpris et déconcertai bien des gens, qui voyaient déjà la Caisse à bas, en proposant, d'accord avec le Conseil Municipal de Paris, et avant tout, avec l'Empereur, dont l'approbation m'était assurée, l'établissement, à l'entrée de cette Ville, d'une petite taxe d'Octroi sur les blés, les farines et le pain fabriqué, savoir : 1 centime, par kilogramme de blé ou de pain, et 1 centime 30, par kilogramme de farine, pour remplacer, en vue de la formation d'une Réserve de Prévoyance déjà commencée, la Surtaxe que, depuis six ans passés, les boulangers percevaient pour le compte de la Caisse de la Boulangerie.

Un kilogramme de blé moulu, bluté, ne donne que que 0,70 de farine parisienne, tandis que cette quantité de farine, mouillée, pétrie, cuite, produit 1 kilogramme de pain fabriqué. Sous ses diverses formes, la taxe nouvelle arrivait donc au même résultat : 1 centime par kilogramme de pain.

Évidemment, dans ma pensée, le Service de cette Caisse, départemental jusqu'alors, devait cesser de l'être, pour devenir exclusivement parisien. Mais, depuis trois ans déjà, l'Annexion à Paris des grosses Communes constituant ses Faubourgs, entre l'ancien Mur d'Octroi et l'Enceinte Fortifiée, avait beaucoup réduit la force des raisons, dont je m'étais appuyé, pour faire, en 1853, de la Caisse de la Boulangerie, une Institution Départementale.

En conséquence, l'article 1ᵉʳ du Décret du 30 Août 1863, qui régla le nouvel ordre des choses, prescrivit la répartition, entre la Ville et les Communes restant aux Arrondissements de Saint-Denis et de Sceaux, proportionnellement au principal de leurs Contributions Directes, de la Dotation de 20 millions constituée par le Département au profit de la Caisse ; de la portion non employée de ses revenus, et de la Réserve* déjà réalisée, au moyen de la Surtaxe du Pain, en sus des sommes absorbées par la compensation de toutes les charges de la Disette si longue de 1853-1856.

L'avance de 20 autres millions, faite par le Département à la Caisse, était déjà remboursée et employée aux besoins des Services Départementaux, en vertu d'une Loi spéciale.

Bien qu'elle eût payé aux boulangers, pendant la période disetteuse, fort heureusement très courte, qui survint du 10 Novembre 1867 au 31 mai 1868, des différences montant à 3,300 000 francs, la Caisse avait plus de 18 millions provenant de la faible taxe perçue par l'Octroi sur le blé, les farines et le pain fabriqué, pour faire face à de nouveaux sinistres, quand je quittai l'Hôtel de Ville.

Il est vrai que le Décret du 31 Août 1863, tenant compte de la hausse générale des salaires produite par la diminution de la valeur de l'argent, avait élevé à 50 centimes le prix-limite du pain, au-dessus duquel le Système de la Compensation devait fonctionner, en temps de cherté.

Quant à la détermination de la valeur réelle du pain, à défaut de Taxe Officielle, elle continua d'être faite périodiquement par l'Administration, au moyen de la publication d'une Taxe Officieuse, mettant les consommateurs en garde contre les exigences de la nuée de boulangers qu'on vit bientôt surgir de toutes parts.

En effet, contrairement à l'attente des Libre-Échangistes, ce que les hommes pratiques avaient prédit se réalisa. Le prix du pain, au lieu d'être réduit sous l'action de la concurrence, monta dans la proportion du nombre croissant des industriels que devait faire vivre une consommation demeurée sensiblement la même.

La plupart des boulangers, anciens et nouveaux, pour remédier à l'insuffisance de leurs clientèles par l'élévation de leurs profits, s'attachèrent à répandre de plus en plus, dans la population parisienne, l'usage, déjà très habituel chez les marchands de vin traiteurs, des pains de fantaisie, vendus sans condition de poids, et joignirent, en même temps, à leur fabrication normale, celle de certaines pâtisseries, dont le gain leur permit de maintenir, aussi haut que possible, comme par un tacite accord, le prix du pain de ménage, de l'antique « pain de quatre livres », au lieu de se ruiner mutuellement par une baisse quelconque de cet article de vente, qui restait encore le plus considérable, malgré tout.

La Taxe Officieuse servit à préciser l'indemnité due par la Caisse aux boulangers, pour chaque pain livré par eux à la consommation, au nouveau prix-limite de 50 centimes le kilogramme, durant la petite Disette de 1867-1868. Quant à l'importance de leurs ventes respectives, il leur appartenait d'en faire la preuve aux vérificateurs de la Caisse, dont le contrôle ne rencontra pas les difficultés que l'on aurait pu craindre.

La démonstration de l'efficacité du fonctionnement de la Compensation, sous le régime de Liberté de la Boulangerie, comme sous le régime de la réglementation et du monopole, fut ainsi complétée d'une manière victorieuse.

Pendant le siège de Paris, le Gouvernement de la Défense Nationale chargea l'administration de la Caisse de répartir, entre les boulangers, les farines nécessaires à la consommation des habitants. Mais, cette Institution « Impériale » était déjà condamnée. Elle fut abolie le 1ᵉʳ Janvier 1873.

On y reviendra forcément à la première Disette qui se produira dans des conditions sérieuses.

GRANDES MANUTENTIONS.

Le Conseil Municipal Républicain de Paris fut saisi, paraît-il, en 1888, d'un projet de Manutentions Officielles proposé par un de ses membres.

Ce projet n'est pas nouveau. J'ajoute qu'il se fonde sur une idée juste, et que l'application qu'on veut faire d'un principe excellent, sous une forme très contestable, en compromettra probablement le succès de nos jours, comme autrefois.

La réunion, jadis prescrite par les règlements de Police, de la fabrication et de la vente du pain, dans de nombreuses boulangeries systématiquement réparties sur tous les points de la Ville, présente, somme toute, plus d'inconvénients que d'avantages. Elle a surtout le tort d'enchérir le prix de revient de cet aliment indispensable. En effet, elle grève chaque boulanger d'un loyer très lourd, non seulement, à raison de l'étendue des locaux dont il a besoin pour installer son four, son atelier de fabrication et ses approvisionnements de farine et de combustible; mais encore, à cause du danger d'incendie et de l'incommodité du bruit, de la chaleur, de la fumée et des odeurs nauséabondes, inséparables de toute fabrication de pain, et dépréciant les appartements dans les maisons qu'elle occupe. De plus, faite dans des proportions restreintes, sur quinze ou dix-huit cents points différents, cette fabrication ne saurait profiter des procédés perfectionnés de pétrissage et de cuisson mis en usage dans les Manutentions de la Guerre.

Certes, la multiplicité des débits de pain est chose excellente. Qu'à côté de sa boutique, chaque boulanger conserve un four affecté spécialement à la cuisson, forcément limitée, du pain de luxe et de la pâtisserie, je n'y trouve rien à redire. Mais, pourquoi ne serait-il pas approvisionné des pains de quatre livres nécessaires à la consommation de sa plus nombreuse clientèle, par des usines établies aux extrémités de Paris, dans des quartiers où le terrain est encore à bon compte, où le voisinage des établissements industriels n'est redouté par personne ?

Le pain usuel, fabriqué dans ces Manutentions Civiles, serait bien meilleur et bien moins coûteux que celui dont la Population Parisienne se contente, et qu'elle paie très cher, surtout, si l'on joignait, à ces établissements, des Meuneries à Vapeur, produisant une farine plus substantielle et plus savoureuse que cette farine très blanche, sans doute, mais énervée par une mouture trop savante, épuisée par des blutages trop habiles, dont les boulangers de Paris sont forcés de s'approvisionner.

Je m'étonne que cette réforme bienfaisante d'une industrie intéressant, à un tel degré, la Population de notre immense Capitale, soit encore à venir, et que la spéculation privée, si prompte à la poursuite de tant de chimères, en ait laissé jusqu'à présent l'initiative à l'Autorité Publique !

Peut-être, m'objectera-t-on, l'entreprise d'une Manutention ne présente-t-elle pas, en dehors des avantages que vous y voyez pour le consommateur, des chances de bénéfice bien certaines ?

Je pourrais me borner à répondre que nous sommes le peuple le plus routinier du Monde, malgré toutes nos prétentions au progrès en toutes choses. Mais, j'ai mieux à dire.

Lorsque la création de la Caisse de la Boulangerie m'eut fourni le moyen d'affranchir, autant que possible, les boulangers parisiens de l'état de dépendance où, depuis longtemps, ils étaient maintenus par la Meunerie, et de préparer ainsi, dans la mesure qui m'était permise, l'atténuation du principal facteur de la Taxe du Pain : le prix variable des farines, je tins à savoir si l'autre, le prix fixe de la cuisson, n'était pas également exagéré.

Je ne pouvais pas recourir aux Manutentions Militaires, qui fabriquent un pain spécial, sans analogie avec le pain de quatre livres de Paris ; j'avais, toutefois, sous la main, une source d'information des plus sûres, et, du même coup, un organe d'expériences des plus précieux : la Boulangerie où l'Assistance Publique faisait fabriquer, place Scipion, tout le pain destiné à la consommation, très considérable, de ses Hospices, de ses Hôpitaux, et de tous ses autres Établissements, comme elle faisait confectionner tous les remèdes qui leur étaient nécessaires, dans sa Pharmacie Centrale de l'ancien Hôtel de Nesmond, quai des Tournelles.

Je pris en mains la direction de cette Boulangerie, où je fis introduire, non seulement, les procédés de pétrissage et de cuisson les plus perfectionnés ; mais encore, ceux de mouture et de blutage jugés les meilleurs, et j'obtins, pour un pain notablement supérieur à celui des boulangers, un prix de revient tellement au-dessous des fixations de la taxe normale, que je pus, à titre d'essai, faire vendre quotidiennement, sous les Halles, des pains fendus de 2 kilogrammes, absolument semblables à ceux des boulangers (mais ayant toujours le poids) à 10 centimes de rabais, et allouer, néanmoins, au débitant, une rémunération très large, pour son intervention et son légitime bénéfice, tout en réservant, à l'Assistance Publique, une marge suffisante pour la couvrir amplement de tous les frais de mes expériences. Elle y gagna, d'ailleurs, de réaliser une certaine économie sur la consommation de son immense Personnel.

Ce débit de pain sous les Halles ne pouvait prendre beaucoup d'extension ; car, il se faisait au comptant, et la Population ouvrière a l'habitude de se fournir à crédit chez les boulangers, et de ne payer sa consommation que par quinzaines ; mais, il suffit pour démontrer l'excellente qualité du pain mis en vente, qui ne manqua jamais d'acheteurs empressés.

Frappé de ce résultat, l'Empereur me fit dresser le plan d'une Manutention Municipale destinée à servir de modèle à l'industrie privée ; mais, espérant toujours que je parviendrais à réveiller l'attention de celle-ci, tôt ou tard, sans recourir à ce moyen, bien inutile après l'expérience de la Place Scipion, je réussis à faire comprendre à Sa Majesté qu'une Administration Publique est impropre à la fondation et surtout à la direction d'une entreprise industrielle et commerciale, et qu'il ne fallait pas risquer de compromettre, par l'insuccès possible d'une Manutention réglée au compte de la Ville, l'avenir d'une grande vérité, désormais suffisamment acquise. Et puis, comment nous défendre, en pareil cas, du reproche de Socialisme?

L'Empereur n'insista pas.

De nos jours, le projet d'établir, soit, aux points extrêmes de la Ville, où l'on peut encore trouver des terrains de prix très modéré; soit, dans la zone extérieure dite : Zone de Défense, où l'on en rencontre de moins chers, évidemment, des Manutentions ou Meuneries-Boulangeries Municipales, semble reprendre faveur, à côté de la constitution, dont on s'occupe sérieusement enfin, de l'Approvisionnement de Paris. Les promoteurs de ces Meuneries-Boulangeries s'appuient sur la convenance de composer l'Approvisionnement, de blés, autant que de farines. Mais, les objections que je faisais, voilà vingt ans, à toute création, et, principalement, à toute gestion, par la Ville, d'établissements semblables, n'ont rien perdu de leur poids, et, je crois que, cette fois comme l'autre, elles prévaudront.

Je comprendrais mieux que la Ville subventionnât la fondation des premières Manutentions Civiles établies par des Syndicats de Boulangers, ou par des associations industrielles quelconques, offrant de sérieuses garanties. En dehors des raisons qu'elle pourrait avoir de s'y décider, au point de vue de l'Approvisionnement de Guerre, et que je n'examine pas, elle réaliserait une amélioration permanente, ainsi résumée par moi, jadis :

Fabrication du pain usuel (fabrication encombrante, incommode), concentrée dans quelques usines excentriques ;

Débit de cet aliment nécessaire, réparti, sur le plus grand nombre de points possible, dans tous les quartiers de Paris.

Par des considérations dont je ne saurais me faire juge, le Gouvernement et l'Administration Municipale paraissent être d'accord pour composer exclusivement de farines, sans cesse renouvelées, un Approvisionnement assez important pour assurer, pendant trois mois, la consommation tant de la Population que de la Garnison de Paris et de la Zone de Défense.

Combien, dans tous les cas, ne doit-on pas regretter la Caisse de la Boulangerie !...

CHAPITRE XVI

CAISSE DES TRAVAUX DE PARIS

Décrets Organiques. — Nécessité de l'Institution. — Fonctionnement de la Caisse. — Au Corps Législatif. — Rapport de la Commission. — La Cour des Comptes. — Mise en liquidation.

La Caisse de la Boulangerie n'a pas seulement servi de type, de modèle, à la Caisse des Travaux de Paris. Le succès croissant de ses émissions, garanties par la Ville, de Bons à toutes échéances, m'a surtout aidé puissamment à prévenir des objections qu'on aurait pu me faire, avec plus ou moins de bonne foi, lorsque je proposai, le moment venu, de créer, à son exemple, un autre instrument de Trésorerie, alimenté, garanti de même, pour faciliter le jeu des Grandes Opérations de Voirie entreprises par la Ville et subventionnées ou non par l'État, qui nécessitaient des avances de fonds inconciliables avec le bon ordre des finances municipales.

Je saisis, pour demander l'institution de ce nouvel auxiliaire, dont le besoin m'était démontré depuis plusieurs années déjà, l'occasion que me fournit le Traité passé, le 3 Mai 1858, entre l'État et la Ville, et qui fut approuvé par la Loi du 28 du même mois, pour l'exécution, en dix années, du percement, dans Paris, d'un certain ensemble de grandes voies publiques, en vue desquelles était stipulée une Subvention du Trésor.

La Caisse des Travaux de Paris eut pour contradicteurs, dès son origine et pendant tout le cours de son fonctionnement, les adversaires de ces travaux mêmes, et ce sont eux qui provoquèrent sa mise en liquidation, lorsque furent ouvertes, en 1869, au terme du délai de dix ans fixé par le Traité de 1858, toutes les nouvelles Voies Publiques dont le projet m'avait servi d'argument pour en demander la création.

Dans le solennel débat motivé, devant le Corps Législatif, en 1869, par les Traités de la Ville avec le Crédit Foncier, les organes du Gouvernement, MM. Rouher, Ministre d'État, et de Forcade, Ministre de l'Intérieur, à leur tête, mirent un empressement à faire cette concession à la Minorité de l'Assemblée, hostile à l'Empereur, avant tout, qui prouve combien ils s'inquiétaient médiocrement des difficultés que mon administration en éprouverait, pour continuer l'œuvre de Transformation de la Capitale, et réaliser les grands projets que Sa Majesté se promettait de lui faire accomplir encore.

DÉCRETS ORGANIQUES.

Cette Caisse fut constituée par un Décret Impérial, rendu, sur l'avis du Conseil d'État, le 14 Novembre 1858, et, le 27 Décembre suivant, un autre Décret, qui la rendit justiciable directement de la Cour des Comptes, lui donna, du même coup, une existence propre, absolument distincte de celle de la Caisse Municipale, dont on avait essayé, tout d'abord, d'en faire une simple annexe.

C'était, en réalité, une seconde Caisse Municipale, spécialement affectée à des opérations exceptionnelles, qui ne rentraient pas dans le cadre normal des affaires de la Ville.

Un troisième Décret, du 6 Janvier 1859, régla tous les détails de son Service.

La mission de la Caisse des Travaux de Paris était définie dans les termes suivants :

Acquitter, d'une part, toutes les indemnités, foncières ou locatives, fixées, soit à l'amiable, soit judiciairement, par suite d'expropriations, d'évictions ou de dommages résultant des Grands Travaux entrepris par la Ville de Paris, en vertu de Lois, de Décrets ou d'Autorisations Ministérielles, et payer les frais dûment taxés et les dépenses de toute nature, régulièrement liquidées, se rapportant aux mêmes travaux.

Recevoir, d'autre part, le prix de la vente des matériaux provenant des immeubles expropriés, le prix des portions de ces immeubles restant disponibles et cédés par la Ville, et les produits divers se rattachant aux Opérations dont elle avait à faire le Service de Trésorerie.

Les sommes dont les Dépenses de chaque Opération excédaient ses Recettes propres, devaient être finalement couvertes au moyen de crédits annuellement ouverts, à cet effet, dans les Budgets de la Ville, au compte de laquelle tous les paiements et encaissements étaient effectués, en vertu d'arrêtés ou décisions du Préfet.

En attendant, pour faire face aux avances de fonds à sa charge, la Caisse des Travaux de Paris avait la faculté d'émettre des Bons, analogues à ceux de la Caisse de la Boulangerie, calqués eux-mêmes sur ceux du Trésor Public, dans la limite d'un maximum fixé, pour chaque émission, par une délibération du Conseil Municipal, qui devait, d'abord, être approuvée par un simple Décret, mais, qu'il fallut bientôt, suivant la Loi du 9 Juin 1859, relative à l'Emprunt Municipal de 1860, soumettre au Corps Législatif, en même temps que la Loi des Finances, dont un article déterminait annuellement la somme des valeurs que la Caisse était autorisée à mettre en circulation.

Cette Loi prescrivait, d'ailleurs, de joindre, à chaque demande, un Compte particulier indiquant le montant des Bons précédemment émis; l'emploi des ressources qu'ils avaient procurées à la Caisse, et la situation des Grands Travaux dont elle faisait le service.

Il appartenait au Ministre des Finances d'approuver, dans l'intérêt du crédit à réserver, par dessus tout, aux Bons du Trésor, les conditions d'émission des valeurs de la Caisse des Travaux de Paris.

Les intérêts et les frais de négociation de ces valeurs incombaient à la Ville, ainsi que les dépenses d'administration de toute espèce de l'Institution nouvelle, au paiement desquelles était affecté plus particulièrement le revenu de la Dotation de 20 millions de francs dont la Ville avait cru bon de la gratifier, dès le principe.

La Caisse était régie, sous l'autorité du Préfet, par un Directeur spécial, assisté d'un Caissier, nommé comme lui, sur la présentation de leur Chef commun, par le Ministre de l'Intérieur. Le Caissier rendait ses Comptes de Gestion annuelle, dans la forme des Comptes des Receveurs Municipaux. Ils étaient soumis au Conseil Municipal, arrêtés par le Préfet, et transmis à la Cour des Comptes, avec toutes les pièces justificatives des Recettes et des Dépenses y figurant.

Des vérifications périodiques des écritures et de l'encaisse avaient lieu par les soins des Inspecteurs des Caisses Municipales, et par l'Inspection Générale des Finances.

Un Comité Consultatif était institué, d'ailleurs, près de la nouvelle Administration, comme près de celle de la Caisse de la Boulangerie, pour donner son avis sur toutes les questions relatives à son service. Présidé par le Préfet, il se composait, de même, du Gouverneur de la Banque de France; du Directeur Général de la Caisse des Dépôts et Consignations; du Directeur du Mouvement Général des Fonds au Ministère des Finances, et de trois membres du Conseil Municipal de Paris, désignés par le Ministre de l'Intérieur.

NÉCESSITÉ DE L'INSTITUTION.

La Dépense « nette » d'une Opération de Voirie quelconque, celle qui devait, en fin de compte, grever, sans autre compensation que l'utilité reconnue de l'entreprise, les finances de la Ville, était on ne peut plus difficile, pour ne pas dire impossible, à déterminer d'avance, même approximativement. L'évaluation qu'il fallait bien en faire, néanmoins, comme contre-partie de l'exposé des avantages du projet, restait soumise, en effet, jusqu'à liquidation complète, à des aléas dont le principal échappait, le plus souvent, aux prévisions les mieux établies : le montant des indemnités de dépossession à payer aux propriétaires et locataires des immeubles dont l'acquisition, pour cause d'utilité publique, était nécessaire. Or, le chiffre de ces indemnités constituait l'élément capital de tous les calculs auxquels donnait lieu, de la part de mon administration et du Conseil Municipal, l'étude, très complexe, du plan de toute voie nouvelle. D'ailleurs, que produirait la vente des matériaux de démolition? Quelle serait la contenance des terrains à revendre, que les expropriés ne retiendraient pas? Quel prix en obtiendrait-on? Autres inconnues du problème à résoudre, qui trompaient aussi les appréciations des agents les plus expérimentés.

C'est pourquoi, jusqu'à l'époque où les gros entrepreneurs de Travaux Publics, tenus si longtemps éloignés, par ces aléas, de nos Opérations de Voirie, s'avisèrent de traiter conditionnellement, au préalable, avec les intéressés, du règlement amiable du plus grand nombre, ou tout au moins des plus importantes des indemnités d'Expropriation et d'Éviction, la Ville dut exécuter ses projets en Régie, et, partant, courir les chances de déception qu'ils lui réservaient.

On ne peut se faire une idée maintenant de tous les mobiles qui pouvaient alors influencer les décisions d'un Jury d'Expropriation parisien.

Je ne parle pas de la sympathie que, de tout temps et partout, les Jurés de cet ordre ont eue et continueront d'éprouver pour les intérêts de leurs pairs, et, parfois, de leurs amis, dépossédés, dont une Loi, plus séduisante que pratique (celle du 3 Mai 1841), leur confie le règlement, dans la pensée, presque toujours fallacieuse, qu'ils sauront, au cours de leurs appréciations, mettre en balance, avec ces intérêts privés, défendus avec tant de vigilance, l'intérêt public, dont ils sont aussi les juges, et qui les touche indirectement eux-mêmes.

Nous nous trouvions aux prises, d'une part, avec des hostilités politiques implacables, qui ne laissaient passer aucune occasion de faire échec à l'Empire, et qui se rendaient trop bien compte de la gloire que le règne de l'Empereur devrait à la Transformation de Paris; d'autre part, avec l'esprit d'opposition à l'Autorité, si profondément entré dans le caractère de la Population Parisienne, et avec l'intention, ouvertement avouée par certains jurés, qui ne comprenaient pas nos projets ou dont l'exécution des travaux dérangeait les habitudes, de tout entraver finalement, à force d'exagération des indemnités mises à la charge de la Ville, dont ils oubliaient, sans doute, qu'ils étaient les contribuables.

Les choses en vinrent au point que, dans quelques affaires, des expropriés, figurant parmi les jurés, à l'insu des représentants de la Ville, ne se faisaient pas conscience de siéger et de statuer au sujet de questions les intéressant d'une façon directe ou indirecte.

En 1858, dans une affaire de la Plaine de Monceau, qui concernait le Département de la Seine, puisque l'Annexion à Paris de la Zone Suburbaine de l'ancienne Banlieue n'était pas encore faite, un des jurés, qui n'avait pas peu contribué, par son vote, à l'exagération des décisions déjà rendues, sous le singulier prétexte que la très considérable cession gratuite de terrains faite au Département par de gros propriétaires, permettait à celui-ci d'être d'autant plus large envers les autres, tandis qu'il aurait dû voir, dans cet abandon, la preuve de la plus-value donnée par les travaux projetés à la contrée entière, eut cependant le scrupule de se récuser quand on appela sa propre cause. Averti par sa déclaration, l'avoué du Département fit des réserves, touchant la participation de ce juré aux décisions déjà prises. Un pourvoi contre la validité de celles-ci, qui me paraissait des mieux fondés, fut porté devant la Cour de Cassation, mais, rejeté par elle !

L'influence que l'opinion intéressée du Juré dont il s'agissait, ne pouvait manquer d'avoir exercée, dès le principe, sur la fixation du prix excessif (au dire de tous les hommes spéciaux), alloué, par mètre carré de terrain, aux expropriés de son voisinage, et, par voie de conséquence, à lui-même, ne toucha pas autant les membres de cette Haute Juridiction, que le non-usage, contre lui, du droit de récusation qu'avait eu l'organe du Département, bien ou mal informé.

Quoi qu'on puisse penser de l'espèce de coalition générale qui semblait exister, d'une manière occulte, contre les grandes entreprises de toute nature protégées par l'Empereur seul, la réunion du chiffre global des indemnités réglées au sujet de chacune d'elles, soit amiablement, soit par le Jury d'Expropriation, au profit des intéressés de toutes catégories, et du coût des travaux de toute espèce : terrassements, constructions d'égouts, distributions d'eau, établissements de chaussées et de trottoirs, exécutés sur les voies nouvelles, formait, au total, une Dépense « brute », qui devait être réduite, dans une proportion plus ou moins importante, par le produit de la vente des matériaux de démolition et des terrains libres en bordure, — comme aussi, dans beaucoup de cas, par les Subventions de l'État et le concours d'Établissements Publics ou de tiers intéressés, — avant qu'on pût savoir exactement la Dépense nette que cette opération laisserait.

On a vu déjà que, pour l'ensemble des Entreprises de Voirie exécutées dans l'ancien Paris, la Dépense « totale », qui s'était élevée à 1,297,445,134 fr. 62, avait été ramenée, par ces déductions, à 932,616,690 fr. 43. En attendant la réalisation des ressources par lesquelles je pus couvrir la différence de 364,828,444 fr. 19, il me fallut, néanmoins, la payer, aussi bien que le reste, et comment l'aurais-je fait sans les ressources de Trésorerie que me donna, d'abord, l'élasticité du Budget Municipal; puis, l'intervention de la Caisse des Travaux de Paris ?

Si l'on se rappelle que, dans cette dépense totale de 1,297,445,134 fr. 62, figurent, pour près de 500 millions, les Grandes Voies entreprises à forfait, en dernier lieu, moyennant des Subventions Fixes de la Ville, on reconnaîtra que la proportion existant, pour les autres, entre la dépense brute et la dépense nette, est bien plus considérable que celle qui ressort de la comparaison des chiffres ci-dessus.

Au début d'une Grande Opération quelconque, de longue haleine, l'émission immédiate d'un Emprunt, si l'on devait y recourir, pour en couvrir la Dépense finale, pouvait parer, sans doute, aux embarras que je signale ici. Mais, dans ce cas, c'était avec une surabondance telle qu'il fallait placer, en compte courant, au Trésor Public, la portion, non employée de suite, du produit de l'Emprunt contracté, sous des conditions d'intérêt bien moindres que la réunion des avantages assurés aux souscripteurs des Obligations de la Ville. Cette ressource prématurée causait donc à la Ville des pertes appréciables. Dans tous les cas, la somme empruntée, soigneusement limitée, par les Pouvoirs Publics, à la Dépense nette, bien ou mal évaluée de l'Opération, partant, insuffisante pour balancer le total de la Dépense brute, se trouvait épuisée longtemps avant la liquidation terminale, et, passant de la pléthore à la pénurie, l'Administration Municipale devait user d'expédients pour achever sa libération, en attendant la réalisation des ressources complémentaires sur lesquelles on comptait, et qui, plus d'une fois, trompèrent ses prévisions.

La Caisse des Travaux de Paris avait le mérite de mener préalablement cette liquidation à terme, au moyen des ressources de Trésorerie dont elle disposait, et des versements que la Caisse Municipale pouvait lui faire, à valoir sur la Dépense nette, encore incertaine, de chaque entreprise en cours. Cela permettait à la Ville, dans les cas les plus nombreux, où les fonds de son Budget ne devaient pas suffire à tout, de mesurer exactement l'importance de ses Appels au Crédit. Mais, toujours, la Caisse payait provisoirement la portion des dépenses qui devait être couverte, à la fin de l'Opération, par le produit des ventes de matériaux ou de terrains, ou par des subventions et contributions payables à des échéances déterminées.

C'était un immense soulagement pour les finances municipales, qui rendait possible l'entreprise simultanée de plusieurs Grandes Opérations, et l'exécution rapide, économique en somme, des travaux engagés.

L'Opposition ne s'y méprit pas. Elle combattit donc, sans relâche, la Caisse des Travaux de Paris, depuis son origine jusqu'au jour néfaste, où, profitant de la faiblesse, je ne veux pas dire de la connivence des organes du Gouvernement, elle obtint d'eux, tout à la fois, en 1869, la promesse de la mise en liquidation prochaine de cet utile instrument de Trésorerie, et celle de l'interdiction, à la Ville, de tout Traité concédant ses Grands Travaux à des Sociétés d'entrepreneurs, avec stipulation de termes de paiements échelonnés sur un certain nombre d'années.

A compter de ce jour, en effet, la Transformation de Paris eût été complètement entravée, si je n'avais pas gardé, par devers moi, des moyens de déjouer le mauvais vouloir de ses adversaires de toute opinion, que, malheureusement, les circonstances ne me laissèrent pas le temps de mettre en œuvre. — J'ai toujours regretté de n'avoir pu prendre cette revanche.

FONCTIONNEMENT DE LA CAISSE.

Depuis le 3 Janvier 1859, date de son entrée en service, jusqu'au 31 Décembre 1869, dernier jour de son fonctionnement, c'est-à-dire pendant onze années, la Caisse des Travaux de Paris a payé, pour le compte de la Ville, 1,188,812,145 fr. 85 ; soit, en moyenne, 108 millions par année, environ.

Elle reçut, durant la même période, 1,028,011,923 fr. 53, provenant, pour 246,400,936 fr. 61, de ressources propres aux Grandes Opérations de Voirie, et, pour 781,610,986 fr. 92, de versements successifs de la Caisse Municipale.

La différence, montant à 160,800,222 fr. 32, représente la somme des avances dont la Ville avait à faire compte avec elle le 1ᵉʳ Janvier 1870, époque de sa mise en liquidation, somme dont la Caisse était débitrice, à son tour, savoir :

1° Envers la Ville même, du chef de la Dotation de 20 millions qu'elle allait avoir à lui restituer, et à raison de versements effectués en 1869, à valoir sur les entreprises en cours, et s'élevant à 30 millions, soit au total, pour . .   50,000,000.00
2° Vis-à-vis des porteurs de ses Bons, pour . .   100,081,800.00
Enfin, à divers, comme solde passif de ses autres comptes, pour. 10,718.422.32

                 Somme égale. 160,800,222.32

Les Opérations subventionnées par l'État, faites en exécution du Traité de 1858, motif déterminant de l'institution de la Caisse des Travaux de Paris, figuraient naturellement, dans cette somme, pour le plus fort chiffre.

Les paiements faits au compte des voies nouvelles, visées dans cet acte, et composant le groupe intitulé : Deuxième Réseau, s'étaient élevées, en effet, à 411,816,953 fr. 58, et n'avaient été compensées que pour 326,884,932 fr. 26, par les recettes provenant : soit, des ressources propres à chacune de ces entreprises ; soit, de versements de la Caisse Municipale.

Le surplus, provisoirement couvert au moyen des facultés de Trésorerie de la Caisse des Travaux, montait à. .   84,932,021.32
Les Opérations du Premier Réseau, que l'État subventionnait aussi, n'avaient motivé de paiements que pour 124,209,785 fr. 34, compensés par 105,738,907 fr. 86 de recettes, et ne restaient débitrices que de 18,470,877.48
Mais, celles du Troisième Réseau, pour lesquelles aucune Subvention de l'État n'était accordée à la Ville, et les entreprises diverses

                 A reporter. . . .   103,402,898.80

Report. . . . 103,402,898.80

de l'Administration Municipale avaient nécessité pour 314,797,376 fr. 46 d'avances, compensées par 258,774,342 fr. 66 seulement de recettes. Elles étaient donc à découvert de . 56,026,033.80
Quant à l'Extension des Limites de Paris, la Caisse avait payé, pour les diverses dépenses qui s'y rattachaient, 337,988,030 fr. 07, et reçu 336,616,740 fr. 35 ; de telle sorte qu'elle ne se trouvait plus en avance que de. 1,371,289.72

Même somme. 160,800,222.32

La première émission des Bons de la Caisse des Travaux de Paris, montant à 30 millions, fut autorisée par un Décret du 6 Janvier 1859.

Cette limite, fixée d'abord à 60 millions, fut portée à 100, par une Loi du 9 Juin suivant, confirmée par celles des 26 Juillet 1860 et 26 Juin 1861. Une autre Loi, du 2 Juillet 1862, en autorisa le rehaussement temporaire jusqu'à 125 millions. Mais, la Loi du 13 Mai 1863 la ramena bientôt à 100, et celle du 8 Juin 1864, à 80. Reportée à 100 par la Loi du 25 Juin 1865, elle fut maintenue à ce chiffre par celles des 18 Juin 1866, 31 Juillet 1867 et 7 Août 1868.

Jamais, ces maxima ne furent dépassés d'un centime. Si la somme des bons existant au 31 Décembre 1869 (100,081,800) semble excéder un peu celui de 100 millions fixé, pour 1869, par la Loi du 7 Août 1868, c'est qu'elle comprend, pour 341,800 francs, des Bons échus appartenant aux émissions antérieures et non encore présentés. Les Bons à échoir, dont le nombre était de 139,780, ne montaient qu'à 99,740,000 francs. On était donc resté, de 260,000 francs, au-dessous de la limite.

Je ne crois pas sans intérêt de donner les échéances de ceux-ci, réparties sur sept années.

On y verra que le public recherchait les échéances éloignées.

Cela tenait à l'intérêt plus élevé dont elles jouissaient.

Voici les chiffres annuels des échéances :

1870.	15,039,700
1871.	22,271,700
1872.	14,026,300
1873.	14,004,600
1874.	14,029,700
1875.	10,208,200
1876.	10,159,800

Il est évident que la Caisse des Travaux, et par conséquent, la Ville, dont cette Caisse n'était, après tout, qu'un organe, payaient la sécurité que leur assuraient les émissions de bons à longs termes, au moyen d'une certaine aggravation d'intérêts. Néanmoins, la moyenne des intérêts payés n'a jamais été de plus de 4 1/2 p. 100. — Les Emprunts de la Ville coûtaient davantage ! — On peut supposer, à bon droit, que la liquidation de la Caisse lui fut rendue bien plus légère par cet échelonnement heureux du montant de sa principale obligation.

A chaque Bon de capital étaient joints des Coupons ou Bons d'intérêts. Pour les sept années, ils s'élevaient à 16,709,755 fr. 66. Comme ils constituaient le prix des délais de remboursement ménagés aux administrations postérieures à la mienne, je n'en tiens pas autrement compte.

Mais, je reconnais que tout le reste du passif net de la Caisse des Travaux de Paris m'incombe, et c'est pourquoi je l'ai fait figurer, ailleurs, dans l'évaluation des charges de tout ordre laissées par mon administration à celle de mes successeurs, avec un ensemble de ressources bien plus que suffisantes pour y faire face, ainsi que je crois l'avoir surabondamment démontré. J'insiste sur ce dernier point, dont l'importance me paraît essentiel : mes contradicteurs le négligent toujours.

AU CORPS LÉGISLATIF.

La Caisse des Travaux de Paris n'a pu se trouver finalement en avance, vis-à-vis de la Ville, comme on vient de le voir, d'une somme de près de 11 millions, en sus du montant de ses émissions de valeurs, de sa Dotation et des versements en compte de la Caisse Municipale, que grâce aux Cautionnements et aux Dépôts de Garantie reçus par elle de divers gros entrepreneurs, concessionnaires d'opérations à forfait.

C'est au moyen de cette ressource très considérable (de 25 à 30 millions) qu'elle a pu, d'ailleurs, parer aux mouvements de fonds nécessités par les énormes affaires dont elle eut à faire le service en 1867, 1868 et 1869, sans réclamer un accroissement de ses facultés normales de Trésorerie.

La liquidation anticipée que je donnais de ses affaires, au début de la Session du Conseil Municipal, en Octobre 1869, avait révélé, du reste, des aggravations de Dépense à la charge de la Ville, dépassant toutes les prévisions.

« Bien rarement, » disais-je à ce sujet, « les agents
« d'exécution auxquels incombe la direction de travaux,
« grands ou petits, savent se renfermer dans la limite
« des devis qu'ils ont dressés et dont ils ont obtenu

« l'approbation. Cela est vrai, même pour les Ingénieurs,
« dont l'éducation scientifique, les habitudes de préci-
« sion et l'organisation hiérarchique offrent des garan-
« ties toutes spéciales. Quant aux Architectes de la
« Ville, choisis naturellement de préférence parmi les
« lauréats de l'Institut, ce sont des artistes fort distin-
« gués, que l'expérience finit par façonner à la pratique
« des affaires, mais dont le génie se prête toujours mal
« à l'empire des règles administratives, et surtout à
« l'esclavage des chiffres. Pour utiliser leur précieux
« concours, vous savez, Messieurs, avec quelle sollici-
« tude nous avons tâché de les fortifier contre les en-
« traînements dont les Ingénieurs, leurs émules, ne
« sont pas eux-mêmes à l'abri : vérification et revision
« des devis; contrôle des travaux en cours; inspections
« financières; mesures de sévérité; nous avons tout
« employé, non certes sans de bons résultats, mais, sans
« un succès entier. Beaucoup trop d'Architectes per-
« sistent encore à modifier leurs projets en cours d'exé-
« cution, sans aucune autorisation préalable, sans
« aucune allocation de crédits supplémentaires, dans
« l'espérance, presque toujours illusoire, de compen-
« ser les augmentations de dépenses que ces change-
« ments entraînent, par des économies réalisées sur
« d'autres parties de leur œuvre. De là, des déconve-
« nues, souvent très graves, pour l'Administration,
« qui ne connaît les excédents qu'au terme des tra-
« vaux, lors de la réception et du décompte final. »

D'ordinaire, la Ville n'avait pas à faire face, plus tôt qu'à cette époque, aux conséquences de ces désagréables surprises; mais, dès le commencement de 1869, mon administration se vit obligée, en vue du sérieux débat auquel devaient donner lieu, devant le Corps Législatif, la Situation Financière de la Ville et les Traités qu'elle avait faits avec le Crédit Foncier, non seulement, de régler tous les travaux terminés; mais encore, d'évaluer approximativement, par avance, dans la même forme, comme s'ils eussent été finis, les travaux en cours, afin d'établir nettement l'importance réelle de ses engagements dans le présent et dans l'avenir, et de ramener à de justes proportions les supputations très exagérées de ses adversaires de toutes nuances.

Or, ce travail avait eu pour résultat de faire apparaître de suite, et du même coup, toutes les imprévisions, tous les dépassements de crédits que les divers services d'Ingénieurs et d'Architectes pouvaient avoir à confesser, chacun pour sa part, et que, sans cela, nous aurions connus successivement et dû régler beaucoup plus tard, après l'achèvement réel des Opérations, et probablement, après la réalisation de ressources complémentaires nous permettant d'y pourvoir sans embarras.

Mais, ce Découvert, d'environ 25 millions, auquel, en attendant, la Caisse des Travaux eût fait aisément face, avec ses ressources courantes, à mesure qu'il se serait produit, devint, pour tous les contradicteurs de nos Grands Travaux, comme pour l'Opposition, un argument contre les facilités de Trésorerie que cette utile Institution donnait à la Ville.

Ce n'était pas spécialement à la Caisse qu'en avaient les partis coalisés contre mon administration : c'était moi-même, le trop fidèle instrument de l'Empereur, qu'on voulait atteindre indirectement. Aussi, dans le grand et solennel débat relatif aux Traités de la Ville avec le Crédit Foncier, qui remplit, on se le rappelle, onze séances du Corps Législatif, en 1869, aucun Député de la Gauche et aucun malveillant de la Droite ne manqua-t-il de prendre la parole.

Presque tous revinrent plusieurs fois à la charge, avec un acharnement sans exemple, dans l'espoir, fondé malheureusement, d'obtenir, par lassitude, soit de la Chambre, soit du Gouvernement même, des concessions pouvant rendre la continuation de ma tâche impossible, et paralyser ainsi l'action personnelle du Souverain dans la Grande Œuvre qu'il s'agissait d'enrayer par la condamnation, j'ai presque : dit la flétrissure, des moyens en assurant l'exécution.

MM. Thiers, Jules Favre, Émile Ollivier, Bethmont, et autres orateurs de premier ordre; Garnier-Pagès, Magnin, Pelletan, Guéroult (organe, dans la presse politique, du Prince Napoléon), et surtout, Ernest Picard ne s'y épargnèrent pas. Ils trouvèrent naturellement des alliés dans le Centre Gauche, et un certain nombre d'auxiliaires, inattendus, au sein de la Majorité, dont cette diversion troubla quelques esprits timorés.

Néanmoins, la très énergique attitude gardée jusqu'au bout par le Rapporteur du projet de Loi, M. du Miral, et les excellents discours prononcés, tant par lui que par MM. Genteur et Jolibois, Commissaires du Gouvernement, et aussi, par M. de Forcade de la Roquette, Ministre de l'Intérieur, qui vint loyalement à la rescousse, et fit un tableau magnifique des bienfaits de la Transformation de Paris, auraient certainement enlevé le vote de la Chambre, sans rien abandonner d'essentiel, si M. Rouher n'était pas intervenu dans le débat, d'une façon très brillante assurément, mais non moins superflue, pour soutenir, d'abord, la même thèse; puis, pour défendre ce que personne dans la Chambre n'avait attaqué : l'intégrité du Préfet absent, mis sur la sellette; et, en fin de compte, pour prendre, vis-à-vis de la Minorité, des engagements tout à fait inutiles, puisqu'ils ne ramenèrent aucun de ses votes au projet, et décourageants pour la Majorité, qui se montrait disposée à l'adopter tout entier, conformément aux conclusions du Rapport, sans exiger rien de semblable.

RAPPORT DE LA COMMISSION.

M. du Miral, que je ne saurais assez louer de sa fermeté, dans ce grave débat, exposait, avec une grande clarté, dans son Rapport, toutes les questions soulevées par les Traités soumis à l'approbation de la Chambre ; les examinait, une à une, et donnait les motifs des conclusions de la Commission, de tous points favorables à ces Traités.

Après avoir précisé l'importance des travaux de tout ordre nécessités par la Transformation de Paris, il s'attacha particulièrement à justifier les travaux de Voirie, contre lesquels les plus vives attaques étaient concentrées.

. Au sujet du Premier Réseau, complètement achevé, dont le Parcours atteignait 9,467 mètres, et dont il évaluait la Dépense nette à 278 millions, le Rapporteur disait : « Il a porté l'air, la lumière, la salubrité et pro-
« curé une circulation facile, dans ce dédale constam-

« ment encombré, impénétrable, de rues tortueuses,
« étroites, obscures et malsaines, qui composaient les
« anciens quartiers des Tuileries, du Louvre, du Pa-
« lais-Royal, du Théâtre-Français, des Halles Cen-
« trales, de l'Hôtel de Ville et de la Cité. »

« Le Deuxième », ajoutait-il, « a été déterminé par
« la Loi du 28 Mai 1858. Il se compose principalement
« de lignes magistrales dont la nécessité et l'impor-
« tance, au point de vue des relations réciproques des
« diverses parties de la Ville ; de l'abord facile des
« gares ; de la sécurité publique, ne sauraient être
« contestées. » Il aurait pu compléter sa phrase par
ces mots : « surtout, dans le sein de la Chambre, qui
« vota l'exécution de ce Deuxième Réseau, comme du
« Premier. »

Le Parcours était de 26,294 mètres. La Dépense, évaluée, d'abord, à 180 millions, paraissait devoir s'élever,
en définitive, à 410. Le rapporteur rappelait à la
Chambre les causes de cet énorme écart, et concluait
ainsi : « On ne saurait avec justice les imputer à l'Admi-
« nistration. »

Quant au Troisième Réseau, d'un Parcours total de
28,000 mètres et d'une Dépense évaluée à 280 millions,
voici le passage, très significatif, du Rapport qui le
concerne :

« Cette troisième entreprise n'a pas été, comme les
« deux premières, une œuvre d'ensemble, simultané-
« ment décidée. Son point de départ a été l'ouverture
« de la rue La Fayette, commandée par les besoins du
« service des Gares de l'Est et du Nord. Cette voie de
« premier ordre eut, pour contre-partie, sur l'autre rive
« de la Seine, la rue de Rennes, pour l'accès de la Gare

« de l'Ouest. La convenance du complément de quel-
« ques-unes des rues comprises dans les premiers ré-
« seaux ; la nécessité de leur raccordement avec les
« autres voies qui y aboutissent ; un esprit de justice dis-
« tributive entre les diverses parties de la Ville, ont en-
« suite fait successivement décider le plus grand nombre
« des lignes qui composent ce Troisième Réseau. Elles
« ne présentent pas toutes, il faut le reconnaître, un
« égal degré d'utilité ; on peut affirmer, cependant,
« qu'il n'en est aucune qui ne constitue une améliora-
« tion réelle pour les quartiers anciens ou ne favorise
« la création de quartiers nouveaux. »

En rapprochant les chiffres de Parcours et de Dépense des trois réseaux, énoncés dans le Rapport, on trouve un coût moyen de 3,000 francs environ par mètre, pour le Premier Réseau ; de 1,550 francs, pour le Second ; et de 1,000 francs seulement, pour le Troisième, soit de 1,500, en moyenne générale. Mais, nous ne connaissions pas encore alors le produit exact des ressources propres à chaque Opération.

Ainsi qu'on l'a vu précédemment, en définitive, la Dépense nette des trois réseaux ne montait pas, le 31 Décembre 1869, au delà de 934 millions, ce qui donne une moyenne générale inférieure à 1,460 francs.

Le Rapporteur achevait son Exposé, par cette observation judicieuse :

« On ne saurait apprécier, en isolant leurs diverses
« parties, les travaux extraordinaires qui ont réalisé la
« Transformation de Paris. Au point de vue de la po-
« pulation parisienne, il semble impossible de mécon-

« naître qu'ils lui aient été avantageux, sous le triple
« rapport de la sécurité, de l'hygiène et du bien-être
« sous toutes ses formes; qu'ils aient exercé une in-
« fluence considérable, décisive, sur la hausse des sa-
« laires, l'essor et les bénéfices des industries; sur la
« valeur de toutes les propriétés immobilières, bâties
« ou non bâties, sans qu'aucune classe d'habitants ait
« eu à supporter, en regard, directement ou indirecte-
« ment, des aggravations de charges. »

Portant ses investigations sur les divers modes d'exécution suivis par la Ville, la Commission s'était convaincue, d'après les résultats de chacun d'eux, que le système de la « Concession » avait été, de beaucoup, le plus économique de tous.

« La pratique de la spéculation des entreprises, » disait-elle, par l'organe de son Rapporteur, « l'intérêt
« personnel, qui en est la base, développent, chez ceux
« qui se livrent à cette industrie, des aptitudes spé-
« ciales que les agents les plus dévoués et les plus ca-
« pables ne peuvent jamais posséder au même dégré. »

Les concessions à forfait mettaient, d'ailleurs, la Ville à l'abri de l'aléa des expropriations.

Quant au reproche qu'on lui faisait de n'avoir pas concédé, par voie d'adjudication, chaque entreprise, la Commission y répondait : « qu'il avait fallu former,
« d'abord, un Personnel d'entrepreneurs tout à fait spé-
« ciaux, et qu'on ne pouvait, en outre, méconnaître
« que les conditions financières nécessitées par la
« nature particulière de ces opérations, auraient apporté
« à la pratique des soumissions au rabais, en cette ma-
« tière, de très notables entraves. »

Le Rapporteur terminait cette partie de son remarquable travail par cet important témoignage, dont les termes avaient été consacrés par le vote unanime de la Commission, et qui ne pouvait manquer de frapper l'attention de tous les hommes de bonne foi dans le sein du Corps Législatif, et aussi dans le Public, par sa précision, par sa netteté :

« Quoi qu'il en soit, nous pouvons, dès à présent,
« attester que tout s'est passé, en ce qui concerne ces
« concessions, avec la régularité la plus parfaite, avec
« l'emploi de précautions multipliées, pour éviter
« toutes les chances d'erreur ; que la sincérité, la mora-
« lité de ces opérations s'imposent à tout juge impartial
« et défient le soupçon le plus passionné. »

Devant pareille déclaration, émanée d'une Commission qui n'avait pas consacré moins de trente séances à l'étude la plus attentive et la plus consciencieuse du projet de Loi, quel besoin éprouvait M. Rouher de faire autre chose que de s'y référer, s'il croyait avoir découvert, dans le discours d'un des adversaires de ce projet, une insinuation quelconque dirigée contre qui que ce fût ? Cela n'aurait-il pas mieux valu que d'envelopper les paroles qu'on va lire, dans une tirade, fort éloquente, d'ailleurs, saluée de bravos et d'applaudissements par la Majorité de la Chambre, indignée de ces insinuations incomprises, qu'il relevait pour mon compte, et ne soupçonnant pas la perfidie de ce procédé ?

« Moi aussi, j'ai entendu les bruits auxquels vous
« faites allusion ; je les ai poursuivis *avec inquiétude ;*
« j'ai voulu les découvrir, les saisir, en acquérir la
« preuve : *je ne l'ai jamais pu.* »

On le devine : je me gardai bien de dire, nulle part, ce que je pensai, dans mon for intérieur, de ce témoignage négatif de mon défenseur officieux, venant après le témoignage explicite de la Commission de la Chambre. Je n'y voulus voir, comme la Majorité, à cause des magnifiques élans oratoires dont il avait été comme enguirlandé, qu'une réhabilitation éclatante de mon œuvre.

Mais, lorsque l'affaire vint au Sénat, où j'eus enfin la parole, voici comment je rappelai cet incident : « J'ai
« été très touché du mouvement d'indignation par le-
« quel M. le Ministre d'État, au sein du Corps Légis-
« latif, a relevé des insinuations offensantes, qui lui
« semblaient dirigées contre moi. J'aime encore à
« penser que le Député dont les paroles ont été com-
« prises ainsi, ne songeait pas à ma personne. Il a
« traité, en effet, à une autre époque, avec le Préfet de
« la Seine, sous l'approbation du Gouvernement, d'une
« très grande opération financière. Il ignore peut-être
« combien m'ont causé d'ennuis la préférence qu'il
« obtint, à bon droit, sur des concurrents très con-
« sidérables, et les ménagements dont il eut besoin
« pour l'exécution de son contrat, fidèlement rempli,
« en fin de compte. Mais, ce banquier sait parfaitement
« de quelle manière se font les affaires à l'Hôtel de Ville,
« et je veux croire qu'il en prendrait au besoin la dé-
« fense, au lieu de l'incriminer. »

C'était M. Calley Saint-Paul, beau-père du Général Fleury, concessionnaire direct d'un Emprunt Départemental de 50 millions. Il avait dû me demander plusieurs atermoiements pour le versement d'une portion de cette somme, et ne pouvait que se louer de nos rapports. C'est contre M. Frémy, Gouverneur du Crédit Foncier; qu'il faisait campagne, pour des raisons que je n'ai pas à rechercher ici.

M. Calley Saint-Paul s'est défendu, vis-à-vis de moi, trop tard, par conséquent, du sens attribué par M. Rouher à ses paroles. Il eût mieux fait de le désavouer spontanément à la tribune. Mais, il aurait fallu dire qui ses insinuations avaient en vue.

En réalité, si nos adversaires ne se ménagèrent pas dans leurs attaques réitérées contre l'Œuvre dont je poursuivais l'accomplissement avec trop de suite et de persévérance à leur gré, sous la direction immédiate et pour la gloire de mon Souverain, au fond, je le répète, peu de ces attaques m'étaient personnelles. Ils s'en prenaient au Fonctionnaire que son entier dévouement faisait comme le bras droit de son Chef, et dont les combinaisons financières affectaient le grand tort, à leurs yeux, de hâter la réalisation des plans conçus par l'Empereur. Il leur suffisait de dénoncer publiquement ces combinaisons, qu'ils prétendaient avoir été soustraites, de parti pris, à l'examen du Corps Législatif, comme autant de violations des Lois, des Règlements, des bonnes traditions administratives, et de réclamer le remplacement de l'espèce de Proconsul auquel on imputait l'oubli des droits de ce Grand Pouvoir électif de l'État.

M. Thiers, dès le début de sa discussion très ardente du projet de Loi, tint à faire une distinction très nette, entre ma personne, qu'il estimait, et le système d'administration de la Ville de Paris, qu'il réprouvait complètement, quoiqu'il n'eût que des éloges pour certaines de nos nouvelles voies publiques, et en particulier, pour l'ensemble du Premier Réseau, dont il n'hésita pas à louer la conception, avant d'aborder la critique des deux autres.

« Je n'ai contre M. le Préfet de la Seine, » avait-il dit en commençant, « aucun sentiment d'animosité. Je « l'ai toujours considéré comme un Administrateur « intelligent, actif, — trop actif peut-être, — mais « très capable. »

Puis, il avait décoché ce trait indirect à M. Rouher, ancien Ministre du Commerce, l'auteur des fameux Traités de Commerce faits avec l'Angleterre :

« J'ajoute que j'ai, pour ses opinions économiques, un « certain penchant. J'ai lu de lui des mémoires sur les « plus graves questions de l'Administration et du Com- « merce Intérieur, qui m'ont fait éprouver un regret : « c'est qu'au lieu d'être Préfet de la Seine, il ne fût pas « Ministre du Commerce. Je suis convaincu que nos « provinces industrielles ne souffriraient pas ce qu'elles « souffrent aujourd'hui, s'il était investi de ces hautes « fonctions. »

M. Thiers m'avait connu jeune Sous-Préfet, quand il dirigeait le Ministère de l'Intérieur, quelques vingt-huit années auparavant.

Il savait mon refus, comme Préfet de la Seine, de rien faire de plus, contre son élection à Paris, que de faire afficher le nom de son concurrent, M. Devinck, Conseiller Municipal et Député sortant, suivi de cette laconique mention : « Candidat recommandé par le Gouvernement. »

Je croyais d'autant plus impolitique de combattre celui qu'on nommait l'Historien National, que ses chances de réussite semblaient certaines. Mais, l'Empereur n'y voulut pas entendre. Il me dispensa d'attaquer mon ancien et bienveillant Chef ; mais, par son ordre, M. de Persigny, Ministre de l'Intérieur, fit publier contre la candidature de M. Thiers une lettre doublement regrettable pour sa virulence et par son insuccès.

Quant à mes opinions économiques, si l'on ne pouvait me prendre pour un libre-échangiste aussi radical, à beaucoup près, que M. Rouher l'était devenu, du jour au lendemain, je me trouvais bien loin des doctrines protectionnistes systématiquement professées par M. Thiers.

Mais, celui-ci n'ignorait peut-être pas que l'Empereur m'avait désigné pour remplacer M. Rouher au Ministère de l'Agriculture, « du Commerce » et des Travaux Publics, dès qu'il s'était occupé de lui faire accepter, bon gré mal gré, la position de Ministre sans Portefeuille et d'Orateur du Gouvernement, et que M. Rouher ne me le pardonnait pas, bien que je fusse allé le trouver, aux premières ouvertures de Sa Majesté, pour lui déclarer que mon ambition se bornait à compléter mon œuvre à l'Hôtel de Ville, et pour le prier de m'aider à décliner la charge de sa succession, dans un poste rendu si difficile à bien remplir après lui.

Afin de piquer encore plus au vif l'ancien Ministre du Commerce, devenu finalement le Ministre d'État, M. Thiers, trop habile pour n'avoir pas su discerner la volonté de l'Empereur, d'administrer la Ville de Paris, sa Capitale, aussi directement que possible, avec le concours d'un seul fonctionnaire entièrement à lui, ne manqua pas l'occasion que l'émission des Bons de la

Caisse des Travaux de Paris lui donnait, de comparer à un Empire dans l'Empire, la Ville qu'on avait dotée, d'abord, d'une dette fondée ; puis, de cette dette flottante, comme les plus grands États, pour ajouter ironiquement : « On appelle M. Rouher, Vice-Empereur ; on le « flatte : le Vice-Empereur, c'est le Préfet de la Seine ! »

Il mettait le doigt sur la plaie, sur la vraie cause de la nouvelle et singulière attitude que M. Rouher prit quelques jours après, dans la discussion.

LA COUR DES COMPTES.

La question des Bons de Délégation au moyen desquels les concessionnaires à forfait de grandes entreprises de Voirie pouvaient négocier le montant des subventions, payables à des échéances réparties sur six ou huit ans, au plus, formant le prix des mètres carrés de terrains livrés par eux à la Voie Publique, semblait définitivement vidée depuis l'Ordre du Jour décisif, par lequel dans une session précédente, avaient été closes les explications échangées, à ce sujet, entre M. Berryer, qui voulait assimiler ces atermoiements à des Emprunts de la Ville, soustraits ainsi, de fait, sinon d'intention, à la compétence du Corps Législatif, et M. Rouher, Ministre sans Portefeuille et Orateur du Gouvernement, qui n'y voyait, alors, que des règlements d'acquisitions à terme, tout à fait licites, quand ils n'excédaient pas la mesure de ce qu'il appelait, en termes juridiques, « le droit d'aménagement des revenus municipaux ».

Mais, cela n'était pas l'affaire de l'Opposition.

D'ailleurs, la Cour des Comptes, qui laissait passer, durant le règne du Roi Louis-Philippe, les concessions d'entreprises faites également sans adjudication et sans Loi, par la Ville, avec des subventions payables aussi par termes échelonnés ; puis, sous le régime de la Présidence, le Rachat du Péage de divers Ponts, opéré sans Lois, moyennant de très nombreuses annuités ; enfin, sous l'Empire même, des Traités, faits toujours sans Lois, pour le Rachat des droits de la Compagnie des Eaux ; de la Concession du Canal Saint-Martin ; des Usines de Saint-Maur ; et, des droits de la Compagnie des Petites-Voitures ; la Cour des Comptes, dont le Premier Président, membre d'une Commission nommée par l'Empereur, rédigea ce dernier Traité de Rachat, sanctionné par simple Décret, comme les autres, et qui n'avait trouvé rien d'irrégulier dans l'adjudication du Marché aux Bestiaux de la Villette, moyennant des annuités, plus nombreuses encore, s'était avisée de reprendre, au sujet des subventions, payables en six ou huit termes, aux entrepreneurs de nos dernières grandes entreprises, les arguments de M. Berryer, bien qu'ils eussent été condamnés par le Corps Législatif, sans autrement se préoccuper de l'appui considérable que sa grande autorité devait fournir aux adversaires du Gouvernement et de la Ville, par cette qualification mal sonnante : EMPRUNTS DÉGUISÉS, qu'elle appliquait à nos actes, sans préméditation, je veux le croire, mais fort maladroitement, à coup sûr, en ce qu'un tel terme autorisait à supposer un parti pris de soustraire mystérieusement à l'examen du Corps Législatif, les opérations financières qu'ils impliquaient.

Sans doute, je répondis par des arguments irréfutables aux Observations de la Cour, et je ne manquai pas de dire que les Traités incriminés avaient été soumis au Conseil d'État, en vue de la déclaration d'utilité publique des percements projetés, et approuvés tous par des Décrets de l'Empereur, rendus sur l'avis conforme de ce Grand Corps, ce qui plaçait l'Administration Municipale hors de cause, et ne permettait pas d'accuser de dissimulation ou de déguisement, des opérations conclues sous une telle forme.

Rien n'avait fait : les Observations de la Cour des Comptes, sans mes réponses, passées sous silence, étaient restées acquises à tous les mauvais vouloirs.

Il sembla même que Ministres et Commissaires du Gouvernement, y compris M. Alfred Blanche, Secrétaire Général de la Préfecture de la Seine, qu'on avait adjoint à ceux-ci, comme Conseiller d'État, et qui fournit à la Chambre des détails, très intéressants et très utiles, sur diverses questions, se fussent donné le mot pour ne pas parler des Décrets Impériaux qui me couvraient, et pour se borner à défendre, du mieux possible, mon œuvre et les conventions, entre la Ville et le Crédit Foncier, soumises au Corps Législatif.

Quand je produisis publiquement au Sénat ce moyen sûr de défense que mon administration possédait, ce fut, pour tout le monde, comme une révélation.

Au surplus, ce n'était pas la première fois que la Cour des Comptes trahissait le peu de faveur rencontré, dans ses rangs, par les Grands Travaux de Paris.

Assurément, M. le Premier Président de Royer, à sa tête depuis 1863, ne partageait pas les préventions de la Majorité de ses collègues. Ancien membre du Conseil Municipal de Paris, il avait, dans son sein, voté plusieurs des actes si maltraités par sa Compagnie. Mais, on s'explique l'attitude prise par celle-ci, quand on parcourt la liste des membres qui la composaient, en 1869.

Un de ses trois Présidents de Chambre et deux de ses dix-huit Conseillers-Maîtres dataient de la Restauration; un autre Président et six Conseillers-Maîtres, du Gouvernement de Juillet. Le troisième Président, d'abord, Chef de Cabinet, puis Secrétaire Général, et toujours, homme de confiance de M. Fould, et plusieurs nouveaux Conseillers-Maîtres devaient leur nomination à cet homme d'État, qui leur avait inculqué son hostilité contre mon administration.

Quant aux Conseillers Référendaires, des traditions de famille perpétuaient, chez la plupart, l'esprit de ce Corps, fermé de tous temps aux idées de progrès dont l'Empereur Napoléon était le fervent zélateur.

Je vais dire une énormité ; la Cour des Comptes ne m'a point paru comprendre « alors » son rôle, de façon à justifier la haute position qu'elle occupait et qu'elle occupe encore dans la hiérarchie des Pouvoirs Publics, et la grande autorité que l'Opinion apporte, de confiance, au résumé de ses travaux.

Plus calme, aujourd'hui, je juge de même, cependant, son attitude, aussi peu bienveillante que possible vis-à-vis de l'Administration Municipale de Paris, sous le second Empire, et sa persévérance à poursuivre, dans les Comptes du Trésorier de la Ville, pour les juger sans la moindre indulgence, tous les faits qui pouvaient prêter à quelque chicane de forme, au lieu de chercher et de faire ressortir les circonstances et les arguments de nature à les expliquer, à les excuser, au besoin, sinon à les absoudre entièrement.

Personnellement, je n'étais pas son justiciable. En tant qu'Ordonnateur, je relevais du Gouvernement seul, à qui l'examen de mes Comptes Administratifs appartenait. La Cour ne pouvait m'atteindre qu'indirectement, par voie d'Observations, au sujet des Comptes de Gestion du Receveur Municipal (qualifié : Trésorier de la Ville, à Paris), qu'elle jugeait. Mais, elle ne s'en fit jamais faute.

Or, je me persuade que, si la mission de la Cour des Comptes n'était pas d'apprécier, de haut, l'ensemble et les détails des opérations financières qui lui passent sous les yeux, pour opposer les règlements, dans toute leur rigueur, aux administrations que rien n'excuse d'avoir transgressé, dans leurs actes, la dernière limite de leurs facultés normales ; mais, aussi, pour défendre celles qui, se trouvant aux prises avec des difficultés exceptionnelles, non prévues par les Lois et Instructions en vigueur, obligées d'y faire face, quand même, s'étaient laborieusement efforcées d'observer, de leur mieux, au moyen d'expédients irréprochables, au fond, l'esprit et la lettre des Réglements, on n'aurait pas composé cette Institution de Grands Fonctionnaires, de serviteurs émérites de l'État, assimilés à tous égards aux membres de la Cour Suprême de Justice, de la Cour de Cassation !

Pour comparer strictement les sommes dépensées aux crédits ouverts ; pour s'assurer de la production des pièces justificatives de toutes Recettes ou Dépenses; pour pointer des chiffres, vérifier des additions par francs et centimes, en un mot, pour chercher la petite bête dans les Gestions à juger, une Commission de Comptables de Contrôleurs de Caisses, d'Inspecteurs des Finances, au plus, suffirait.

L'Empereur Napoléon Ier, à qui la Cour des Comptes doit son organisation, en la chargeant, par l'article 22 de la Loi du 16 Septembre 1807, de présenter, au Chef de l'État, un Résumé des Observations utiles inspirées à ses membres par l'examen des Recettes et Dépenses Publiques de chaque année, et des vues de réforme et d'améliorations résultant de l'ensemble de ses travaux, attendait certainement, de cette Haute Juridiction, mieux que les rapports, stériles presque toujours, quand ils n'étaient pas animés de motifs secrets, comme au sujet de la Ville de Paris, par lesquels, de notre temps, elle a cru s'acquitter de cette partie essentielle de sa lourde tâche.

Quels services ne rendrait pas un tel Corps, sachant tirer, du dépouillement des Comptes de l'État, des Administrations Publiques, des Départements et des grandes Communes, tous les faits intéressant le Pays, et les résultats à lui signaler, soit, comme d'heureux exemples à suivre, soit, comme des dangers à conjurer !

Est-ce que la Cour des Comptes parut se douter, un seul moment, du système financier dont je suivis l'application avec une persévérance, avec une fermeté dignes d'encouragement ? — Est-ce qu'elle sembla discerner que les embarras contre lesquels je me débattais ; les expédients auxquels je recourais parfois, provenaient tous, au fond, de la même cause : mon ambition de ne grever la Population de Paris d'aucune Imposition Extraordinaire, d'aucune Surtaxe d'Octroi, du fait des Grands Travaux conçus par l'Empereur ? — Si la Cour avait mis ce fait en lumière, de quel jour nouveau n'eût-il pas éclairé les débats auxquels donnaient lieu les prétendues irrégularités imputées à la Ville, et reprochables au

Gouvernement seul, qui s'était jugé compétent pour approuver les Traités de Concession attaqués !

N'avait-elle pas, d'ailleurs, ces Traités et les Décrets d'approbation dans les mains ? Ne devait-elle pas oser dire que la responsabilité des actes motivant les Observations formulées par elle, remontait au-dessus de l'Administration Municipale de Paris ?

La Commission du Corps Législatif prit le parti, fort sage, de déclarer qu'en supposant fondées les Observations de la Cour des Comptes, il était sans intérêt de revenir sur des engagements pris « de bonne foi », que les Traités soumis à la Chambre allaient précisément remplacer par de nouveaux, d'une incontestable régularité ; que, d'ailleurs, l'attribution au Corps Législatif, consentie par le Gouvernement, sur ma propre insistance, du droit de régler désormais le Budget Extraordinaire de la Ville, rendrait impossible la reproduction des actes contestés, sans une discussion préalable et sans l'approbation formelle de la Chambre. Mais, elle entra dans des explications très nettes, au sujet des ressources de la Ville pour exécuter, sans embarras, surabondamment, les conventions qu'il s'agissait de ratifier, et dont la conclusion avait pour but de donner plus d'élasticité à son Budget, en vue de certains Dégrèvements de Taxes qui réunissaient toutes les sympathies du Pays, et de travaux complémentaires, dont tout le monde reconnaissait l'opportunité.

La Commission n'hésita pas à déclarer, d'ailleurs, que, suivant elle, les conditions de prêt faites par le Crédit Foncier à la Ville, étaient moins lourdes que ne le seraient tous Emprunts, à cause des frais de service annuels dont on ne tenait pas assez compte dans le calcul des charges des Emprunts Publics.

MISE EN LIQUIDATION.

Si M. Rouher se fût placé, dès le début, sur le terrain de la Commission, il eût aisément enlevé le vote de la Chambre. Mais, ce n'était pas, évidemment, ce vote seul qui le préoccupait. L'occasion s'offrait d'atteindre un but vainement poursuivi jusqu'alors ; il voulut la saisir.

Après avoir annoncé, tout d'abord, aux opposants, l'espoir de les surprendre par la netteté de ses déclarations, abandonnant, sans hésiter, la thèse qu'il avait fait triompher contre M. Berryer, il finit par se rendre à l'avis de la Cour des Comptes. Pour l'avenir, il n'y aurait donc plus de Traités à Forfait, ni de Bons de Délégation, et, quant à la Caisse des Travaux de Paris, elle ne recevrait plus de versements de garantie, ni même de cautionnements en argent, lui procurant des disponibilités, à côté des ressources de son émission. Sans doute, elle avait eu le droit strict de ne pas considérer ces versements et cautionnements comme des « dépôts » proprement dits, puisqu'elle en servait un intérêt, ce qui l'autorisait à les utiliser ; sans doute, elle n'était réellement en avance envers la Ville, en dehors des produits de son émission, que de 11 millions à peine, puisqu'elle en avait reçu 20 millions dès le principe, comme Dotation ou Fonds de Roulement ; plus, un versement à valoir de 30 millions, pour les dépenses de 1869 ; mais, le Ministre s'engageait à faire opérer, sans retard, la confusion de ces divers éléments de compte, et le versement du solde à la Caisse, pour rentrer dans la limite de 100 millions qu'on avait entendu mettre à ses disponibilités.

C'était une erreur énorme. L'attribution au Corps Législatif du droit de fixer annuellement le chiffre des émissions de Bons de la Caisse des Travaux de Paris, comme, auparavant, de la Caisse de la Boulangerie, avait été motivée par la nature spéciale de ces valeurs, dont il ne fallait pas que le montant rendît moins facile le placement des Bons du Trésor. Pour le reste, le régime de la Caisse des Travaux était celui de toutes les caisses ayant un grand mouvement de fonds.

Enfin, si, nulle part, on ne lisait l'obligation de consacrer les prix de vente des terrains provenant d'Expropriation, en dehors des alignements de la Voie Publique, à l'amortissement des Bons de la Caisse, M. Rouher déclarait hautement cette règle bonne à suivre!

La cause du Crédit Foncier ne fut pas moins sabrée que celle de la Ville, par cet étrange avocat, désertant, à la fin de chacune de ses admirables plaidoiries, la démonstration victorieuse que la Majorité venait d'applaudir, pour accepter les conclusions de la Minorité.

C'est ainsi qu'après avoir soutenu la nécessité d'approuver les Traités en discussion, il admit un amendement autorisant la Ville à faire un Emprunt de la somme de 465 millions, afin de profiter, à la première circonstance favorable, de la faculté d'anticiper le paiement de la dette que ces Traités avaient pour but de consolider et d'échelonner sur 40 ans.

Si l'Opposition fut surprise de toutes ces concessions, la Majorité, la Commission, le Rapporteur, les Commissaires du Gouvernement et le Ministre de l'Intérieur lui-même, qui, je le reconnais, sous toute réserve au sujet de son silence obstiné quant aux Décrets de l'Empereur, avait donné bien à fond dans une séance précédente, n'en revenaient pas.

J'ai déjà constaté que le vote final n'y gagna pas une voix ; mais, je viens de l'expliquer, le but de M. Rouher n'était pas d'augmenter le chiffre de la Majorité, qui n'avait jamais été douteuse ?

Il put dire le contraire à l'Empereur, qui ne s'inquiétait pas assez des entraves de forme que cet habile et secret adversaire de ses idées, quant à l'Administration de Paris, ne se lassait pas de multiplier. Sa Majesté, bien loin de se douter encore qu'avant un an, de concessions en concessions, elle aurait laissé rétablir, en France, le Régime Parlementaire, et refondre la Constitution Impériale sur le modèle de la Charte de 1830, croyait pouvoir, le moment venu de poursuivre la Transformation de Paris, reprendre en détail tout ce que M. Rouher venait d'abandonner en bloc.

L'Empereur ne s'en émut donc guère, et n'en nomma pas moins son Premier Ministre, Président du Sénat, en remplacement de M. Troplong, mort durant les débats du Corps Législstif.

La mise en liquidation de la Caisse des Travaux de Paris ne fit pas long feu. Je la provoquai moi-même, aussitôt après la délibération du Sénat sur la Loi votée au Corps Législatif, comme suite de l'achèvement du Deuxième Réseau, cause de sa création en 1858. Un Décret, du 19 Avril 1869, en fixa la date au 1ᵉʳ Janvier 1870.

L'élévation de M. Rouher à la Présidence du Sénat déçut bien des ambitions dans le monde politique. On ne s'attendait pas à voir attribuer cette magnifique situation de retraite, à l'Homme d'État, encore dans la force de l'âge et du talent, appelé, non sans raison, quoi qu'en eût dit M. Thiers, le Vice-Empereur.

Mais, nous étions en 1869, et, depuis le renouvellement du Corps Législatif, on pressentait que le travail occulte fait autour de Napoléon III, affaibli déjà par la maladie, pour l'amener aux fatales illusions de l'Empire Parlementaire, finirait par l'emporter sur les conseils de ses anciens serviteurs, de ses amis fidèles.

Faut-il chercher une autre cause à l'acceptation, par M. Rouher, de l'héritage du fauteuil présidentiel de M. Troplong, au Sénat, — qui lui réservait, malgré tout, un grand rôle à remplir dans certaines circonstances, — et de l'empressement apporté par l'Empereur à l'en investir.

Je dois reconnaître qu'à partir de ce moment, M. Rouher devint tout autre à mon égard. Je ne lui portais plus ombrage, sans doute; mais, il prévoyait peut-être que l'Empereur aurait bientôt besoin de trouver, dans l'union de nos facultés, si diverses, la force de conjurer les périls de la redoutable expérience qu'Il voulait faire, d'un changement d'orientation de sa Politique Intérieure. Toujours est-il que, depuis cette époque, nous avons marché d'accord, M. Rouher et moi, jusqu'à la catastrophe, pour tâcher d'en préserver l'Empire, et après, pour donner au Souverain déchu, dans son exil, des témoignages non équivoques de notre fidélité, quand même, à son Auguste Personne et à sa Dynastie.

CHAPITRE XVII

L'ASSISTANCE PUBLIQUE

État des choses en 1853. — Progression des ressources et des charges. — Causes du développement des dépenses. — Le Traitement à Domicile. — Création de nouveaux Établissements. — Translations d'Hospices. — Résumé.

Cette branche de mon administration avait une importance trop considérable, pour que je ne m'en occupe pas, ici, d'une manière toute spéciale. Elle jouissait, d'ailleurs, et jouit encore du privilège que la Caisse de la Boulangerie et la Caisse des Travaux de Paris possédèrent, pendant leur trop court fonctionnement, d'avoir une existence légale, une personnalité civile, indépendante de celle de la Ville même.

Un résumé bien fait de l'histoire des Établissements Hospitaliers et des Institutions Charitables de Paris ; des Fondations pieuses auxquelles, de siècle en siècle, la Ville a dû les uns et les autres ; de l'origine, très diverse, de leurs ressources, pompeusement appelées : « le Patrimoine des Pauvres », qui ne couvrent plus qu'une portion de leurs besoins annuels, ce qui place de nos jours ces Établissements, ces Institutions, sous la dépendance du Conseil Municipal ; enfin, des Administrations chargées successivement d'en régir l'ensemble, présenterait, certes, un intérêt des plus curieux.

Les éléments s'en trouvent épars dans des compilations assez indigestes, laissées par certains membres de l'ancien Conseil Général des Hôpitaux et Hospices Civils, et par des Directeurs laborieux et zélés de ces grands services. Il suffirait de les y rechercher ; mais, ce résumé serait tout un livre.

Je me bornerai donc à constater ce qu'était l'Assistance Publique, lors de mon entrée à la Préfecture de la Seine ; les développements qu'elle a reçus durant mon administration ; et, la situation dans laquelle je l'ai quittée, en sortant de l'Hôtel de Ville.

ÉTAT DES CHOSES EN 1853.

C'est par une Loi du 11 Janvier 1849, rendue sous le Gouvernement et presque au début de la Présidence du Prince Louis-Napoléon, que l'Assistance Publique, embrassant désormais le Service des Secours à Domicile, aussi bien que celui des Hôpitaux et Hospices Civils de Paris, a été constituée telle qu'elle existe encore maintenant, et confiée, sous l'autorité du Préfet de la Seine et le contrôle d'un Conseil de Surveillance, à un Directeur responsable, nommé par le Ministre de l'Intérieur, sur la proposition du Préfet ; investi du droit de gérer et de représenter en Justice tous les établissements réunis sous sa main ; et chargé de la tutelle des Enfants Trouvés, Abandonnés, Orphelins Pauvres, et de celle des Aliénés.

J'ai déjà désigné, comme occupant ce poste en 1853, M. Davenne, ancien Chef de Division au Ministère de l'Intérieur, où je l'avais connu ; fonctionnaire des plus honorables ; un peu fatigué ; sur l'initiative duquel on devait compter médiocrement pour des réformes qui troubleraient beaucoup le cours habituel des choses. Il avait vu, dans sa nomination, le couronnement d'une longue carrière bien remplie, et non pas le commencement d'un apostolat actif, laborieux, sous le régime de progrès inauguré par l'Empire.

Le Conseil de Surveillance, dont j'étais le Président-né, se composait, avec moi, du Préfet de Police, membre de Droit, et de dix-huit autres membres nommés par l'Empereur, savoir :

Cinq sénateurs : M. le comte Portalis, Premier Président de la Cour de Cassation ; M. le Marquis de Pastoret et M. le Comte de Breteuil, anciens membres du Conseil Général des Hôpitaux et Hospices Civils ; M. Ferdinand Barrot, et M. de Thorigny, anciens Ministres de l'Intérieur ;

Deux députés : M. le Comte Lepeletier d'Aunay ; M. Fouché-Lepelletier, fabricant de produits chimiques, membre du Conseil des Prud'hommes et de la Commission Municipale ;

M. Herman, Conseiller d'État, et M. le Docteur Ségalas, deux autres membres de cette Commission ;

M. Frottin, notaire, et M. Monnin-Japy, manufacturier, Maires des Ier et VIe Arrondissements de Paris ;

MM. Lallemand, avoué, et Beau, négociant, Administrateurs des Bureaux de Bienfaisance des IIe et VIIIe ;

M. Duvergier, Bâtonnier de l'Ordre des Avocats ;

M. Hachette, libraire, membre de la Chambre de Commerce ;

M. le Baron Dubois, Doyen de l'École de Médecine, M. le Docteur Horteloup, Médecin, et M. le Docteur Monod, Chirurgien des Hôpitaux.

Dix-sept ans après, en 1869, dernière année de mon administration, M. Husson avait depuis longtemps remplacé M. Davenne comme Directeur de l'Assistance Publique.

Quatre membres seulement du Conseil de Surveillance de 1853 étaient encore en fonctions :

M. Ferdinand Barrot, devenu Grand Référendaire du Sénat et Premier Vice-Président du Conseil Municipal; M. le Comte Lepeletier d'Aunay ; M. le Docteur Ségalas, et M. Duvergier.

Les quatorze autres, presque tous enlevés par la mort, avaient été remplacés par :

M. Delangle, Vice-Président du Sénat, Procureur Général près la Cour de Cassation, ancien Président du Conseil Municipal;

M. Flandin, Conseiller d'État;

M. Denière, Président de la Chambre de Commerce, et M. Noël Picard, ancien Maire d'Ivry, tous deux membres du Conseil Municipal;

M. Rateau et M. Frédéric Lévy, Maires des Ve et XIe Arrondissements;

M. Bouchardat et M. Eugène Pereire, Administrateurs des Bureaux de Bienfaisance des IVe et VIIIe;

M. Henri Davillier, Régent de la Banque de France;

M. Pagès-Palicot, Membre du Conseil des Prud'hommes;

M. le Docteur Wurtz, Doyen de la Faculté de Médecine, M. le Docteur Guérin et M. le Docteur Moissenet, Médecins des Hôpitaux.

Les Établissements réunis sous l'administration du Directeur de l'Assistance Publique, en 1853, comprenaient, indépendamment de son Chef-Lieu, sis alors au Parvis Notre-Dame, et du Bureau Central d'Admission, y attenant :

1° Huit Hôpitaux Généraux, c'est-à-dire recevant les malades de toutes catégories : l'Hôtel-Dieu, le plus ancien de tous, Saint-Antoine, Beaujon, la Charité, Cochin, la Pitié, Sainte-Marguerite, Necker.

L'Hôpital temporaire de Bon-Secours fut supprimé sous l'administration de mon prédécesseur, dans les premiers mois de 1853.

L'Hôpital La Riboisière, commencé sous le règne et sous le nom du Roi Louis-Philippe ; continué sous le régime et le nom de la République ; terminé dans les premières années de l'Empire, qui lui donna le nom d'une généreuse donatrice de l'Assistance Publique : — Mme la Comtesse de La Riboisière, née Roy, — était encore en construction.

2° La Maison Municipale de Santé, affectée de même aux malades de toutes catégories, peu fortunés, mais non indigents.

3° Six Hôpitaux Spéciaux : les Cliniques, les Enfants Malades ; la Maison d'Accouchement ; Saint-Louis ; le Midi, Lourcine.

4° Cinq Hospices Généraux : les Enfants Trouvés et Orphelins Pauvres ; les Incurables-Hommes, alors, rue des Récollets ; et les Incurables-Femmes, alors rue de Sèvres ; la Vieillesse-Hommes (Bicêtre), et la Vieillesse-Femmes (La Salpêtrière).

5° Trois Maisons de Retraite : La Rochefoucauld ; les Ménages ; Sainte-Périne.

6° Cinq fondations : Boulard (maison Saint-Michel, à Saint-Mandé) ; Brézin (Hospice de la Reconnaissance, à

Garches); Devillas, encore alors rue du Regard; Lambrecht, à Courbevoie; Montyon (Secours à Domicile).

7° Douze bureaux de Bienfaisance et Maisons de Secours, dans les douze anciens Arrondissements de Paris.

8° Six établissements affectés au Service Général : la Boulangerie de la rue Scipion; la Cave Centrale, existant à l'Entrepôt des Liquides du quai Saint-Bernard; la Boucherie, établie à l'Abattoir du Boulevard de l'Hôpital; la Pharmacie Centrale du quai de la Tournelle; le Magasin Central; l'Amphithéâtre d'Anatomie de la rue du Fer-à-Moulin;

9° La Filature des Indigents;

10° Le Bureau des Nourrices, rue Sainte-Apolline.

Les lits en service dans les divers établissements hospitaliers étaient au nombre de 17,170, savoir :

Dans les Hôpitaux Généraux ou Spéciaux. . . .	6,593	6,743
— la Maison Municipale de Santé.	150	
— les Hospices.	8,844	
— les Maisons de Retraite.	1,214	10,427
— les Fondations.	369	

Le Compte de l'Administration de l'Assistance Publique, pour 1852, portait à 13,345,629 fr. 98 le total de ses Dépenses Ordinaires, qui se décomposait ainsi :

Frais Généraux.

Personnel.	1,175,957.17	
Service de Santé.	313,837.45	1,587,319.09
Frais de bureau, d'actes et de procédure.	97,524.47	
Rentes dues et pensions de retraite.		213,504.28
A reporter.		1,800,823.37

Report.	1,800,823.37
Réparations d'entretien des Bâtiments. 435,266.68	
Contributions. 67,136.95	502,403.63
Nourriture et traitement des malades indigents.	4,440,815.66
Matériel (chauffage, éclairage, blanchissage, entretien du coucher, du linge, des habillements et du mobilier)	1,658,519.11
Dépenses des Enfants Trouvés et Orphelins Pauvres, placés à la campagne.	1,687,230.84
Direction des Nourrices.	171,900.00
Secours à Domicile.	2,355,810.14
Dépenses diverses.	342,440.26
Frais d'exploitation et de perception.	343,204.92
Intérêts de capitaux appartenant à des tiers. .	42,471.45
SOMME ÉGALE.	13,345,619.38

En regard de ce total, les ressources de même nature ne s'étaient élevées qu'à 9,489,054 fr. 50, savoir :

Revenus immobiliers :

Loyers de maisons, fermages des biens ruraux, coupes ordinaires de bois, etc.	906,359.80

Revenus mobiliers :

Intérêts de la somme de 12,330,528.90 due par la Ville pour les Marchés repris par elle ; de prix de vente d'immeubles ; d'obligations et de fonds placés en compte courant. 701,913.44	
Arrérages de Rentes et Dividendes d'Actions de la Banque de France. 1,819,865.53	2,521,778.97
Intérêts d'avances faites au Département de la Seine, pour les dépenses des Enfants Trouvés et des Aliénés.	176,747.34
Produit de Marchés conservés et exploités, à titre précaire, par l'Assistance Publique. . .	345,028.40
Total des revenus de l'Institution. (*A reporter*).	3,949,914.51

Report.	3,949,914.51

Droits attribués :

Part du prix des Concessions faites dans les Cimetières.	134,958.75	
Produit de l'Impôt, en faveur des Indigents, sur les spectacles, bals publics, concerts, etc. . .	1,083,315.98	1,427,600.00
Bénéfices du Mont-de-Piété . .	209,325.27	
Remboursement de frais de séjour dans divers établissements et de frais divers.		394,145.12
Produit des établissements du Service Général et des exploitations diverses.		1,198,090.06
Contingents des Familles, de la Ville de Paris, du Département de la Seine, et des autres Départements, dans les dépenses des Enfants Trouvés et des Aliénés ; et du Département de la Seine, dans celles de la Direction des Nourrices.		2,519,304 81
Somme égale.		9,489,054.50
La Balance des Recettes et des Dépenses Ordinaires n'aurait donc pu s'opérer sans la Subvention Annuelle de la Ville, qui s'élevait, pour 1852, à.		4,421,813.00
Cette Subvention, calculée d'après les prévisions du Budget de l'Assistance Publique, montant à 13,910,867.50, avait porté le total des Recettes constatées au Compte, à la même somme de.		13,910,867.50

Dans le total partiel de 3,949,914 fr. 51 représentant le produit du « Patrimoine des Pauvres », figuraient, pour 541,462 fr. 07, les produits spécialement affectés à l'entretien des Fondations.

Le surplus, applicable à l'ensemble des autres établissements hospitaliers et institutions charitables, ne dépassait pas 3,408,452 fr. 44.

La Subvention excédait les besoins de 565,248 fr. 12, qui formèrent le *Boni* de l'exercice.

Mais, on voit clairement que, sans la Ville, l'exercice, au lieu de présenter un Excédent quelconque, se serait soldé par un Déficit énorme (3,856,564 fr. 88).

Or, il ne s'agit que du Budget Ordinaire. Les Dépenses Extraordinaires motivées par les grosses réparations, reconstructions et constructions neuves de Bâtiments Hospitaliers ; par les réfections ou fournitures nouvelles d'objets mobiliers, de linge, de vêtements, etc., etc. ; donnaient lieu, chaque année, à des Subventions Exceptionnelles de la Ville, quand on ne pouvait y pourvoir au moyen de dons et legs, comme pour l'achèvement de l'Hôpital La Riboisière.

Les grosses réparations, très importantes, et les changements ou renouvellements d'objets mobiliers que réclamèrent, dans le cours de mon édilité, presque tous les Établissements, accusaient l'insuffisance des crédits affectés à l'entretien ordinaire par les administrations précédentes. Je note ici, d'ailleurs, qu'on n'avait pas encore remplacé, par des lits en fer, les vieilles couchettes en bois, si facilement infectées de vermine, et, par des sommiers élastiques, nombre d'anciennes paillasses, encore en usage presque partout.

PROGRESSION DES RESSOURCES ET DES CHARGES.

Les sommes provenant des Dons et Legs faits à l'Assistance Publique, sans affectation spéciale, de tous temps assez rares, étaient, en général, employées en achats de Rentes sur l'État. Le nombre et le montant des dispositions charitables de cet ordre, venant accroître le Patrimoine des Pauvres et, partant, les ressources libres du Budget Hospitalier, loin de suivre la progression des besoins, semblait, au contraire, se ralentir, sous l'influence même de la sécurité que l'appui du Budget Municipal donnait à tous, quant à l'existence et à la marche régulière des divers services de cette Institution.

La plupart des Dons et Legs étaient destinés aux Pauvres de tel ou tel Arrondissement ou Quartier, et plus souvent, de telle ou telle Paroisse ou Communion Religieuse, et grossissaient les ressources particulières des Bureaux de Bienfaisance, dont l'utile action s'augmentait d'autant.

En 1869, dernière année de mon administration, les revenus de l'Assistance Publique provenant de loyers de maisons, fermages, coupes de bois, intérêts de capitaux dus et de fonds placés, arrérages de rentes, qui montaient, en 1852, comme on vient de le voir, à 3,949,714 fr. 51, n'étaient encore que de 4,086,779 fr. 82.

Il est vrai que cette Grande Administration avait subi, comme tous les rentiers, par suite de la conversion de la Rente 5 p. 100 en 4 1/2, une diminution d'un dixième sur les revenus de ses fonds placés en Rentes sur l'État, et perdu le produit des Marchés qui lui restaient, par suite de l'interdiction qui fut faite, à tous autres qu'à la Ville, du droit de posséder et d'exploiter des Marchés Publics. Mais, d'autre part, les loyers des maisons qu'elle possédait à Paris, s'étaient assez notablement accrus pour compenser au moins l'effet de ces mesures.

Heureusement, le produit des Droits Attribués avait crû dans la proportion du développement de la population fixe et mobile de Paris.

Cette augmentation, peu sensible, quant à la part lui revenant du prix des Concessions dans les Cimetières, qui s'élevait à 134,958 fr. 75, en 1852; qui demeura presque stationnaire jusqu'à la fin de 1859, époque de l'Annexion à Paris de sa Banlieue Suburbaine, et qui n'excédait pas 211,312 fr. 34, en 1869, se montrait bien plus appréciable, quant aux Droits sur les Spectacles, Bals Publics et Concerts, qui, de 1,083,315 fr. 98, en 1852, avaient atteint 1,368,331 fr. 56, en 1859, et ne donnèrent pas moins de 1,827,028 fr. 30, en 1869.

Si l'on supprimait le Droit des Indigents, comme les Directeurs des établissements dont il s'agit le réclament, il n'est pas sûr que le Public en profitât; mais, la charge en retomberait tout entière sur la Ville, en ce sens qu'elle devrait grossir d'autant sa Subvention Annuelle, destinée à couvrir l'insuffisance des revenus de l'Assistance Publique.

Cette réclamation serait accueillie par l'Opinion avec moins de faveur qu'elle ne l'est, en général, si l'Administration n'avait pas commis l'imprudence de confier aux Directeurs de Théâtres, Salles de Bals et de Concerts, la Perception du Droit, confondu maintenant avec le prix des places, habilement arrondi.

Jadis, après avoir pris et payé son billet, d'un côté, chacun allait, de l'autre, acquitter l'Impôt du Dixième ou du Quart, selon le cas, au Préposé des Hôpitaux et Hospices Civils. C'était incommode; mais, cela ne permettait pas de méprise.

Le locataire d'un appartement, qui paie son Terme au propriétaire, puis, sa Contribution Mobilière proportionnelle au Percepteur, n'a jamais considéré celle-ci comme un prélèvement opéré sur les loyers dus au premier.

Je complète l'énumération des accroissements de ressources que l'Assistance Publique obtint des Droits Attribués, en ajoutant que les Bénéfices du Mont-de-Piété, chiffrés à 209,325 fr. 27, pour 1852, étaient, en 1869, de 655,127 fr. 05.

Ici, je suis forcé de faire une assez longue parenthèse, pour dire que le Mont-de-Piété, considéré comme un Établissement de Bienfaisance, dont les produits nets devaient revenir à l'Assistance Publique, avait, cependant, une Administration distincte et tout à fait indépendante de celle des autres Fondations charitables. Elle avait également une existence légale propre, et un Directeur, nommé par le Gouvernement et placé sous l'autorité du Préfet de la Seine.

J'avoue n'avoir jamais éprouvé une grande sympathie pour cette Institution, bien que je fusse obligé de reconnaître son utilité. Réaliser un gain sur la misère, me paraissait une hérésie administrative.

Sans doute, les prêts à gros intérêts que le Mont-de-Piété fait aux pauvres gens, sont encore bien moins chers que ceux qu'ils trouveraient chez des usuriers, et leur assurent, quant à la restitution de leurs gages ou quant à la réalisation de ceux-ci, faute de remboursement à l'échéance, des sécurités qu'ils ne trouveraient pas ailleurs.

Sans doute, le Prêt sur Gage ou Nantissement, à bon marché, transformerait bientôt le Mont-de-Piété, cette fondation pieuse, en un Magasin Général, et ses reconnaissances, en warrants sur marchandises. — Par ce motif, je dus m'opposer, nombre de fois, aux tendances qu'avait M. Le Dieu, son Directeur, très envieux de pouvoir, en fin d'année, m'annoncer de beaux résultats de son Administration, à consentir de gros prêts, à taux réduit, sur de gros stocks de valeurs.

Sans doute, le Prêt Gratuit, le seul vraiment digne de la qualification de « charitable », serait encore plus impossible, faute, par l'Administration, de savoir faire la part des circonstances dans lesquelles se trouve chaque emprunteur et du degré d'intérêt qu'il mérite.

Mais, que voulez-vous? J'ai subi le Mont-de-Pieté comme un fait acquis, inévitable, comme une nécessité locale, et, si je m'en suis occupé consciencieusement, ainsi que de toutes les branches de mon immense administration; si je l'ai même doté d'une seconde Succursale (rue de la Roquette), plus importante que la première (rue Bonaparte), c'est avec moins d'entrain, avec moins de goût, j'en conviens, que j'en ai montré lorsqu'il s'agissait des autres, sans exception.

Quoi qu'il en soit, je consacrerais au Mont-de-Piété, comme à l'Assistance Publique, un chapitre spécial de ces souvenirs administratifs, si je savais me rappeler quelque chose de notable ou de particulièrement digne d'être signalé dans sa marche, pendant les dix-sept années de mon séjour à l'Hôtel de Ville, en dehors de la faveur croissante dont ses Bons jouissaient parmi les petits capitalistes parisiens, et de l'accroissement graduel du *Boni* de ses opérations de prêts sur gages, qui se développèrent, comme on le voit par les chiffres que je viens de donner, malgré les limites que j'avais cru devoir y mettre, mais, dans une proportion à peine égale à l'augmentation du nombre des habitants de Paris. Or, je ne puis énoncer rien de plus, le concernant.

Les Recettes Ordinaires provenant du Service Général de l'Assistance Publique résultaient de la cession à divers, d'objets et denrées, provenant de ses Établissements, qui dépassaient les besoins des Services Hospitaliers et Charitables.

La Boulangerie Centrale débitait annuellement des quantités notables de pain, dès avant la Disette qui donna lieu, de 1853 à 1856, aux expériences de Meunerie et de Panification que j'y fis faire, pour contrôler les éléments de la Taxe ; aux ventes publiquement opérées dans les Halles, à prix réduit, mais au comptant, ce qui ne permit pas de les étendre beaucoup ; et aux fournitures faites, alors, à la Garde de Paris et aux Sapeurs-Pompiers.

Cette Boulangerie avait, d'ailleurs, à se défaire, chaque année, de très grandes quantités de braise.

La Cave Centrale, la Boucherie Centrale, la Pharmacie Centrale (celle-ci, notamment) et le Magasin Central avaient aussi leurs clientèles.

La Filature des Indigents vendait, à elle seule, assez de produits pour réaliser une recette supérieure à celle de tous les autres établissements du Service Général réunis.

Les profits réalisés sur tous balançaient, en partie, leurs dépenses, et venaient en atténuation, pour autant, du prix des objets et denrées à consommer dont la livraison était faite aux Hôpitaux, Hospices, Maisons de Retraite, Fondations, etc.

Un Droit de présence perçu dans l'Amphithéâtre d'Anatomie était aussi de quelque rapport.

Les résidus quotidiens utilisables des diverses maisons hospitalières donnaient également une certaine somme, atténuant un peu la dépense de leurs consommations respectives.

Enfin, les produits des exploitations diverses, déduction faite de leurs frais, ne manquaient pas d'importance. Ces exploitations comprenaient la Blanchisserie Générale, les Ateliers de Couture et les Ouvroirs ; puis, les Jardins ; les Vacheries et Porcheries, établies en divers points ; les Cantines concédées, particulièrement, sur les chantiers de travaux, etc.

L'ensemble de ces réalisations s'était élevé, pour 1852, à près de 1,200,000 francs. Il dépassait déjà 3 millions, en 1869.

Malgré tout, les Subventions Annuelles de la Ville, applicables aux seules Dépenses Ordinaires de l'Assistance Publique, durent s'accroître d'une manière continue, presque régulière, de 1852 à 1859, et après l'Annexion de la Banlieue Suburbaine à Paris, de 1860 à 1869, inclusivement.

J'ai dit que la Subvention avait été de 4,421,813, pour 1852.

Voici la progression des accroissements qu'elle a reçus pendant la première période, embrassant les sept années antérieures à l'Annexion :

1853 : 4,438,181 fr.; — 1854 : 4,498,082 fr. 50; — 1855 : 5,827,054 fr.; — 1856 : 6,475,672 fr.; — 1857 : 7,207,137 fr.; — 1858 : 7,202,301 fr.; — 1859 : 6,985,537 fr.

Je donne maintenant les chiffres de la seconde période, embrassant dix années :

1860 : 7,537,647 fr.; — 1861 : 8,111,930 fr.; — 1862 : 8,772,962 fr.; — 1863 : 8,786,233 fr.; — 1864 : 8,787,347 fr.; — 1865 : 8,866,843 fr.; — 1866 : 9,454,727 fr.; — 1867 : 9,952,561 fr.; — 1868 : 10,035,322 fr.; — 1869 : 10,413,879 fr. 74.

CAUSES DU DÉVELOPPEMENT DES DÉPENSES.

L'augmentation graduelle des Dépenses Ordinaires de l'Assistance Publique n'a pas eu seulement pour causes l'accroissement de la population et l'extension des limites de la ville. Le développement de tous les Services Hospitaliers et Charitables y contribua pour une très large part.

Dès 1853, année du mariage de l'Empereur, que suivit de près mon arrivée à Paris, l'influence bienfaisante de l'Impératrice, que je m'empressai de seconder, en toute occasion, de mon mieux, se fit sentir dans la plupart de ces nombreux Services, et je dois à Sa Majesté d'en rendre ici, non moins hautement que respectueusement, le fidèle témoignage. Jamais, la vive sollicitude qu'Elle a montrée, tout d'abord, pour les Malades et les Pauvres, ne s'est démentie, ne s'est ralentie un seul instant. Le résumé qui va suivre des mesures prises, durant mon Administration, pour secourir, de mieux en mieux, toutes les infortunes, en fournira, du reste, la preuve éclatante.

La première insuffisance qui frappa l'attention de l'Impératrice, fut celle de l'unique Hôpital que nous eussions alors pour les Enfants Malades, de celui que le Peuple nomme toujours : « l'Enfant-Jésus ». Sis rue de Sèvres, au fond du Faubourg Saint-Germain, il se trouvait hors de portée pour la population laborieuse du Faubourg Saint-Antoine; cependant, tous ses lits, au nombre de 616, étaient constamment occupés, et l'on y devait refuser journellement l'admission d'enfants atteints même de maladies aiguës.

Afin de remédier, aussitôt que possible, à cet état de choses, je profitai de ce que l'achèvement de l'Hôpital de La Riboisière allait mettre à la disposition de l'Assistance Publique 612 nouveaux lits d'adultes, pour faire décider la transformation de Sainte-Marguerite, rue de Charenton, qui n'en contenait que 324, en Hôpital d'Enfants, disposé pour recevoir 425 petits malades.

Mais, comme l'ouverture de La Riboisière n'eût pas compensé complètement ce changement de destination d'un de nos Hôpitaux Généraux, après la suppression déjà faite de l'Hôpital temporaire de Bon-Secours et de ses 318 lits, on augmenta d'une centaine de nouveaux lits d'adultes les disponibilités des autres Hôpitaux Généraux de Paris.

Saint-Antoine seul en reçut 68 ; mais, il n'en avait précédemment que 290, et cette augmentation ne l'agrandit pas assez. Devant l'accroissement de la Population Ouvrière du Faubourg, je prescrivis, dès 1853, de construire, sur ses terrains libres, de nouvelles salles pouvant recevoir environ 300 malades. Livrées quelques années après seulement, ces salles ne lui donnèrent exactement, toutes compensations faites, que 622 lits : 264 de plus.

En attendant, nous nous trouvâmes, dès le 1er janvier 1854, en gain de quelques lits d'adultes et des 425 lits d'enfants de l'Hôpital Sainte-Marguerite, nommé désormais avec toute raison : Hôpital Sainte-Eugénie, par la Reconnaissance Publique.

A ces 425 lits, il faut en joindre 42 nouveaux qu'on put ajouter aux 616 des Enfants-Malades.

On ne doit pas confondre l'Hôpital Sainte-Eugénie avec la maison d'éducation construite, presque en même temps, près de la Place du Trône, et dite communément : « la Maison du Collier », qui reçut, plus tard, le titre d'Institut Eugène-Napoléon. Cette fondation était directement administrée, sous les ordres de S. M. l'Impératrice, par ses mandataires.

Mais, nous n'avions pas encore fait assez : il nous fallait obvier sans relâche à l'encombrement, toujours nouveau, de l'Hôpital des Enfants-Malades de la rue de Sèvres : de « l'Enfant-Jésus ! »

A cet effet, j'y fis installer un service de Malades Externes, notamment, pour les enfants scrofuleux, qu'on put cesser de recevoir et de conserver presque indéfiniment à l'intérieur, et, en même temps, pour les dartreux, teigneux et galeux, afin de donner aux uns et aux autres, non seulement, des consultations, mais encore, des soins matériels, notamment, des bains médicinaux, douches, fumigations ou frictions, et les médicaments et le linge nécessaires à leur traitement chez eux.

Le nombre des enfants secourus de cette façon, dès les derniers mois de 1853, était de 1,093. Il fut de 2,154, l'année suivante.

Bientôt, un service de même nature fonctionna dans l'Hôpital Sainte-Eugénie, et ne tarda pas à devenir encore plus important que celui de l'Hôpital des Enfants-Malades.

Tous deux prirent, au surplus, des proportions de plus en plus considérables.

En 1859, avant l'agrandissement de Paris, 32,965 consultations, suivies de bains et de livraisons de médicaments et de linge, étaient données par le Traitement des Malades Externes, savoir : 14,982, aux Enfants-Malades, et 17,983, à Sainte-Eugénie. Dix ans après, en 1869, dernière année de mon administration, ce nombre ne s'élevait pas à moins de 62,716, dont : 16,801, pour le premier établissement, et 45,915, pour le second.

Celui des bains, douches, fumigations et frictions fut de 38,927 ; dont, 16,736, d'une part, et, 22,191, de l'autre.

En 1853, 12 enfants scrofuleux avaient été envoyés aux bains de Forges, près Limours (Seine-et-Oise), à titre d'essai. Le nombre en fut porté, pour 1854, à 40, et le succès de ces expériences amena l'Assistance Publique à fonder un établissement spécial de 100 lits, à Forges même, au moyen des Subventions de la Ville applicables à ses Dépenses Extraordinaires. Il fut inauguré le 15 juillet 1859. C'était la préface de la création de l'Hôpital d'Enfants Scrofuleux de Berck-sur-Mer, dont je parlerai, le moment venu.

En 1861, le placement gratuit de 40 autres enfants scrofuleux fut obtenu dans la Maison de Convalescence de 100 lits, fondés à La Roche-Guyon (Seine-et-Oise), par M. le comte Georges de La Rochefoucauld, et dont l'Assistance Publique devint légataire en 1863.

La pleine réussite du Traitement Externe, pour les enfants, détermina promptement l'application du même système, d'abord, à l'Hôpital Saint-Louis, en faveur des adultes atteints de maladies cutanées ; puis, à l'Hôpital de la Charité, pour toutes les autres maladies chroniques.

Des services de Consultation furent, en outre, organisés au Bureau Central, et dans tous les Hôpitaux de Paris où le Traitement Externe ne pouvait être normalement établi.

Lors de l'Annexion, l'Hôpital Saint-Louis donnait déjà 65,000 consultations par an, suivies de soins médicaux, et 90,000 bains; la Charité, 23,000 consultations et 30,000 bains; les autres Établissements, 126,000 consultations, non suivies de traitement.

En 1869, 86,829 malades ont reçu 123,886 consultations suivies de traitement, à Saint-Louis et à la Charité; 40,297 ont pris part à la délivrance de 168,676 bains médicinaux. Quant au nombre des consultations données par les autres Maisons, il s'est élevé à 187,592.

Le Traitement des Malades Externes avait lieu dans l'intérieur des Établissements Hospitaliers; sa conséquence logique était : le Traitement à Domicile des malades qui ne pouvaient se déplacer pour venir recevoir des consultations et des soins médicaux. Ce nouveau progrès, bien plus fécond encore, suivit sans retard le premier.

Mais, quelque hâte que j'aie d'arriver à la grande mesure qui le réalisa dès 1854, et vulgarisa promptement, dans Paris, le mode d'assistance des malades que je considère, pour ma part, comme le meilleur de tous, et à côté duquel, selon moi, les autres ne devraient être qu'exceptionnels, il me faut, pour ne rien omettre des premiers résultats de mon intervention dans la marche des services de l'Assistance Publique, mentionner la création d'un vaste atelier, à la Salpêtrière, pour le raccommodage du linge de tous les Établissements, et pour la transformation en bandes à pansements et charpie, du linge complètement usé, création qui permit de fournir un travail utile à plus de cinq cents femmes inoccupées de ce grand Hospice.

LE TRAITEMENT A DOMICILE.

Jusqu'alors, les Bureaux de Bienfaisance distribuaient à domicile, en pain, linge, vêtements et numéraire, des secours plus ou moins abondants, d'après l'importance des ressources mises à leur disposition par la charité privée, d'abord, et plus largement encore, par l'Administration Centrale, soit, au moyen de ses ressources propres et des Subventions Ordinaires de la Ville; soit, au moyen d'une Fondation spéciale de M. de Montyon.

J'ai constaté qu'en 1852, ces allocations avaient été de 2,355,810 fr. 14. Maintenues, sans augmentation bien sensible, jusqu'en 1859, elles montaient subitement à 3,261,488 fr. 45, en 1860, par l'effet de la réunion à Paris de sa Banlieue Suburbaine, qui augmenta de plus de vingt et un mille le nombre antérieur de ses indigents inscrits (quatre-vingt-dix mille environ). Elles s'élevaient à 3,845,525 fr. 07, en 1869.

Le produit des quêtes et collectes organisées par les Bureaux de Bienfaisance et de leurs autres recettes propres, était naturellement très variable et n'atteignit jamais, au total, un million. Je n'étonnerai personne en disant que l'agrandissement de la Ville ne l'a pas grossi d'une façon notable.

Pour le Traitement des malades à Domicile, un Service de Santé, comprenant, du premier coup, cent soixante Médecins répartis entre les 48 quartiers de l'ancien Paris, et des Sages-Femmes en nombre proportionnel aux besoins, furent attachés aux Bureaux de Bienfaisance.

Dans chacun d'eux, on installa des consultations quotidiennes, en dehors desquelles les Médecins et Sages-Femmes allaient porter leurs soins aux malades, retenus chez eux, qui leur étaient signalés par les « Visiteurs » du Bureau, tandis que les Sœurs des Maisons de Secours avisaient à pourvoir ces malades, aussi bien que les simples consultants, des objets et médicaments que leur état exigeait.

En face des chiffres suivants, on comprendra que cette organisation équivalut à la fondation d'un grand nombre de nouveaux Hôpitaux : dès la première année, 30,715 malades furent visités, et 29,661 soignés chez eux, durant quinze jours, en moyenne ; et le nombre des consultations données dans les Bureaux de Bienfaisance dépassa 110,000.

Toutefois, ces chiffres, dont l'élévation était due aux épidémies cholérique et typhoïque de 1854, faiblirent en 1855, et remontèrent lentement jusqu'à 1860. Celui des malades soignés à domicile n'était encore alors que de 37,382 ; mais, dès 1861, il atteignit, d'un coup, 49,084, et, en 1869, il était de 70,703. Dans ce dernier nombre, figuraient 12,091 femmes en couches.

Les consultations simples dans les Bureaux de Bienfaisance dépassaient 200,000.

La durée moyenne des traitements, de 1864 à 1870, a été de 15 jours. Quant à la dépense, supportée pour deux tiers par l'Administration Centrale et pour un tiers par les Bureaux de Bienfaisance, elle est descendue de 1 fr. 25, par journée moyenne, à 94 centimes.

Or, la journée moyenne, dans les Hôpitaux, qui n'a jamais été moindre de 2 fr. 06, non compris l'intérêt du capital représenté par ces établissements, montait à 2 fr. 6320, en 1869, par suite des améliorations diverses apportées au régime des malades. La journée d'Hospice, qui comprenait beaucoup moins de soins médicaux, coûtait alors 1 fr. 5433 seulement.

Le Traitement à Domicile était donc, de beaucoup, le plus économique.

Est-il nécessaire d'ajouter qu'il constituait un immense bienfait pour une foule de pères et mères de famille, que l'obligation de quitter le foyer domestique et de laisser leurs enfants comme à l'abandon, pour aller se faire soigner à l'Hôpital, jetait dans de cruelles angoisses ?

Je ne parle pas des malheureux qui, retenus par une certaine honte, ne s'y laissaient transporter que trop tard, dans bien des cas.

Toujours est-il que nos Hôpitaux, désencombrés comme par miracle, purent, grâce à de simples agrandissements, et aussi, grâce à l'inépuisable générosité de l'Empereur, qui créa les Asiles de Convalescents de Vincennes et du Vésinet, suffire aux besoins de la population croissante de Paris, même après l'extension des limites de la ville, presque jusqu'au terme de mon administration.

En 1869, nous n'avions pas envoyé moins de 11,143 convalescents à Vincennes, et 6,539, au Vésinet, sortant des Hôpitaux de Paris ; plus, 279, dans le premier asile, et 256, dans le second, désignés par les Bureaux de Bienfaisance; plus, 600 au moins envoyés à Châtel-Guyon; soit, environ, 20,000 en tout.

A côté des mesures considérables que je viens de résumer et qui marquèrent les débuts de mon administration dans une de ses plus importantes branches, honorée d'un Auguste Patronage, je retrouve, en mon souvenir, un acte bien plus modeste, dont l'initiative m'est absolument personnelle, et dont je suis presque fier : l'ouverture à l'Assistance Publique d'un petit crédit de 12,000 francs, additionnel à la Subvention Ordinaire de la Ville, afin qu'à l'avenir les restes des malades indigents, morts dans les Hôpitaux et Hospices, qu'ils eussent ou non passé par les Amphithéâtres, fussent inhumés en bières, et non plus dans les ignobles serpillières dont, par économie, on se contentait de les envelopper.

Je subissais, à cette occasion, l'empire de ce profond respect de l'Être Humain que j'ai toujours éprouvé, comme aussi, du sentiment, inné chez moi, sans doute, tant il est tenace, du droit de chacun de nous à l'Égalité dans la mort, sinon dans la vie, puisqu'en réalité, jamais elle n'y fut et n'y sera possible.

C'est ce respect et ce sentiment qui m'inspirèrent, bien des années après, le plan d'un Grand Cimetière Parisien, assez étendu pour que toute personne, sans distinction de rangs, et sans nuls frais, y trouvât assuré le repos de la tombe, non plus pour cinq années, comme dans les sépultures gratuites, dites Fosses Communes, de nos anciens Cimetières, mais, pour une durée emphytéotique de cent ans, au moins, équivalant, en pareil cas, à la perpétuité !

Je n'ai pas été compris, même par les classes indigentes dont je croyais servir un intérêt suprême; car, devant des objections prouvant surtout un examen trop superficiel de mon projet, ceux qui, de nos jours, prétendent représenter plus spécialement ces classes, ont dédaigné l'idée même du Cimetière de Méry, comme s'il se fût agi d'une conception aristocratique, et non pas d'une revendication de l'Égalité pour Tous, dans une question à laquelle jamais la Population de Paris ne s'était jusqu'alors montrée indifférente.

Si je m'étais inspiré de l'avenir de l'Ame; de la Vie Éternelle dans un autre Monde, auquel ces Messieurs ne croient pas, je serais moins surpris. Mais, je ne m'occupais que du sort du Corps Humain et du Monde Visible où tout finit, suivant eux!...

CRÉATION DE NOUVEAUX ÉTABLISSEMENTS.

Le pauvre M. Davenne eut beaucoup de peine à suivre le mouvement de progrès par lequel son Administration se vit subitement emportée. Tout cela troublait ses habitudes compassées, un peu solennelles, et l'espoir qu'il avait eu de trouver, à l'Assistance, comme M. Berger, à l'Hôtel de Ville, un certain repos, avec une situation honorée : *Otium cum dignitate.* Cela bouleversait, d'ailleurs, la routine de son entourage, formé d'anciens fonctionnaires de cette vieille Commission des Hôpitaux et des Hospices Civils, dont quelques survivants siégeaient encore dans le Conseil de Surveillance de l'Administration nouvelle.

A mesure que se déroulait, à leurs yeux étonnés, le plan de la Transformation de Paris, ils voyaient se produire aussi les diverses parties d'un plan secondaire qui les touchait davantage : celui de la réforme graduelle de leurs différents Services, et d'innovations venant sans cesse en modifier la marche traditionnelle.

Il fallait bien s'y résigner, malgré tout, et je conviens que chacun le fit de son mieux. Du reste, la sympathie de la plupart des employés de l'Assistance Publique, grands et petits, me fut personnellement acquise par l'assimilation, dont je pris l'initiative, aussitôt que possible, de leurs traitements à ceux de leurs collègues de l'Hôtel de Ville et par l'application, chez eux, du système équitable d'augmentations périodiques, à défaut d'avancements, que j'établis dans mes propres bureaux.

L'ère de rénovation dans laquelle était entrée l'Assistance Publique devint manifeste pour tous par la translation de son Chef-Lieu, des bâtiments surannés, couvrant la superficie d'environ 5,500 mètres, qu'il occupait au Parvis Notre-Dame, dans un bel et vaste édifice de plus de 9,000 mètres d'étendue, prenant façade à la fois sur la Place de l'Hôtel de Ville dégagée, agrandie, sur le Quai de Gêvres et sur l'Avenue Victoria, parallèlement à celui que je destinais aux Archives de la Ville, à l'Administration de l'Octroi, à la Direction du Service Municipal des Travaux Publics, et aux Caisses de la Boulangerie et des Travaux de Paris.

Cette opération, commencée en 1856, après la démolition complète de l'immonde quartier qui séparait la Place de l'Hôtel de Ville de la Place du Châtelet, ne fut terminée qu'en 1858. Elle coûta 3,331,570 fr. 91 ; dont, 1,043,944 francs formaient le prix des terrains, et 2,287,626 fr. 91, la dépense des constructions.

Dans l'ancien Chef-Lieu, voué d'avance à la destruction par le plan des travaux projetés dans la Cité, furent installés, en attendant la reconstruction de l'Hôtel-Dieu, qui tombait de vétusté, 260 malades de ce premier de nos Hôpitaux Généraux. Il fallut, en effet, les déloger d'urgence du corps de bâtiment situé sur la rive droite du petit bras de la Seine, entre le Pont-au-Double et le Petit-Pont, pour démolir cette partie, menacée d'une ruine immédiate.

L'administration de M. Davenne prit fin peu de temps après le déménagement qui modernisa l'Assistance Publique, en la retirant de l'ombre de Notre-Dame, pour la placer, en pleine lumière, dans une sorte d'Annexe de l'Hôtel de Ville.

Je ne pouvais pas trouver, chez le nouveau Directeur, un bon vouloir plus entier, un dévouement plus sûr que chez l'ancien; mais, M. Husson était encore dans la force de l'âge; très laborieux, très actif; doué d'un esprit investigateur sans cesse en éveil (peut-être bien, trop minutieux); dans tous les cas, plus apte à surveiller, jusque dans les moindres détails, l'exécution d'une mesure décidée, qu'à la concevoir d'ensemble, tout d'abord : en somme, un instrument précieux dans des mains sachant l'utiliser tel quel; le diriger vers les grandes choses; le contenir, à l'endroit des petites.

Au reste, presque toutes les réformes projetées étaient en cours d'accomplissement ou, tout au moins, arrêtées, lors de son entrée en fonctions, et c'est surtout pour mener à bonne fin deux mesures de longue haleine, importantes aussi, mais rentrant mieux dans le cadre ordinaire de ses idées personnelles, que je tirai de son concours un excellent parti : 1° l'étude et la mise en pratique successive d'une refonte rationnelle et du meilleur aménagement possible des Établissements Hospitaliers qu'il n'était pas nécessaire de reconstruire ; 2° l'inventaire et le complément méthodique de leurs Mobiliers et de l'approvisionnement de leurs Lingeries et Vestiaires.

Je mis à sa disposition, pour ce dernier objet, une allocation municipale exceptionnelle de plus d'un million, répartie sur plusieurs années.

Quant aux Travaux Extraordinaires des Bâtiments, une Subvention Annuelle de pareille somme était régulièrement inscrite au Budget de la Ville, indépendamment de la Subvention Ordinaire, pour faire face à l'insuffisance constatée des ressources de l'Assistance Publique.

La reconstruction partielle et l'agrandissement de la plupart des anciens Établissements n'avaient point pour but direct, comme à Saint-Antoine, d'en augmenter le nombre de lits ; mais, de les mieux distribuer, de les espacer, de les placer dans les conditions les plus favorables à la guérison des malades ; d'assainir toutes les parties de ces Établissements ; d'en aérer, ventiler et chauffer convenablement les salles ; de les pourvoir d'un service balnéaire complet, de buanderies, de cuisines munies d'appareils perfectionnés, et de réfectoires assez vastes ; bref, de les rendre dignes de Paris, ce qu'ils n'étaient pas à beaucoup près.

Je le répète : le Traitement des Malades Externes et surtout le Traitement à Domicile avaient prévenu l'accroissement du nombre des demandes d'admission dans les Hôpitaux, et, j'ajoute : la durée du séjour qu'y faisaient les malades s'était trouvée notablement réduite par la fondation des Maisons de Convalescence (Vincennes, le Vésinet, Châtel-Guyon).

Si les 70,000 malades traités à domicile en 1869, durant 15 jours en moyenne, l'avaient été dans des Hôpitaux, il aurait fallu, pour les y recevoir, la création de près de 6,000 lits de plus, c'est-à-dire d'au moins dix nouveaux Établissements.

L'envoi de 20,000 malades guéris, en convalescence, rendit libres, pour autant de nouveaux venus, les lits qu'ils auraient continué d'occuper pendant un certain nombre de jours.

Il serait difficile d'évaluer le désencombrement produit par le Traitement Externe, qui, pour certains malades, comme les galeux, soignés à l'Hôpital Saint-Louis, n'exigeait qu'une ou deux séances de frictions.

Mais, on doit comprendre maintenant que j'aie pu, grâce à ces diverses mesures, et malgré l'énorme accroissement de la population de Paris, satisfaire à tous ses besoins, au moyen de la création d'un millier environ de nouveaux lits dans les Hôpitaux existants, et au prix de la refonte et de l'amélioration de tous les Services intérieurs, jusqu'aux dernières années de mon administration, où je dus me résigner à la fondation d'un nouvel Hôpital Général, parce que l'Empereur, cédant aux obsessions réitérées du Corps Médical, consentit à réduire, de 800 à 600, le nombre des lits de l'Hôtel-Dieu reconstruit.

C'est à Ménilmontant qu'on plaça le nouvel Hôpital, commencé dès 1868. Il fut doté de 560 lits. On lui donna le nom d'un membre de l'ancienne Académie des

Sciences, dont les Mémoires sur la construction et l'installation des Établissements Hospitaliers, bien que datant de 1780, jouissaient encore d'une grande autorité : celui de Tenon.

Le terrain, d'une superficie de 56,566^m,15, coûta, seul, 1,577,833 fr. 18; la construction, 7,546,195, et le mobilier, 600,000. — Total : 9,724,028 fr. 18.

Aucun autre Hôpital ne fut édifié dans Paris sous l'Empire. La Riboisière datait du règne du Roi Louis-Philippe, et Sainte-Eugénie n'était qu'une transformation de Sainte-Marguerite.

Hors Paris, nous avons créé le petit Établissement de Forges-les-Bains et l'Hôpital de Berck-sur-Mer, pour les enfants scrofuleux.

Établi provisoirement pour 100 lits, cet Hôpital fut constitué définitivement pour en recevoir 500, et coûta 3,235,131 fr. 55. Il fut inauguré, en Juin 1869, par Sa Majesté l'Impératrice et par son Altesse le Prince Impérial, que j'eus l'honneur d'accompagner à Berck.

J'aurai sujet de traiter spécialement ailleurs de la construction du nouvel Hôtel-Dieu, qui fut commencée, en 1866, sur les plans de M. Gilbert, Membre de l'Institut, et dont la dépense était évaluée à plus de 12 millions.

Mais, je ne saurais omettre ici la reconstruction, valant presque une création nouvelle, de la Maison Municipale de Santé de la rue du Faubourg Saint-Denis, qu'on réédifia, de toutes pièces, plus haut, sur la même voie, pour livrer passage au Boulevard du Nord (Magenta), et pour soigner désormais 320 malades, au lieu de 150.

Commencé en Septembre 1856, la Maison actuelle, un modèle du genre, fut inaugurée le 15 novembre 1858. La dépense monta, pour l'achat du terrain, comprenant 12,236^m,50, à 521,501 fr. 99 (42 fr. 70 le mètre), et, pour les constructions et le complément du mobilier, à 3,439,450 fr. 32; soit, en tout, 3,960,951 fr. 29. Elle fut compensée par les indemnités d'Expropriation reçues de la Ville, à concurrence de 1,692,700 francs.

TRANSLATIONS D'HOSPICES.

Si le maintien des Hôpitaux dans Paris, à la portée des habitants de ses divers quartiers, était une obligation non discutable, les Hospices, les Maisons de Refuge et de Retraite n'avaient qu'à gagner, tout au contraire, à s'éloigner de ce milieu, pour se rétablir sur des points où leurs pensionnaires trouveraient plus d'espace, un air meilleur, et le calme convenant à leur âge. D'ailleurs, presque toutes ces institutions réclamaient des développements qu'il était impossible de leur donner sur place, et nous avions, en vain, essayé d'y suppléer par une large distribution de « Secours d'Hospices ». Ces allocations ne pouvaient jamais s'élever assez haut pour procurer aux vieillards et surtout aux infirmes, les soins et le bien-être dont jouissaient les hôtes des asiles qui m'occupent. Ces secours, ne montaient pas à beaucoup plus de 200 francs par tête, en moyenne, et leur nombre n'était encore que de 1,137, en 1869.

Or, l'accroissement de la population de Paris multipliait, suivant une inquiétante progression, le nombre des vaincus de la vie dont il fallait assurer le repos final, et c'était un des devoirs les mieux compris des personnes charitables.

L'Impératrice avait consacré, lors de son mariage, 150,000 francs à la fondation de douze lits aux Incurables, et l'Empereur avait toujours la main ouverte pour ce qui tendait à mettre les Invalides du Travail à l'abri du dénuement et de la misère.

Au surplus, fondés originairement dans des quartiers extrêmes, la plupart de nos Hospices avaient été rejoints par les maisons de la Ville grandissante, englobés au milieu d'elles, et souvent entourés d'usines incommodes et d'ateliers bruyants. Les terrains qu'ils occupaient, devenus insuffisants, à la longue, avaient acquis, en compensation, des plus-values telles que leur prix de vente devait amplement couvrir celui de superficies beaucoup plus vastes achetées hors ville, et même une bonne partie du coût de constructions nouvelles.

La première application de ce programme fut motivée, en 1857, par le dégagement des abords de la Place de l'Étoile, et l'ouverture de l'Avenue de l'Alma, qui nécessitaient le déplacement de Sainte-Périne, fondation due à l'Impératrice Joséphine, dont on donna le nom à l'Avenue allant de l'Arc de Triomphe vers le Quai de Billy, laquelle porte maintenant celui de Marceau.

On acheta, pour l'y transférer, une belle propriété de près de 8 hectares, sise à Auteuil, hors de Paris et du rayon de son Octroi, mais que l'Extension des Limites de la Ville y fit rentrer, malheureusement, en 1860. Le terrain revenait à 9 francs le mètre. Les constructions, embrassant une superficie totale de 5,332 mètres, coûtèrent une somme de 1,594,256 fr., 25, à laquelle il faut joindre 168,969 fr. 38, employés en travaux d'égouts, de clôtures, de jardinage, etc. C'est en Juin 1862, seulement, que la translation put avoir lieu.

La seconde opération, décidée aussi dès 1857, mais terminée encore plus tard, en septembre 1863, concernait la Maison des Petits-Ménages, dont l'installation rue de la Chaise était devenue intolérable, et la petite Fondation Devillas, sise rue du Regard, trop exiguë désormais. Toutes deux furent transportées à Issy, dans un terrain de 60,636 mètres, formé, pour 35,882 mètres, d'une propriété léguée à l'Assistance Publique, et pour 24,754 mètres, d'acquisitions faites à raison de 4 fr. 05 le mètre, en moyenne. De la surface totale, 55,280 mètres furent affectés aux Petits-Ménages, et 5,256, à Devillas. Les constructions en occupèrent 13,237, d'un côté, et 1,994, de l'autre.

Les deux établissements y gagnèrent considérablement en importance. Les Petits-Ménages, qui n'avaient précédemment que 795 lits, en eurent désormais 1,383, soit 598 de plus. Quant à Devillas, ses bâtiments nouveaux furent disposés pour recevoir, un jour, 80 lits; mais, les revenus de la Fondation ne permettaient d'en avoir encore que 40.

Les Dépenses s'élevèrent, pour les Petits-Ménages, à 5,258,915 francs de constructions; plus, 167,169 francs employés à l'accroissement du Mobilier, du Linge et des Vêtures, nécessité par l'augmentation du nombre des lits, et pour Devillas, à 299,710 francs.

En 1860, l'Hospice des Incurables-Hommes, sis rue des Récollets, au Faubourg Saint-Martin, avait été déplacé pour cause d'Expropriation, et réinstallé provisoirement dans l'ancienne Caserne Popincourt. C'est en 1864 que fut arrêtée la translation, à Ivry, de cet Établissement, et, en même temps, de celui des Incurables-Femmes, sis rue de Sèvres.

Indépendamment du plus grand bien-être qu'elle ne manqua pas de procurer aux administrés des deux Maisons, la mesure permettait de donner à celles-ci des développements fort désirés par l'Empereur et l'Impératrice, mais impraticables jusqu'alors, et de réaliser, de plus, des économies très notables sur leurs dépenses annuelles, par la confusion de leurs Services, et par la réunion de leur Direction, en une seule main.

C'est en 1868, que fut mis en service le nouvel Hospice des Incurables Hommes et Femmes d'Ivry, contenant 2,000 lits. Ceux qu'il remplaçait, en avaient ensemble 1,200. Nous comptions donc 800 lits de plus.

La dépense, s'élevant à 8,758,826 francs, trouva de larges compensations : d'une part, dans l'indemnité, payée par la Ville, pour l'Expropriation de l'ancien Hospice des Incurables-Hommes; d'autre part, dans la valeur, devenue libre, des terrains, très vastes, occupés par l'ancien Hospice des Incurables-Femmes.

Aucune raison n'existait de changer l'installation de la Vieillesse-Hommes (Bicêtre) et de la Vieillesse-Femmes (la Salpêtrière); des Enfants-Trouvés, établis depuis longtemps rue d'Enfer; de la Maison de Retraite de La Rochefoucauld, sise route d'Orléans; des Fondations Boulard, à Saint-Mandé; Brezin, à Garches; et Lambrecht, à Courbevoie. Mais, on fit profiter ces divers Établissements de toutes les améliorations qu'ils réclamaient.

Une nouvelle Maison de Retraite, fondée, en 1863, par les époux Chardon-Lagache, fut construite sur des terrains que l'Assistance Publique possédait près de Sainte-Périne, à Auteuil, et ouverte le 15 Juillet 1866. La dépense des constructions (744,050 fr. 85) et celle du mobilier (50,445 fr. 70) ont été supportées par les fondateurs, qui fournirent, d'ailleurs, les ressources nécessaires pour assurer le fonctionnement de ce petit Hospice, comprenant, tout d'abord, 100 lits, mais pouvant en recevoir 160.

RÉSUMÉ.

Les longues explications dans lesquelles je me suis attardé, touchant les principaux faits accomplis et les plus importants résultats obtenus, durant mon séjour à l'Hôtel de Ville, dans l'une des administrations secondaires placées sous mon autorité, — la moins progressiste de toutes assurément, — me paraissaient nécessaires pour bien démontrer qu'à Paris, l'Empereur et son Préfet de la Seine ne réservaient pas toute leur sollicitude, comme beaucoup le croyaient, ou, du moins, affectaient de le dire, aux Grands Travaux de Voirie et autres, qui, de 1852 à 1870, changèrent tellement l'aspect de cette ville et les conditions d'existence de ses habitants.

Il serait superflu de compléter ces explications par le détail des Dépenses Extraordinaires faites : 1° pour fonder 28 nouvelles Maisons de Secours, et pour achever l'organisation des Bureaux de Bienfaisance dans l'Ancien Paris, et de l'établir dans la Zone Suburbaine Annexée; 2° pour mieux installer, accroître et perfectionner les Services Centraux de l'Assistance Publique; 3° enfin, pour doter le Mont-de-Piété, dont les bénéfices lui profitaient, de sa seconde Succursale de la rue de la Roquette.

On l'a vu plus haut : le Budget Ordinaire de l'Assistance Publique ne pouvait être balancé que grâce à de très larges Subventions fournies annuellement par celui de la Ville. Ces Subventions, toujours croissantes, prélevées sur les revenus municipaux, dont les Excédents, affectés aux grandes œuvres de l'édilité parisienne, ont été diminués d'autant, se sont élevées, pour les dix-sept années de mon administration, à plus de 133 millions.

Il résulte du Bilan des Recettes et Dépenses Extraordinaires de la Ville pendant la même période, résumé dans un précédent chapitre, que les sommes consacrées par elle aux Grands Travaux exécutés pour l'amélioration et le développement des services de l'Assistance Publique, provenaient : soit, des Excédents de revenus municipaux; soit, de fonds d'Emprunt, et montaient à 57,771,164 fr. 77.

Ces allocations exceptionnelles furent employées, d'une part, aux grosses réparations, reconstructions partielles, agrandissements, remaniements intérieurs, et améliorations de toute espèce des Établissements maintenus dans leur ancienne installation; d'autre part, à la reconstruction totale de ceux qu'il fallut, pour une cause quelconque, transférer ailleurs, et aux Fondations nouvelles de tout ordre que l'Administration dut entreprendre.

De son côté, l'Assistance Publique affecta, notamment aux opérations de cette catégorie, d'abord, les indemnités qu'elle reçut pour les terrains et bâtiments dont l'Expropriation avait été motivée par l'ouverture de nouvelles voies publiques ou par d'autres mesures administratives, comme l'établissement, dans l'enclos de la Santé, d'une nouvelle Prison Cellulaire, et, sur l'emplacement de la ferme Sainte-Anne, d'un Asile Clinique d'Aliénés et de ses annexes; puis, le capital de sa créance contre la Ville, représentant le prix de cession d'anciens Marchés, qu'elle reçut en 1865, après l'émission de l'Emprunt Municipal de 250 millions; enfin, le montant des bénéfices réalisés par la vente, faite bien au-dessus de ses prix d'inventaire, de terrains improductifs ou de peu de rapport, transformés en terrains à bâtir par les Grands Travaux de Paris.

Les Comptes Administratifs de l'Assistance Publique sont loin d'avoir la précision et la clarté de ceux de la Ville, où toute Recette ou Dépense est classée dans un ordre méthodique. Il faut y chercher les résultats financiers au milieu de statistiques très intéressantes au point de vue scientifique, médical, ou simplement administratif, qui les primaient dans la pensée des rédacteurs, et ce travail laborieux n'est pas à l'abri d'erreurs par omission ou double emploi. Le mouvement des placements et déplacements de capitaux, de ventes et de remplois de prix d'immeubles, n'y est pas facile à suivre. Je m'abstiens donc de chiffrer, par francs et centimes, le montant du relevé fait par moi-même, dans ces Comptes, des ressources, de provenance diverse, que l'Assistance Publique a pu consacrer aux Dépenses

Extraordinaires de ses Établissements. Mais, il dépasse certainement 25 millions.

Ce qu'on nomme le Patrimoine des Pauvres n'a reçu, de ces affectations, aucune atteinte. Malgré la perte d'un dixième du produit de ses Rentes sur l'État, par l'effet de la conversion du 5 p. 100 en 4 1/2, et, malgré d'autres réductions de ses revenus, le total de ceux-ci n'avait pas diminué de 1852 à 1869; il s'était même accru de nouveaux dons.

Je ne croyais pas sans intérêt de constater que le total des Dépenses Ordinaires, qui n'excéda pas 13,345,619 fr. 98, en 1852, montait à 22,385,517 fr. 86, dès 1869. Cela donne, en effet, la mesure du développement reçu par l'ensemble des Services de l'Assistance Publique, dans cet intervalle de dix-sept ans.

Mais, le développement de ses ressources, propres ou attribuées, n'avait pas augmenté dans la même proportion, puisque, pour balancer son Budget, il fallut porter la Subvention Annuelle de la Ville, de 4,421,813 francs, à 10,413,879 fr. 74.

CHAPITRE XVIII

LE DÉPARTEMENT DE LA SEINE

Divisions administratives du sol. La Population. — Les Arrondissements hors Paris. Projet de l'Empereur. — La propriété bâtie. Question des logements. — Ressources et charges budgétaires. — Mise en équilibre des finances départementales.

La Commune est presque aussi ancienne que la Famille. Ce n'est pas seulement une division territoriale ; c'est une collection de personnes liées par des intérêts tout à la fois moraux et matériels, présents à l'esprit et aux yeux de chacun. C'est le principe, le point de départ de toute organisation sociale ; c'est l'élément constitutif des empires. Elle a toujours eu ses ressources propres, son Budget indépendant, ses affaires distinctes. Devenue, chez nous, partie intégrante et subordonnée de l'Etat, qui la tient, à beaucoup d'égards, en tutelle, la Commune y conserve, néanmoins, avec une certaine autonomie, sa personnalité, son unité vivante, active, et souvent féconde.

Au contraire, le Département, de création relativement récente, est surtout une circonscription administrative, n'ayant en rien le caractère (déjà bien effacé lors de leur suppression) de nos anciennes provinces. Ses limites peuvent être arbitrairement étendues ou restreintes : le lien de ses habitants est essentiellement politique.

Sous le Gouvernement de Juillet, dans une pensée de Décentralisation, la Loi du 10 Mai 1838 a fait du Département une personne civile. Mais, jusqu'à nos jours, l'individualité qu'il lui doit, est plus nominale que réelle.

Les importants Services dont la réunion compose l'Administration Départementale, proprement dite, sont presque tous, d'utilité générale, d'ordre public, et n'ont de local que l'effet plus immédiat de leur action, dirigée par les Préfets, et le contrôle dont ils sont l'objet de la part des Conseils Généraux et d'Arrondissements.

Quant au Département de la Seine, c'est Paris, accru de sa Banlieue, dont le territoire n'a que bien juste l'espace nécessaire pour former, autour de son enceinte, une zone d'isolement, une sorte de tour d'échelle, où puissent trouver place, entre les têtes des grandes lignes de Chemins de Fer et des Routes Nationales, les divers établissements qui doivent environner une telle capitale, sans avoir à compter, pour toutes choses, avec l'administration du Département voisin, étendant sa juridiction jusqu'aux portes de la Grande Cité.

DIVISIONS ADMINISTRATIVES DU SOL.
LA POPULATION.

En 1853, cette Banlieue, composée de 80 Communes vivant plus ou moins directement de Paris, divisées en deux Arrondissements : Saint-Denis et Sceaux, et subdivisées en 8 Cantons : Saint-Denis, Pantin, Neuilly, Courbevoie, au nord et à l'ouest ; Sceaux, Villejuif, Charenton et Vincennes, au sud et à l'est, était coupée transversalement en deux zones concentriques inégales, par la ligne des Fortifications.

La Zone Intérieure, la plus étroite, mais la plus populeuse et la plus riche, serrée entre cette ligne et le Mur d'Octroi, n'occupait qu'une superficie de 3,800 hectares, mais, elle comprenait 11 Communes fort importantes : Auteuil, Passy, les Batignolles, Montmartre, La Chapelle, La Villette, Belleville, Charonne et Bercy, d'une part ; Grenelle et Vaugirard, de l'autre, et des fractions notables de 13 autres Communes, dont les chefs-lieux étaient restés dehors, comme les Ternes, dépendant de Neuilly ; Saint-Mandé, de Vincennes ; la Gare, d'Ivry ; la Maison-Blanche et La Glacière, de Gentilly ; le Petit-Montrouge, devenu bien plus considérable que le Grand, etc.

On aurait dû la réunir à Paris, dès la construction des remparts formant la seconde enceinte de la Capitale ; mais, alors, M. Thiers, — à qui revient l'honneur de cette entreprise patriotique, dont il osa prendre hardiment l'initiative et qu'il sut mener à bonne fin, sous le Gouvernement Parlementaire de Juillet, — craignit, sans doute, des résistances locales venant compliquer la discussion et peut-être aussi compromettre le vote d'une affaire déjà bien assez laborieuse.

Toujours est-il que la mesure complémentaire qui semblait si naturellement indiquée, fut ajournée à d'autres temps. Or, loin de s'aplanir, les difficultés qu'on ne voulut pas aborder à cette époque, ne firent que s'accroître, d'année en année.

A mon entrée en fonctions, le Département de la Seine avait, suivant le dernier Recensement Officiel, fait en 1851, une population totale de 1,410,065 âmes, dont 1,053,262, à Paris, et 366,803, au dehors.

La Zone Suburbaine en comptait 233,792.

Elle était habitée généralement par des industriels, par de petits rentiers, par des employés, par des ouvriers et manœuvres, logés relativement à bon marché dans les groupes de maisons qui se pressaient, comme autant de faubourgs, aux abords de chacune des barrières de la ville, à l'abri des droits de consommation payés par ses habitants, mais à portée des avantages, des bénéfices, des profits d'un tel voisinage, grâce aux services réguliers de transport en commun conduisant, à bas prix, du centre à la circonférence de Paris et réciproquement, depuis l'heure la plus matinale, jusqu'à la plus avancée du soir.

La Zone Extérieure, bien moins importante à tous égards, malgré son étendue, n'avait, d'après le même Recensement de 1851, que 135,011 âmes, réparties entre les 69 Communes éparses de cette Banlieue véritable, qui, du pied du glacis des remparts, allait jusqu'à la limite, en général, bien rapprochée, du Département troisième Enceinte de Paris.

En 1859, lorsque furent décidées la suppression du Mur d'Octroi, qui faisait la première, et l'annexion à la Ville de la Zone Suburbaine, celle-ci ne renfermait pas moins de 331,593 habitants, suivant le chiffre donné par le Recensement de 1856 ; mais, réellement, elle en avait près de 400,000.

L'ancien Paris, qui ne contenait officiellement que 1,174,246 habitants, en avait assurément plus de 1,200,000 dans son étroit périmètre, embrassant une superficie de 3,288 hectares, à peine.

La Ville agrandie formait donc une agglomération de 1,600,000 âmes au moins, réparties sur une étendue totale de 7,088 hectares, lors de l'Annexion de la Zone Suburbaine à Paris, le 1ᵉʳ Janvier 1860.

Elle en peut contenir 3 millions 1/2, dans des quartiers bien bâtis, bien aérés et de circulation facile.

La Zone Extérieure, malgré l'accroissement notable de sa Population, constaté de 1851 à 1856, ne comprenait, à cette dernière date, que 201,480 âmes : 105,235, dans les 29 Communes auxquelles avait été réduit l'Arrondissement de Saint-Denis, et 96,245, dans les 40 que gardait encore celui de Sceaux.

Mais, suivant le Recensement de 1861, fait une année seulement après cette Annexion, le Département comptait alors 1,953,660 habitants, savoir :

		Habitants.
Dans Paris.		1,696,141
Dans la banlieue :		
Arrondissement de Saint-Denis. . . .	135,434 hab.	257,519
— de Sceaux.	122,085 hab.	
Ensemble.		1,953,660

Au Recensement de 1866, ces chiffres se trouvèrent accrus de près de 8 p. 100 à Paris; d'environ 31 p. 100, dans l'Arrondissement de Saint-Denis; de plus, de 21 p. 100 dans celui de Sceaux; et de 10 p. 100, dans l'ensemble du Département. En voici les résultats :

Paris.		1,825,271
Banlieue :		
Arrondissement de Saint-Denis. . .	178,359 hab.	325,642
— de Sceaux.	147,283 hab.	
Ensemble.		2,150,913

Selon cette progression, lorsque je quittai la Préfecture de la Seine, en 1870, la Population du Département devait être de 2,350,000 âmes, dont près de 2 millions, dans Paris ; et 380,000 âmes environ, dans sa Banlieue.

LES ARRONDISSEMENTS HORS PARIS.
PROJET DE L'EMPEREUR.

L'émigration, de l'ancienne Zone Suburbaine, dans la Zone Extérieure, à laquelle certaines industries recoururent, depuis 1860, afin d'échapper, d'une part, à l'élévation de leurs patentes, dont la Loi du 15 Juin 1859 ne les avait affranchies que pour cinq ans ; d'autre part, au Droit d'Octroi sur la Houille, qui greverait fatalement la consommation de leurs usines et ateliers, à compter de 1870, est, sans contredit, une des causes de la rapidité inouïe du peuplement des nouveaux Faubourgs, nés, comme par enchantement, hors des nouvelles Barrières de Paris, et de l'infériorité relative des résultats, considérables cependant, constatés dans la Ville même. Toutefois, ces Faubourgs, établis au delà des limites des Servitudes Militaires, c'est-à-dire : à 250 mètres du pied des glacis de l'Enceinte Fortifiée, répondaient, malgré leur bien plus grand éloignement du centre de Paris, au besoin de loyers modérés et d'existence à bon marché, qui, précédemment, avait motivé la création des anciens, besoin ressenti plus vivement encore par les mêmes catégories de personnes, depuis l'augmentation du prix des logements et des subsistances dans Paris, sous l'influence d'un plus grand mouvement d'affaires et du développement de la fortune publique.

Je ne parle pas des guinguettes où le peuple parisien a l'habitude invétérée d'aller se divertir hors barrières, les dimanches et jours fériés, et qui durent se déplacer pour conserver leur clientèle, en continuant à lui vendre du vin franc de tous droits, mais rarement franc, malgré cela, de mouillages et de mélanges fantastiquement frauduleux.

En résumé, si je compare les chiffres officiels de la population de Paris et de sa Banlieue, relevés en 1856 et 1861, avant et après l'Extension des Limites de la Ville jusqu'à l'Enceinte Fortifiée, j'en tire, dans le premier cas, la proportion : : 67,94 : 32,06, et, dans le second, celle-ci : : 86,82 : 13,18. Au Recensement de 1866, la proportion était : : 85,33 : 14,67.

Avant 1860, la Ville renfermait déjà plus des deux tiers de la population totale. Après son agrandissement, elle en avait près des sept huitièmes.

Mais, si je mets en regard, pour les deux cas, les contingents de Paris et de sa Banlieue dans le principal des trois Contributions Directes (Foncière, Personnelle et Mobilière, Portes et Fenêtres), assises par voie de répartition, j'arrive à des résultats significatifs.

En effet, le principal de ces trois Contributions, montant, pour 1860, à 18,570,719, réparti, comme celui de 1859, entre l'Ancien Paris et le reste du Département (Zone Suburbaine comprise), eût imposé : à la Ville, une charge de 15,657,630, et à la Banlieue, un contingent de 2,884,956 ; d'où, la proportion suivante : — : : 84,48 : 15,54. Mais, il a porté sur Paris agrandi, pour 17,298,344, et, sur la Banlieue, réduite à la Zone

Extérieure, pour 1,272,371 seulement ; ce qui donnait :
— : : 93,14 : 6,86.

Dans le premier cas, la part contributive de la Ville atteignait presque dix-sept vingtièmes du tout ; dans le second, elle absorbait plus de la moitié des trois autres. Celle qui grevait la Banlieue devenait, pour ainsi dire, quotité négligeable.

Quant au principal de la Contribution des Patentes, — qui ne se répartit pas entre les redevables comme les trois autres, et se compose de Droits Fixes et Proportionnels, gradués : les uns, suivant le chiffre de la population de la Commune ; les autres, d'après celui du loyer des établissements industriels et commerciaux assujettis, — on comprend qu'il frappait encore plus lourdement sur Paris, et plus légèrement, sur les autres Communes du Département de la Seine.

Or, comme le Budget de ce Département, ainsi, du reste, que tous les Budgets Départementaux, a, pour ressource à peu près unique, en regard des dépenses inscrites dans ses diverses parties, le produit de centimes additionnels au principal des Contributions Directes, c'est, en définitive, la Population de Paris qui l'alimente, presque en totalité. J'avais donc raison de dire plus haut : il ne constitue, en fait, qu'un Budget-Annexe de celui de la Ville.

De 1860 à 1870, le Conseil Général du Département de la Seine se composait des soixante membres du Conseil Municipal de Paris, représentant les vingt Arrondissements de cette Ville, et de huit membres représentant les huit Cantons des Arrondissements de Saint-Denis et de Sceaux. Avant 1860, c'est-à-dire quand la

Zone Suburbaine de la Banlieue n'avait pas encore été réunie à la Ville, celle-ci ne comprenait que douze Arrondissements représentés par trente-six Conseillers Municipaux, et le Conseil Général du Département ne comptait que quarante-quatre membres, parmi lesquels les huit organes de la Banlieue avaient un rôle moins effacé que depuis lors. Néanmoins, ils eussent été fort impuissants à faire prévaloir ses intérêts, si jamais ils se fussent trouvés en contradiction avec ceux de Paris.

Mais, dans aucun temps, pareil antagonisme ne s'est produit. Au contraire, la sécurité, le bien-être, la parure même de la Banlieue sont tellement essentiels au bon ordre, à la richesse, à la splendeur de la Ville, que les représentants de celle-ci comme de celle-là rivalisèrent toujours de bon vouloir pour les assurer dans la plus large mesure. En réalité, c'est Paris, qui, sous le nom du Département de la Seine, a contribué, pour la plus large part, à créer et entretenir dans les Communes l'entourant et vivant de sa vie, les Routes Départementales et les Chemins de Grande Communication, dont les lignes croisées relient entre elles les moindres localités comprises dans cette association départementale exceptionnelle; c'est Paris, qui subventionne même les Chemins Vicinaux pour lesquels il reste place dans ce réseau à mailles serrées de voies plus importantes; qui aide à la construction de leurs édifices municipaux : églises, presbytères et maisons d'école. Ces Communes sont comme des clientes de la Grande Cité, dont le fécond rayonnement les fait prospérer et grandir.

Évidemment, l'organisation départementale n'est ici qu'une fiction, inspirée à ses auteurs par ce goût de symétrie que nous avons généralement en France. La vérité serait de la supprimer et de réunir, à Paris, sa Banlieue, en maintenant à celle-ci les franchises notables dont elle jouit.

En effet, les Communes de la Banlieue ont des Octrois, dont les tarifs sont notablement inférieurs à celui de l'Octroi de Paris, qu'il serait très difficile de leur imposer; mais, toutes considéreraient, comme un bienfait précieux, la suppression de ces douanes et la perception, à la limite du Département, au profit de la Ville de Paris, dont elles deviendraient, de droit comme de fait, les Faubourgs, des taxes réglées d'après un tarif moyen. J'ajoute que cet Octroi d'avant-garde protégerait utilement celui de la Ville.

On diviserait les territoires situés au delà des Fortifications, en huit Arrondissements Municipaux Extérieurs, administrés comme ceux de l'Intérieur de la Ville, sous l'autorité directe du Préfet, Maire Central, et du Conseil Municipal, accru des représentants de ces Arrondissements nouveaux.

Mais, tant que la Majorité du Conseil sera composée de Républicains avancés tenus en suspicion par les citoyens paisibles; tant qu'on ne sera pas revenu, comme il le faudra bien, à l'état de choses qui fit, sous l'Empire, la grandeur de l'Administration de Paris, la nouvelle Annexion, que j'envisage comme logique, n'aura pas la moindre chance d'aboutir.

Quelque opinion qu'on en puisse concevoir, c'était le plan de l'Empereur, lorsqu'il projetait, en 1858 et plus tard, de créer un Ministère de Paris, afin de concentrer, mieux encore, sous son Autorité Personnelle, toute l'Administration de sa Capitale et de la Banlieue de cette Cité-Reine. Il voulait même y réunir les Communes de Saint-Cloud, Sèvres et Meudon, déjà soumises à la Préfecture de Police, sauf à donner, en compensation, au Département de Seine-et-Oise, des Communes de la Seine plus éloignées de Paris dans le sens opposé.

On aurait eu vingt Arrondissements et quatre-vingts Conseillers Municipaux dans l'Enceinte Fortifiée, et huit arrondissements, avec seize Conseillers, au dehors.

L'Empereur, cédant à des objections motivées sur des embarras de détail fort grossis par ses Ministres, qui n'avaient aucune envie d'en aider la solution, ajourna son dessein à plusieurs reprises. Il n'abandonna jamais la volonté, fortement ancrée dans son esprit, d'être, une bonne fois, le vrai Maire Central de Paris et de sa Banlieue, avec le concours d'un mandataire ne relevant que de lui seul, et, à cet effet, son Ministre.

LA PROPRIÉTÉ BATIE. QUESTION DES LOGEMENTS.

Le principal des Contributions Foncière, Personnelle, et Mobilière, et des Portes et Fenêtres, impôts de répartition, qui s'élevait à 18,570,719 francs pour 1860, ainsi qu'on l'a vu plus haut, n'atteignait pas 15 millions en 1853, première année de mon administration. Il montait à près de 25 millions en 1869, qui fut la dernière, et dépassait ce chiffre, de plus de 500,000 francs, pour 1870. En dix-sept ans, je le vis donc s'élever de 10 millions, en somme ronde, soit des deux tiers, sous l'effet des Lois des 7 Août 1835 et 4 Août 1844, qui veulent que le contingent de chaque Commune dans ces trois Contributions s'accroisse, chaque année, des cotisations afférentes aux constructions nouvelles, sauf à s'atténuer de celles qui s'appliquaient aux maisons démolies.

Durant mon administration, le nombre des maisons imposables de tout le Département s'est donc augmenté dans une proportion plus grande que le chiffre de la population, qui, de 1853 à 1870, s'est trouvé porté, de 1,600,000 âmes environ, à près de 2,400,000, c'est-à-dire : accru de plus de moitié.

Le Recensement Officiel de 1851 ne constatait pas plus de 1,422,065 âmes; et celui de 1866 en accusait 2,150,916. Cela me semble justifier la progression que j'attribue à la période accomplie de 1853 à 1870.

Je tiens à mettre en relief cette différence, parce qu'elle répond au reproche adressé tant de fois aux Grands Travaux de Paris, d'avoir, par des démolitions inconsidérées, diminué le nombre des logements, lorsque celui des habitants augmentait par l'effet du développement successif des lignes de Chemin de Fer aboutissant à cette Ville.

Chaque année, du reste, j'avais soin de rendre compte au Conseil général, chargé du répartement du principal des Contributions Foncière, Personnelle et Mobilière et des Portes et Fenêtres, du mouvement de la propriété bâtie dans Paris et la Banlieue. La collection de mes rapports me fournit, à ce sujet, des chiffres irrécusables. Il en résulte que, toujours, le nombre des constructions nouvelles a dépassé notablement celui des maisons démolies ; et, le nombre des nouveaux logements prêts pour l'habitation, celui des logements disparus, de telle façon que le total des locaux vacants, offerts au public, allait sans cesse croissant, au lieu de se réduire, et devait modérer forcément la hausse des loyers causée par la diminution de la valeur de l'argent, qu'on ne pouvait assurément pas imputer à mon administration, quoiqu'elle en remuât beaucoup, j'en conviens.

Je crois important d'appuyer les assertions qui précèdent, d'un résumé numérique ne laissant prise à nulle contestation.

De la fin de 1852 à la fin de 1859, c'est-à-dire à l'agrandissement de Paris ; durant les sept premières des dix-sept années que j'ai passées à l'Hôtel de Ville, le nombre des maisons démolies dans les douze anciens Arrondissements s'est élevé à 4,349, dont 2,236 seulement, par suite d'expropriations, et 2,113, par le fait des propriétaires, en vue de reconstructions fructueuses, totales ou partielles. Pendant la même période, 9,617 maisons neuves ou réédifiées ont été livrées à l'habitation. Cela constituait un gain de 5,268.

Les 4,349 maisons disparues, contenaient 25,562 logements ; les 9,617 constructions nouvelles, 58,207, ce qui faisait 32,645 logements de plus.

A la fin de 1859, l'ancien Paris comptait, en tout, 32,734 maisons renfermant 451,374 logements, grands ou petits. Or, sa population, recensée en 1856, n'était que de 1,174,246 âmes, et, si j'ai dit qu'elle dépassait assurément 1,200,000, le 1er janvier 1860, quand celle de la Zone Suburbaine de la Banlieue y fut ajoutée, je suis non moins certain que le nombre de 451,374 logements suffisait largement à ses besoins.

En effet, celui des vacances constatées excédait 11,000, et, d'après la moyenne de 3 personnes par logement, que donne la statistique, il y aurait eu place encore pour environ 33,000 habitants. — Mais, cette moyenne me paraît un peu forcée ; car, les locaux occupés (près de 440,000) ne l'étaient pas évidemment, par le nombre d'habitants qu'elle produirait.

Quoi qu'il en soit, tandis que la propriété bâtie subissait, dans Paris, les transformations que je viens de résumer, 3,084 démolitions, presque toutes volontaires, et 27,890 (!...) constructions neuves ou reconstructions s'opéraient dans la Banlieue, spécialement dans la Zone Suburbaine, où se trouvaient les anciens Faubourgs. Mais là, chaque maison contenait bien moins de logements qu'en ville.

Cette Zone, après sa réunion à Paris, en avait cependant 116,543, qui formèrent immédiatement, avec les 451,374 de l'ancienne Ville, un total de 567,917, à mettre en regard du chiffre de la population d'au moins 1,600,000 âmes qui devait exister alors à l'intérieur de l'Enceinte Fortifiée.

Pendant la période décennale courue, du commencement de 1860, époque de cette extension des limites de Paris, à la fin de 1869, les Grands Travaux exécutés dans les nouveaux comme dans les anciens quartiers, ont pris un développement considérable. Mais, le nombre des constructions neuves ou reconstructions et des nouveaux logements n'a pas cessé d'être plus que double de celui des démolitions et des suppressions d'anciens logements.

En regard de 15,373 maisons disparues, dont la plupart ont été démolies volontairement par leurs propriétaires, et qui ne renfermaient pas moins de 91,991 logements, on trouve, en effet, 34,160 constructions renfermant 215,104 logements, édifiées, durant cette période.

L'excédent — 18,787 maisons et 123,113 logements — pouvait faire face à un nouvel accroissement de population, de plus de 300,000 âmes.

Hors de l'Enceinte Fortifiée, limite nouvelle de Paris, le mouvement de la propriété bâtie n'avait pas été moins important qu'à l'intérieur. Du 1ᵉʳ Janvier 1860 au 31 Décembre 1869, on y a recensé 4,672 démolitions, presque toutes volontaires, et 30,820 constructions ou reconstructions, motivées, en général, par l'établissement de nouveaux Faubourgs aux abords des nouvelles Barrières de la Ville, et bien moins considérables, pour la plupart, que celles dont j'ai constaté plus haut l'édification, au dedans.

En résumé, voici, pour l'ensemble de la période laborieuse de 17 ans comprise entre 1852 et 1870, c'est-à-dire : commençant avec 1853 et finissant avec 1869 ; voici, dis-je, pour le département tout entier, le résultat final : 27,478 démolitions ; 102,487 constructions ou reconstructions, savoir :

	MAISONS DÉMOLIES.	CONSTRUCTIONS ET RECONSTRUCTIONS.
Paris ancien (de 1852 à 1860). . . .	4,349	9,617
Paris agrandi (de 1860 à 1870). . .	15,373	34,160
Ensemble.	19,722	43,777
Banlieue :		
Avant l'Annexion de la Zone Suburbaine de Paris.	3,084	27,890
Après cette Annexion. , ...	4,682	30,820
Ensemble.	7,756	58,710

Le plus grand nombre des constructions neuves édifiées dans la Zone Suburbaine se sont trouvées absorbées dans Paris à partir de 1860.

Devant ces chiffres, on est saisi de la grandeur des proportions de l'Œuvre qu'on a si justement qualifiée : la Transformation de Paris. On comprend la perturbation profonde que son accomplissement causa dans les habitudes de la Population de l'immense Ville, et l'on excuse les mécontentements que les ennemis du Gouvernement Impérial, pour ne parler que d'eux, parvinrent à grouper contre cette œuvre colossale, tout d'abord incomprise.

En effet, quelque larges (et souvent excessives) qu'aient été les indemnités qu'elles reçurent, on ne déplace pas 117,553 familles, — 25,502, avant 1860, et 91,991, après, font bien 117,553, — on ne déloge pas 350,000 personnes et les établissements industriels ou commerciaux exploités par beaucoup d'elles, sans occasionner un bouleversement général, dont les masses, qui n'en peuvent apprécier l'indispensable nécessité, se fatiguent aisément, surtout quand il se prolonge durant une série de dix-sept années !

Mais, on doit aussi penser à ce qu'il a fallu de conviction, de volonté, de persévérance, au Souverain qui sut concevoir le plan d'une telle entreprise, et aux agents d'exécution honorés de sa confiance, pour la poursuivre et la mener à fin, sans que leur courage faiblît un seul jour, un seul instant, devant les difficultés inouïes, les obstacles sans cesse renaissants, et les oppositions ardentes suscitées de toutes parts, que cette entreprise hardie, dont il n'existait pas d'exemple, a dû surmonter, sans que le cœur vînt à leur manquer en face des attaques personnelles, des injures, des outrages même, qu'on ne leur a pas épargnés !

Un des reproches les plus obstinément adressés aux Grands Travaux de Paris était l'enchérissement du prix des loyers. Les constructions ou reconstructions et les logements nouveaux doublaient, en nombre, les maisons démolies et les logements supprimés : on ne pouvait plus le contester; mais, la spéculation du Bâtiment se portait de préférence, disait-on, dans les beaux quartiers, pour y élever des demeures luxueuses, et la rareté des logements se produisait dans les quartiers habités par les classes ouvrières, dont les constructeurs dédaignaient de s'occuper.

Je démontrai l'inanité de ce grief en faisant dresser, par les agents du Cadastre et par ceux des Contributions Directes, des états, soumis annuellement au Conseil Général et publiés au *Journal Officiel*, prouvant qu'au contraire, les constructions et les créations de logements, les plus nombreuses de beaucoup, avaient lieu dans les Arrondissements les moins riches, sur des terrains vagues sis aux extrémités de la Ville, et rendus accessibles par le percement des voies allant du centre à la circonférence, dont on blâmait l'ouverture avec tant d'acharnement.

Toutefois, cela ne suffit pas. Il me fallut en venir à donner la répartition des logements de création nouvelle, par catégories d'importance.

Un très grand nombre de petits logements, occupés par des locataires réputés indigents, étaient déclarés *non imposables*. On répartissait le contingent de Paris dans la Contribution Personnelle et Mobilière, sur l'ensemble des autres locataires, et la Caisse Municipale puisait dans les produits de l'Octroi, pour le verser au Trésor, le montant des cotisations des contribuables indigents ou malaisés, que la Ville jugeait à propos d'en exonérer, en tout ou partie.

Un travail annuel, commencé en 1863, établissait que les loyers imposables inférieurs à 250 francs, d'après l'évaluation matricielle, dont la Ville payait ainsi la Contribution Mobilière totale, à la décharge des contribuables, étaient alors au nombre de 101,909; qu'ils montaient à 104,619, en 1864; à 109,634, en 1865; à 114,169, en 1866, et à 118,580, en 1867, année après laquelle l'extension de l'exonération totale, jusqu'aux loyers de 400, rendit la comparaison impossible; et que, pendant ces quatre années, le nombre des loyers de 250 à 1,500, exonérés partiellement de la Contribution Mobilière, s'était élevé, de 193,475, à 214,096, tandis que celui de tous les loyers de 1,500 francs et au-dessus, payant leurs cotisations entières, montait seulement de 15,728, à 20,050!

Un recensement, fait en 1865, avait établi que, sur 637,369 logements exonérés, 259,604 n'étaient pas imposables; que la Ville en affranchissait complètement 109,634 (comme il est expliqué ci-dessus) et partiellement, 203,277; que 17,851 payaient seuls leur cotisation entière; que 17,040 étaient vacants, et 29,963, affectés exclusivement au Commerce et à l'Industrie.

De 1865 à 1869, le nombre total des logements a monté, de 637,369, à 691,030.

En 1869, où les nouveaux logements dépassèrent, de 22,583, les logements supprimés, cet excédent se répartissait ainsi :

Loyers matriciels imposables inférieurs à 400 francs, exonérés de toute Contribution Mobilière par la Ville.	16,525
Loyers de 400 à 1,500 francs, exonérés partiellement.	4,384
Ensemble.	20,909
Loyers au-dessus de 1,500 francs.	1,674
Somme égale.	22,583

Mais, on n'en continua pas moins à m'attribuer l'élévation de la moyenne générale des loyers, dans Paris, depuis sa transformation, — élévation, malheureusement vraie. — On se gardait bien d'ajouter que cette aggravation, compensée largement par la hausse des salaires et des gains de toute sorte, et due à la même cause : le développement des affaires et de la prospérité publique, eût été bien autrement considérable sans nos Travaux, sans les maisons et les logements de plus dont ils avaient doté Paris. L'ouvrier, qui trouvait tout naturel de gagner 5 francs, au lieu de 3, par journée, aurait aimé, chacun le comprend, ne pas avoir à payer 50 ou 100 francs plus cher un logement moins étroit, mieux aéré, mieux éclairé, plus salubre, en somme, que le bouge infect, obscur et malsain, où, précédemment, il entassait sa famille. On ne faisait donc pas faute de lui répéter (mais je dois le dire à son honneur : le plus souvent, sans aucun succès) que, s'il avait à supporter cette légère aggravation de loyers, c'était à moi qu'il devait s'en prendre ; à moi, l'auteur de tout mal ; car, on n'osait pas trop encore s'en prendre à l'Empereur même.

Sous la Restauration, c'était aux philosophes ; c'était à Voltaire, c'était à Rousseau, qu'on faisait remonter la responsabilité de tout désordre social. Cela ne troublait pas plus leur gloire que leur repos.

Mais, moi, j'avais à sauvegarder la grande œuvre dont la conduite m'était confiée ; il ne fallait pas qu'on réussît à l'entraver. Je me multipliais donc sur la brèche, pour y soutenir des assauts constants, et ma résistance énergique, mais calme, toujours appuyée d'arguments nouveaux et précis, exaspérait les adversaires, également infatigables, qui m'accusaient d'entêtement !

RESSOURCES ET CHARGES BUDGÉTAIRES.

Malgré l'accroissement graduel, très considérable, du principal des Contributions Foncière, Personnelle et Mobilière et des Portes et Fenêtres, dans le département de la Seine, dont je viens d'expliquer, avec surabondance, le motif ; malgré l'augmentation, non moins importante, du principal de la Contribution des Patentes, qui, sous l'influence du développement des affaires industrielles et commerciales, s'est élevée de 12 à 19 millions 1/2, tandis que celui des trois autres montait de 15 à 25 millions, le Budget Départemental, alimenté surtout par des centimes additionnels dont le produit allait croissant dans la même proportion, n'a pu que bien difficilement arriver à balancer ses Recettes et ses Dépenses.

Au début de mon administration, comme Préfet de la Seine, la Loi du 10 Mai 1838 n'avait pas encore subi les heureuses modifications qu'y vint apporter celle du 18 Juillet 1866, dont la Loi du 10 Août 1871, en vigueur aujourd'hui, n'a fait que reproduire et développer les dispositions touchant l'ordonnance des Budgets Départementaux. En 1853, il fallait et il fallut pendant bien des années suivantes (car, la Loi de 1866 ne fut mise à exécution qu'en 1868) continuer à dresser les Budgets selon le système de classement des Recettes et des Dépenses, très logique, mais peu pratique, en réalité, que la Loi de 1838 avait établi.

Dans la première Section figuraient les Dépenses dites Ordinaires, dépenses obligatoires, comme étant d'ordre public, auxquelles, sans parler de Recettes Éventuelles, généralement, de peu d'importance, on devait faire face, d'abord, au moyen d'un certain nombre de centimes additionnels aux Contributions Foncière, Personnelle et Mobilière, dont la Loi des Finances déterminait tous les ans la quotité; puis, avec la part attribuée à chaque Département, par l'État, dans un Fonds Commun alimenté de même, et destiné à équilibrer les Budgets Départementaux que les dépenses obligatoires grevaient outre mesure. C'était la reconnaissance implicite du caractère d'intérêt général de ces dépenses.

La seconde Section, également dotée de centimes additionnels aux Contributions Foncière, Personnelle et Mobilière, limités annuellement par la Loi des Finances, au produit desquels venaient s'ajouter le revenu des propriétés privées du Département, quand il en existait, et les Recettes Accidentelles sans affectation spéciale, était réservée aux Dépenses Facultatives, d'utilité départementale. Sa création avait eu pour but de favoriser l'initiative des Conseils Généraux, et de rendre réelle la personnalité des Départements, dont la Loi de 1838 consacrait le principe : pensée excellente, mais frappée de stérilité, dès l'origine, par les conséquences imprévues d'une disposition qui permettait le report, sur la seconde Section, de la portion des Dépenses Ordinaires obligatoires qui ne trouverait point place dans la première. En effet, ce report s'imposa de suite, et devint une nécessité permanente dans tous les départements sans exception, par suite de la parcimonie avec laquelle toutes les Lois de Finances, promulguées depuis 1838, réglèrent la quotité des centimes additionnels imposables au profit de la première ou de la seconde Section et du Fonds Commun, et du refus constant, mais injustifiable, des Chambres, sous le Gouvernement de Juillet, de l'Assemblée Nationale, après 1848, et du Corps Législatif, sous l'Empire, d'étendre ces centimes à la Contribution des Portes et Fenêtres et surtout à celle des Patentes, comme si l'Industrie et le Commerce avaient moins d'intérêt que la Propriété, que la Population entière, aux dépenses d'ordre général ou départemental !

Partout, les charges obligatoires débordèrent de la première Section sur la seconde, dans une proportion toujours croissante, qui bientôt rendit illusoire le droit qu'on avait entendu conférer aux Conseils Généraux, de voter librement des Dépenses Facultatives, et fit avorter la conception décentralisatrice de 1838.

Partout, il fallut, pour entreprendre un projet d'intérêt local de quelque importance, l'inscrire à la troisième Section et, à moins qu'on n'y trouvât des ressources spéciales disponibles, — cas très exceptionnel, — recourir au vote d'Impositions Extraordinaires, avec ou sans Emprunts, afin de pourvoir à la dépense. La troisième Section était surtout affectée, en effet, aux opérations imputables sur des ressources extraordinaires. Elle offrait, d'ailleurs, cette singulière anomalie, que les Surimpositions dont le produit devait y figurer, frappaient la Contribution des Portes et Fenêtres et celle des Patentes, comme les deux autres, de telle sorte qu'une Dépense Facultative n'ayant pu trouver place dans la seconde Section, — parce que les centimes additionnels attribués à celle-ci, portant sur les Contributions Foncière, Personnelle et Mobilière seules, étaient insuffisants pour la couvrir, — en passant dans la troisième, incombait aux deux dernières catégories de contribuables qu'on avait voulu ménager, en même temps qu'aux deux premières !

Les centimes additionnels formant les dotations des quatrième et cinquième Sections, consacrées aux Chemins Vicinaux et à l'Instruction Primaire, portaient également sur les quatre contributions directes sans distinction, ce qui rendait inexplicable l'obstination du Gouvernement et des Assemblées législatives, à maintenir, pour les deux premières Sections des Budgets Départementaux, un régime qui rendait impossible leur indépendance, et l'équilibre de leurs ressources et de leurs charges.

La dernière Section, vouée spécialement au Cadastre, était alimentée par des centimes additionnels à la Contribution Foncière seule ; mais cela, du moins, se comprenait.

Dans la Seine, comme dans le Var, dans l'Yonne et dans la Gironde, j'eus le regret de constater, au début de mon administration, que les dépenses d'entretien des Routes Départementales et celles des Services des Enfants Trouvés et des Aliénés étaient excessives, et de plus, que celles des Prisons, réglées par la Préfecture de Police, montaient à des chiffres énormes.

Par suite, l'ensemble des Dépenses Ordinaires débordait annuellement, de la première sur la seconde Section du Budget Départemental, dans une mesure croissant, pour bien des causes, plus rapidement que le principal et le produit des centimes additionnels des Contributions Directes. Les choses en étaient arrivées au point que, la seconde Section ne pouvant plus couvrir tout le complément de Dépense à rejeter sur elle, on était contraint, chaque année, de présenter la première en déficit de ce qui s'en manquait.

Le Gouvernement rétablissait la Balance, au moyen de retranchements, lesquels agissaient bien sur les chiffres, mais ne changeaient pas le cours des choses. « Car « s'il est facile de cacher un Déficit et de sauver ainsi « la règle ; » disais-je dans mon premier Mémoire à la Commission Départementale, du 15 Novembre 1853, « si l'on peut réduire arbitrairement à des sommes « insuffisantes certaines allocations d'un Budget, il est « impossible, par exemple, de diminuer de même, à vo- « lonté, le nombre des prisonniers, des enfants trouvés, « des aliénés, qu'on doit enfermer, recueillir, séques- « trer, et surtout nourrir. Lors de la liquidation des « dépenses, le véritable chiffre se manifeste forcément « et crée une Dette qui grossit d'année en année, et « vient encore charger la première Section du Budget, « par les intérêts dont elle est passible. »

MISE EN ÉQUILIBRE
DES FINANCES DÉPARTEMENTALES.

La Dette du Département de la Seine dépassait déjà 7 millions, à la clôture de l'exercice 1852. Malgré mes efforts pour en atténuer la progression, elle dépassait dix millions et demi, à la fin de 1856.

S'il se fût agi d'un autre Département, cet état de choses eût provoqué des mesures immédiates. Mais, de tout temps, à Paris, l'Administration des Hospices avait été chargée du Service des Enfants Trouvés, et quand la Loi de 1838 en eut fait un Service Départemental, elle en conserva la gestion.

D'un autre côté, reconstituée sous ce nouveau titre : « Administration de l'Assistance Publique », elle recevait, comme pensionnaires, à Bicêtre et à la Salpêtrière, une partie des Aliénés dont l'entretien incombait au Département de la Seine, d'après cette Loi.

Celui-ci rencontra, chez un tel créancier, on le comprend, des facilités regrettables, qui permirent au Gouvernement d'ajourner, d'année en année, une question que, partout ailleurs, il eût fallu résoudre de suite.

Enfin, mis en émoi par l'insistance de mes réclamations, autant que par l'aggravation inquiétante du mal, en 1855, il fit admettre dans la Loi des Finances de 1856, la reprise, au compte de l'État, des Dépenses Ordinaires des Prisons Départementales et des frais de translation des détenus et des libérés.

Mais, en compensation, la même Loi transformait en centimes généraux dont le produit devait constituer une Recette du Budget de l'État, certaines quotités des centimes ordinaires et facultatifs départementaux. De plus, l'État profitait des revenus provenant du travail des Prisonniers, qui figuraient jusqu'alors aux produits éventuels de la première Section des Budgets des Départements.

Pour l'ensemble de l'Empire, les charges et les avantages de l'opération se balançaient à peu près exactement; mais, pour le Département de la Seine, dont les prisons renfermaient proportionnellement beaucoup plus de détenus que celles des autres, les dépenses dont il était exonéré dépassaient considérablement l'importance de la quotité de centimes additionnels qu'il perdait. Aussi, me fut-il possible de présenter son projet de Budget pour 1856, en équilibre dans toutes ses parties, fait qui ne s'était pas vu depuis l'application de la Loi du 10 Mai 1838.

Restait à régler l'Arriéré. Pour cela, je ne devais rien espérer du Gouvernement. Il me fallut y pourvoir au moyen d'un Emprunt, contracté principalement en vue de la Dotation de 20 millions constituée à la Caisse de la Boulangerie, et de l'avance de pareille somme qu'il convenait de lui faire, Emprunt émis en Janvier 1857; dont le service annuel (intérêts et amortissement) était assuré, d'abord, par un prélèvement, proportionnel au montant de l'Arriéré, sur les ressources des deux premières Sections du Budget Départemental, et, pour le surplus, par une Imposition Extraordinaire de centimes additionnels aux quatre Contributions Directes.

Cet Emprunt, montant à 50 millions, dont les concessionnaires furent, comme on l'a déjà lu, MM. Calley

Saint-Paul et C¹⁰, banquiers, était amortissable en 30 ans, par annuités calculées à 5 1/2 p. 100.

Mais, dès le règlement du Compte de 1856, il devint évident que, par suite de la réduction de 440,000 francs, imposée fort inconsidérément par le Ministre de l'Intérieur, M. Billault, en dépit de toutes mes observations, à la part du Département de la Seine dans le Fonds Commun, la mesure prise en 1855 serait insuffisante, non seulement, pour affranchir la seconde Section du Budget de l'obligation de venir en aide à la première, mais encore, pour préserver le Département de la formation prochaine d'un nouvel Arriéré.

En effet, à partir de 1859, les dépenses des Enfants Assistés et des Aliénés à la charge du Département prirent, chaque année, un développement très supérieur à celui du produit des centimes additionnels dont ces deux Sections restaient dotées.

Sans doute, on pouvait attribuer ce fait, d'une part, au prodigieux accroissement de la population peu aisée dans Paris et, surtout, dans ses faubourgs extérieurs; d'autre part, à l'élévation parallèle du prix de toutes choses; mais, il fallait y voir aussi la conséquence des facilités, plus grandes que jamais, données par l'extension incessante du réseau des voies ferrées, aux filles-mères et aux familles pauvres des autres départements, de venir, les unes, faire leurs couches et se débarrasser de leurs enfants à Paris; les autres, de profiter de la manière très large dont l'Assistance Publique s'y trouvait pratiquée sous toutes ses formes, et de mettre à la charge du Département de la Seine, plus aisément que du leur, soit les enfants, soit les aliénés dont elles voulaient se décharger.

En effet, le nombre des Enfants Assistés et celui des Aliénés séquestrés d'office, s'y trouvait proportionnellement quatre fois plus considérable que dans le reste de la France.

En 1857, 1858 et 1859, je n'aurais pu faire, sur les ressources de la première ni de la seconde Section du Budget, le prélèvement nécessaire au service de l'Emprunt, si je n'en avais été dispensé par suite des délais de versement accordés aux souscripteurs. Mais, à partir de 1859, les dépenses des Enfants Assistés et des Aliénés suivant toujours une progression ascendante plus rapide que celle des ressources, le Compte de la première Section, bien qu'elle eût été déchargée par la seconde d'une quotité notable de ces dépenses, fit ressortir un Déficit qui s'augmenta graduellement les années d'après. Je le couvris, d'abord, au moyen d'imputations, dûment autorisées, sur les produits libres de l'Imposition Extraordinaire affectée au service de la plus forte partie de l'Emprunt, qui s'accroissaient, année par année, comme le montant du principal des quatre Contributions Directes. Mais, bientôt, cet expédient ne suffit plus et le Département se trouva de nouveau débiteur envers l'Assistance Publique, d'une somme qui montait, au Compte de 1865, à près d'un million !

La Loi du 18 Juillet 1866 vint heureusement réaliser enfin la revision, demandée depuis si longtemps, de celle du 10 Mai 1838, et relever Préfets et Conseillers Généraux de ce casse-tête chinois d'un Budget Départemental en comprenant six, dont les dépenses devaient être balancées distinctement, au moyen de ressources propres à chacune : ressources insuffisantes, pour les unes; surabondantes, pour les autres; mais, qu'il était interdit de confondre afin d'assurer l'équilibre général de l'ensemble.

Le nouveau cadre du Budget Départemental ne comportait plus, comme celui des Communes, que deux divisions: le Budget Ordinaire; le Budget Extraordinaire.

Le premier embrassait toutes les ressources attribuées aux anciennes Sections portant les numéros 1, 2, 4, 5 et 6, et devait pourvoir à tous les Services exigeant des allocations annuelles, obligatoires ou facultatives.

Le second remplaçait l'ancienne troisième Section, et comprenait toutes les Dépenses Extraordinaires imputables sur des ressources exceptionnelles.

C'était une réforme radicale. Mais, il y manquait, pour être complète, l'application aux quatre Contributions Directes de ceux des centimes additionnels ordinaires qui portaient uniquement sur les Contributions Foncière, Personnelle et Mobilière.

J'avais dû céder sur ce point, sauf à y revenir, pour ne pas compromettre le succès du reste.

Le Budget de 1867 dût être encore dressé suivant le système compliqué de 1838. C'est par celui de 1868 seulement que fut inauguré le régime nouveau. Je pus facilement le présenter en équilibre. Mais, il me fallut répartir sur trois années le remboursement des sommes dues à l'Assistance Publique, qui montaient alors à 1,700,000 fr.

Voici les résultats de l'exercice 1869, le dernier de mon administration, tels qu'ils sont constatés au Budget Rectificatif arrêté par le Conseil Général dans le courant de Décembre :

Recettes et Dépenses Ordinaires (en équilibre) :

Budget Primitif	12,726,305.95	
— de Report	417,424.97	12,670,411.23
— Rectificatif	526,680.30	

Recettes et Dépenses Extraordinaires :

Budget Primitif	8,077,000 »	
— de Report	1,988,266.22	10,077,673.06
— Rectificatif	12,406.84	

Ensemble. . . . 23,748,087.28

Le Budget Primitif de 1870 avait été réglé comme suit, à la même époque :

Recettes et Dépenses Ordinaires	13,679.000
— — Extraordinaires	7,841.000

Ensemble. . . . 21,520.000

Je suis entré, de parti pris, dans toutes les explications qui précèdent, pour montrer de combien d'ennuis la fiction légale du Département de la Seine vint compliquer, pendant quinze années sur dix-sept, l'Administration Parisienne, déjà bien assez laborieuse. En assistant à la si longue lutte que je dus soutenir pour avoir enfin raison du régime impraticable de la Loi du 10 Mai 1838, condamné par tous les hommes intelligents, par tous les membres des Conseils Généraux de France, on reconnaîtra, d'ailleurs, à quel point dominent, chez nous, dans les hautes régions administratives : l'esprit de routine invétérée ; la paresse de tout changement ; par suite, la résistance à tout progrès, à toute réforme ; et, dans les Assemblées Parlementaires, les préoccupations électorales qui les rendent absolument impuissantes à diriger le Gouvernement et surtout l'Administration d'un grand Pays.

CHAPITRE XIX

GRANDS TRAVAUX DU DÉPARTEMENT

Charges extraordinaires. — Importance des ressources affectables aux Grands Travaux. — Édifices Départementaux : Palais de Justice. — Tribunal de Commerce. — Prison de la Santé. — Bâtiments divers. — Asiles d'aliénés. — Routes et Chemins.

En 1853, les améliorations considérables réclamées par les différents Services du Département de la Seine étaient non moins urgentes que celles dont chacun des Services Municipaux de Paris allait devenir l'objet sous ma direction, et je croyais impossible, à tous égards, d'entreprendre isolément les dernières.

La Population Parisienne se rend mal compte, en effet, des conséquences de la fiction administrative à laquelle ce Département exceptionnel doit son existence ; elle connaît à peine le classement en deux catégories distinctes, seulement au point de vue réglementaire, de Services rangés sous la main de la même Autorité, dont plusieurs, qualifiés Départementaux, fonctionnent exclusivement à l'intérieur même de Paris, et elle n'aurait pas compris qu'on transformât les uns sans les autres.

Mais, on vient de le voir dans le précédent chapitre : le Budget Départemental était loin d'avoir l'importance de celui de la Ville. D'ailleurs, les compartiments dans lesquels se trouvaient parquées ses ressources, en exécution de la Loi du 10 Mai 1838, maintenue en vigueur durant quinze des dix-sept années de mon administration, ne me permettaient pas de remédier à la pénurie des unes par la pléthore des autres. Il m'était formellement interdit, au contraire, de faire face aux dépenses des Grands Travaux nécessaires, que, pour Paris, je couvrais, dans une très large mesure, par les revenus surabondants de la Ville, au moyen des Excédents de ressources que le Département avait annuellement dans certaines cases de son échiquier budgétaire, à la spécialité desquelles ces travaux ne correspondaient pas. Or, pendant longtemps, l'envahissement de la seconde Section, où j'aurais pu régulièrement les inscrire, par les Dépenses Ordinaires « obligatoires » débordant de la première, n'y laissa rien ou presque rien d'affectable à des emplois de nature « facultative ».

Cependant, il me répugnait de recourir à des Impositions Extraordinaires pour atteindre mon but!

Comme premier article de mon programme des Grands Travaux de Paris, je m'étais fait une loi, scrupuleusement observée, de les accomplir sans grever la Population de Surimpositions ni Surtaxes.

Ne paraîtrais-je point, malgré tout, y manquer, si, dans le dessein de faire, à côté, pour le compte du Département, d'autres Grands Travaux, dont le Public Parisien ne saurait pas discerner le caractère administratif différent, je chargeais ce même Public de centimes additionnels, départementaux sans doute, mais de mon fait, et venant alourdir sa cote de Contributions, que j'avais promis formellement, en mainte occasion, de ne pas modifier?

Toutefois, cette cote comprenait déjà pas mal de centimes additionnels extraordinaires, frappant sur les quatre Contributions Directes, du chef du Département, et dont la continuation n'aggraverait pas les charges, antérieures à ma venue, qui pesaient déjà sur cette Population parisienne dont je me préoccupais surtout.

Une Surimposition de 3 centimes 7/10, datant de 1849, assurait le service (intérêts et amortissement) d'un Emprunt de 6 millions, contracté pour venir en aide aux familles nécessiteuses. Elle devait prendre fin en 1854.

Une autre, de 3 centimes seulement, tout d'abord, mais accrue, avant mon entrée en fonctions, d'un nouveau centime pendant dix ans, à partir de 1853, avait pour but de faire face aux travaux d'isolement et d'agrandissement du Palais de Justice.

Une troisième, limitée à 3 centimes, était affectée aux travaux neufs des Routes Départementales, mais, autorisée jusqu'en 1856, seulement.

Les contribuables de Paris et de la Banlieue se trouvaient donc grevés extraordinairement de 10 centimes 7/10 auxquels il fallait ajouter 7 autres centimes, portant de même sur les quatre Contributions Directes, dont la Loi de Finance dotait annuellement les 4° et 5° Sections du Budget Départemental, savoir : 5, pour le service des Chemins Vicinaux ; 2, pour celui de l'Instruction Primaire. Cela faisait, au total, 17 centimes 7/10 ajoutés au principal de ces quatre Contributions.

On s'en souvient : les centimes additionnels, dits ordinaires et facultatifs, figurant en Recette à la 1re et à la 2° Sections, ne portaient que sur les Contributions Foncière, Personnelle et Mobilière, et la 6° Section n'était alimentée que par la Contribution Foncière.

CHARGES EXTRAORDINAIRES.

Un centime additionnel au principal des quatre Contributions Directes ne donnait, en 1853, que 239,502 fr. Grâce à la progression constante, presque régulière, de ce principal, dû seulement à celle de la matière imposable (propriété bâtie, établissements industriels et commerciaux), et au développement prodigieux de la population, le produit de ce même centime s'élevait, en 1869, à 438,072 fr. 04. La plus-value incessante du rendement des Impositions Extraordinaires autorisées me fut d'un grand secours.

Mais, au début, je trouvai les ressources qu'elles donnaient engagées en entier, d'un côté, par l'Emprunt de 6 millions, auquel étaient affectés 3 centimes 7/10, et qui demandait, pour 1853, 1854 et 1855, près de 2,400,000 francs; d'un autre, par une dette dépassant un million, qui grevait le Service des Routes Départementales, et dont le paiement exigeait beaucoup plus que le produit, pendant toute une année, des 3 centimes imposés en sa faveur.

De plus, mon prédécesseur n'avait pu couvrir que provisoirement, et par des combinaisons de trésorerie plus ou moins heureuses, une somme excédant 1,700,000 fr. dont la dépense d'installation de Mazas, qui venait de remplacer l'ancienne Force, dépassait les crédits alloués pour les travaux de tout ordre et l'aménagement intérieur de cette prison cellulaire.

Enfin, l'Arriéré de Dépense causé par l'insuffisance des ressources ordinaires affectables au service des Enfants Assistés et à celui des Aliénés, qui se chiffrait déjà par 7 ou 8 millions, n'avait pas plus de contrepartie en Recette, que le solde en suspens de l'opération achevée de Mazas.

La plus-value, donnée, de 1849 à 1852, par les 3 centimes 7/10 affectés aux charges de l'Emprunt de 6 millions, ayant laissé disponible une somme assez importante, je pus, au moyen de la ressource qu'elle me fournit et du rendement de la Surimposition pour 1853 et 1854, qui ne produisit pas moins de 1,804,247 fr. 38, achever l'amortissement de cet Emprunt, dans le cours de 1855, et faire remplacer les 3 centimes 7/10 par 4 centimes, imposables, à partir de cette même année 1855, sur les quatre Contributions Directes, en faveur du Service des Bâtiments Départementaux.

En dehors du Palais de Justice, à la transformation duquel on avait largement pourvu, ce service ne possédait aucun moyen de satisfaire à des besoins nombreux et urgents qui motivaient de toutes parts des demandes pressantes.

Cela porta le total des centimes extraordinaires imposés aux contribuables, de 10 centimes 7/10 à 11 : accroissement de trop peu d'importance pour être même senti.

A partir de 1867, la situation changea, par suite du vote de l'Emprunt de 50 millions, que nécessitaient, d'un côté, l'obligation de rembourser à l'Administration de l'Assistance Publique environ 10 millions, auxquels montaient, en capital et intérêts accumulés, les avances faites par elle au Département, pour les dépenses des Enfants Assistés et des Aliénés, et d'un autre côté, la Dotation de 20 millions, et l'avance de pareille somme promises à la Caisse de la Boulangerie.

L'Imposition Extraordinaire dont le produit, joint au prélèvement opéré sur les ressources des première et deuxième Sections du Budget Départemental, devait faire face aux charges de cet Emprunt, ne put pas être fixée à moins de 10 centimes. Mais, pour en atténuer la charge, autant que possible, je fis réduire, du même coup, à 2 centimes, celle de 4, affectée au Service des Bâtiments Départementaux, et à la même quotité de 2 centimes, celle qui profitait au Service des Routes Départementales. De plus, je fis limiter à 2 centimes et demi l'Imposition spéciale de 5 centimes sur les quatre Contributions Directes, autorisée en faveur du Service des Chemins Vicinaux, et à un demi-centime celle de 2 centimes, exclusivement applicable au Service de l'Instruction Primaire.

Le nombre des centimes additionnels frappant sur les quatre Contributions Directes, qui montait à 18 (11 centimes extraordinaires et 7 centimes spéciaux), se trouva porté néanmoins, à partir de 1867, au total de 21, savoir :

Centimes extraordinaires, pour le Palais de Justice.	2 »	
— — pour les autres Bâtiments Départementaux . . .	4 »	8
— — pour les Routes Départementales.	2 »	
— — pour les intérêts, lots et amortissement de l'Emprunt. . . .		10
Centimes spéciaux, pour le Service Vicinal. . . .	2,50	3
— — pour l'Instruction Primaire. .	0,50	
Total. . . .		21

Malgré tous mes efforts pour ménager les contribuables du Département, et surtout pour ne pas aggraver la cote d'imposition de ceux de Paris, je dus me résigner à l'augmentation finale de 3 centimes additionnels que je n'avais aucun moyen pratique de conjurer. Elle parut légère, à côté des services de la Caisse de la Boulangerie, déjà très généralement appréciés par la Population Parisienne, et passa même inaperçue de la plupart des intéressés.

Jusqu'au terme de mon administration, je pus maintenir dans les limites de ce maximum, la quotité des centimes additionnels, extraordinaires, portant sur les quatre Contributions Directes.

Mais, en 1862, lorsqu'il s'agit de proroger, pour six ans, à partir de 1863, l'Imposition des centimes extraordinaires relatifs aux travaux du Palais de Justice, des autres Bâtiments Départementaux et des Routes Départementales, je reconnus que la répartition de ces ressources, de même provenance, entre les trois services ne se faisait pas équitablement.

Grâce à la progression ascendante continue du principal des Contributions, et, partant, du rendement des centimes additionnels, le premier se trouvait trop largement doté, tandis que les deux autres, malgré toute plus-value, l'étaient trop maigrement.

J'obtins, pour l'avenir, la réunion du produit des 8 centimes en un seul fonds, sur lequel, tous les ans, le Conseil Général, ouvrirait, à chaque service, des crédits proportionnés à l'urgence, de ses besoins, et à l'importance des allocations qu'il pourrait lui faire, d'ailleurs, sur les ressources facultatives du Département.

En 1868, quand il devint nécessaire d'obtenir une nouvelle prorogation, nous étions sous le régime de la

Loi de 1866, et les disponibilités du Budget Extraordinaire me permirent de faire réduire; de 8 à 6, le nombre des centimes additionnels applicables aux Grands Travaux des Édifices et des Routes du Département. A partir de 1869, le total des centimes extraordinaires descendit, en conséquence, de 18 à 16.

En résumé, la somme totale donnée par les Impositions Extraordinaires qui m'occupent, durant les dix-sept années courues du 1er Janvier 1853 au 31 Décembre 1869, s'est élevée à 49,030,212 fr. 81.

Quant à l'Imposition de 10 centimes affectée au service de l'Emprunt de 50 millions, elle a produit, en 1857, première année de sa mise en vigueur, 2,729,875 fr. 40, et, en 1869, dernière année de mon administration, 4,330,738 fr. 40. C'est dire que la même cause en a, dès le début, grossi le rendement, et d'année en année, l'a porté bien au delà de toutes les prévisions.

IMPORTANCE DES RESSOURCES AFFECTABLES AUX GRANDS TRAVAUX.

J'ai précédemment énoncé l'insuffisance de la mesure prise, en 1855, par le Gouvernement, afin de rétablir l'équilibre des Recettes et des Dépenses de la première Section des Budgets Départementaux, et le prompt retour des embarras dont cette mesure devait me délivrer, dû surtout à la réduction trop considérable, malencontreusement faite et maintenue avec obstination, de la part antérieurement attribuée à la Seine dans le Fonds Commun des Départements.

L'augmentation, toujours croissante, des charges du Service des Enfants Assistés et de celui des Aliénés, ramena presque immédiatement l'absorption des ressources de la seconde Section, que l'on croyait avoir rendues disponibles, par les dépenses obligatoires ne trouvant point place dans la première. Cela rendit impossible la contribution de 500,000 francs qui devait être prélevée, sur les deux, pour le service de l'Emprunt.

On l'a vu : je pus y suppléer, d'abord, au moyen des intérêts de retard payés par des souscripteurs d'obligations départementales. La plus-value du produit des 10 centimes additionnels me vint ensuite en aide, et quand le Département, accablé par ses dépenses obligatoires, dont la seconde Section du Budget ne pouvait plus couvrir l'excédent, vit se reformer la dette envers l'Assistance Publique dont on avait compté le débarrasser à jamais, il me fallut demander exclusivement, à ce produit, les moyens de faire honneur au service entier des intérêts, de l'amortissement, etc., etc.

Je le pus, grâce au développement prodigieux de la plus-value. Elle devint, peu à peu, surabondante, et laissa, dès 1864, un *Boni*.

En prévision de ce résultat, une Loi du 9 Mai 1863 avait affecté, d'avance, tous les fonds disponibles qu'il donnerait : 1° à la réorganisation du service des Aliénés, pour 5 millions, dont le solde lui fut acquis dès 1868; 2° aux Grands Travaux des Édifices et des Routes du Département, pour le surplus, qui déjà s'élevait, en 1868 et 1869, à 1,350,298 fr. 64; — soit, au total : 6,350,298 fr. 64.

A cette dernière date, le produit de l'Imposition Extraordinaire de 10 centimes excédait, en effet, de 1,043,541 fr. 80 les besoins du service de l'Emprunt.

Mais, ce n'est pas tout.

On se rappelle que la Caisse de la Boulangerie avait reçu du Département, non seulement, une Dotation de 20 millions, mais encore, une avance remboursable, et qui fut exactement remboursée, de pareille somme.

Une Loi du 28 Juillet 1860 autorisa l'emploi suivant d'une somme de 7,698,683 fr. 32 restant libre sur la première moitié de cette avance, après confusion de 2,301,316 fr. 68, dus à la Caisse de la Boulangerie, sous la garantie du Département, par un certain nombre de Communes et de Bureaux de Bienfaisance, pour des dépenses n'incombant pas à l'Institution :

Travaux des Bâtiments Départementaux...	Tribunal de Commerce.....	3,101,000.05
	Nouvelle Morgue.	573,202 »
	Imprévus....	254,401.27
Travaux des Routes Départementales.		3,680,080 »
Somme égale....		7,698,683.32

Une autre Loi, du 9 Mai 1863, affecta, conformément à un vote émis par le Conseil Général, en 1862, la seconde moitié des 20 millions, à la création d'Asiles d'Aliénés, ci. . . . .   10,000,000 »

Les Grands Travaux du Département se trouvèrent ainsi dotés d'une nouvelle ressource de 17,698,693.32

En la réunissant aux 49,030,212 fr. 81 produits par les centimes additionnels perçus directement en vue de ces travaux, et aux 6,350,298 fr. 64 restés libres sur le rendement des 10 centimes affectés au service de l'Emprunt, on trouve, comme total des sommes qui leur ont été fournies par les Impositions Extraordinaires : 73,079,194 fr. 77.

Mais, il faut y joindre celles que j'ai pu leur faire allouer, d'abord, sur les ressources de la seconde Section du Budget, dans les années où, par exception, elle avait des fonds disponibles, provenant, en général, de prix d'aliénation, de soultes d'échange de terrains et bâtiments départementaux, ou de cotisations et subventions d'origines diverses; puis, sur les ressources du Budget Extraordinaire, quand la Loi du 18 Juillet 1866 eut modifié le système financier prescrit aux Départements par celle du 10 Mai 1838.

Ces sommes, composées de crédits ouverts au profit des Édifices Départementaux, pour 5,653,594 fr. 63, et des Routes Départementales, pour 2,820,536 fr. 58, ne montent qu'à 8,474,131 fr. 21.

Elles élèvent le total ci-dessus à 81,553,325 fr. 98 ainsi répartis :

Palais de Justice et autres Édifices Départementaux.	60,995,625.46
Routes Départementales.	20,557,700.52
Somme égale.	81,553,325.98

Quant au Service Vicinal, doté de centimes spéciaux, il a puisé, dans cette ressource, malgré la réserve, avec laquelle j'en ai fait usage, une somme totale de 20,040,317 fr. 75, à laquelle sont venus s'ajouter 2,079,042 fr. 25 de cotisations communales, qui le portèrent à 22,119,359 fr. 40.

La réunion de cette somme et de la précédente donne 103,472,685 fr. 28.

Ce chiffre, qui peut sembler modeste, quand on le compare à celui de plus de deux milliards et demi dont j'ai pu disposer pour les Grands Travaux de la Ville de Paris; ce chiffre groupé, cependant, au prix de si pénibles efforts, exprime l'importance des moyens que j'eus à ma disposition pour exécuter tous les Grands Travaux réclamés par les Services du Département de la Seine.

ÉDIFICES DÉPARTEMENTAUX.

PALAIS DE JUSTICE.

Le découvert laissé par les dépenses de la Prison de Mazas, édifiée sous l'administration de mon prédécesseur, M. Berger, découvert auquel j'avais à pourvoir, devait faire une brèche de 1,708,009 fr. 28 dans les ressources extraordinaires applicables aux Bâtiments Départementaux. On en avait provisoirement imputé le montant sur les fonds provenant de l'Imposition de 3 centimes, puis, de 4, motivée par le projet d'isolement et d'agrandissement du Palais de Justice, et je ne pus faire cesser cette irrégularité, si flagrante, qu'au moyen de prélèvements sur les produits de l'Imposition nouvelle de 4 centimes, réduite plus tard à 2, qui fut affectée, sur ma demande, aux besoins des autres Édifices du Département.

L'entreprise du Palais de Justice, à peine commencée, était alors la seule en cours d'exécution.

A cette œuvre, très complexe, devaient concourir :

L'État, pour la Cour de Cassation et la Cour Impériale de Paris ;

Le Département, pour les Salles d'Assises, la Maison de Justice (ancienne Conciergerie), le Tribunal de Première Instance de la Seine, si considérable, qu'il exigeait, à lui seul, plus d'espace que les deux Cours ensemble; le Dépôt des détenus; enfin, pour la reconstruction et l'extension de la Préfecture de Police, qui se trouvait établie derrière la Sainte-Chapelle, dans l'ancien Hôtel de Lamoignon, occupé jadis par la Cour des Comptes (avant sa translation au quai d'Orsay), et dont les bureaux et dépendances diverses prenaient accès, par la rue de Jérusalem, sur le Quai des Orfèvres;

La Ville, pour le Tribunal de simple Police, son Parquet et son Greffe.

Cette entreprise offrait de grandes difficultés, à cause de l'obligation imposée aux architectes d'assurer, durant toute l'opération, rendue par là de très longue haleine, et sans déplacement hors du périmètre du nouveau projet, la marche régulière de tous les Services dont il s'agissait d'améliorer l'installation. Aussi, n'était-elle pas achevée à la fin de mon administration, malgré l'allocation de crédits dépassant 20 millions, du chef du Département seul, et malgré le concours d'Architectes des plus notables, tous membres de l'Institut, dès cette époque ou depuis lors, savoir :

M. Duc (qui remporta le Grand Prix de 100,000 francs, mis au concours par l'Empereur), au Palais de Justice proprement dit, en collaboration avec deux de ses confrères : l'un, M. Cocquard, pour les travaux à la charge de l'État; l'autre, M. Daumet, pour les travaux à la charge du Département;

M. Gilbert, en collaboration avec M. Diet, son gendre, à la Préfecture de Police.

Néanmoins, à la fin de 1869, si l'accomplissement de cette entreprise colossale exigeait encore des sacrifices, de la part de l'État surtout, on avait achevé la nouvelle installation de la Cour de Cassation et du Tribunal de Première Instance, et remis les deux nouvelles Salles d'Assises aux Autorités Judiciaires. La restauration de la Salle des Pas-Perdus et la construction du perron de la rue de Harlay, du côté de la place Dauphine, venaient d'être terminées. La première partie de la nouvelle Préfecture de Police était occupée par les Services qu'elle intéressait ; le Dépôt des détenus, mis à sa disposition, ainsi que la Maison de Justice destinée à recevoir les accusés appelés à comparaître devant la Cour d'Assises.

TRIBUNAL DE COMMERCE.

Il me parut pourtant qu'il existait une lacune dans cette importante et utile concentration des corps judiciaires de tous les degrés et de la Préfecture de Police, leur auxiliaire légal, au milieu de Paris, dans l'antique « Cité », et qu'il y avait lieu, pour la compléter, d'y joindre, ou tout au moins d'en rapprocher autant que possible, en les plaçant dans un bâtiment annexe du Palais de Justice, le Tribunal de Commerce, ressortissant, en Appel, comme le Tribunal de Première Instance, à la Cour Impériale, et les Conseils de Prud'hommes, ces justices de Paix de l'Industrie Parisienne, qui relevaient eux-mêmes, en Appel, de la juridiction consulaire du Tribunal de Commerce.

Celui-ci, depuis longtemps, siégeait au premier étage du Palais de la Bourse, et les archives de son Greffe étaient installées dans les combles de cet édifice, construit sous la Restauration.

C'était déjà mieux assurément que son installation antérieure, dont je me souviens encore, au cloître Saint-Merri. Toutefois, cela devenait insuffisant, par suite de l'augmentation du nombre des affaires, et, de leur côté, les Agents de Change se plaignaient aussi, par la même raison, de manquer de place au rez-de-chaussée.

Puis, n'était-ce pas un voisinage peu convenable que cette Bourse bruyante, agitée par la spéculation à terme sur les valeurs de Crédit, pour une juridiction qui ne reconnaissait pas la légalité des engagements contractés à ce jeu ?

Circonstance bien rare, tout le monde approuva mon projet de faire cesser la juxtaposition de deux établissements ayant si peu de rapports, et de rehausser aux yeux de tous l'autorité du Tribunal de Commerce, en le transférant dans la Cité, pour l'y mettre chez lui, parallèlement au Tribunal de Première Instance.

L'ouverture, par la Ville, du Boulevard du Palais, sur l'emplacement de la rue de la Barillerie ; le percement de la rue de Constantine (aujourd'hui de Lutèce), en face du Palais de Justice même ; la régularisation du Marché aux Fleurs ; enfin, le projet de construction, entre le nouveau Boulevard et la Place Notre-Dame, d'une part, la rue de Constantine et le Quai du Marché Neuf, d'autre part, d'un édifice municipal destiné aux États-Majors de la Garde de Paris et des Sapeurs-Pompiers, — occupé de nos jours par le Préfet de Police, — avaient nécessité l'expropriation de toutes les maisons et la disparition de l'ignoble quartier que circonscrivaient la rue de la Barillerie, le Quai aux Fleurs, la rue de la Cité et le Quai du Marché-Neuf.

La reconstruction de l'Hôtel-Dieu fit bientôt jeter bas celui qui restait entre la Place Notre-Dame et le Quai Napoléon, dans un sens, la rue d'Arcole et celle de la Cité, dans l'autre.

Je pus réserver au nouveau Tribunal de Commerce, et je fis céder par la Ville, au Département, le magnifique emplacement sis à l'angle du Boulevard du Palais et du Quai aux Fleurs, en regard du Boulevard de Sébastopol, complètement ouvert alors, sur la rive droite de la Seine, et je recommandai bien à l'habile Architecte que je chargeai du nouveau monument, de le surmonter, dans l'axe de cette grande artère, d'un motif assez important, pour faire perspective à la Gare du Chemin de Fer de l'Est, qui s'élevait à son extrémité.

L'Empereur me chargea de lui dire, en outre, de ne s'inspirer en rien, pour ses façades, du style des parties conservées de l'ancien Châtelet, réunies au Palais de Justice; mais, bien plutôt, de prendre pour modèle la Loggia (Palais Municipal) de Brescia, due à Formentone, et à Sansovino et Palladio, ses continuateurs, qu'il considérait, avec raison, comme un des chefs-d'œuvre de la Renaissance.

Chacun peut apprécier, dans l'ensemble et les détails du Palais du Commerce, édifié par M. Bailly, le talent avec lequel cet éminent artiste s'est acquitté de sa tâche difficile.

Son entrée à l'Institut et le rang qu'il tient, de nos jours, en tête de l'Association des Artistes Français, justifient le choix que j'avais fait de lui pour cette œuvre capitale, sur laquelle je reviendrai dans une autre portion de mes souvenirs. Mais, ce que j'ai sujet d'en dire ici même, c'est que le montant du décompte des travaux n'atteignit pas celui des devis approuvés, fait d'autant plus méritoire qu'il est des plus exceptionnels.

La dépense a été de 5,333,894 fr. 71, terrain non compris ; dont, 5,238,394 fr. 71, pour la construction, la sculpture d'ornement, la marbrerie, la peinture décorative, les appareils de chauffage et le mobilier ; 95,500 francs, pour les œuvres d'art proprement dites, de peinture et de statuaire.

Le prix du terrain, comprenant 4,125 mètres, réglé sur le pied de 320 francs l'un, s'élevait à 1,320,000.

Le total montait donc à 6,653,894 fr. 71.

PRISON DE LA SANTÉ.

Le percement de la rue de Turbigo ne permettait pas de conserver la vieille Prison des Madelonnettes, fort mal installée, d'ailleurs, à tous égards.

Je fis échanger les terrains et constructions de cet Édifice Départemental, contre l'Enclos de la Santé, dont la Ville se trouvait propriétaire, avec soulte de 583,680 francs, en faveur du Département, et je chargeai M. Vaudremer, Grand Prix de Rome, aujourd'hui membre de l'Institut, de construire, sur ce vaste enclos, une Prison Cellulaire pour 600 prévenus ou condamnés des deux sexes, selon le programme fourni par la Préfecture de Police.

La dépense totale s'est élevée, ameublement compris, à près de six millions et demi. Dans cette somme figure, pour 800,000 francs environ, la consolidation du sol, qui repose sur les Catacombes, par les Ingénieurs des Carrières.

M. Vaudremer s'acquitta parfaitement de sa mission, et je lui fournis une occasion plus favorable de montrer son talent d'Artiste : la construction de sa charmante église romane de Saint-Pierre, de Montrouge.

La Prison de la Santé ne put être remise à la Préfecture de Police qu'en 1868, à cause des nombreux remaniements du projet et des changements d'installation que celle-ci réclama pendant le cours des travaux.

BATIMENTS DIVERS.

La Caserne de Gendarmerie de la rue des Francs-Bourgeois, devenue complètement insuffisante depuis l'augmentation, en 1859, du nombre des brigades attachées au service de Paris, dut être abandonnée. La vente des terrains qu'elle occupait et des constructions produisit environ 650,000 francs.

La Ville céda, pour 2 millions, au Département, la Caserne des Minimes, précédemment occupée par la Garde de Paris, où l'on pût installer 6 brigades à cheval et 18 brigades à pied de Gendarmerie, moyennant une dépense qui dépassa 800,000 francs.

Les 6 autres brigades à cheval furent placées dans une nouvelle Caserne, construite à l'extrémité de la ville agrandie, sur la rue Militaire, entre l'Avenue de l'Impératrice et l'Avenue de Saint-Cloud (Avenue Victor-Hugo), et qui ne coûta pas plus de 400,000 francs.

Je ne saurais entrer dans l'énumération détaillée de tous les autres Édifices Départementaux que je fis construire, reconstruire, transformer ou seulement améliorer, ni des dépenses que chacun d'eux nécessita.

Je me contente de citer la construction de deux Hôtels de Sous-Préfecture, qui manquaient à Saint-Denis et à Sceaux; de Casernes de Gendarmerie dans ces villes, Chefs-Lieux d'Arrondissements, et à Joinville-le-Pont; la reconstruction de la Morgue à Paris, sans parler de travaux sans fin, pour améliorer l'installation des anciennes Prisons, du Dépôt de Mendicité de Villers-Cotterets, et de la Maison de Répression de Saint-Denis.

Je fis décider la translation de ce dernier établissement à Nanterre, sur un vaste terrain acquis par mes soins; mais, je n'eus pas le temps d'en faire commencer les travaux.

ASILES D'ALIÉNÉS.

Il me reste à parler d'une œuvre capitale, embrassant la transformation du Service des Aliénés et la création des Asiles de Sainte-Anne, de Ville-Évrard et de Vaucluse, à laquelle je n'employai pas moins de 20 millions. Je dois, à cause de son importance, consacrer une partie distincte du présent chapitre au résumé de cette entreprise, où le rôle des travaux est secondaire.

Avant la réforme dont je pris hardiment l'initiative, le Service des Aliénés de la Seine se faisait dans des conditions indignes d'un tel Département, et de nature à profondément humilier son Préfet, l'ancien Administrateur du modeste Asile de Saint-Lizier, le créateur de l'Asile modèle d'Auxerre.

Ces aliénés étaient distribués, comme pensionnaires: les uns, suivant leur sexe, à Bicêtre ou à la Salpêtrière, dans des quartiers spéciaux, absolument défectueux, de ces deux établissements appartenant à l'Assistance Publique, et destinés principalement à recueillir des Vieillards; les autres, dans des asiles lointains de divers départements, sous des régimes dissemblables et rarement conformes aux récentes indications de la science.

Malheureusement, les embarras qui pesaient si lourdement sur le Budget Départemental de la Seine ne me permirent d'aborder ouvertement la question devant le Conseil Général qu'en 1860, lorsque la rentrée de l'avance faite à la Caisse de la Boulangerie m'en fournit l'occasion.

« Il faut se rappeler », disais-je, « la longue impuis-
« sance du Département de la Seine; les déficits de ses
« Budgets, causés, d'un côté, par l'obligation de pour-
« voir aux besoins d'un nombre toujours croissant
« d'Aliénés et d'Enfants Assistés; de l'autre, par l'in-
« suffisance de ses centimes ordinaires, et par les allo-
« cations, constamment trop faibles, qui lui étaient
« faites sur le Fonds Commun; il faut avoir étudié,
« pendant bien des années, ces Budgets impossibles;
« ces Comptes désastreux d'un Département recevant
« des autres une population exceptionnelle d'individus
« frappés d'aliénation mentale et d'enfants abandon-
« nés, et n'obtenant pas une part équivalente des res-
« sources communes, pour s'expliquer comment la
« Seine, qui a pour Chef-Lieu la Capitale de la France,
« est dans un état d'infériorité déplorable, en ce qui
« concerne l'assistance de la plus triste des infirmités
« humaines; de l'une des plus fréquentes dans les
« grands centres civilisés. »

Après avoir exposé, dans des termes atténués, la mauvaise installation des quartiers d'aliénés et d'aliénées de Bicêtre et de la Salpêtrière, où les deux tiers de ceux et de celles du Département recevaient les soins très intelligents et très assidus de nos sommités médicales ; mais, où le classement des malades ne pouvait avoir lieu d'après le caractère de leurs affections mentales, comme il l'aurait fallu pour faciliter leur guérison, je m'occupais du dernier tiers, composé de plus de 1,800 malades, disséminés dans une vingtaine d'asiles, sur toute la surface de la France.

« Le traitement moral et matériel est excellent dans « plusieurs, » ajoutais-je, en pensant à l'asile d'Auxerre, entre autres ; « mais, en général, les conditions d'in- « stallation, de nourriture et de vêture, de soins mé- « dicaux, sont plus ou moins imparfaits. D'ailleurs, « c'est toujours un malheur d'éloigner un aliéné de sa « famille, surtout lorsqu'il est indigent. Il n'est plus « visité, et bientôt le sentiment de son abandon peut « le rendre incurable. Aussi, les aliénés de la Seine « guérissent-ils moins aisément dans les asiles étran- « gers qu'à Bicêtre et à la Salpêtrière, tout incomplets « que soient, à certains égards, ces deux Hospices. »

En 1861, je soumis au Conseil Général le Rapport, très remarquable, fait par M. Ferdinand Barrot, Sénateur, son premier Vice-Président, au nom d'une Commission Spéciale que j'avais constituée, à l'effet d'examiner la question sous toutes ses faces, et dont faisaient partie, avec lui, MM. Herman et Amédée Thayer, Sénateurs ; Chaix d'Est-Ange, Procureur Général près la Cour Impériale de Paris ; le Docteur Véron, Député ; Marchand, Conseiller d'État ; Baron Paul Dubois, Doyen de la Faculté de Médecine ; tous membres du Conseil Général. MM. Husson, Directeur de l'Administration de l'Assistance Publique, et le Docteur Girard de Cailleux, Inspecteur Général du Service des Aliénés de la Seine, y furent adjoints.

Ce résumé d'un travail de dix mois, fruit d'observations recueillies sur place, non seulement, à Bicêtre et à la Salpêtrière, mais encore, dans divers asiles de province, notamment, à Auxerre, où je conduisis moi-même la Commission, concluait à la création d'asiles spéciaux placés sous l'administration directe du Préfet de la Seine, savoir :

Un Asile Clinique à Paris, où seraient admis tous les types d'aliénation mentale, mais surtout les cas récents de folie aiguë, les plus intéressants pour les Professeurs et les Élèves de l'École de Médecine.

Un Bureau d'Admission, pour l'examen, pendant quelques jours, et la répartition des individus réputés aliénés.

Des asiles hors Paris, à des distances facilitant les rapports des aliénés et de leurs familles.

Des asiles distincts pour les Épileptiques et les Idiots.

La Commission recommandait, d'ailleurs : 1° la construction de ces asiles selon le système d'Auxerre, qui permettait de recevoir les deux sexes dans chacun d'eux, au moyen d'une séparation absolue de leurs quartiers respectifs; 2° la réunion, en une seule main, dans ces établissements, de l'Autorité Administrative et de l'Autorité Médicale ; 3° l'application des aliénés à des travaux variés et, particulièrement, à des travaux en plein air, agricoles et autres; 4° l'application du système de Secours à Domicile aux aliénés indigents dont la résidence, au sein de leurs familles, ne présenterait aucun danger.

Ce programme fut pris en considération par le Conseil Général, qui me donna l'autorisation de poursuivre les études commencées.

Dans sa session de 1862, le Conseil vota l'acquisition :

1° De la Ferme Sainte-Anne et des terrains contigus, pour y établir le Bureau d'Admission, l'Asile Clinique et l'habitation de l'Inspecteur Général du Service.

2° Des Domaines de Ville-Évrard et de Vaucluse, sis : le premier, de 285 hectares, dans la Commune de Neuilly-sur-Marne, Arrondissement de Pontoise, et le second, de 110 hectares, dans la Commune d'Épinay-sur-Orge, Arrondissement de Corbeil, pour y établir deux autres Asiles.

Puis, il adopta les avant-projets des constructions à élever sur ces trois points, dressés : par M. Questel, pour le Bureau d'Admission et l'Asile Clinique de Sainte-Anne ; par M. Lequeux, pour l'Asile de Ville-Évrard ; et, par M. Lebouteux, pour l'Asile de Vaucluse.

C'est seulement en 1863 que fut prononcée la déclaration d'utilité publique de la première acquisition, par un Décret du 30 Juillet, et des deux autres, par un Décret du 3 Octobre, et que le Conseil Général put approuver, par une délibération du 12 Décembre, les projets et devis détaillés des trois Architectes.

Je ne donne pas à ces projets et devis la qualification de définitifs ; car il est bien rare que des artistes de cet ordre sachent ou veuillent prévoir toutes les dépenses des constructions dont ils sont chargés. Il s'agissait, d'ailleurs, dans l'espèce, d'établissements d'un genre nouveau, dont il n'existait encore que le type d'Auxerre ! Et puis, l'Inspecteur Général du Service, dans la crainte de tout compromettre, se garda bien d'énumérer, dès le début, l'ensemble des besoins à satisfaire, et je l'en blâmai sévèrement, comme il le méritait, lorsque se produisirent successivement, de session en session, des propositions de travaux et dépenses complémentaires, qui ne prirent même pas fin à la mise en activité des trois Asiles, laquelle eut lieu, pour Sainte-Anne, le 1ᵉʳ Mai 1867; pour Ville-Évrard, au commencement, et pour Vaucluse, à la fin de 1868.

L'emplacement de Sainte-Anne, déduction faite des parties revendues, notamment à la Ville et à la Compagnie du Chemin de Fer d'Orléans, pour l'ouverture de la rue du Transit (aujourd'hui de Tolbiac), a coûté plus de 2 millions.

Les Domaines de Ville-Évrard et de Vaucluse et leurs enclaves, déduction faite de parcelles détachées qu'on a revendues en détail, n'ont pas coûté beaucoup moins cher. Il est vrai que les deux Châteaux qui s'y trouvaient, ont pu servir à l'installation des services généraux et d'une partie des Pensionnats.

Quant aux dépenses de construction et d'ameublement des trois Asiles et de leurs annexes (l'habitation de l'Inspecteur Général du Service et le Bureau d'Admission, d'une part; les Pensionnats et les bâtiments d'exploitation agricole, d'autre part), elles ont dépassé de beaucoup, malgré les rabais considérables des entrepreneurs, les évaluations portées, aux devis des projets, à 5,063,700 francs, pour Sainte-Anne, y compris les travaux de consolidation et de nivellement du sol, reposant sur les Catacombes; à 4,619,167 francs, pour Ville-Évrard; et, à 4,384,381 fr. 52, pour Vaucluse; soit, en tout, à 14,067,248 fr. 52.

J'aurai lieu de revenir sur ces opérations ; de décrire l'ordonnance générale de chaque établissement ; de préciser l'affectation de ses diverses parties, et d'expliquer l'organisation et l'installation de ses différents Services. Je m'abstiens donc ici de détails qui trouveront mieux leur place ailleurs.

Les trois magnifiques Asiles Départementaux dont il s'agit, furent placés sous l'autorité directe du Préfet, assisté d'une Commission de Surveillance, présidée par M. Ferdinand Barrot, et composée de membres du Conseil Général et de Magistrats éminents.

L'utilité d'un Asile Clinique, à portée de l'École de Médecine de Paris, ne pouvait manquer d'être hautement appréciée. Mais, l'institution, toute nouvelle, d'un Bureau d'Admission, dont je puis revendiquer l'initiative, a permis, depuis lors, aux autorités compétentes, d'exercer un contrôle des plus nécessaires sur l'Internement des Aliénés, dangereux ou non, grâce à l'examen suivi des médecins habiles chargés d'observer leur état mental, tout le temps voulu pour en bien déterminer le véritable caractère.

En 1868, le Conseil Général adopta le projet d'annexer à Sainte-Anne, un Pensionnat à prix modérés (comme il en existait à Ville-Évrard et à Vaucluse) pour 200 malades, de condition moyenne, ne pouvant pas aborder les grandes Maisons de Santé de Paris et des environs. Il vota, d'un autre côté, la fondation d'un quatrième Asile pour les Aliénés Incurables, sur les terrains libres de Ville-Évrard. Mais, je quittai l'Hôtel de Ville, avant l'exécution de ces deux projets.

J'ajoute que je me réservais de compléter, plus tard, la réforme du Service des Aliénés de la Seine, par l'établissement d'un Asile pour les Aliénés Épileptiques et les Idiots, sur un emplacement voisin des bois de Meudon et de Chaville, aux Bruyères de Sèvres.

ROUTES ET CHEMINS.

Avant l'Annexion à Paris de sa Banlieue Suburbaine, le Département de la Seine comptait 240 kilomètres de Routes Départementales, et 93 kilomètres de Chemins de Grande Communication, indépendamment de 136 kilomètres de Routes Impériales. Il avait donc 468 kilomètres de voies régulièrement entretenues, sans parler des Chemins de Fer, pour une superficie totale de 441 kilomètres carrés seulement.

Le réseau des Chemins de Petite Vicinalité ne dépassait pas 490 kilomètres. Partout ailleurs, il est dix fois plus considérable que celui des voies diverses d'un ordre supérieur.

Après l'Annexion (1er Janvier 1860), les têtes des Routes Départementales partant de Paris devinrent de grandes artères de cette ville.

Dès 1861, je fis déclasser 22 Routes ou Sections de Routes Départementales, qui devinrent des Chemins de Grande Communication ou de Petite Vicinalité. Malgré les nouveaux classements dont je pris l'initiative, et qui vinrent compenser, en partie, les résultats de ces deux faits, le parcours total des Routes Départementales de la Seine n'était plus que de 167 kilomètres, au lieu de 240, à la fin de mon administration. Le Département fut donc déchargé de l'entretien de 73 kilomètres.

Tant que dura le régime financier de la Loi du 10 Mai 1838, son Budget ne s'en trouva qu'un peu moins accablé par l'augmentation constante des autres dépenses obligatoires ; mais, il put concentrer, sur les parties conservées ou nouvellement classées de ces routes, sillonnant le territoire amoindri des Arrondissements de Saint-Denis et de Sceaux, toute la puissance des ressources extraordinaires et spéciales dont il avait la disposition. Cela me permit d'y réaliser des améliorations considérables.

Les plus importants travaux entrepris, de 1853 à 1859 inclusivement, avaient eu lieu dans la Zone Suburbaine, entre l'Enceinte des Fortifications et le Mur d'Octroi.

Au premier rang figure le nouveau tracé de la Route de Paris à Suresnes, qui s'embranchait sur celle de Paris à Saint-Cloud, au Rond-Point de cette voie, nommée jadis : Avenue Charles X ; puis : Avenue d'Eylau ; et, finalement : Avenue Victor-Hugo.

Ce redressement partait de la Place de l'Étoile, pour aboutir à la porte du Bois de Boulogne dite : Porte Dauphine. Le concours de la Ville de Paris, en vue de l'établissement de pelouses latérales plantées, de chemins extérieurs de bordure, et de servitudes qu'il fallait imposer aux propriétés riveraines, fit, de cette nouvelle voie : l'Avenue de l'Impératrice.

La part du Département dans la dépense totale, — montant à près de 2 millions, — fut limitée à 300,000 francs, et la Ville, propriétaire du Bois, auquel on assurait ainsi l'accès large et décoratif qui lui manquait, prit le surplus à sa charge.

Une autre opération, digne d'être mentionnée, est l'ouverture, comme Routes Départementales, dans la

Plaine de Monceau, hors Paris encore : 1° du prolongement du Boulevard Malesherbes vers la Porte d'Asnières, où commence la Route de Paris à Argenteuil ; 2° du prolongement de la rue de Constantinople, sous le nom d'Avenue de Villiers, vers la Porte de Champerret, d'où le Chemin de Grande Communication, appelé, dans sa première partie : Boulevard Bineau, le continue, à travers l'ancien Parc de Neuilly, les deux bras de la Seine que sépare l'île de la Grande-Jatte, jusqu'au Rond-Point de Bois-Colombes, c'est-à-dire au croisement de la Route allant d'Argenteuil au Pont de Neuilly, par Courbevoie ; 3° du prolongement du Boulevard Bezons (aujourd'hui l'Avenue de Wagram), de la Place des Ternes, à la Porte d'Asnières.

J'obtins des principaux propriétaires de la Plaine de Monceau : MM. Pereire, Deguingand, de Chazelles, Jadin et d'Offémont, l'abandon gratuit de tous les terrains leur appartenant, dont l'occupation était nécessaire, non seulement, à ces trois voies nouvelles, mais encore, à la Place Malesherbes, ménagée au croisement des deux premières ; à la place Pentagonale (place Wagram), projetée près de la Porte d'Asnières, à la rencontre des prolongements du Boulevard Malesherbes et de l'Avenue de Bezons ; et à la Place Péreire, projetée à la rencontre et au-dessus de la voie du Chemin de Fer de Ceinture.

La contenance totale de ces terrains ne s'élevait pas à moins de 82,625 mètres : — plus de 8 hectares. — Je conviens qu'ils étaient bien loin de valoir alors ce qu'ils coûteraient aujourd'hui, et que les intéressés me les cédèrent sans indemnité, précisément en vue de l'énorme plus-value que la Plaine de Monceau doit aux percements dont il s'agit et à d'autres que les mêmes propriétaires eurent ensuite l'intelligence d'y faire.

Mais, ce précédent me servit pour obtenir l'abandon gratuit, à la Ville, des terrains traversés par la seconde section du Boulevard Malesherbes, qui n'était pas encore ouvert, dans Paris, au-dessus de l'Église de Saint-Augustin.

Malgré tout, déduction faite des contributions des Communes des Batignolles et de Neuilly, montant à 250,000 francs, les trois voies nouvelles qui m'occupent coûtèrent au Département 3,200,000 francs environ, pour l'expropriation des parcelles n'appartenant pas aux cinq grands propriétaires ci-dessus nommés, et pour les travaux de toute nature, que M. Émile Péreire, le négociateur de cette affaire laborieuse, entreprit à forfait, moyennant un million.

Les nouvelles Routes Départementales que je fis classer hors de l'Enceinte Fortifiée, sont :

1° La Route partant de la Porte de Clignancourt, à l'est de la Butte Montmartre, et suivant l'ancien chemin des Poissonniers, pour se diriger sur Épinay, par Maisons-de-Seine et la Briche, qui donne un accès direct dans Paris, par la Chaussée de Clignancourt et le Faubourg Poissonnière, à la vaste plaine, séparée, par le Chemin de Fer du Nord, de la Grande Route conduisant de Saint-Denis à la Porte de La Chapelle, et qui facilite les communications de Paris avec Enghien-les-Bains et la vallée de Montmorency, d'abord, en les abrégeant, puis, en les affranchissant de la traversée de la grande rue, toujours encombrée, de La Chapelle, et des rues tortueuses de Saint-Denis.

Les deux premières sections de cette Route, comprises, l'une, entre la Porte de Clignancourt et le croisement de la Route de la Révolte ; l'autre, entre ce point et le Canal Saint-Denis, qu'elle avait à franchir au-dessus de l'embouchure en Seine de cette voie navigable, ont été achevées sous mon administration. La seconde ouvrit un écoulement qui leur manquait, aux fossés de la Route de la Révolte.

La Dépense n'était pas évaluée à moins de 2 millions. Celle des deux premières sections, qui vont de la Porte de Clignancourt à la Route de la Révolte et, de ce point, à Maisons-de-Seine et la Briche, a dépassé 1,500,000 francs.

2° La Route de Paris à Stains, par Aubervilliers et La Courneuve, dont la première section, comprise entre la Porte d'Aubervilliers et ce bourg, put seule, à quelques travaux près, du côté de La Courneuve, être exécutée avant 1870.

De même, le coût de cette Route était évaluée à 2 millions. Celui de la première section, y compris les travaux d'un Pont sur le Canal Saint-Denis, avant Aubervilliers, et de quelques ouvrages exécutés au delà, vers La Courneuve, n'excéda point 700,000 francs environ. Aubervilliers y contribua pour 150,000 francs.

3° Le prolongement de la Route de Paris à Clichy, de l'autre côté de la Seine, par deux branches se dirigeant vers Colombes et Argenteuil.

Ce dernier classement fut la conséquence de la rectification de la traverse de Clichy, au moyen de l'ouverture, dans ce gros bourg, du Boulevard Saint-Vincent-de-Paul, — moins coûteux à percer que ne l'eussent été l'élargissement et le redressement de la rue de Paris, — et de la construction de trois Ponts franchissant les trois bras de rivière que forment, devant Clichy, les îles Robinson et Vaillant.

En réunissant à la Dépense de ces Ponts et de leurs abords celle de la rectification de la Route de Clichy, d'une part, et de l'ouverture du prolongement de cette Route vers Colombes, avec embranchement sur Asnières, d'autre part, on arrive à plus de 3 millions 1/2. Cet ensemble constitue, au reste, la plus grosse opération du Service des Routes Départementales.

La Commune de Gennevilliers, dont il relie à Paris la presqu'île, y contribua pour 100,000 francs, et celle de Clichy, pour 50,000 francs.

Paris y trouva l'avantage d'une communication nouvelle avec Enghien, à l'ouest de la Butte Montmartre; plus courte et plus facile que celle de la Route d'Asnières, pour gagner Colombes et Argenteuil.

Les autres Dépenses Extraordinaires faites pour les Routes Départementales, avec ou sans le concours des Communes, ont eu pour objets des rectifications de tracé; des modifications de pentes; le redressement et l'élargissement de nombreuses traverses de bourgs et villages; l'établissement de trottoirs; et, surtout, des assainissements, au moyen de relèvements de la voie, et de constructions d'égouts.

Parmi les plus importants travaux, je dois citer l'élargissement de la traverse de Boulogne, commandé par le grand mouvement de la circulation de Paris à Saint-Cloud, pendant les séjours de l'Empereur dans cette dernière Résidence; le redressement de la Route de Bondy à Charenton; celui de la traverse d'Issy;

comme aussi, de celles de Vanves, d'Ivry, de Vitry; l'élargissement, de 12 mètres à 16, de la Route de Paris à Charenton, le long de la Seine, et la reconstruction, de concert avec l'État, du Pont de Choisy-le-Roi, auquel aboutissent, sur la rive gauche de la Seine, une Route Impériale, et sur la rive droite, une Route Départementale.

Les mesures d'assainissement les plus notables sont : la couverture et la conversion en égouts de la Rigole de la Plaine Saint-Denis, du Ru de Montreuil, du Ru des Orgueilleux, venant de Bagnolet ; et enfin, la régularisation du cours de la Bièvre, qui sert de même à l'écoulement des eaux des Routes, et qu'embarrassaient les résidus infectieux des usines qui la bordent.

Les premières opérations coûtèrent plus de 250,000 francs.

Un traité fait entre la Liste Civile et le Département de la Seine, moyennant une somme de 200,000 francs, une fois payée ; plus, une redevance annuelle de 5,000 francs, assura le déversement, dans la Bièvre, des eaux des Étangs de Trappes, appartenant au Domaine de la Couronne. Les travaux coûtèrent environ 200,000 francs.

Les seuls Chemins de Grande Communication que je fis classer comme tels, sont : le Boulevard Bineau, dans l'ancien Parc de Neuilly, dont l'exécution revint à près de 650,000 francs; le Chemin, peu dispendieux, de Saint-Ouen, allant rejoindre, à Gennevilliers, celui de Saint-Denis à Nanterre; ceux de Boulogne aux Ponts de Billancourt, et de ces Ponts, à Issy, qui ne coûtèrent pas moins de 720,000 francs, y compris une subvention de 70,000 francs fournie par la Commune de Boulogne; enfin, le chemin de Suresnes à la Briqueterie, dont la dépense excéda 500,000 francs.

Il serait trop long et sans intérêt de mentionner les travaux faits sur les anciennes lignes.

Le Service des Chemins Vicinaux subventionna les concessionnaires des Ponts de Saint-Ouen et de Billancourt, et contribua, de concert avec celui des Routes Départementales et la Ville de Paris, à la construction d'un Pont sur le Canal de l'Ourcq, à Pantin.

Chaque année, il répartissait entre les Communes, pour les aider à mettre en état d'entretien leurs principaux chemins de Petite Vicinalité, d'abord, 140,000; puis, 200,000 francs.

Les Dépenses de tous les Grands Travaux exécutés ou subventionnés par le Département, en dehors de l'Enceinte Fortifiée, sur les Routes et Chemins, incombaient en très majeure partie à la Population Parisienne, comme je l'ai précédemment expliqué, malgré le concours volontaire, apporté par certaines Communes, dans des limites forcément restreintes, à ceux de ces travaux qui les intéressaient le plus directement.

Mais, si les Dépenses fécondes que je viens de résumer, ont contribué largement à l'accroissement prodigieux du peuplement et de la prospérité des Arrondissements de Saint-Denis et Sceaux, si réduits qu'ils aient été par l'Annexion à Paris de la Zone Suburbaine comprise entre les Fortifications et l'ancien Mur d'Octroi, la Capitale de l'Empire, de son côté, leur a dû, certes, des accès de plus en plus dignes de sa grandeur et de sa splendeur croissantes.

Ainsi qu'on l'a vu, dans le précédent chapitre, dès l'application de cette grande mesure, en 1860, la répartition des Contributions Directes entre Paris agrandi et sa nouvelle Banlieue, en a mis près des dix-neuf vingtièmes à la charge de la Ville, et partant, fait concourir celle-ci, dans une proportion semblable, à la constitution des ressources alimentant le Budget du Département, — sorte d'annexe du sien, — composées presque uniquement du produit de centimes additionnels, ordinaires, extraordinaires, et spéciaux.

Des 103 millions 1/2 que j'ai pu trouver, en somme, dans ces ressources, pour les affecter à de Grands Travaux d'ordre départemental, exécutés parallèlement à ceux, bien plus importants, que j'accomplissais pour le compte de la Ville seule, plus de 96 ont donc été fournis par les contribuables parisiens, sans préjudice des Subventions allouées par le Budget Municipal à certaines œuvres entreprises sous le nom du Département de la Seine.

Ai-je tort de considérer l'existence distincte de celui-ci comme une fiction légale?

CHAPITRE XX

RÉCAPITULATION

Grands Travaux de Paris : — Voie Publique. Promenades et Plantations. — Eaux et Égouts. — Ponts et Quais. — Édifices religieux, municipaux, scolaires.

En réunissant les Dépenses Extraordinaires du Département de la Seine et celles de l'Assistance Publique, faites sur leurs propres ressources, au montant des Excédents de Revenus et des Fonds d'Emprunt affectés par la Ville de Paris aux Grandes Entreprises poursuivies par elle, de 1852 à 1870, on l'augmenterait de près de 130 millions.

Cependant, il ne représenterait pas encore toute l'importance de la Transfiguration, — ce mot est plus exact que celui de Transformation, en usage, — subie par la Capitale de la France, et à laquelle on doit attribuer le développement inouï de son activité, de sa richesse, pendant ces dix-sept années mémorables.

Il faudrait y joindre les sommes considérables employées :

1° Par l'État même, au paiement de la portion à sa charge dans la construction ou reconstruction de Ponts et Quais sur la Seine, à Paris ; et pour la restauration et l'achèvement de l'Église Métropolitaine de Notre-Dame, la réédification des bâtiments du Conservatoire des Arts et Métiers ; l'édification du Palais de l'Industrie et du Nouvel Opéra ; enfin, l'amélioration des Routes Impériales formant les accès principaux de la Ville ;

2° Par les Compagnies de Chemins de Fer, concessionnaires de l'État, pour l'installation de leurs gares de l'Est, de Lyon, du Nord, d'Orléans et de l'Ouest (rive gauche), dont les bâtiments définitifs datent de l'Empire, et aussi, pour l'établissement, tout entier, du Chemin de Fer de Ceinture ;

3° Par la Liste Civile, pour l'œuvre immense de l'achèvement du Louvre ; pour la refonte complète du Palais de l'Élysée, et pour tant d'autres travaux utiles ou décoratifs dus à la générosité de l'Empereur ; sans parler de la construction hors Paris des Asiles de Vincennes et du Vésinet.

Quant à moi, j'ai certainement réglé, puis, ordonnancé, durant le cours de mon administration, 3 milliards de Grands Travaux, soit de « Dépenses Extraordinaires » pour le compte de l'État, du Département et de la Ville, et si j'ajoutais à cet énorme total celui des « Dépenses Ordinaires », arrêté par moi pendant le même laps de dix-sept années, comme représentant de l'État, Préfet du Département de la Seine, et Maire Central de Paris, j'atteindrais 5 milliards, sinon plus.

Je me sers, en parlant de ces diverses dépenses, des mots « régler, ordonnancer », parce que jamais un centime des sommes colossales qu'elles absorbèrent n'a passé par mes mains. Chez nous, le mouvement des fonds publics est confié à des Receveurs et Payeurs, opérant sous le contrôle de l'Autorité, recevant ou payant sur les Titres de Recette ou les Mandats de Paiement délivrés par les fonctionnaires compétents, et appuyés des pièces justificatives voulues ; mais, on tient, dans l'Administration Française, que « l'argent salit les doigts » et nul de ceux qu'on y qualifie plus spécialement du titre de Fonctionnaires : les Ministres, Préfets et Sous-Préfets, n'en manie jamais une parcelle.

Le Bilan Général des Grands Travaux de Paris, durant les dix-sept années comprises entre 1852 et 1870, qui termine le XIV⁰ chapitre de ce volume, constitue, ce me semble, dans sa forme sommaire, un résumé très complet des résultats du plan financier adopté par moi dès le début, et poursuivi jusqu'au terme de mon édilité, comme base de ces entreprises, bien plus nombreuses, bien plus considérables que l'Empereur même ne le prévoyait.

Ce document permet d'embrasser, en quelque sorte, l'ensemble de la Transformation de Paris : je l'envisage, en conséquence, comme le point culminant de cette partie de mes souvenirs.

Il donne, en peu de chiffres, la division très précise, par groupes, entre les divers Services Administratifs placés sous mes ordres, de la somme des Dépenses Extraordinaires, de toute nature, auxquelles j'ai dû faire face, somme s'élevant au nombre prestigieux, saisissant, de 2,553,668,224 fr. 10, en regard des ressources, de toute origine, dont j'ai pu disposer pour équilibrer les deux côtés de ce Bilan, les deux plateaux de cette balance.

Je ne pouvais aller au delà, sans avoir mis auparavant, sous les yeux de mes lecteurs, les chapitres suivants, et surtout, ceux qui font connaître les autres

Grands Travaux exécutés, pendant la même période, pour le compte de l'Assistance Publique et du Département de la Seine; le but, l'importance de ces entreprises parallèles, et la provenance des nouveaux millions que celui-ci, comme celle-là, sut se mettre en mesure d'y consacrer, en dehors de toutes allocations, subventions et parts de concours obtenues du Budget de la Ville. On comprend, en effet, combien il est indispensable de faire état des œuvres à côté dont il s'agit, œuvres conçues dans le même esprit de progrès, pour se rendre compte exactement de toute la valeur de certaines opérations exclusivement parisiennes.

Je ne saurais trop le répéter : en dépit de toutes les distinctions légales et réglementaires, Paris, sa Banlieue et toutes ses administrations locales font, pour le Public, un tout indivisible.

On a vu précédemment, quel fut l'emploi des millions affectés par l'Assistance Publique, d'un côté, par le Département, de l'autre, à des Dépenses Extraordinaires, dont j'ai donné l'énumération, expliqué l'utilité, déterminé le coût. Mais, si j'ai chiffré, par grandes masses, la répartition des deux milliards et demi dont la Ville de Paris disposa de même, je m'en suis tenu là jusqu'à présent.

Je crois le moment venu, sinon d'entrer dans l'exposé détaillé qui me reste à faire, mais qui demande presque tout un autre volume, de la coopération de chacun des Services Municipaux, réorganisés à cet effet, aux Travaux immenses, complexes, de la Transformation de Paris, du moins, de présenter, en attendant, un tableau de ce que les principaux ont pu faire, sous ma direction infatigable, pour le développement et l'amélioration de la Voie Publique; des Promenades et Plantations; du réseau de Distribution des Eaux, publiques et privées, et de celui des Égouts; pour la reconstruction et, la construction neuve de Ponts dans Paris; et pour l'exécution de travaux d'Architecture de tout ordre, intéressant les Cultes, l'Instruction Publique, et les diverses autres branches de l'Administration. Municipale.

Je consacre à cette intéressante revue le présent chapitre.

GRANDS TRAVAUX DE PARIS.

VOIE PUBLIQUE. PROMENADES ET PLANTATIONS.

En 1852, les Avenues, Boulevards et Rues de toute importance, dans l'Ancien Paris, avaient une longueur totale de 384 kilomètres, qui fut réduite de 49, par la suppression des voies qu'absorbèrent ou rendirent superflues de nouveaux percements, et accrue de 95, savoir: 90, par suite des Grandes Opérations de Voirie entreprises avant et terminées depuis l'Annexion de la Zone Suburbaine, en 1860; et 5, par les ouvertures de rues provenant de l'initiative des intéressés.

Dans le chapitre relatif à la Caisse des Travaux de Paris, le parcours des voies nouvelles n'est évalué qu'à 64 kilomètres, parce que j'ai dû, pour le comparer aux dépenses effectuées, en retrancher, d'abord, celui des anciennes voies absorbées par elles; puis, la longueur des portions utilisées des voies qu'elles ne firent que croiser, tandis que les chiffres ci-dessus, de 49 kilomètres, d'une part, et de 90, de l'autre, comprennent ces deux éléments de calcul.

En somme, l'ensemble du réseau parisien, y compris les voies en cours d'exécution, était de 420 kilomètres, pour une superficie de 3,402 hectares.

Celui de la Banlieue Suburbaine, pour une superficie de 4,400 hectares, ne dépassait pas 355 kilomètres.

Après une étude attentive des besoins des territoires annexés, on reconnut la convenance de classer 29 kilomètres de voies ouvertes déjà, sans tracé régulier et sans entretien normal.

De plus, on perça 37 kilomètres de voies nouvelles, et les particuliers en ouvrirent 4. Mais, 5 kilomètres de voies anciennes furent absorbées ou supprimées par les nouveaux percements.

En résumé, le réseau suburbain fut porté de 355 kilomètres à 425.

En 1869, le parcours total des voies publiques de Paris agrandi se trouvait donc être de 845 kilomètres pour une surface générale de 7,802 hectares.

La comparaison de ces deux chiffres ne donnerait qu'une idée incomplète des facilités procurées à la circulation et de l'amélioration apportée aux conditions sanitaires de la ville, de 1852 à 1860, si je ne complétais la valeur du premier, en disant que la largeur moyenne des voies publiques fut portée de 12 mètres au delà de 24, partant, plus que doublée, dans l'ancien Paris, et de 13 à 18 mètres, dans la Zone Suburbaine annexée.

J'ajoute que la largeur moyenne des voies supprimées de part et d'autre, n'excédait pas 7 mètres.

Les 845 kilomètres sillonnant la ville agrandie occupaient 12,894,000 mètres carrés, soit, près de 1,290 hectares sur 7,802.

La longueur développée des trottoirs dans l'Ancien Paris, était, en 1859, de 287 kilomètres courants, et leur surface, de 73 hectares.

Les trottoirs de la Zone Suburbaine avaient, au moment de l'Annexion, un parcours de 137 kilomètres, et une superficie de 34 hectares.

En 1869, l'ensemble de la ville ne comptait pas moins de 1,088 kilomètres et demi de trottoirs couvrant 296 hectares, sur 1,290, affectés à la Voie Publique.

Quant aux contre-allées plantées, qui mesuraient, en longueur, 38 kilomètres, et en superficie, 41 hectares, dans l'Ancien Paris; 26 kilomètres 1/2 et 31 hectares, dans la Zone Suburbaine, elles se chiffraient par 112 kilomètres en longueur, et 93 hectares 1/2, en superficie, à la fin de mon administration.

Le nombre des arbres d'alignement était monté de 50,466 à 95,577. On ne pouvait, d'ailleurs, établir aucune comparaison entre les soins dont ils devinrent l'objet de la part d'hommes spéciaux, et ceux qu'ils recevaient précédemment d'agents quelconques.

Les Champs-Élysées, complètement transformés, occupaient 18 hectares 1/2; l'Avenue de l'Observatoire agrandie, 4. Trois créations nouvelles : l'Avenue de l'Impératrice, 12; le Boulevard Richard-Lenoir, 5; la Place du Roi-de-Rome (Trocadéro), 23, et les autres places plantées, presque toutes dues à l'initiative impériale, de 18 à 19.

Le parc des Buttes-Chaumont, le parc de Montsouris et le parc Monceau, encore trois créations nouvelles, comptaient : le premier, 25 hectares ; le second, 18 ; et le troisième, type d'entretien perfectionné, 8 1/2.

Huit squares en avaient ensemble 9.

Hors de Paris, mais acquis à la Ville et formant des annexes de son enceinte, le Bois de Boulogne et celui de Vincennes, ces inestimables bienfaits d'auguste origine, agrandis, métamorphosés, mesuraient : l'un, 847 ; l'autre, 800 hectares, et offraient ces vastes étendues à la promenade, aux ébats d'une population sans cesse croissante, et complétaient ainsi largement toutes les mesures ayant la santé publique pour objectif.

Enfin, l'Éclairage de la ville, fait par 12,400 becs de gaz et 85, à l'huile, en 1853, dans l'ancien Paris ; 2,484 becs de gaz et 434 à l'huile, en 1859, dans la banlieue annexée, était assuré par 33,859 appareils, dont 32,320 au gaz et 1,539 à l'huile, dans son ensemble, dès 1869.

EAUX ET ÉGOUTS.

En 1852, le Service d'Eau reposait presque tout entier sur le Canal de l'Ourcq et l'Aqueduc de Ceinture, son prolongement à l'intérieur de Paris, qui distribuaient journellement 105,000 mètres cubes d'eau : froide, en hiver ; chaude, en été ; louche, en toute saison, et de très médiocre qualité, provenant de la rivière de ce nom et de ses affluents.

Les vieilles machines de Chaillot, du Gros-Caillou et du Pont Notre-Dame, élevaient, en outre, 7,000 cubes d'eau de Seine, bien meilleure, mais encore plus trouble, en temps de crues, et toujours plus chargée d'immondices.

L'Aqueduc d'Arcueil amenait, des sources de Rungis : 1,000 mètres cubes d'eau très claire, d'une fraîcheur constante, mais séléniteuse. Les sources de Belleville et des Prés Saint-Gervais donnaient une quantité, fort heureusement insignifiante, d'eau plus mauvaise encore pour la boisson et pour les usages domestiques, débitée par la Fontaine Maubuée.

Enfin, le Puits Artésien de Grenelle fournissait 600 mètres cubes d'eau très pure, mais à 26 degrés de chaleur.

L'Ancien Paris ne disposait donc, en vingt-quatre heures, que de 112,000 mètres cubes d'eau de toute origine.

Quant à la Banlieue Suburbaine, elle était desservie au moyen des puisages en Seine faits par la Compagnie Générale des Eaux, avec laquelle toutes les Communes la composant avaient passé des traités que la Ville dut racheter après l'Annexion.

En 1869, Paris disposait quotidiennement, pour le Service Privé de ses habitants, de 24 à 30,000 mètres cubes d'eau de source, admirablement limpide et d'une qualité parfaite, d'une température constante, amenée par l'Aqueduc de la Dhuys, en attendant 100,000 autres mètres cubes d'eau, meilleure encore si possible, que promettait, à courte échéance, l'Aqueduc, presque achevé, de la Vanne.

Le Service Public était assuré, non seulement, par les 105,000 mètres cubes que débitait déjà le Canal de l'Ourcq; par 88,000 mètres cubes d'eau de Seine élevée, savoir : 60,000 mètres, par de nouvelles et puissantes machines construites dans les anciens établissement municipaux de Chaillot et du Pont d'Austerlitz, et 28,000, par les usines à feu de Maisons-Alfort, de Port-à-l'Anglais, d'Auteuil, de Neuilly, de Saint-Ouen, acquises de la Compagnie Générale des Eaux; mais encore, par 120,000 mètres cubes d'eau de Marne provenant, d'abord, pour 40,000, d'un vaste établissement hydraulique, créé dans les usines de Saint-Maur, rachetées par la Ville à grands frais, et pour 80,000, de deux autres usines semblables, fondées à Iles-les-Meldeuses et à Trilbardou, sur la Marne.

Enfin, un nouveau Puits Artésien, foré dans Passy (XVI° Arrondissement), débitait 8,000 mètres cubes d'eau par vingt-quatre heures, et l'on en perçait deux autres : à la Butte-aux-Cailles (XIII° Arrondissement) ; à la place Hébert (XIX° Arrondissement). Le Puits de Grenelle (XV° Arrondissement) continuait, d'ailleurs, son service.

Il en était de même de l'Aqueduc d'Arcueil et des sources de Belleville et des Prés-Saint-Gervais ; mais on ne les attribuait plus au Service Privé.

Les cinq anciens Réservoirs de Monceau, des rues Racine et Saint-Victor, du Panthéon et de Vaugirard, ne contenaient que 33,569 mètres cubes d'eau. J'en avais fait établir de nouveaux à Passy, à Ménilmontant, à Belleville, aux Buttes-Chaumont, à Charonne, à Gentilly, pouvant, avec six autres Réservoirs, acquis, en 1860, de la Compagnie Générale des Eaux, en réunir 210,288 de plus.

Les conduites de distribution qui existaient en 1852, mesuraient une longueur totale de 705,350 mètres. Elles avaient un faible diamètre, pour la plupart. De 1852 à la fin de 1869, on posa 841,640 mètres courants de conduites nouvelles, dont beaucoup, de 40, 50, 60, 80 centimètres, et jusqu'à 1^m,10 de diamètre intérieur.

Un grand nombre des anciennes conduites durent être remplacées, notamment dans la Zone Suburbaine annexée, qui n'en possédait que de petites.

En fin de compte, le réseau général des conduites d'eau se chiffrait par 1,547 kilomètres, près de 400 lieues communes, en 1869.

Quant aux Égouts, l'ancien Paris n'en avait que 107,430 mètres courants, dont, à l'exception de l'Égout de Ceinture, les plus grands n'excédaient guère 1^m,80 de hauteur, sous clef, et 75 ou 80 centimètres de largeur, à la naissance des voûtes; et, la Zone Suburbaine, que 39,300 mètres courants, des plus faibles sections.

On refit presque tous les petits égouts, tant de l'ancien que du nouveau Paris, et l'on construisit, d'une part, 217,700, et d'autre part, 187,975 mètres courants de nouveaux égouts de sections diverses, dont la moindre a 2^m,30 de hauteur, sous clef, et 1^m,30 de largeur, à la naissance des voûtes. Les hauteurs des autres varient de 2^m,40 à 3^m,90 de hauteur, et de 1^m,50 à 4 mètres de largeur.

En 1869, le développement total du réseau général des Égouts était de 560,625 mètres : — 150 lieues !

Il ne comprenait plus que 15,000 mètres de l'ancien type de 1^m,80 sur 0^m,75 ou 0^m,80.

369,625 mètres avaient la nouvelle section minima de 2^m,30 sur 1^m,30.

Il n'en existait pas moins de 176,000 de grands types, c'est-à-dire munis de rails et portant des bateaux ou des wagons-vannes.

De plus, 8,800 mètres de collecteurs, construits hors Paris, conduisaient en Seine, à Asnières et à Saint-Denis, les eaux rejetées de la Ville.

Un service d'essai d'utilisation des eaux d'égout à l'Agriculture fonctionnait à Gennevilliers.

Ainsi qu'on l'a pu lire, dans le Bilan Général des « Dépenses Extraordinaires » de la Ville, de 1852 à 1870, celles des Opérations de Voirie exécutées dans l'ancien Paris et dans la Zone Annexée, se sont élevées à 1,430,340,385 fr. 50 ;

Celles du Service de la Voie Publique et des Promenades et Plantations, à 178,370,604 fr. 86, employés en reprises d'alignements, pavages et empierrements neufs, trottoirs, contre-allées plantées, établissement d'appareils d'éclairage, et création de promenades, parcs et squares.

Et celles des Eaux et Égouts, à 153,301,970 fr. 16.

Cette dernière somme ne comprend pas le capital représenté par les annuités de rachat des concessions du Canal Saint-Martin, des droits et des usines de la Compagnie Générale des Eaux et du Canal Saint-Maur.

Le Service du Plan de Paris et de la Voirie, un des plus importants, certes, de mon administration, était absolument distinct de celui de la Voie Publique, placé sous la direction d'Ingénieurs des Ponts et Chaussées, chargés des Travaux d'établissement et d'entretien de toutes sortes, s'y rapportant.

RÉCAPITULATION.

Il avait pour attributions :

1° L'étude, le classement et le tracé des voies nouvelles projetées ;

2° La délivrance des alignements aux Constructeurs, et l'application de la Loi des Bâtiments.

Son Personnel se composait, d'une part, d'un nombreux Corps de Géomètres, organisés hiérarchiquement ; d'autre part, d'un Corps, encore plus nombreux, de Commissaires-Voyers, enrégimentés de même.

L'action de ce grand Service, quant aux voies nouvelles, s'arrêtait à l'arrêté de classement. Les acquisitions de terrains, avec ou sans intervention du Jury d'Expropriation, et le règlement des indemnités, ressortissaient nominalement à la Direction des Affaires Municipales, et, en fait, à la Commission des Indemnités.

Toutefois, les Voyers faisaient les expertises pouvant servir de bases aux appréciations de celle-ci.

Voilà pourquoi le Service du Plan de Paris ne figure pas au nombre de ceux qui prirent part aux « Dépenses Extraordinaires » de la Ville, de 1852 à 1870.

Mais, le Compte de 1869 établit que les « Dépenses Ordinaires » de cette Direction montèrent, pour cette année, à 731,971 fr. 40, absorbés surtout par l'armée de Géomètres et de Voyers qu'il occupait.

Les Dépenses Ordinaires du Service des Travaux Publics se sont élevées à 24,795,482 fr. 40, pour la même année, savoir :

Service Général.	36,839.50
Direction de la Voie Publique et des Promenades et Plantations :	
A reporter. . .	36,839.50

Report...		36,839.50
Dépenses de la Direction...	102,478.58	
Dépenses de la Voie Publique : entretien, nettoiement, éclairage.............	18,752,392.57	21,313,675.71
Dépenses des Promenades et Plantations...........	2,458,804.56	
Direction des Eaux et Égouts............		3,444,967.19
Ensemble........		24,795,482.40

PONTS ET QUAIS DE PARIS.

La part contributive de la Ville dans la dépense de reconstruction ou de construction neuve des Ponts et Quais de Paris, à la charge de l'État, monta, comme je l'ai constaté dans le Bilan rappelé plus haut, à 17,134,264 fr. 14.

Les Ponts reconstruits sont, en commençant à l'amont du fleuve : ceux de Bercy ; d'Austerlitz ; Louis-Philippe ; d'Arcole ; Notre-Dame ; au Double ; de la Cité (Petit Pont) ; le Pont au Change ; le Pont Saint-Michel ; celui des Invalides.

Le Pont d'Austerlitz, construit en fer forgé, comme le Pont des Arts (passerelle pour piétons), sous le premier Empire, manquait de largeur, aussi bien que de solidité. Nombre des barres de fer qui formaient ses arches étaient brisées. On le refit en pierre, dans de belles proportions.

Il était originairement grevé d'un péage, racheté depuis longtemps, ainsi que le Pont des Arts et d'autres Ponts et Passerelles de moins ancienne date, au moyen d'annuités, comme on l'a déjà vu.

Le Pont d'Arcole, œuvre fort médiocre, était suspendu. Il fut reconstruit dans de tout autres conditions, lors du dégagement des places de l'Hôtel de Ville et de Notre-Dame.

Il fallait abaisser le niveau des Ponts Notre-Dame et de la Cité; du Pont au Change et du Pont Saint-Michel, comme suite des travaux de nivellement de leurs abords, nécessité par le déblai de tout le quartier avoisinant la Tour Saint-Jacques, et l'ouverture, fort en contre-bas de cet édifice, du prolongement de la rue de Rivoli. D'ailleurs, ils étaient trop arqués et trop étroits, surtout les deux derniers, qui devaient livrer passage à la grande ligne de circulation composée des Boulevards de Sébastopol, du Palais et Saint-Michel.

Le Pont des Invalides était suspendu, peu solide et de dimensions insuffisantes. On le reconstruisit en pierre, comme le Pont d'Austerlitz.

Quatre nouveaux Ponts furent construits : le Pont Napoléon et celui du Point-du-Jour, portant les viaducs (amont et aval) du Chemin de Fer de Ceinture, accotés de passages pour voitures, et de trottoirs pour piétons ; le Pont de Solférino ; celui de l'Alma.

On apporta d'importantes améliorations à presque tous les ponts conservés, pour diminuer les rampes de leurs chaussées, notamment, au Pont-Neuf (le plus vieux de tous) et au Pont-Royal.

Enfin, on racheta le péage du Pont de Grenelle, après l'annexion de la Commune de ce nom à Paris.

Le Pont Sully, qui franchit les deux bras de la Seine, à la pointe amont de l'île Saint-Louis, où se trouvait autrefois l'hôtel de Bretonvilliers, pour mettre en communication le Boulevard Henri IV et le Boulevard Saint-Germain, n'avait pas encore été commencé quand je quittai l'Hôtel de Ville, — bien que j'en eusse fait dresser le projet, — parce que l'Empereur s'était refusé formellement à l'approuver.

Conformément à mes indications, l'Ingénieur chargé du travail avait établi les deux parties du Pont dans le prolongement de l'axe du Boulevard Henri IV, qui devait rejoindre celui du Boulevard Saint-Germain, au croisement du Quai Saint-Bernard, sans se préoccuper autrement du cours du grand ni du petit bras, puisqu'on ne devait fonder aucune pile en rivière. Cette disposition était d'autant mieux justifiée que le Boulevard Henri IV, ouvert déjà, suivait une ligne droite allant de la Colonne de la Bastille au Dôme du Panthéon, qui lui faisaient perspectives à l'une et à l'autre de ses extrémités, et que l'axe du Boulevard Saint-Germain atteignait celui du Quai Saint-Bernard, juste au point de passage de cette ligne.

Je conviens que le hasard n'avait pas seul produit ces coïncidences.

Mais, l'Empereur, qui n'aimait pas les ponts biais, que je condamnais moi-même en thèse générale, ne voulut jamais admettre que, dans la circonstance, il fallût s'y résigner, et, plutôt que d'infliger à mon alignement droit les brisures, d'un effet horrible, qu'aurait exigées l'établissement normal de chacune des deux parties du Pont, suivant une ligne perpendiculaire à l'axe du bras du fleuve qu'elle devait couper, je rentrai le projet dans mon portefeuille, en attendant une occasion meilleure, qui me manqua, faute de temps, pour l'en faire ressortir.

J'avais eu le tort, en effet, cette fois-là, de parler des perspectives de la Colonne de la Bastille, d'une part, et du Dôme de Panthéon, de l'autre. L'Empereur, qui donna cependant des preuves de goût en tant de choses, me reprochait d'être trop artiste en matière d'édilité; de trop sacrifier à la correction des alignements, et de trop chercher des points de vue pouvant justifier la direction des voies publiques. « — A Londres, » me disait-il, « on ne s'occupe que de satisfaire le mieux « possible aux besoins de la circulation. » — Ma réponse invariable était : « Sire, les Parisiens ne sont « pas des Anglais; il leur faut davantage. »

Après l'ouverture du Boulevard Saint-Michel, Sa Majesté, descendant la section inférieure de cette grande voie, comprise entre la rue des Écoles et la Place précédant le Pont, s'aperçut qu'on y voyait, en face de soi, la flèche de la Sainte-Chapelle. Forcé d'accepter, pour la section supérieure, l'alignement de la façade du Lycée Saint-Louis, j'avais, en effet, déterminé l'infléchissement que, plus bas, le Boulevard devait subir pour gagner le Pont Saint-Michel, de manière à m'en dédommager par cette perspective, et à le conduire, néanmoins, sur la Place, comme le Boulevard Saint-André, qui lui fait pendant, au point où les axes de ces deux voies rencontrent celui du Pont même. — « Ah! » me dit l'Empereur en souriant, «je sais maintenant pour- « quoi vous teniez tant à votre arrangement symétrique

« de la Place. Vous vouliez vous assurer ce point de
« vue. » — J'en conviens, » répondis-je; « mais, pour
« l'obtenir, je n'ai fait aucun sacrifice. Au contraire,
« j'ai racheté la disgrâce du pli du Boulevard, que nous
« ne pouvions éviter. »

Il s'agissait heureusement d'un fait accompli.

Je dois dire toutefois que Sa Majesté fit à ce qu'Elle appelait mes faiblesses, des concessions dont témoignent bon nombre de nos voies publiques.

ÉDIFICES RELIGIEUX, MUNICIPAUX, SCOLAIRES.

Les Grands Travaux exécutés par le Service d'Architecture embrassèrent, en sus des Établissements Hospitaliers et des Entreprises Départementales dont je me suis occupé déjà, nombre d'édifices religieux, et de bâtiments affectés à des services municipaux, ou consacrés à l'Instruction Publique.

ÉDIFICES RELIGIEUX.

Je fis, d'abord, achever les Églises Sainte-Clotilde et Saint-Vincent-de-Paul, dont les travaux, peu avancés, étaient suspendus faute de fonds; puis construire, sur des projets dressés par mes ordres et suivant mes indications, dans l'ancien Paris : la Trinité, Saint-Augustin, Saint-Ambroise, Saint-Joseph, Saint-François-Xavier, Notre-Dame-des-Champs; de plus, le Temple Réformé du Saint-Esprit, rue Roquépine, afin de remplacer un lieu de culte démoli pour l'élargissement de la rue Saint-Lazare, et les Temples Israélites des rues de la Victoire et des Tournelles.

RÉCAPITULATION.

La Ville racheta, d'ailleurs, pour le service provisoire des nouvelles Paroisses créées sous mon administration, les Églises Saint-Eugène, Saint-Martin-des-Champs et Saint-Éloi, élevées, dès avant cette création, par des particuliers.

Dans la Zone Annexée, furent édifiées : les Églises Notre-Dame-de-Clignancourt, à Montmartre; Saint-Bernard, à La Chapelle; Saint-Jean-Baptiste, à Belleville; Notre-Dame-de-la-Croix, à Ménilmontant; Saint-Pierre, à Montrouge; Saint-Lambert, à Vaugirard.

De plus, la Ville racheta les Églises provisoires Saint-Marcel, Saint-Honoré et Saint-Michel des Batignolles.

Quant aux Presbytères, on en construisit cinq dans l'ancien Paris : ceux de la Trinité, de Saint-Germain-l'Auxerrois, de Saint-Leu, de Saint-Vincent-de-Paul et de Saint-Nicolas-du-Chardonnet; et un, dans la Zone Annexée. On en installa quatre, dans des maisons acquises à cet effet, pour les Paroisses Saint-Sulpice, Saint-Thomas-d'Aquin, Saint-François-Xavier, et Saint-Pierre-du-Gros-Caillou.

La Ville fit élever, en outre, la Maison Consistoriale du Temple de l'Oratoire.

De plus, on exécuta d'importants travaux de consolidation, de restauration et d'agrandissement, savoir: dans l'ancien Paris, aux Églises Saint-Étienne-du-Mont, Saint-Leu, Saint-Laurent, Saint-Germain-l'Auxerrois et Saint-Germain-des-Prés; et, dans la Zone Annexée, aux Églises Notre-Dame, de Bercy; Notre-Dame-de-la-Gare; Saint-Jean-Baptiste, de Grenelle; l'Annonciation et Notre-Dame, de Passy; Saint-Ferdinand, des Ternes; Sainte-Marie, des Batignolles; Saint-Pierre, de Montmartre, et à trois Temples Protestants établis : rue Quinault, dans le XV⁰ Arrondissement, Boulevard Ornano, dans le XVIII⁰, et Chaussée de Ménilmontant, dans le XX⁰.

ÉDIFICES MUNICIPAUX.

Les Édifices Municipaux de toute nature pour lesquels des Travaux Extraordinaires furent entrepris sous mon édilité, sont :

Avant tout, l'Hôtel de Ville, dont on reconstruisit le campanile ; dont on restaura la Cour Louis XIV et les grands appartements ; où l'on souleva les galeries supérieures, affectées aux services d'Architecture et du Plan de Paris ;

En second lieu, le Bâtiment-Annexe élevé de l'autre côté de la place de Grève, pour y placer les Archives, l'Administration de l'Octroi, le Service des Travaux de Paris, et celui des nouveaux magasins de la Ville ;

Les Hôtels de Mairie construits pour les Ier, IIIe, IVe, VIIe et XIe Arrondissements, et ceux des XIIIe, XIVe, XVe, XVIe, XVIIIe et XXe Arrondissements, qu'il fallut agrandir ou restaurer ;

L'Hôtel édifié pour les États-Majors de la Garde de Paris et des Sapeurs-Pompiers, où siège aujourd'hui la Préfecture de Police ;

Celui de l'État-Major de la Garde Nationale et la Maison d'Arrêt en dépendant ;

Les Casernes de la rue de la Banque, de la Place Lobau, de la Cité, des Célestins, du Faubourg Saint-Denis et de la rue Mouffetard ;

Les Casernes et Postes d'Octroi construits dans les bastions des Fortifications ;

La maison Eugène-Napoléon, offerte à l'Impératrice ;

Le Musée Carnavalet, installé dans l'Hôtel historique de ce nom, acquis par la Ville ;

La Tour Saint-Jacques, reprise en sous-œuvre, restaurée, entourée d'un square ;

Les nouvelles salles du Théâtre-Lyrique ; du Cirque Impérial (Châtelet) ; de la Gaîté ; du Vaudeville et du Panorama, élevées, pour remplacer les anciennes, démolies, à la suite d'expropriation ;

Enfin, les Abattoirs Généraux ; le Marché à Bestiaux de la Villette et six Marchés établis dans les XIII°, XV°, XVI°, XVII°, XVIII° et XIX° Arrondissements.

ÉDIFICES SCOLAIRES.

Les Dépenses Extraordinaires motivées par les besoins de l'Instruction Publique, consistent dans : l'acquisition d'immeubles nécessaires à l'agrandissement de la Sorbonne ; la reconstruction commencée de la Faculté de Médecine ; la restauration complète des Lycées Bonaparte (Condorcet) et Saint-Louis ; la consolidation des combles du Lycée Napoléon (Henri IV) ; l'établissement de nouvelles classes au Lycée Charlemagne ; la reconstruction du Collège Rollin, transféré de la rue des Postes à l'avenue Trudaine ; celle de l'École Professionnelle dite Collège Chaptal ; l'agrandissement de l'École Turgot ; la construction d'une troisième École Professionnelle (Colbert), rue Château-Landon ; l'agrandissement et l'installation nouvelle de l'École Supérieure des Filles ; la reconstruction de l'Institut des Frères de la Doctrine Chrétienne, rue Oudinot, et de leurs maisons des rues du Faubourg-Saint-Martin et

Saint-Bernard ; enfin, la construction, la reconstruction, l'agrandissement, la restauration et l'ameublement d'une foule d'Écoles Communales de Garçons et de Filles, et de Salles d'Asile, dans tous les quartiers de Paris, dont 71, dans ceux de la Zone Annexée.

C'est le lieu de rappeler que, sous l'administration de mon prédécesseur, comme durant le règne du Roi Louis-Philippe, toutes les Écoles et Salles d'Asile Communales de Paris étaient laïques, par suite de la réaction opérée, en 1830, contre la protection exclusive donnée, sous la Restauration, aux Écoles Congréganistes. — Cet état de choses contraignait indirectement les familles pauvres à l'envoi de leurs enfants dans les Écoles Laïques gratuites de la Ville, quelles que pussent être leurs préférences pour celles des Frères ou des Sœurs de la Doctrine Chrétienne, dans le programme desquelles l'Instruction Religieuse occupait plus de place que dans celui des premières, mais, on n'était plus admis sans rétribution aux Écoles Congréganistes. Or, sous un Souverain libéral, comme l'était réellement l'Empereur, il convenait, à mon sens, que la Capitale donnât le grand exemple d'offrir gratuitement à tous l'option entre les deux modes d'enseignement primaire concurrents, qui se disputaient la confiance publique.

Après m'être assuré de l'assentiment de l'Empereur, je proposai donc au Conseil Municipal, qui le vota sans hésitation, l'établissement parallèle, au même titre communal, dans chacun des quartiers de la Ville (80, après l'annexion de la Banlieue Suburbaine) : 1° d'une École Laïque et d'une École Congréganiste de

Garçons; 2° d'une École Laïque et d'une École Congréganiste de Filles; 3° d'une Salle d'Asile placée sous une direction laïque et d'une Salle d'Asile confiée à des Sœurs, où fussent admis, sans aucune rétribution, tous les enfants du quartier dont les familles en feraient la demande à la Mairie de l'Arrondissement.

Le Service de l'Instruction Primaire une fois organisé sur ces bases dans Paris, quand une de nos Écoles ou Salles d'Asile, Laïque ou Congréganiste, devenait insuffisante, parce que la faveur de la population se portait plus de son côté que de celui de sa rivale, nous l'agrandissions; mais l'Administration ne cherchait point à exercer la moindre influence sur le choix des familles entre ses divers établissements.

On alloua, d'ailleurs, de larges subventions aux écoles spéciales gratuites des cultes protestant et israélite.

La République a changé tout cela. Nous en sommes revenus au régime exclusivement laïque de 1830, avec cette aggravation que l'Instruction Religieuse a disparu du programme des Écoles primaires Publiques.

L'Empire, — ce régime qualifié despotique, — protégeait impartialement toutes les croyances, tous les cultes. Le Gouvernement Républicain, — ce prétendu régime de liberté pour tous, — montre son impartialité dans le sens inverse, en proscrivant, d'une manière générale, la manifestation extérieure des convictions intimes qu'il ne saurait atteindre.

C'était un principe admis autrefois et strictement observé, que les administrations municipales, quelles que fussent les opinions politiques et religieuses de leurs membres, ne devaient pas s'en laisser influencer dans leurs actes. Elles avaient uniquement à pourvoir aux besoins moraux comme aux besoins matériels de leurs administrés. C'est pourquoi, sous l'Empire, on vit un Préfet protestant, Maire Central de Paris, y communaliser les Écoles Congréganistes, en même temps qu'il y dotait le Culte Catholique de dix-huit Églises nouvelles, et le Culte Israélite, de deux nouvelles Synagogues.

Les Dépenses Extraordinaires du Service d'Architecture se sont élevées à 182,791,696 fr. 71, comme on l'a vu, de 1853 à 1869 inclusivement, y compris les Subventions exceptionnelles accordées à l'Assistance Publique, mais non pas le capital représenté par les annuités du Rachat de l'Abattoir des Batignolles, et par celles qu'avait reçues, en paiement des dépenses d'établissement du Marché à Bestiaux de la Villette, la Compagnie concessionnaire de ce marché.

Les Dépenses Ordinaires du même Service, en 1869, constatées au Compte de l'exercice, ne montent qu'à 1,734,344 fr. 77.

Avant de clore l'Exposé Général de l'ensemble des actes de mon administration, comme Préfet de la Seine et Maire Central de Paris, et des conditions dans lesquelles j'ai dû l'exercer, il m'a paru nécessaire de résumer sommairement, comme je viens de le faire, les principales entreprises de la Ville, après l'énumération, que j'avais déjà donnée, de celles de l'Assistance Publique et du Département.

Je fournirai, dans un autre volume, des explications détaillées sur l'organisation, la marche et les œuvres spéciales de chacun des Grands Services réunis sous mon autorité, qui ne laisseront, quant à ces trois points, rien à désirer, je l'espère.

Au début de celui-ci, pour montrer combien le rôle de transformateur de Paris était ingrat, j'ai rappelé quelques lignes d'un document, cité plusieurs fois depuis, parce qu'on y trouve un aperçu très précis, très fidèle, de la Situation Financière de la Ville, parvenue presque au terme de ses entreprises : mon Rapport à l'Empereur du 20 Mai 1868.

Je crois bon d'emprunter maintenant à ses dernières pages, les observations suivantes :

« Quand Voltaire décrivait les embellissements de Paris qu'il souhaitait ardemment de voir entreprendre, et que notre génération a vu s'accomplir dans des proportions plus larges encore,... il incitait « le Corps de Ville » à demander l'établissement d'une taxe « sur les habitants, sur les maisons, sur les denrées ». Il allait plus loin : il voulait que l'Hôtel de Ville empruntât « en rentes viagères, en rentes tournantes », et même qu'il fît « une loterie bien combinée » ; en un mot, il n'hésitait pas à provoquer tous les procédés d'impôts et tous les moyens de trésorerie connus de son temps, pour assurer le succès de l'Entreprise nationale qu'il appelait de ses vœux.

Il est curieux, au reste, de trouver, dans son discours, toute une démonstration de la théorie des Dépenses Productives, qui remonte ainsi à plus d'un siècle.

Ce merveilleux esprit avait même deviné que les Grands Travaux de Paris profiteraient au moins autant au Trésor de l'État qu'aux Finances de la Ville. Par ce motif, il était juste, suivant lui, de faire contribuer le revenu public, dans une large mesure, aux embellissements projetés.

« De nos jours, le revenu public contribue, je le reconnais, aux améliorations dont Voltaire plaidait si chaleureusement la cause, mais dans une mesure modeste (un peu plus de 95 millions, sur plus de deux milliards et demi). Quant au Corps de Ville, en exercice, il a mieux fait qu'on ne demandait à son devancier : il n'a pas établi de Surimpositions, ni de Surtaxes ; — il a même l'ambition de couronner son œuvre par un dégrèvement très sensible des contribuables ; — et si, conformément aux traditions établies, il a cru devoir ajouter l'appât de quelques lots à l'intérêt des Obligations Municipales, loin de créer des rentes viagères ni des rentes perpétuelles, il a pris des mesures pour assurer le remboursement du capital de ses emprunts au moyen des seuls revenus de la Ville. »

Je ne saurais jamais trop insister sur cet article du Programme que mon administration s'était imposé dès le principe. Il fut, en effet, la cause de tous les déboires qu'elle subit, et, finalement, on ne m'en a jamais tenu grand compte.

Il méritait, cependant, d'être mis en relief, comme un fait exceptionnel, peut-être sans exemple ; digne, en tous cas, de remarque de la part de Messieurs les Économistes, et comme un titre spécial que je m'étais acquis, en dehors de la valeur même de mon œuvre, à leur estime, ainsi qu'à la reconnaissance de mes concitoyens, lesquels semblaient se douter à peine des charges dont je les préservais.

Toujours est-il que, si Voltaire pouvait jouir du spectacle offert par le Paris de nos jours, en voyant tous ses vœux dépassés, il comprendrait mal qu'au lieu de seconder, quand elle en avait besoin, l'Administration qui les réalisait si largement, les Parisiens, ses fils, les héritiers de son esprit si fin, l'aient critiquée, combattue, entravée, comme à l'envi, en gens qui n'appréciaient guère ce qu'elle faisait pour eux. Il s'expliquerait encore moins qu'après l'accomplissement de son œuvre, qui leur permettait d'en mesurer la grandeur et d'en constater les bienfaits, ils aient laissé passer tant d'années avant de reconnaître, en majorité, comme aujourd'hui, que l'ancien Préfet de l'Empereur, en qui l'Opinion la personnifie, sans tenir assez de compte des droits incontestables du Souverain même à leur gratitude, n'a jamais eu d'autre mobile, d'autre pensée, d'autre ambition, que de mener à bien cette grandiose entreprise.

Je considère comme une bonne fortune l'emprunt que j'ai pu faire à la publicité du *Gaulois*, pour en décorer l'Avant-Propos de ce volume, consacré principalement à l'Exposé Général de la Transformation de Paris, sous mon édilité, d'un article de M. Jules Simon, écrit à ce sujet, qui date déjà de huit années.

Ce grand Philosophe, cet éminent écrivain, dont la gloire littéraire et les titres académiques l'emportent sur le rôle important qu'il a joué naguère dans la direction politique du Pays et les situations élevées qu'il occupe encore dans l'État, est le premier des anciens adversaires de l'Empire, des orateurs combattant alors, de parti pris, mon administration, qui, de nos jours, ait osé reconnaître publiquement l'utilité, que dis-je? — l'indispensable besoin des Grandes Œuvres accomplies par elle; qui n'ait pas craint de louer même l'heureuse exécution du programme qu'elle suivait avec persévérance en dépit de tous les obstacles, et dont on n'apprécie complètement, j'en conviens, l'ensemble et les détails que depuis l'apparition des résultats voulus par le Souverain et poursuivis par son fidèle Serviteur.

J'éprouve donc, pour l'auteur de l'article du *Gaulois* sur mes « Comptes Fantastiques », une reconnaissance égale à ma haute estime de sa courageuse impartialité.

Mais, l'exemple de mes vieux jours, attristés, durant tant d'années, par la lenteur de la justice, même dans l'opinion des classes instruites, envers les hommes de conviction, d'initiative et de ferme résolution, qui ne redoutent ni le travail, ni la lutte, ni l'impopularité, dans l'accomplissement d'un grand devoir, reste acquis à notre histoire administrative.

Il n'est pas de nature à beaucoup encourager les édiles du présent et de l'avenir, à sortir des rails de la routine et de l'irresponsabilité.

CHAPITRE XXI

MA SORTIE DE L'HÔTEL DE VILLE

M. Rouher, prévoyant l'avènement au Pouvoir de M. Émile Ollivier, malgré les observations des serviteurs éprouvés, des amis vraiment dévoués de l'Empereur, avait su, fort à propos, se faire attribuer, dans l'héritage de M. Troplong, cette magnifique retraite : la Présidence du Sénat.

Bien que je pressentisse, comme lui, depuis quelque temps, l'inanité de notre résistance commune à l'avènement d'une nouvelle Politique Intérieure, et l'arrivée à la tête du Gouvernement d'un homme auquel je ne pouvais prêter mon concours dans aucune mesure ni sur aucun terrain, je ne songeai pas un instant à suivre l'exemple de mon ancien antagoniste, pour demander, tout au moins, à l'Empereur, de me réserver une position qui me permît, le moment venu, de quitter l'Hôtel de Ville, sans apparence de disgrâce du côté de Sa Majesté, ni de scission ouverte avec ses nouveaux Ministres.

Du reste, si mon refus de siéger au Conseil (comme je le faisais depuis tant d'années déjà) sous le régime énervé de l'Empire Parlementaire, dont le retour nous menaçait, ne devait pas beaucoup surprendre l'Empereur, qui savait toutes les raisons m'interdisant de m'y rallier, Sa Majesté n'aurait pas compris de même, chez moi, la résolution absolue d'abandonner l'Administration Municipale de Paris, où je semblais avoir été fortifié par l'impuissance manifeste des assauts virulents que je venais de supporter au Corps Législatif, durant l'interminable discussion des traités passés entre la Ville et le Crédit Foncier de France; puis, par le succès d'émission, très marqué, de l'Emprunt Municipal de 250 millions qui s'en était suivi.

Ma position ne pouvait, d'ailleurs, manquer d'être notablement grandie par les rapports directs que me donnerait, avec le Corps Législatif, l'envoi, désormais résolu, des Budgets Extraordinaires de la Ville, à l'approbation de ce Grand Corps de l'État.

Enfin, la perspective de la réduction prochaine, à moitié, des Droits d'Entrée et d'Octroi sur les Vins, dans Paris, comme couronnement final de l'ensemble de nos Grands Travaux, devait me retenir au moins jusqu'à cet incontestable triomphe de mon système financier et de la théorie des Dépenses Productives.

Mais, rien de cela ne prévalut, au jour de la crise, sur ma répugnance invincible à paraître associé, même un jour, par mon maintien à l'Hôtel de Ville, réservé dans le programme de l'Empereur, à la nouvelle Politique Intérieure qu'on allait inaugurer.

L'Empire Libéral!... mais, déjà, l'Empire n'était-il pas libéral, dans la plus large et dans la meilleure acception du mot? Issu du Suffrage Universel, pratiqué directement sans limites, n'offrait-il pas l'expression la plus complète du vœu du Pays? Et, quel Souverain, avant

Napoléon III, vit-on occupé de même, sans relâche, du bien-être des classes populaires? Tous les actes de son Gouvernement, tous ceux de l'Administration Municipale de Paris, qu'Il inspirait, ne témoignent-ils pas, chez Lui, de cette constante pensée? N'eut-Il pas, d'ailleurs, la main sans cesse ouverte à toutes les misères?

L'Empire Parlementaire, ah! oui. C'est celui-là que je repoussais de toutes mes convictions, auquel j'entendais ne participer en rien, tant je sentais qu'il allait nous mener fatalement aux abîmes!

On s'en souvient (car, je me suis occupé de ces faits précédemment), je ne voulus même concéder à l'Empereur la continuation provisoire de mes fonctions jusqu'après la discussion, au Corps Législatif, du premier Budget de la Ville, qu'à des conditions formulées en termes que j'avais rendus volontairement inacceptables de la part des nouveaux Ministres de Sa Majesté.

Je me résignai donc à quitter l'Hôtel de Ville sans compensation d'aucune espèce; sans savoir ce qu'il adviendrait de moi; sans accepter, de l'Empereur, l'exonération, sur les fonds de sa Cassette, des charges dont le compte final de mes Frais de Représentation me grevait, et à plus forte raison, du Don éblouissant qu'il m'offrit avec tant de générosité; sans même attendre que Sa Majesté pût faire liquider ma pension de retraite comme Grand Fonctionnaire, et non comme simple Préfet, et donner au Conseil Municipal le temps de voter l'allocation annuelle et viagère, au Budget de la Ville, qui devait être la consécration de ma longue édilité.

Quant à ces deux derniers points, ce fut, je le reconnais, une grave imprudence.

En effet, l'Empereur eût aisément obtenu, de ses nouveaux Ministres, aussi peu désireux de mon concours, à la Ville, comme ailleurs, que j'étais peu envieux de le leur prêter, tout ce qu'il aurait proposé pour les débarrasser immédiatement de moi.

Quant au Conseil Municipal, pour agir, il n'éprouvait nul besoin d'être incité.

La situation changea du tout au tout, plus tard, sous l'influence des événements, qui fit naître, dans tous les esprits, dans le mien comme dans les autres, de plus graves préoccupations.

Certes, je n'avais pas attendu mon départ de l'Hôtel de Ville, pour y penser. Depuis quelques années, je m'étais dit qu'il me faudrait le quitter un jour ou l'autre. Ainsi qu'on l'a déjà vu, je comptais obtenir l'autorisation de me retirer après l'Exposition de 1867. Mais, dans toutes mes dispositions d'avenir, entrait en ligne de compte la réalisation des deux promesses de l'Empereur.

Trop peu riche, même avec l'addition de la fortune de ma femme à la mienne, même avec ma Dotation de Sénateur, et ne pouvant le devenir encore assez, par la liquidation de ma pension de retraite comme Grand Fonctionnaire, ni par l'allocation annuelle et viagère attendue de la Ville, pour avoir un Hôtel à Paris, et pour y soutenir le train de maison qu'une installation de cet ordre comporterait ; d'un autre côté, ne voulant pas risquer d'amoindrir, sinon de compromettre, la qualité de Grand Dignitaire de l'État que rien ne pouvait me retirer, par une organisation trop bourgeoise de mon existence privée dans la Ville où j'exerçais, depuis tant d'années, la Magistrature suprême, j'avais pris, d'accord avec ma femme, le parti de restaurer le château de Cestas, recueilli par elle, en 1862, dans l'héritage de ses parents, et de nous y préparer, non pas une résidence seigneuriale, comme on le dit, alors et depuis, à Bordeaux, par une exagération propre au terroir, mais une demeure où je pusse honorablement placer mon domicile, mon principal établissement, et mener une vie suffisamment large, quoique bien moins coûteuse que dans un Hôtel, à Paris.

Nous pensions louer, dans cette ville, durant les mois d'hiver et les sessions du Sénat, soit, un appartement meublé, soit, un pied-à-terre. à l'abri de toute nécessité de représentation.

L'été, l'automne, nous comptions tenir maison ouverte à Cestas, pour y pratiquer l'hospitalité la plus étendue, spécialement, à l'époque des vendanges.

Cette combinaison paraissait tellement raisonnable, que nous n'hésitâmes pas à la réaliser de suite, au prix de dépenses fort élevées, que nous pouvions couvrir, en attendant ma retraite, au moyen des revenus de la propriété même.

Mais, la marche des choses ne nous permit pas de compléter cet amortissement graduel avant le terme de mes fonctions publiques.

La sagesse devint folie.

Notre confortable installation à Cestas, hors de toute proportion avec la situation à laquelle me réduisit la catastrophe de 1870, fut désormais, pour nous, une non-valeur onéreuse, dont mes occupations à Paris nous laissèrent même peu d'occasions de profiter.

Les fléaux divers (moins le phylloxera, grâce à Dieu), contre lesquels le beau vignoble de ma femme dut se défendre, et les intempéries destructives de tout ou partie des récoltes en vin de la contrée pendant une série d'années bien longue, firent des brèches trop considérables à l'ensemble des revenus de son vaste domaine, pour que ceux-ci pussent, en fin de compte, faire toujours face à toutes leurs charges.

Il en est résulté des embarras auxquels, limité, comme je le suis depuis vingt ans, pour toute récompense de mes services exceptionnels, à la retraite de simple Préfet (6 000 francs), je dus pourvoir à force d'ordre, de privations et de travail.

Vendre?... j'entends bien; mais on n'a pas, tous les matins, l'occasion de se défaire d'une terre de cette importance dans des conditions convenables, — les seules que la Baronne et ses enfants aient motif d'accepter.

En attendant, j'entretiens le tout, en soigneux administrateur, comme je l'ai toujours été. Vienne donc la reprise des affaires! Cestas n'aura pas cessé d'être la résidence la mieux installée de la Gironde, entourée des plus beaux bois et pacages des environs de Bordeaux, et possédant un cru de vins estimés parmi ceux des « Graves Rouges », dont Haut-Brion est le type.

L'acquéreur, s'il s'en présentait un de caractère sérieux, me délivrerait, sans doute, d'une cause de soucis continuels, fatigants à mon âge, incompatibles avec mes occupations permanentes de Paris, comme aussi, d'un sujet perpétuel de réflexions désagréables. — L'administration d'une semblable propriété me donne, en effet, l'apparence d'une situation de fortune que je devrais avoir, sans doute, après tant d'années de labeurs et de peines, tandis que je suis fort loin de la posséder, en réalité. De là, bien des ennuis, pour moi, comme on peut le supposer. Mais, cet acquéreur ferait sûrement, lui-même, une opération dont il n'aurait pas de regrets.

J'en conviens, et je l'ai déjà confessé : dans la médiocrité, pour ne pas dire plus, de mes ressources personnelles, il y a beaucoup de ma faute. Entraîné par le tourbillon des affaires immenses qui m'absorbaient complètement et répondaient si bien, d'ailleurs, à mes aptitudes et à mes goûts, j'ai poussé trop loin mon insouciance de la fortune, s'accordant mal, du reste, avec ma tendance naturelle à faire grandement toutes choses, et ma facilité, parfois excessive, à venir en aide aux personnes de ma famille ou de mon intimité dont le sort n'était pas heureux.

Une des plus grandes privations de mon existence modeste est de ne pouvoir plus donner de secours suffisants aux infortunes que je crois absolument dignes d'intérêt.

J'éprouve même souvent l'horrible souffrance (je ne voudrais pas l'infliger à mon plus cruel ennemi !) de constater, en soulageant les misères de bien des anciens serviteurs du Pays, auxquels je ne pourrais confier les miennes, qu'ils trouvent bien exigu, mesquin même, de la part d'un homme jouissant de « ma grande fortune », ce que je fais pour eux, au risque de me gêner !...

La légende des millions emportés par moi de l'Hôtel de Ville a trop duré dans les classes où, jamais, elle n'aurait dû trouver crédit. Elle dure encore, je le crains, dans une partie des autres. Aussi, touché comme je dois l'être, aujourd'hui, du revirement qui s'est opéré dans l'opinion des hommes éclairés, j'ai tellement souffert de cette injurieuse imputation, que je ne sais l'oublier, néanmoins.

Elle me semblait être une cruelle ironie en face de la vérité, presque trop vraie, de ma situation difficile !

J'aurais dû, plus que nul autre à ma place, être à l'abri d'ignominies pareilles : jamais, en effet, aucun fonctionnaire ne montra plus grand respect des règles et des convenances, dans les questions, toujours délicates, où des intérêts privés se trouvaient en opposition avec ceux de la chose publique.

J'ai dit, en plusieurs occasions, avec quel soin je m'étais dégagé de toute intervention personnelle dans les Traités Amiables ayant pour objet le règlement d'indemnités d'Expropriation ou d'Éviction ; la revente des terrains laissés en dehors des nouveaux alignements de la Voie Publique, ou la concession à forfait d'entreprises quelconques ; et, de combien de garanties j'avais entouré l'étude, l'examen et la décision de toutes les affaires conclues directement, sans adjudication, entre la Ville et qui que ce fût.

Pour que l'intérêt municipal pût être trahi, dans la plus petite comme dans la plus grande, soit par vénalité, soit par simple complaisance, au profit d'un autre, il eût fallu connivence ou bien aveuglement de toute une hiérarchie d'agents d'instruction ; puis, de la Commission des Indemnités, composé d'hommes considérables et clairvoyants ; ensuite, du Comité compétent du Conseil Municipal ; enfin, de ce Conseil même : deux hypothèses également inadmissibles.

Est-ce à cette conviction, est-ce à mon indifférence, bientôt connue, pour mes intérêts personnels, que je dus, pendant presque toute la durée de mon administration, de rester à l'abri de propositions offensantes ? Il importe peu. Le fait est qu'on me fit l'honneur de me les épargner, sauf dans trois circonstances, datant, les deux premières, du commencement, et la dernière, de la fin de mon séjour à l'Hôtel de Ville, dont chacune a son côté curieux.

Quand il s'agit de continuer le Boulevard de Strasbourg par le percement du Boulevard Sébastopol, une Compagnie, dont l'Empereur me renvoya la soumission, offrit d'entreprendre à forfait cette grosse affaire. Après une instruction des plus laborieuses, un projet de Convention, dressé par la Commission des Indemnités, dans des conditions équitables pour les concessionnaires et avantageuses pour la Ville, comme la suite le fit voir, allait être soumis au Conseil Municipal, lorsqu'un de mes parents par alliance, vieux soldat du premier Empire, occupant, sous le second, une situation fort importante, vint s'informer de l'état des choses, et me confia qu'il avait un intérêt dans l'affaire, exprimé par une somme de 500,000 francs, mise à sa disposition pour en assurer la réussite. Il était prêt à m'en céder 400,000, en retour de l'aide que sa démarche tendait à recevoir de moi.

Il me conta cela si naïvement, avec une telle inconscience de la vilenie qu'on lui faisait commettre, que je n'eus pas la force de me fâcher. Je lui expliquai, toutefois, que cette manière de traiter les affaires publiques n'était pas aussi normale qu'il paraissait le croire, et je mis sous ses yeux l'article du Code Pénal applicable à ceux qui l'avaient pris pour organe d'une tentative de corruption sur un fonctionnaire, sans ajouter qu'il en serait passible lui-même, comme leur complice ; mais, il le comprit, et la colère qu'il en ressentit fut trop sincère pour que je pusse douter de sa bonne foi. Je lui promis de garder le secret de sa visite, dont il ne fut plus question entre nous.

Mais, comme je pouvais craindre que, si l'affaire suivait son cours, les 500,000 francs, qu'il allait refuser, ne rentrassent pas pour cela dans la caisse de la Compagnie, et que celle-ci les crût arrivés à destination, j'allai, dès le lendemain, demander à l'Empereur, indigné, l'autorisation de rompre toute négociation avec elle et de faire exécuter le Boulevard en Régie. — Et voilà pourquoi l'entreprise de cette Grande Voie n'a pas été concédée, comme celle du Boulevard de Strasbourg, à l'industrie privée.

La seconde fois, il ne s'agissait pas d'une affaire de cet ordre, mais du rétablissement et d'une concession à longue échéance de la Ferme des Jeux, supprimée sous le règne du Roi Louis-Philippe, au grand préjudice de la Ville de Paris, qui tirait, de cette source, un revenu de 6 ou 7 millions par année. Un autre personnage, moins inconscient que le premier, vint, un beau matin, me conter qu'un groupe d'amis la suivait chaudement auprès de l'Empereur, qui semblait la goûter fort, et qui céderait certainement aux arguments que je pouvais faire valoir auprès de lui, dans l'intérêt de la Caisse Municipale, et aussi, de l'animation de Paris, que les Joueurs désertaient, chaque année, pour Bade et Monaco. Si je réussissais, indépendamment de ces avantages dont je devais être désireux, on m'assurerait une somme de 600,000 francs, pour en faire, sans contrôle, l'emploi que je croirais le meilleur.

« L'Empereur vient de me faire appeler, » répondis-je. « C'est peut-être pour recevoir communication
« de votre projet. Quel sera mon avis, je ne puis vous
« le dire à l'improviste; mais, dans tous les cas, je ne
« saurais que faire de vos 600,000 francs. Le Conseil
« Municipal ne m'a jamais rien refusé pour une œuvre
« utile. »

L'Impératrice assistait à la conférence. Contraire au projet, Elle appréhendait mon intervention en sa faveur. Sa Majesté fut heureusement surprise.

Je reconnus, d'une part, que le revenu dont il s'agissait d'enrichir la Ville n'était pas à dédaigner ; d'autre part, que la suppression de la Ferme des Jeux avait eu pour unique résultat de transférer à des villes étrangères les avantages de tout genre retirés à Paris.
— La mesure proposée pouvait donc se justifier au point de vue purement administratif. — Mais, au point de vue politique, l'effet en serait déplorable. Nous étions en face d'une Opposition de jour en jour plus audacieuse, à qui tous les moyens étaient bons, et qui ne manquerait pas de mettre en parallèle, aux yeux de la Bourgeoisie Parisienne, encore mal consolée d'avoir perdu la prépondérance qu'elle possédait sous le Gouvernement de Juillet, le Roi Louis-Philippe,

abolissant les jeux, pour le plus grand honneur de la morale publique, et l'Empereur Napoléon III, les rétablissant, au mépris de tout, afin de remplir les caisses de la Ville, taries par ses entreprises insensées d'Embellissement de Paris.

L'Empereur, frappé de cette considération, s'y rendit. A l'issue de la séance, comme Il me remerciait de l'impartialité dont j'avais fait preuve, je Lui dis en riant : — « Elle a quelque mérite ; car on m'offrait, pas
« plus tard que tout à l'heure, 600,000 francs, pour
« soutenir la thèse opposée, la thèse favorable à la
« Ville! » — Sa Majesté voulut savoir qui : je n'avais aucune raison, cette fois, pour le lui taire.

C'est bien des années plus tard que se passa le troisième fait, dont le récit l'amusa beaucoup.

Après l'Exposition de 1867, l'admiration des étrangers pour les Grands Travaux de Paris avait produit un certain revirement d'opinion chez nos adversaires.

L'Empereur m'en félicitait et je Lui dis : — « Voilà
« pourquoi, sans doute, ma cote personnelle a beaucoup
« monté. » — « Qu'entendez-vous par là? » — « J'en-
« tends, Sire, qu'aujourd'hui, l'on ne tenterait plus,
« comme jadis, de me séduire par de misérables som-
« mes de 400,000 francs ou de 600,000 francs. Il s'a-
« gissait de millions, ces jours-ci! »

Et je contai le fait suivant à Sa Majesté, dont ce préambule avait excité l'attention.

Le fils d'un Grand Magistrat d'autrefois, membre lui-même d'une Cour Souveraine, mais ayant de grands besoins, à cause de son genre de vie, était venu me présenter la soumission d'un groupe financier, qui proposait de se charger, à forfait, moyennant une Subvention de 30 millions, du percement de l'Avenue Napoléon (de l'Opéra, maintenant), amorcé, d'un bout, entre le Boulevard des Capucines et la rue Louis-le-Grand, et de l'autre, en face de la rue de Rohan élargie, entre les rues Sainte-Anne et Saint-Honoré. Surpris et mis en défiance par cette insolite intervention d'un Magistrat en semblable affaire, je lui répondis que cette opération n'était pas encore à l'ordre du jour; mais, j'allais, ajoutai-je, faire instruire la proposition qu'il m'apportait, afin de pouvoir la soumettre sans retard à la Commission des Indemnités, quand l'exécution de la partie centrale de l'Avenue serait décidée.

Au lieu de prendre congé là-dessus, comme je l'espérais, mon interlocuteur s'engagea dans des explications qui me semblaient prématurées. Je le lui fis comprendre, et il finit par me dire, non sans embarras, que, sachant combien une administration telle que la mienne, rencontrait de charges imprévues, ses amis avaient l'intention, s'ils étaient concessionnaires, de prélever, sur les 30 millions de Subvention qu'ils demandaient, et de mettre à ma disposition personnelle : deux millions et demi.

Je ne bronchai pas, et, après un moment de silence, je lui fis cette réponse inattendue : « Pardon, Monsieur
« le Conseiller, vous allez me trouver très indiscret;
« mais, je ne saisis pas la relation des deux sommes.
« Pourquoi deux millions et demi et non pas deux ou
« trois?... » — Ahurissement du Magistrat qui s'empressa de répliquer : « Le prélèvement sera de trois
« millions, si vous le jugez nécessaire... » — « Trois
« millions ! c'est une bien grosse somme ! » repris-je.

« Je crains que la Subvention, ainsi réduite à vingt-
« sept millions, ne fût plus suffisante pour assurer un
« bénéfice raisonnable à l'entreprise, qui, songez-y,
« comporte la traversée de quartiers commerçants et
« l'abaissement de la majeure partie de la Butte des
« Moulins. » — « Rassurez-vous, tous nos calculs sont
« faits et bien faits, vingt-sept millions peuvent suffire
« à tout. » — « Ah! vous en êtes sûr? » — « Parfaite-
« ment! » — « Eh bien! Monsieur le Conseiller, veuillez
« remercier, de ma part, vos amis, et leur dire que mon
« administration n'a pas de « Caisse Noire » et n'en a pas
« besoin, grâce à ses rapports de confiance intime et
« réciproque avec le Conseil Municipal; qu'il n'existe
« donc aucune raison, de mon côté, pour mettre à con-
« tribution leur bon vouloir. Mais, je retiens de notre
« conversation que la Subvention de 30 millions deman-
« dée, affranchie de tout prélèvement, serait excessive,
« et je note, dès à présent, sur le dossier, qu'ils sont
« prêts à la réduire d'un dixième. »

Sur ce, je me levai, sans paraître m'apercevoir de la stupéfaction du renard pris dans son piège, et je reconduisis mon interlocuteur jusqu'à la porte de mon cabinet, avec tous les égards dus à son rang, au lieu de le jeter par la fenêtre, comme il le méritait.

La fin de mon anecdote fit rire l'Empereur à gorge déployée. Puis, Sa Majesté voulut apprendre le nom du personnage. — « A quoi bon? », lui dis-je, « Il est « inamovible! L'Empereur n'aurait que l'embarras de « connaître cet indigne héritier d'un beau nom. »

Assurément, si j'avais fait part à mes amis, au lieu d'en parler à l'Empereur seul, qui devait tout savoir, de ma conduite dans les trois circonstances que le temps écoulé me permet de divulguer, afin d'animer un peu ces souvenirs, ils m'eussent pleinement approuvé. Mais, ils s'inquiétaient sérieusement de mon peu de sollicitude apparente touchant mon avenir et celui des miens.

Avant mon arrivée à la Préfecture de la Seine, la réunion de la fortune de ma femme et de mon avoir nous garantissait une existence honorable, au terme de ma carrière administrative. Mais, elle était insuffisante, comme j'en suis convenu dès les premières pages de ce chapitre, pour nous permettre de tenir, à Paris, le rang social élevé conquis par mes services, et que je conserverais en quittant mon poste, une fois ou l'autre.

J'ai dit, à cette occasion, avec trop de détails peut-être, mais avec l'intention réfléchie de m'en expliquer nettement, une bonne fois, les dispositions prudentes, nous semblait-il, et fort regrettables, en fin de compte, prises par nous, avant 1870, pour parer aux difficultés prévues de notre situation.

Quand elles furent connues dans nos relations, ainsi que leurs motifs, notre installation trop hâtive de Cestas y parut une combinaison très sage ; mais, certains de nos amis, plus timorés, moins confiants, sans doute, dans l'avenir, s'inquiétaient, non sans raison, comme la suite l'a prouvé, des engagements qu'elle nous avait fait contracter.

Ils me demandaient comment il me serait possible, du jour au lendemain, l'heure venue de ma retraite, de changer, d'une manière assez notable pour me permettre de tenir ces engagements, les conditions de mon existence, et surtout, les habitudes prises de tout mon entourage, notamment, celles de ma chère femme. —

Celle-ci n'appréciait qu'un seul luxe : la bienfaisance largement exercée ; mais, elle la pratiquait avec ardeur et sans compter, sous toutes les formes. — Comment ramener la somme de nos dépenses au niveau de nos revenus fortement entamés par les intérêts et l'amortissement de notre dette? Et, dans le cas contraire, comment ferais-je?

A cela, je répondais ce que le lecteur sait déjà, du reste : j'avais 30,000 francs de Dotation comme Sénateur; on me retraiterait comme Grand Fonctionnaire (20,000 francs), et l'Empereur m'avait promis spontanément de me faire allouer par la Ville de Paris un complément de pension égal à ma Dotation Sénatoriale.

Ce sont les raisons pour lesquelles, plus tard, je déclinai respectueusement, lors de mon départ de l'Hôtel de Ville, l'offre généreuse d'une somme énorme, venant de Sa Majesté, qui savait, par notre commun notaire, que, loin d'en sortir enrichi, tout au contraire, j'y laissais beaucoup d'argent.

Mes excellents amis se montraient peu rassurés par mes réponses. Dotation, Pension et Complément constitueraient des ressources viagères. Mais, après moi, que resterait-il aux miens de mon pénible travail?

« On va, dans ma famille, à 90 ans, au moins, » répliquais-je, en haussant les épaules.

Au fond, j'avais bien le souci de cet avenir, auquel on pensait plus que moi, cependant. Mais, comment l'améliorer? Je n'en voyais qu'un moyen : économiser une partie de nos ressources de tout ordre. Était-ce possible? Comptons :

J'avais forcément, à l'Hôtel de Ville (et à Longchamps, pendant la belle saison), un train de Maison plus considérable que celui d'aucun des Ministres. Or, je ne touchais que 50,000 francs de traitement, tandis qu'ils en avaient 100,000 et 120,000. Ils jouissaient, dans leurs Ministères, de tous les avantages accessoires dont je profitais à l'Hôtel de Ville. Si j'étais Sénateur, ils l'étaient aussi, pour la plupart. Il fallait donc faire appel à nos revenus pour combler le gros écart de mon traitement et des leurs, et cette ressource, engagée dans les derniers temps, n'y suffisait qu'à grand'peine. J'avais, d'ailleurs, toujours à craindre de me trouver débordé, comme je le fus cruellement lors de l'Exposition Universelle de 1867, et pendant les années suivantes, par les frais de ma Représentation Ordinaire de l'Hôtel de Ville, dont les ressources limitées laissaient les imprévisions à ma charge.

Il ne faut donc pas s'étonner si, voyant mon impuissance à rien mettre de côté, d'autres bons amis, mêlés à de grandes affaires, songèrent à m'y réserver des parts d'intérêts à option, c'est-à-dire que j'aurais eu la faculté de n'accepter qu'une fois le succès acquis. Mais, si, dans de telles conditions, je ne me suis pas senti libre de profiter de leurs offres, on ne doit pas s'en étonner davantage.

Sans doute, il s'agissait toujours d'entreprises hors de Paris et de son rayon; mais, je ne voulais pas risquer de me sentir gêné, pour des affaires intéressant la Ville, par des sentiments de reconnaissance, contractés dans ces opérations lointaines, auxquels mon devoir serait de résister.

Je me préoccupais aussi de l'embarras que me causerait, en face de malveillances qui s'accroissaient de jour en jour, une augmentation de fortune dont je ne saurais jamais assez bien expliquer le gain, s'il provenait d'une telle origine, pour m'abriter de tout soupçon. Je tenais à pouvoir mettre qui que ce fût au défi de nommer une société industrielle ou financière dans laquelle j'eusse pris le moindre intérêt ; un banquier, un agent de change, qui, durant mon administration, eût fait la moindre opération ou manié de l'argent pour moi.

L'un de mes plus excellents et plus sûrs amis, un très grand Seigneur, qui n'éprouvait pas les mêmes scrupules, mais, avait la main non moins largement ouverte pour donner que pour recevoir, me disait un jour où j'avais écarté quelque proposition bienveillante de sa part :

« Mon bon ami, vous n'êtes qu'un imbécile. Per-
« sonne au monde ne vous saura gré de ce désintéres-
« sement chevaleresque. On n'y croira même pas, et
« si, plus tard, vous aviez besoin d'appuis, on ne vous
« en tiendrait nul compte. Au contraire : on n'aime
« pas, en général, dans les milieux financiers, les
« hommes tels que vous. Ils sont parfois gênants. On
« vous y dirait, sous des formes plus courtoises, et l'on
« penserait non moins nettement, ce que je viens de
« vous exprimer avec la franchise d'une vieille amitié. »

Évidemment, c'était excessif ; mais après la catastrophe de 1870, j'eus plus d'une occasion de me souvenir des prévisions de mon trop sceptique ami.

J'en veux citer une seule, que je prends, de préférence à l'étranger.

Pendant la guerre, en Italie, où je voyageais sans but, de ville en ville, avec un passeport diplomatique, sous un nom supposé, que je devais à l'obligeance du chevalier Nigra, Ministre, en France, du Roi Victor-Emmanuel, je fus mis en rapports avec un financier des plus considérables, mort aujourd'hui, mais dont je crois néanmoins convenable de taire le nom, qui s'occupait de la création d'une grande Société pour transformer Rome, à l'instar de Paris.

Ce personnage, qui résidait à Florence, me proposa la Présidence de cette Société, que je m'empressai de décliner par une foule de raisons faciles à trouver, certes. Je lui promis, toutefois, d'indiquer sur un plan de la Ville Éternelle, dont j'avais étudié curieusement toutes les parties, ceux des percements praticables à travers le réseau des voies étroites, tortueuses, couvrant son sol tourmenté, qui me paraissaient pouvoir améliorer le plus opportunément la circulation entre ses quartiers disparates, et je dus accepter, avant de retourner à Rome, pour y tenir cet engagement bénévole, de dîner chez lui, avec les membres désignés de son Conseil d'Administration, choisis parmi les notabilités financières italiennes, par l'insistance desquels il espérait vaincre mes refus répétés.

Dans le cours d'une visite qu'il me fit, le matin même de ce dîner, pour me débarrasser de ses instances, je ne lui cachai pas que, n'ayant aucune fortune mobilière, je ne saurais prendre, dans son entreprise, l'intérêt sérieux sans lequel je ne consentirais jamais à me mêler activement d'une affaire quelconque.

Il me fallut, pour mettre un terme à ses exclamations de surprise, lui déclarer itérativement que j'étais sorti de l'Hôtel de Ville, comme tous les fonctionnaires de l'Empire, de leurs postes respectifs, les mains pures, et de plus, les poches vides, à cause du déficit énorme du compte de mes frais de Représentation Officielle.

Un assez long silence suivit ces révélations, et mon homme le rompit enfin pour me dire : « Eh bien ! si « vous m'en croyez, vous ne direz rien de tout cela, « ce soir, à ces Messieurs ! » Suivant lui, cela ne me grandirait pas dans leur considération : AU CONTRAIRE !...
— C'était le mot de mon ami, le grand Seigneur parisien.

Après cet exemple à l'appui de son opinion un peu brutale, j'ai le devoir d'ajouter que j'en pourrais citer, dans le sens inverse, plusieurs autres, tirés de circonstances où j'ai trouvé l'accueil le plus honorable et le plus sympathique, au milieu d'hommes de cœur et de jugement droit, auxquels j'exprime ici ma haute estime et mon affectueuse reconnaissance.

Pendant les dernières années de mon édilité parisienne, j'avais eu plusieurs conversations très sérieuses avec M. Émile Pereire, qui m'aimait d'une très sincère amitié. Mais, il me tenait en trop d'estime pour croire qu'en m'obligeant, il obtint de moi plus de bon vouloir que je ne devais en montrer, pour le règlement de ses affaires avec la Ville.

Voyant qu'il était inutile de chercher à m'intéresser aux spéculations heureuses combinées par sa féconde intelligence, — dont il venait m'entretenir avec une fierté légitime, campé debout, en face de mon bureau, sa petite taille cambrée, son chapeau de côté, et ses pouces dans les entournures de son gilet, — il me poussa dans une autre voie : le développement de mes propriétés de la Gironde et de Lot-et-Garonne, au moyen duquel je pouvais, suivant lui, par des opérations bien combinées avec son aide, et par des améliorations bien conçues, augmenter moins vite, mais sûrement, mon avoir.

Il ne prévoyait pas plus que moi la chute si prompte de l'Empire, ni, par conséquent, la suppression de ma Dotation de Sénateur et l'évanouissement des promesses du Souverain, qui m'ont privé des importantes ressources devant pourvoir, en attendant le produit de ces opérations à long terme, au règlement final des acquisitions et améliorations immobilières entreprises d'après ses conseils, et dont les charges me grèvent encore lourdement.

Quoi qu'il en soit, lorsque je me rappelle, en traversant, chaque jour, des quartiers de Paris que j'ai transformés, la somme de labeurs et de tourments dépensée par moi durant les dix-sept années de mon édilité si combattue, j'éprouve une fierté, qui n'est pas sans quelque mélange d'amertume, en faisant un retour sur ma situation présente. Tandis que la génération actuelle recueille tous les profits de l'Œuvre colossale dont je fus le principal ouvrier et l'admire même, à l'occasion, moi, je ne conserve, du fruit de tant d'efforts, que l'honneur d'avoir bien servi mon Pays dans un poste aussi difficile qu'élevé.

Depuis bientôt vingt ans, au lieu de jouir en paix du repos dont le droit ne saurait m'être contesté par personne, il me faut soutenir journellement la « lutte pour la vie », bien rude à quatre-vingts ans passés !

C'est l'impression que je ressentis, en relisant, au sujet de la Caisse des Travaux de Paris, les passages suivants de mon discours au Sénat du 13 avril 1869.

A la justification complète des actes de mon administration, si violemment incriminée dans le sein du Corps Législatif, au moyen d'un résumé rapide de ses résultats, j'avais ajouté :

« Il ne s'agit pas de monter au Capitole. Mes longues
« explications prouvent que ce procédé héroïque de
« clore un débat n'est pas à mon usage. Le rôle de triom-
« phateur n'existe plus que dans l'histoire. Il n'est point
« de notre temps. Nous avons bien encore les insulteurs
« publics ; mais, c'est tout ce qui nous est resté de l'in-
« stitution. D'ailleurs, je n'ai pas de raison pour recu-
« ler devant un examen approfondi de mes Comptes.
« Ce sont mes moyens de défense les plus sûrs. »

Vint ensuite mon remerciement à M. Rouher, — on l'a pu lire dans un précédent chapitre, — à propos de sa réponse très éloquente, mais très malencontreuse, aux insinuations de M. Calley Saint-Paul, ne me concernant pas. Je le fis suivre de ces paroles :

« Je dédaigne profondément les basses calomnies.
« De nos jours, elles n'épargnent rien, ni personne.
« Je plains ceux qui attribuent si facilement à autrui
« des actes honteux ; car, l'homme ne croit pas ainsi à
« la séduction du mal, quand sa propre conscience en
« est sûrement à l'abri. Mais, si je me sens fort contre
« d'ignobles outrages, ne pouvant m'atteindre, je suis
« moins insensible, je l'avoue, aux reproches tou-
« chant à ma loyauté de fonctionnaire.

« ...La bonne fortune d'avoir dirigé cette grande
« administration parisienne dans des circonstances

« sans pareilles, sera le fait dominant de ma vie... Les
« services auxquels j'ai subordonné mes intérêts, mes
« goûts personnels, mes relations anciennes et jus-
« qu'aux joies de la famille, constituent un capital
« d'honneur que j'amasse avec une sorte de jalousie,
« parce que ce sera le plus clair de l'héritage que mes
« enfants recueilleront de mon chef.

« Dans ces derniers temps, je dus prendre les ordres
« de Sa Majesté, tant en mon nom qu'en celui du plus
« grand nombre des membres du Conseil Municipal et
« des principaux chefs de mon administration. — L'Em-
« pereur a daigné penser que nous lui étions encore né-
« cessaires. Il était le meilleur juge, tout à la fois, des
« besoins de son service, et de ce que pouvait exiger le
« soin de notre propre dignité. »

« Mais, à quelque moment que nous quittions l'Hô-
« tel de Ville, nous en sortirons comme nous y som-
« mes entrés, la tête haute et le cœur ferme ; certains
« de nous y être conduits en gens de bien, en hommes
« d'honneur, en serviteurs fidèles, avec courage et ré-
« solution, et aussi, avec une loyauté persévérante et
« un dévouement sans reproche. »

L'Empereur, quel qu'en fût son désir, ne put me faire demeurer à la tête de l'Administration de Paris, après l'avènement du Ministère qualifié libéral, mais purement parlementaire, dont l'impéritie devait, selon mes prévisions, malheureusement trop exactes, Le conduire, par une pente fatale, à sa perte.

Il n'y avait accord entre ses nouveaux Ministres et moi que sur un point : l'impossibilité de me faire siéger, en Conseil, dans un tel milieu.

Mon remplacement décidé, j'eus, du moins, la satisfaction de voir écarter, de ma succession, les candidats politiques, et nommer hiérarchiquement Préfet de la Seine et Maire Central de Paris, M. Henri Chevreau, Sénateur, Préfet du Rhône et Maire Central de Lyon.

On a lu, dans le chapitre XVI, la démarche faite auprès de moi, par le Conseil Municipal, quand il connut, en séance, la nouvelle inopinée de mon départ de l'Hôtel de Ville. Je n'y reviens pas.

Je tenais à remettre moi-même le Service à M. Henri Chevreau, qui s'attarda quelques jours à Lyon, de telle sorte que, relevé de mes fonctions le 2 janvier 1870, je ne les résignai, de fait, que le 10 au soir.

Dans l'intervalle, le nouveau Ministre de l'Intérieur, M. Chevandier de Valdrôme — fils du Député de la Meurthe, qui figurait à la tête des personnages politiques appuyant mon entrée dans l'Administration, auprès de M. Casimir Périer, en 1831, — fit savoir par circulaire à tous les Chefs des Grands Services Publics ressortissant à son autorité, qu'il les recevrait, ainsi que les fonctionnaires sous leurs ordres, le 10 janvier au matin.

La lettre adressée « au Préfet de la Seine » tomba dans mes mains, et je fis convoquer, de suite, par le Conseiller d'État, Secrétaire Général, M. Blanche, à l'Hôtel de Ville, où des voitures de cérémonie les attendraient une demi-heure d'avance, le Conseil de Préfecture, les Sous-Préfets, et les Directeurs des différents Services Départementaux et Municipaux. Mais, dans la matinée du 10, j'envoyai M. Blanche avertir le

Ministre que M. Chevreau n'était pas à son nouveau poste, et lui demander officieusement s'il désirait que la présentation de l'état-major de la Préfecture de la Seine lui fût faite par l'ancien Préfet, demeuré forcément en fonctions, ou s'il préférait avoir affaire à lui, Secrétaire Général.

M. Chevandier de Valdrôme lui répondit que, si je n'éprouvais pas de répugnance à venir moi-même, il m'en serait fort reconnaissant.

Je partis donc, en grand uniforme, à l'heure dite, à la tête de mon cortège de voitures dorées de la Ville, à cochers et valets de pied galonnés sur toutes les coutures, escorté par un escadron de la Garde de Paris en grande tenue, et notre arrivée à l'hôtel de la Place Beauvau fit quelque rumeur.

Suivi de mon Personnel, je traversai les premiers salons, remplis d'une foule qui s'ouvrit devant moi, comme elle eût pu faire devant le spectre de Banco. Les huissiers, qui me précédaient, me firent entrer dans un salon distinct, à côté du Cabinet du Ministre, qui donna, sans retard, l'ordre de m'introduire.

Il était entouré de son propre état-major, également en grand uniforme, ainsi que lui.

Sans me presser, je fis ranger le mien en demi-cercle de l'autre côté de la pièce, et, me plaçant au centre, je saluai gravement M. Chevandier, et lui dis :

Monsieur le Ministre,

« J'ai l'honneur de présenter à Votre Excellence le
« Personnel Administratif de la Préfecture de la Seine.
« Profondément dévoué à l'Empereur, ce Personnel
« d'Élite a, par dessus tout, l'ambition de servir utile-

« ment Sa Majesté. Son ancien Chef, qui se plaît à lui
« rendre ce témoignage, a voulu, jusqu'au bout, lui
« donner l'exemple de l'accomplissement du devoir. »

Du Ministre, pas un mot.

Surpris, M. Chevandier s'avança vers moi, les mains tendues, sans doute, en souvenir de nos anciennes relations de jeunesse et de quelques services que j'avais pu lui rendre, plus récemment.

Relevant mes dernières paroles, il se plaignit de la dureté des nécessités politiques; exprima tout son regret de perdre le concours d'un fonctionnaire tel que moi ; puis, rendit un éclatant hommage à mes « éminents » services, et surtout, aux Travaux de Paris, admirés du Monde entier, oubliant qu'il avait voté, dans le sein du Corps Législatif, avec les adversaires systématiques de la Grande Œuvre qu'il exaltait !

Resté complètement imperturbable, je me reculai de deux pas, saluai derechef, et répondis :

Monsieur le Ministre,

« Je me sens d'autant plus flatté de cette appréciation
« de ma carrière, et particulièrement de mon œuvre
« parisienne, que je ne l'attendais pas, je l'avoue, de
« votre part.

« Je suis entré dans l'Administration sous le Minis-
« tère de l'illustre Casimir Périer, en 1831. Votre vé-
« néré père était alors un de mes garants. Je me trouve
« on ne peut plus heureux de ce qu'après 38 ans, son
« fils, devenu Ministre à son tour, veuille bien recon-
« naître publiquement que je n'ai pas compromis cette
« honorable recommandation. »

Tableau ! Nouveau salut. Je fais geste à ma troupe et me retire, suivi d'elle, et aussi, de l'état-major ministériel, dont les membres, tout émus, tenaient à me serrer les mains avant mon départ, et à protester de leurs sentiments pour moi, qu'ils considéraient, disaient-ils, comme le vrai chef, comme l'honneur et la gloire de l'Administration Française.

Parmi les plus chaleureux, je cite M. Mouzard-Sencier, Sous-Secrétaire d'État, et le Baron de Saint-Paul, Directeur Général du Personnel, deux anciens Préfets.

C'est ainsi que je suis sorti de mes fonctions actives, comme je l'avais promis à mes pairs, les Sénateurs de l'Empire : « la tête haute et le cœur ferme. »

ÉPILOGUE

Le lendemain, remise faite du Service et de l'Hôtel de Ville à M. Henri Chevreau, mon successeur, ne voulant pas risquer, en demeurant à Paris, de gêner le moins du monde la liberté de son action personnelle, je partis, avec ma famille, pour Nice, où je restai jusqu'à la fin du mois de Mai.

J'avais acquis, depuis quelques années, à la sortie de cette ville, route neuve de Villefranche, sur le versant du Mont-Boron, au sein d'un massif de beaux oliviers, un ancien moulin à huile, ayant une vue splendide, transformé, par M. Félix Narjoux, mon architecte, en élégante villa, puis, entouré par moi d'orangers et de fleurs, dont j'eus la bonne chance de me défaire, dans une occasion favorable, postérieurement à 1870.

C'est là que j'appris, avec stupeur, les changements projetés à la Constitution, qu'un Plébiscite, à jamais regrettable, sanctionna peu de temps après.

Sachant, pour en avoir été moi-même un exemple, la facilité de l'Empereur à s'éprendre des qualités saillantes de certains hommes, je pouvais m'expliquer l'espèce d'engouement qui, malgré les avertissements les plus autorisés, à la grande surprise de toutes les personnes connaissant moins bien son caractère impressionnable, Le fit placer, à la tête de son Gouvernement, M. Émile Ollivier, — un ancien ennemi, rallié, me disait-Il, improvisé par Lui Premier Ministre.

Je concevais encore que Sa Majesté, réservant au fond, ses idées, ses vues bien arrêtées, et non douteuses pour moi, quant à l'exercice de l'Autorité Souveraine, eût consenti, soit, par lassitude, sous l'influence du mal dont Elle souffrait déjà cruellement, soit, par séduction, sous le charme d'arguments imprévus, habilement exposés par son nouveau Président du Conseil, à recommencer, sur le Trône, aux Tuileries, le 2 Janvier 1870, l'expérience de ce Régime Parlementaire que, Président de la République, à l'Élysée, Elle avait renversé par un Coup d'État, le 2 Décembre 1851.

Mais, que Napoléon III admît la modification complète, l'altération profonde de la Constitution de 1852, son œuvre personnelle, acceptée d'avance par 7 millions 1/2 de suffrages, les 20 et 21 Décembre 1851, et ratifiée par les 8 millions qui Lui décernèrent la Couronne les 20 et 21 Novembre 1852 ; du principe de ce Pouvoir qu'Il exerçait avec tant d'éclat depuis dix-sept ans ; en un mot, de la base de l'Empire : cela dépassait tout !

Je ne craignis pas de m'en expliquer librement dans ma correspondance avec l'Empereur.

Je protestai, de toutes mes forces, contre l'amoindrissement du Sénat, qui, de Gardien de la Constitution, participant, dans une certaine mesure, à la Puissance Souveraine, grâce au droit de trancher, sans recours, par des Sénatus-Consultes, les questions constitutionnelles, allait se trouver réduit au rôle d'une seconde Assemblée Législative, ne procédant pas de l'Élection du Pays, à côté de celle qui tenait, du Suffrage Universel, un mandat incontestable.

Mais, j'osai dire, dans une lettre dont Sa Majesté fut froissée, m'écrivit-on, que j'étais de l'avis de M. Gambetta, Chef de la Gauche Républicaine du Corps Législatif, qui me semblait avoir exprimé, d'une manière saisissante, la situation que le Plébiscite projeté devait faire à l'Empereur.

Puisqu'on allait retourner au régime de la Charte de 1830, comment, pour être logique, avait dit ce puissant orateur, ne rappelait-on pas de l'exil la branche cadette de la Dynastie des Bourbons, et ne proposait-on pas de placer, du même coup, sur le Trône, le Chef de la Famille d'Orléans !

En effet, entre l'Empire, issu du Suffrage Universel, et la Monarchie Parlementaire couronnée par un groupe de Députés, en 1830, quel contraste !

Un Napoléon, investi de la Souveraineté presque nominale du Roi Louis-Philippe, quelle dérision !

Je fus donc fort étonné quand, après ma rentrée de Nice à Paris, — dans les premiers jours du mois de Juin, —

je trouvai, tout au contraire de ce que je supposais, l'Empereur bien revenu de tout cela ; comprenant des conséquences, dont Il ne s'était pas assez bien rendu compte, apparemment, au début, de la prétendue réforme de la Constitution ; dégoûté de son rôle, par trop amoindri, de Souverain Constitutionnel ; et, jugeant désormais sans illusions, peut-être même avec trop peu d'indulgence, la valeur pratique de ses Ministres et de leur Chef!

A peine arrivé, je m'étais inscrit chez Leurs Majestés, sans essayer de pénétrer auprès d'Elles. Je croyais convenable d'attendre leur bon plaisir.

J'assistais, en simple curieux, le 12 Juin, aux courses de Longchamps, pour le Grand Prix de Paris, — gagné, cette année-là, par « Sornette », à M. Charles Laffitte (le Major Fridolin).

L'Empereur, m'apercevant, de sa tribune, dans l'Enceinte du Pesage, me fit chercher par Pietri, toujours Préfet de Police, qui se trouvait là.

Je me hâtai d'aller présenter mes hommages à Leurs Majestés, qui s'informèrent avec bonté de tout ce qui se rapportait aux miens et à moi-même. Ensuite, l'Empereur, me reprochant presque ma réserve depuis mon retour, m'annonça qu'Il avait besoin de m'entretenir le plus tôt possible. — « Venez déjeuner demain à Saint-Cloud », me dit-Il, « nous causerons librement après. »

Je ne manquai pas d'obéir à cet ordre.

Le déjeuner fini, l'Empereur m'emmena dans le Parc, et me fit asseoir, auprès de lui, sur le second banc de l'allée de marronniers, à gauche, qui surplombait, en terrasse, derrière nous, le bas-parc.

Voici la première parole de Sa Majesté, dont je restai comme suffoqué, ne m'attendant à rien de tel : « — Je veux changer mon Ministère. » — Puis, afin de répondre à ma surprise ébahie, l'Empereur ajouta : — « Oui ! Jamais, je n'avais supposé qu'il pût exister des « incapacités pareilles à celles qui le composent. »

Je pensai que l'Empereur, toujours mesuré dans ses expressions, avait voulu dire « inexpériences » ou bien « impérities » ; mais, je suis certain d'avoir entendu le mot : « incapacités ».

— « Il faut, » continua-t-il, « que nous fassions un « Grand Ministère ensemble, à la fin de la Session. »

— « Sire, j'aiderai de mon mieux Votre Majesté dans « ce difficile travail, » répondis-je ; « mais, qu'Elle me « permette de Lui faire savoir, de suite, mon désir de « ne pas rentrer aux affaires.

« J'accepterai de l'Empereur, avec reconnaissance, « le moment venu, comme récompense de mes ser-« vices, une des situations dont Sa Majesté dispose, « à côté de son Gouvernement. Mais, là, se borne « mon ambition.

« En Politique, j'ai des convictions trop absolues. Je « serais un mauvais comparse dans un Cabinet quel-« conque.

« C'est un des motifs qui m'ont fait décliner, dans « le passé, les Portefeuilles qu'Elle daigna plusieurs « fois m'offrir ; c'est la raison du silence voulu que je « gardais, en général, hors des discussions concernant « la Ville de Paris, dans les anciens Conseils où j'avais « droit de séance. »

— « Vous vous réserviez ! » observa l'Empereur, avec un sourire.

— « Peut-être ! » répliquai-je de même, et je continuai : « Mais, si je valais encore quelque chose, ce se-
« rait à la condition d'avoir, sous l'autorité de mon
« Maître, bien entendu, mes coudées franches dans le
« rôle qu'Il me donnerait mission de remplir. »

— « Pensez-vous, » reprit gravement l'Empereur,
« que je veuille composer avec vous mon nouveau
« Cabinet, pour vous y faire une situation effacée ? »

Je passais d'étonnements en étonnements.

— « Votre Majesté, » dis-je, « entend donc, chan-
« geant, du tout au tout, l'orientation présente de Sa
« Politique Intérieure, remplacer l'Empire Libéral Par-
« lementaire, par l'Empire Libéral Autoritaire ? »

— « Oui ! », me déclara l'Empereur en accentuant fortement cette affirmation.

— « L'expérience que je viens de faire, » ajouta-t-Il,
« prouve que, chez nous, pour être respecté, le Pouvoir
« doit être UN et FORT. »

J'exposai nettement à Sa Majesté, dans cette entrevue et dans plusieurs autres, — sur lesquelles, moi, je gardai le silence, alors, et jusqu'à présent, — les principales données du programme qui me semblait devoir être adopté, pour rasseoir l'Autorité de l'Empereur sur des bases inébranlables. J'y réservais à l'intervention directe et décisive du Pays, — dont, malgré tout, les masses populaires n'avaient point perdu confiance en leur Élu de 1848 et de 1852, — la solution finale, par voie de Plébiscite ou de *Referendum*, de tous les conflits sérieux qui pourraient surgir désormais entre le Gouvernement formé librement par le Souverain et le Corps Législatif.

D'accord sur tous les points essentiels, nous demeurâmes d'opinions différentes, quant au moment opportun de la véritable Révolution Administrative et Gouvernementale, de l'espèce de Coup d'État dont il s'agissait (en Juin, cette fois); mais, l'Empereur m'avait fait pressentir qu'Il m'y destinait un rôle considérable, et je ne me trouvais plus aussi libre d'insister pour l'adoption de la mienne, qui tendait à mettre fin, dans le délai le plus bref, au funeste Régime Parlementaire sous lequel tous les intérêts du Pays étaient en souffrance.

— « Je veux attendre la fin de la Session et le départ
« des Députés », répétait l'Empereur : « tous veulent
« être Ministres, depuis que la Constitution revisée
« le leur permet. »

J'aurais pu retourner l'observation contre cette revision même, qu'Il avait si malheureusement consentie; mais, je me contentai de faire, en terminant, cette remarque, dont tous les mots sont demeurés gravés dans ma mémoire, et que semble m'avoir inspirée une sorte de divination :

— « Dieu sait quelles imprudences, quelles mala-
« dresses, quelles fautes même, engageant le Pays d'une
« façon irrémédiable, peuvent commettre, au Pouvoir,
« avant la fin, encore assez éloignée, de la Session,
« les hommes dont Votre Majesté qualifiait avec tant
« de sévérité l'inexpérience, il n'y a qu'un moment ! »

Je ne croyais pas si bien dire !...

L'Empereur mit fin à ma première visite par ces « mots : J'y veillerai ! »

Ce n'est ici le lieu d'exposer comment la vigilance du Souverain fut déjouée, quelques semaines après, d'une manière si soudaine et si fatale, ni ce qui s'ensuivit. Cela me conduirait trop loin. — Je me borne à rappeler que, dès le 6 Juillet, une interpellation de M. Cochery, Député, sur notre attitude en Espagne, amena M. le Duc de Gramont, Ministre des Affaires Étrangères, à la tribune du Corps Législatif.

J'aurai sujet ailleurs de reprendre mon récit au point où je dois le laisser maintenant, et de traiter, d'une façon complète, la grave question des responsabilités incombant à l'Empereur et à ses Ministres, respectivement, dans la rupture de la France avec la Prusse et de la Guerre de 1870. Mais, il sortira clairement de faits dont mes rapports intimes avec mon infortuné Maître me rendirent comme témoin, la preuve des appréhensions que Lui causa la Politique Extérieure aventureuse de ses Ministres Constitutionnels, cédant à la pression de l'Opinion Publique surexcitée, au lieu de la diriger ou de la contenir, parce qu'ils espéraient, sans doute, consolider ainsi leur puissance menacée, — Politique dont le Souverain se vit moralement obligé d'accepter les suites périlleuses, quand l'Honneur du Pays fut en cause.

Lorsque je quittai l'Empereur, après notre entretien du 13 Juin 1870, à Saint-Cloud, l'Impératrice me fit appeler. De ce qu'Elle daigna me dire et me recommander, j'emportai l'impression que Sa Majesté connaissait, tout au moins, l'intention, arrêtée chez l'Empereur, de changer son Ministère, et que, pour des raisons que j'ignore, Elle n'était pas contraire à l'ajournement de ce grave projet. — Toutefois, j'ai pu me tromper.

Je n'ose penser que, si le nouveau Ministère se fût immédiatement constitué, suivant mon avis, il aurait pu conjurer les complications européennes auxquelles servit de prétexte la vacance du Trône d'Espagne.

Mais (on est en droit de le supposer) la direction d'hommes un peu moins inexpérimentés que M. Émile Ollivier et ses collègues, partant, plus calmes, plus prudents, plus discrets et plus patients, surtout, eût peut-être modéré les élans belliqueux du Pays, et déjoué les calculs de nos ennemis, en les forçant à prendre, vis-à-vis de l'Europe, au lieu de nous en laisser tout l'odieux, l'initiative de la Guerre, — s'ils la voulaient à tout prix contre nous, comme on le prétend, — par une Déclaration d'un effet et de conséquences incalculables.

FIN DU TOME SECOND.

TABLE DES MATIÈRES

	Pages.
Avant-propos.	VII
Note.	XIV

CHAPITRE I
Ma Nomination a la Préfecture de la Seine. . 1

CHAPITRE II
Ma Première Journée a Paris. 21

CHAPITRE III
Chez l'Empereur. 43

CHAPITRE IV
Mon Installation officielle. 63

CHAPITRE V
Ma Prise de Possession effective. 89

CHAPITRE VI

Pages.

Réceptions et Visites. 111

   Le Conseil de Préfecture. 111
   Les Sous-Préfets. 119
   Les Maires et Adjoints de Paris. 122
   Les Chefs des Administrations extérieures 129
   Mes visites. 132

CHAPITRE VII

Le Conseil Municipal et le Conseil Général en 1853. 137

   Les Membres des deux Corps. 138
   Leur Visite collective. 140
   Le Président. 145
   Comment je fus fait Sénateur et M. Delangle, Ministre. 151
   Fin d'une journée laborieuse. 158

CHAPITRE VIII

Le Conseil Municipal et le Conseil Général de 1853 a 1870. 161

   Mutations dans le Conseil Municipal, de 1853 à 1859. 162
   Réorganisation de 1859 et mutations ultérieures. . . 167
   Situation à la fin de 1869. 173
   Le successeur de M. Delangle. 178
   Personnel du Conseil Général, en 1870. 188

CHAPITRE IX

De l'Organisation municipale parisienne. 195

   Paris n'est pas le domaine exclusif des Parisiens. . 197
   Confirmation de ma thèse. 202
   Polémiques ardentes. 206
   Le Bugdet de la Ville au Corps Législatif. 211

CHAPITRE X

	Pages.
LA PRÉFECTURE DE POLICE.	213
Attributions partagées entre les deux Préfets.	215
Conflits incessants.	222
L'attentat d'Orsini. Ses conséquences.	226
La campagne d'Italie.	230
Rentrée de l'Empereur. — Nouveau règlement d'attributions.	234

CHAPITRE XI

MA PREMIÈRE SESSION DU CONSEIL MUNICIPAL.	239
L'Empereur et le Conseil.	240
Début de session. Exposé des ressources de la Ville.	245
Mes conclusions inattendues.	251
Vifs débats. Adoption finale de mes propositions.	255

CHAPITRE XII

PLAN FINANCIER DES GRANDS TRAVAUX DE PARIS.	261
Points de départ et d'arrivée.	262
Objections et critiques.	266
Demandes de dégrèvement des contribuables.	271
Discours de l'Empereur au boulevard Malesherbes.	277
Projet de réduction des Droits sur les Vins.	282

CHAPITRE XIII

LA TRANSFORMATION DE PARIS. — RESSOURCES DE LA VILLE.	287
Affectation des disponibilités budgétaires présentes et à venir.	288
Excédents des Recettes sur les Dépenses Ordinaires.	291

Importance finale des disponibilités annuelles. . . . 297
Fonds libres employés aux Grands Travaux. 300
Aggravations des dépenses de Voirie. 303
Causes diverses. 305
La Cour de Cassation. — Le Conseil d'État. 309

CHAPITRE XIV

La Transformation de Paris. — Appels au Crédit. 313

Entreprises parallèles aux travaux de Voirie. 313
Dette Municipale ancienne. 320
Emprunts. 324
Avances de la Caisse des Travaux. 328
Traités avec le Crédit Foncier. 330
Emprunt de 1869. 334
Bilan Général. 337

CHAPITRE XV

Caisse de la Boulangerie. 341

La Compensation des Prix Extrêmes du Pain. 343
Objections des adversaires. 348
Création et fonctionnement de la Caisse. 353
La liberté de la Boulangerie. 356
Grandes Manutentions. 361

CHAPITRE XVI

Caisse des Travaux de Paris. 367

Décrets Organiques. 368
Nécessité de l'Institution. 371
Fonctionnement de la Caisse. 377
Au Corps Législatif. 381
Rapport de la Commission. 385
La Cour des Comptes. 394
Mise en liquidation. 401

CHAPITRE XVII

	Pages.
L'Assistance Publique.	405
État des choses en 1853.	406
Progression des ressources et des charges.	413
Causes du développement des dépenses.	420
Le Traitement à Domicile.	425
Création de nouveaux Établissements.	429
Translations d'Hospices.	435
Résumé.	439

CHAPITRE XVIII

Le Département de la Seine.	443
Divisions administratives du sol. La Population.	444
Les arrondissements hors Paris. Projet de l'Empereur.	448
La propriété bâtie. Question des logements.	453
Ressources et charges budgétaires.	462
Mise en équilibre des Finances départementales.	467

CHAPITRE XIX

Grands Travaux du Département.	473
Charges extraordinaires.	476
Importance des ressources affectables aux Grands Travaux.	480
Édifices départementaux :	
Palais de Justice.	484
Tribunal de Commerce.	486
Prison de la Santé.	489
Bâtiments divers.	490
Asiles d'Aliénés.	491
Routes et Chemins.	498

CHAPITRE XX

Pages.

RÉCAPITULATION. 507

   Grands Travaux de Paris :
      Voie Publique. Promenades et Plantations 511
      Eaux et Égouts. 514
      Ponts et Quais de Paris. 520
   Édifices religieux, municipaux, scolaires :
      Édifices religieux. 524
      Édifices municipaux. 526
      Édifices scolaires. 527

CHAPITRE XXI

MA SORTIE DE L'HÔTEL DE VILLE. 535

ÉPILOGUE. 561

Paris. — Typ. Georges Chamerot, 19, rue des Saints-Pères. — 26437.